Katrin FitzHerbert

Reise zwischen zwei Leben

Odyssee eines Kindes

In Erinnerung an

Elsie Hope (1890–1961)

und

Captain FitzHerbert

meinen Schwiegervater,
den ich niemals kennenlernen durfte,
gefallen im Kampf bei Gildehaus
am 2. April 1945.

Katrin FitzHerbert

Reise zwischen zwei Leben

Odyssee eines Kindes

Aus dem Englischen übersetzt von Elfi Druhm
Bearbeitet von Sven Hinz

1. Auflage 2020
Titel der Originalausgabe: *True to both my Selves*
Ursprüngli ch erschienen bei Virago Press, London, 1997
AbisZett-Verlagsgenossenschaft, Balderstraße 13, CH-3007 Bern
Bildnachweis: copyright privat, außer Schutzumschlag: London 1940 und Berlin 1937 copyright Getty Images
Gesamtgestaltung: Weiß-Freiburg – Grafik und Buchgestaltung
Lektorat: Sven Hinz und Walo C. Ilg
Herstellung: Books on Demand, Norderstedt
ISBN 978-3-907192-02-3

INHALT

Vorwort des Verlegers . . . vii
Danksagung der Autorin . . . viii
Verzeichnis der Personen . . . x
Stammbaum . . . x

Prolog: Der Stammbaum . . . xii

Teil I Deutschland

Kapitel 1 Aus dem Leben meiner Großmutter . . . 2
Kapitel 2 Köpenick . . . 22
Kapitel 3 Mahlsdorf . . . 42
Kapitel 4 Dazugehören . . . 56
Kapitel 5 Die englische Verbindung . . . 67
Kapitel 6 Podewilshausen . . . 74
Kapitel 7 Luckenwalde . . . 82
Kapitel 8 Schlesien . . . 95
Kapitel 9 Weissewarte . . . 104
Kapitel 10 Süppling . . . 114
Kapitel 11 Kommen und Gehen . . . 124
Kapitel 12 Oma und Opa unterwegs . . . 129
Kapitel 13 Recklinghausen . . . 144
Kapitel 14 Mit der Niederlage fertig werden . . . 155
Kapitel 15 Wieder vereint . . . 161
Kapitel 16 Oma neu geboren . . . 174
Kapitel 17 Nach England . . . 185

Teil II England

Kapitel 18 Eastbourne . . . 196
Kapitel 19 London . . . 205
Kapitel 20 Cornwall . . . 213
Kapitel 21 Mrs. Hynes „Gesellschaft" . . . 222
Kapitel 22 Mein geheimes Leben . . . 237
Kapitel 23 Druiden als Retter in der Not . . . 242
Kapitel 24 Ein Blick auf meine Wurzeln . . . 250
Kapitel 25 Politik britischer Art . . . 257
Kapitel 26 Reise zwischen zwei Leben . . . 260
Kapitel 27 Endlich im eigenen Heim . . . 263
Kapitel 28 Verrückt . . . 270
Kapitel 29 „Coming Out" . . . 277
Kapitel 30 Papa und sein kleines Mädchen . . . 280

Epilog . . . 290
Zeittafel . . . 294
Literaturverzeichnis . . . 296
Index . . . 298

„It can be the lot of few
to be so missed
by those they leave behind."

A History of the Irish Guards
in the Second World War
Desmond FitzGerald

Vorwort des Verlegers

Flucht und Vertreibung ziehen sich durch die gesamte Menschheitsgeschichte. Jeder von uns, sogar in Deutschland, könnte sich schon morgen auf der Flucht befinden, weil sich die politischen Verhältnisse radikal geändert haben – wenn wir nicht wachsam sind.

Oft geben wir unsere politische Verantwortung an einige wenige Menschen ab und erlauben ihnen, über uns zu verfügen, wie es ihnen einfällt – ob sie nun Kaiser Wilhelm oder Adolf Hitler heißen.

Das zeigen die Schicksale dieses Buches, der Geschichte einer deutsch-englischen Familie, die über drei Generationen erzählt wird. Eindrücklich zeichnet Katrin FitzHerbert ein Bild ihrer Großeltern in London: Sie werden vor 1914 wohl kaum damit gerechnet haben, dass sich ihre Stammkunden von einem Tag auf den anderen weigern würden, sich weiterhin von ihnen frisieren zu lassen; dass ihnen von allen Seiten plötzlich Misstrauen und Ablehnung entgegenschlagen würde; dass in Boulevardzeitungen über Deutsche gehetzt werden, oder dass der deutsche Großvater in ein Internierungslager gesteckt und nach dem Krieg deportiert werden würde, einschließlich seiner englischen Ehefrau und seines Kindes.

Noch weniger konnten sie ahnen, dass sich eine Generation später die Geschichte spiegelbildlich wiederholen sollte. Diesmal trifft es nicht nur sie, sondern auch ihre Nachkommen: die englische Mutter der Autorin und diese selbst sowie ihren Bruder. Im Alter von zehn Jahren teilt man Katrin Thiele mit, dass sie nun ihre deutsche Herkunft auslöschen und so tun müsse, als sei sie in London geboren und aufgewachsen. Das ist für ein zehnjähriges Mädchen, das in Berlin als Tochter eines Nazi-Offiziers geboren wurde und kaum ein Wort Englisch sprach, verwirrend und unbegreiflich. Noch schockierender ist für sie die Erkenntnis, dass der Nationalsozialismus, zu dem sie erzogen und von dem sie zutiefst begeistert gewesen war, sich als verbrecherische Ideologie herausstellt, welcher angehört zu haben vor der Außenwelt unbedingt zu verleugnen war. Eine schwere Identitätskrise ist die Folge: „Während ich äußerlich zu einem ganz normalen englischen Mädchen heranwuchs, lauerte im hintersten Winkel meines Verstandes noch ein verwirrtes Nazikind."

Diese Verwirrung rührt nicht zuletzt auch von der Erkenntnis her, fast ein ganzes Leben lang fremdbestimmt worden zu sein, mit dem Gefühl, „den

Regeln einer unsichtbaren, allgegenwärtigen Autorität zu gehorchen". Von dieser Autorität sich freizumachen war Katrin FitzHerberts Anlass, sich fünfzig Jahre nach der von ihrer englischen Mutter organisierten „Heimkehr" nach England mit ihrer Geschichte und der ihres Vaters und ihrer Großeltern zu befassen. Dieser Prozess ist für uns relevant, denn die Nachwirkungen von Diktatur und Krieg bestimmen noch immer unterschwellig unser Leben.

True to both my Selves wurde bei seinem Erscheinen vom englischen Publikum und der Presse begeistert aufgenommen und 1997 mit dem J.-R.-Ackerley-Preis ausgezeichnet, zudem von zwei renommierten Schriftstellern zum „Buch des Jahres" gewählt. Katrin FitzHerberts Mutter Elfi Druhm fertigte eine Übersetzung ins Deutsche an, die die wesentliche Grundlage für die hier vorliegende Textfassung bildet.

An dieser Stelle danke ich dem Freiburger Komponisten und Autoren Sven Hinz von ganzem Herzen, der über zwei Jahre lang die Übersetzung bearbeitet, korrigiert und in modernes Deutsch übertragen hat. Ihm zur Seite stand der amerikanische Muttersprachler Kai Woodfin – auch ihm sei herzlich gedankt.

Reise zwischen zwei Leben kann als Aufruf für Frieden, Freiheit und Toleranz verstanden werden kann. – Möge es nun auch im deutschsprachigen Raum dazu beitragen, die eigene Geschichte besser zu verstehen.

Bern, im Dezember 2019

Danksagung der Autorin

Das Projekt, die Geschichte meiner Familie aufzuschreiben, begann im Jahr 1990, als ich eine Reise durch Deutschland und das Gebiet des ehemaligen Pommern in Polen unternahm, bei der ich alle Kirchen besichtigen wollte, an denen meine Vorfahren Pastoren gewesen waren. Der erste Versuch meiner Niederschrift hatte mit dem vorliegenden Text nur wenig gemeinsam. Gwenda David erkannte das Potential meines Entwurfs und ermutigte mich, es auszuarbeiten. Ihrer visionären Kraft ist es zu verdanken, dass das Projekt nicht aufgegeben wurde und in Vergessenheit geraten ist.

Ohne die schriftlichen Memoiren meiner Großmutter und der Mitarbeit meines Bruders, meiner Mutter und meines Stiefvaters wäre dieses Buch nicht sehr weit gediehen. Darüber hinaus leisteten folgende Personen wertvolle Beiträge in Form von Interviews und Hinweisen: Tom und Paule Armstrong; Erika von Bühler und Joachim Gewiess, meine ehemaligen Mahlsdorfer Nachbarn; mein Cousin Klaus Geldmacher; Ilse Krüger-Lorenzen, Jutta und Bernhard Diederichsen; Roy Chapman; Dr. Lieselotte Kleine; Reg Hyne; Tommy Rouncefield; Dot und Ronald Sharpe; und nicht zuletzt mein unerschrockener Cousin Bruno Heyne und seine Frau Stine, die Untersuchungen zur mutmaßlichen Beteiligung meines Vaters am Massaker von Gardelegen unternahmen.

Die Mitarbeiterinnen und Mitarbeiter folgender Bibliotheken und Archive haben mir ihre Zeit großzügig zur Verfügung gestellt und sind mir mit ihrem Rat zur Seite gestanden: das Imperial War Museum, das Public Records Office, das britische Verteidigungsministerium, das Foreign and Commonwealth Office, die Wiener Bibliothek in London, das Goethe-Institut, das German History Institute, das Yad-Vashem-Archiv in Jerusalem, das Simon-Wiesenthal-Center, das Bundesarchiv in Aachen sowie das Stadtarchiv in Gardelegen, dessen Archivar, Herr Heiko Bierstedt, besondere Erwähnung verdient.

Folgenden Personen, die meine ersten Entwürfe gelesen haben, danke ich für Kritik und Anregungen, die zum großen Teil in das Buch eingeflossen sind: Dr. Lucy Brown, Alison Browne, Naomi Burns, Roy und Steph Chapman, Anne Charlton, Anne und Ron Farquar, Giles und Alexandra FitzHerbert, Kitty FitzHerbert, Lois Fletcher, Dr. Anthony Glees, Reg und Heather Hyne, Rebecca Kerby, Sophie Lewis, Sheela Martin, Mike Shaw, Eric Mosbacher, Andy Norris, Avoulla Norris, Charlotte und Chris Salveson, Imogen Taylor, Wolfgang und Frauke Thiele sowie Richard und Rosalind Tolson.

Meine Mutter hat den Text wunderbar ins Deutsche übersetzt. Für alle Beiträge möchte ich herzlich und innig danken.

Den tiefsten Dank für seine grundlegenden und konstruktiven Vorschläge, seine profunden historischen Kenntnisse und seine Geduld in häuslichen Dingen schulde ich meinem Mann Luke FitzHerbert.

Verzeichnis der Personen

England (1880–1919 und 1946–1997)

- Richard Druhm (auch Droome), mein Großvater (Opa), 1878–1952
- Ethel Druhm (geb. Norris), meine Großmutter (Oma), 1880–1966
- Elfreda Druhm (Freda in England, Elfi in Deutschland), meine Mutter, 1910–2004
- Gertie und Harry Hooper, Großtante und -onkel
- Nellie Walker, eine weitere Großtante
- Cousine Ethel, Nellies Tochter
- George Rossell, Omas Arbeitgeber während des Ersten Weltkrieges
- Elsie Hope (Auntie Hopey), Omas loyale Freundin während des Ersten Weltkriegs und weiterhin
- Kathleen Holness (geb. Connell), Omas Lehrling
- Familie Sharpe, Auntie Hopeys Cousins in Kettering
- Mrs. Hyne und Reg, meine Pflegefamilie von 1947–1950
- Bill Jater, mein Stiefvater

Stammbaum

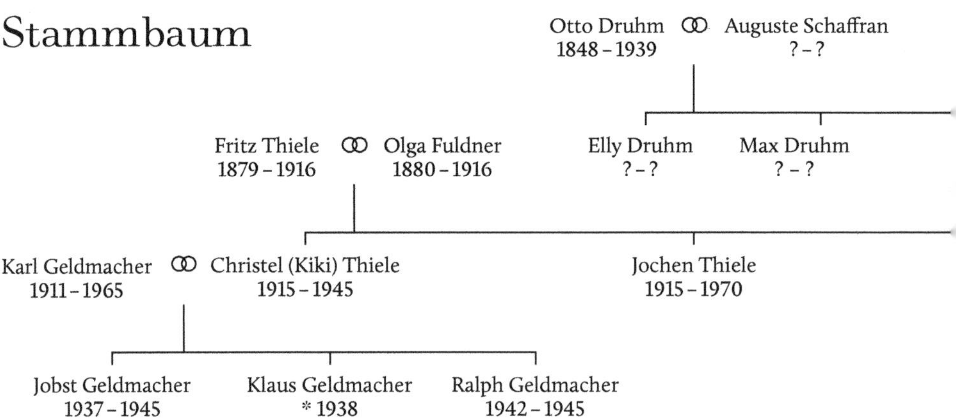

Deutschland (1919–1946)

- Eberhard Thiele, mein Vater, 1907–1979
- Udo Thiele, mein Bruder, 1933–2013
- Katrin Thiele, ich selbst, geb. 1936
- Max Druhm, mein Großonkel, 1883–1955
- Arno Runge, Cousin meines Großvaters (Onkel Arno), 1895–1973
- Jutta Diederichsen (geb. Runge), 1923–2017
- Kätchen Beume, beste Freundin meiner Mutter und spätere Ehefrau meines Vaters
- Ilse Krüger-Lorenzen, Gesprächspartnerin meiner Mutter in ihren gemeinsamen Radiosendungen

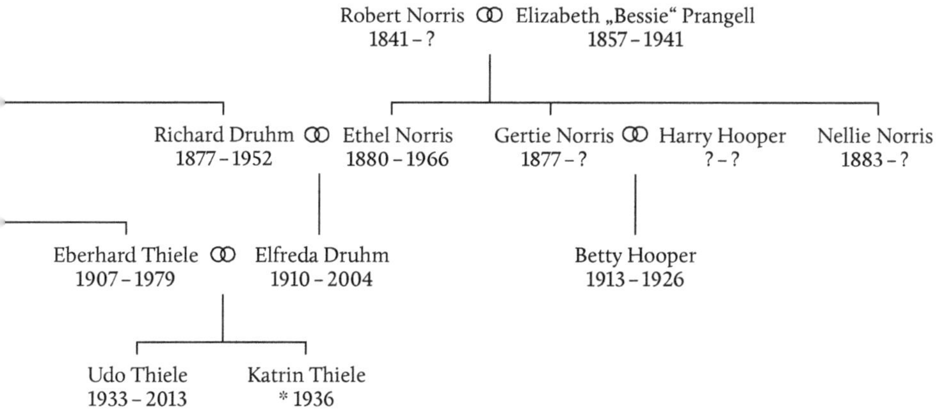

PROLOG

Der Stammbaum

Bis zu dem Tag im Frühjahr 1951, an dem mir meine Mutter ein mit rosafarbener Schnur[1] zusammengehaltenes Bündel Pergamentpapier mit der Aufschrift „Stammbaum" überreichte, hatte ich immer geglaubt, nur Hunde und Rennpferde hätten so etwas.

„Vielleicht brauchst du das später mal, um zu beweisen, wer du wirklich bist", sagte sie, praktisch wie immer, und ich konnte das verstehen. Wie sonst würde ich jemanden von der Tatsache überzeugen, dass ich jemand war, dessen Existenz ich mehr als vier Jahre lang geflissentlich verschwiegen hatte? Dass ich, Kay Norris, ein ganz gewöhnliches vierzehnjähriges Schulmädchen aus dem West Country, in vorgeschriebene Schuluniform und dazu passende Flanell-Unterhosen gekleidet, in Wirklichkeit Katrin Olga Ethel Thiele war, die am 6. Juni 1936 in Berlin geboren wurde und im Dezember 1946 als Zehnjährige England zum ersten Mal betreten hatte? Das Dokumentenbündel enthielt außer meinem Stammbaum eine beglaubigte Kopie meiner Geburtsurkunde, der Heiratsurkunde meiner Eltern und einer offiziellen Bescheinigung der britischen Staatsangehörigkeit meiner Mutter. Auch die Bescheinigung meiner Nationalität, die sich vom früheren deutschen zu meinem jetzigen englischen „Ich" verschoben hatte, war angeheftet.

Katrin Olga Ethel Thiele – was für Namen! „Ethel" zum Beispiel, war damals für einen Teenager in Devon einfach nur peinlich, mehr noch als in Deutschland während des Krieges. Dort hatte der Name Ethel – „Essel" ausgesprochen – aufgrund seiner fremdländischen Herkunft wenigstens einen Hauch von Chique gehabt. Hier war er nur lächerlich altmodisch.

1 In England die traditionelle Farbe, um rechtliche Dokumente zu markieren.

Trotzdem hielt ich dankbar an ihm fest. Immerhin war es ein englischer Name, und was kümmerte mich der peinliche Beigeschmack, wenn die Alternative noch viel schlimmer war, nämlich als Deutsche bloßgestellt zu werden?

Wenn ich mich in dieser Zeit für meine Vornamen auch schämte, so waren sie doch ganz traditionell von meinen Eltern für mich ausgesucht worden. „Katrin" war die Heldin aus *Die Katrin wird Soldat*[2], einem beliebten Roman – bis Hitler ihn verbot –, den meine Mutter las, als sie mit mir schwanger war. „Olga" und „Ethel" hießen meine beiden Großmütter. Die Namen klangen, als stammten sie aus zwei verschiedenen Welten, und die Großmütter selbst waren mindestens ebenso verschieden. Olga war die Tochter eines deutschen Dorfpfarrers und die Frau eines preußischen Beamten. Ethel war Friseurin in London und mit einem anderen Friseur verheiratet, der seinerseits Deutscher war. Doch nicht nur die Namen waren ein Problem, sondern vielmehr die Tatsachen. 1918 wurde mein Großvater nach Deutschland zurück deportiert und meine Großmutter folgte ihm, mit ihrer achtjährigen Tochter, meiner Mutter. Die Familie lebte sich als englisch-sprechende Expatrioten in Deutschland ein und meine Mutter heiratete einen Deutschen.

So kam es, dass mein Bruder Udo und ich während des Zweiten Weltkrieges als ganz normale deutsche Kinder aufwuchsen. An der Wand unseres Wohnzimmers in Berlin hing, wie in allen Wohnzimmern, Klassenräumen, Büros und öffentlichen Gebäuden, die ich kannte, ein Porträt von Adolf Hitler. Unser Vater, der vor dem Krieg Angestellter in der NSDAP war, wurde Offizier der Wehrmacht mit dem Rang eines Oberleutnants und diente erst in Frankreich und anschließend in Russland.

Mit Bombenangriffen, Evakuierung und Knappheiten teilten wir dieselben Kriegserlebnisse wie unzählige andere deutsche Kinder; am Kriegsende hatten wir jedoch das Glück, vor den näher kommenden Russen fliehen zu können.

Nach der Kapitulation wollte meine Mutter nichts mehr mit meinem Vater zu tun haben. Im Herbst 1946 stellte sie einen Antrag, mit ihren Kindern „heimzukehren" in das Land ihrer Geburt. Obgleich sie den Krieg als Deutsche erfahren hatte, fühlte sie sich innerlich noch immer als Engländerin, aber wir Kinder hatten England bisher nur als Feindesland betrachtet. Nun musste meine Mutter, mit Hilfe ihrer Mutter, unserer Großmutter Ethel, uns so gut wie möglich auf England vorbereiten. Das Problem war jedoch, dass

2 Ein pazifistischer Roman von Adrienne Thomas, der im Ersten Weltkrieg spielt (erschienen 1930).

sie befürchteten, wir würden brutal behandelt oder sogar gelyncht, wenn irgendjemand unseren deutschen Ursprung entdecken sollte. Da wir Kinder in Deutschland in der Nazizeit aufgewachsen waren, wo nur ein Feigling seinen Feind nicht brutal behandelte, wenn sich die Gelegenheit dazu bot, erschienen uns diese Bedenken vollkommen gerechtfertigt. Wir stimmten ein in den Plan, alles zu tun, um zu verbergen, wer wir wirklich waren. Wir nahmen den Namen *Norris* an – so lautete der Geburtsname unserer Großmutter – und von dem Moment unserer Ankunft in England an taten wir so, als wären wir in London geboren und hätten den Krieg dort verbracht. In meinem Fall kann das unmöglich glaubhaft gewesen sein, denn ich sprach anfangs kaum ein Wort englisch, und das wenige, was ich vom Leben in England wusste, hatte ich von Menschen gelernt, die selbst seit zwanzig Jahren nicht dort gewesen waren. Meine anderen Quellen waren einige Jahrgänge von „Playbox Comics“ und ein paar andere Kinderbücher aus der Zeit des Ersten Weltkriegs, die ebenfalls nicht besonders hilfreich waren.

In den ersten Monaten an einer neuen englischen Schule verstummte ich regelmäßig, wenn man mir Fragen bezüglich meiner Herkunft stellte, oder ich log einfach. Ich konnte zwar nicht sicher sein, ob man mir glaubte, ich sei in London geboren und aufgewachsen, aber ich wusste jedenfalls, dass die furchtbare Wahrheit noch nicht ans Licht gekommen war, denn niemand machte Anstalten, mich zu verprügeln. Ganz im Gegenteil, selbst wenn sie die Wahrheit vermuteten, war jeder doch außerordentlich nett und freundlich. Es blieb mir ein Rätsel.

Es war eigentlich das Jahr 1918, auf das unsere Großeltern uns vorbereiteten, um uns den Schmerz und die Demütigung zu ersparen, die sie in England wegen des hysterischen Deutschenhasses erlitten hatten, der zur Zeit des Ersten Weltkriegs durch das Land fegte. Damals war die Familie von ihren englischen Verwandten verstoßen worden. Meine Großeltern hatten ihr Geschäft und ihr Heim verloren, bevor sie nach Deutschland deportiert wurden.

1946 war es anders. Ablehnung erfuhren wir nur von unseren englischen Verwandten. Sie hatten meiner Großmutter Ethel nie verziehen, dass sie vor fast einem halben Jahrhundert einen Deutschen geheiratet und damit den Familienfrieden zerstört hatte. Zwar hatten sie, etwas widerwillig, für unsere „Heimkehr“ gebürgt, doch als wir dann in unseren merkwürdigen deutschen, selbst genähten Kleidern, mit unserer deutschen Frisur, Sprache, und unseren deutschen Manieren vor ihrer Tür standen, da war es ihnen zu viel. Nach ein paar Tagen baten sie uns zu gehen.

Dieser Empfang bestätigte die Befürchtungen meiner Mutter und verstärkte in ihr die Entschlossenheit, uns praktisch über Nacht von typisch deutschen Kindern in typisch englische umzuwandeln.

Indem meine Mutter mich „heimkehren" und meine Nationalität wechseln ließ, schuf sie die dritte Generation weiblicher Mitglieder meiner Familie, die ihr Leben teils als Deutsche und teils als Engländerinnen verbrachten, die hin und her ziehen mussten, je nachdem, welches politische Klima gerade zwischen beiden Ländern herrschte.

Und doch waren unsere Erlebnisse nach dem Zweiten Weltkrieg mit denen der vorherigen Generation in keiner Weise zu vergleichen. 1918 wurde jeder, dem eine deutsche Verbindung nachgewiesen werden konnte, in England automatisch als übles Schwein verurteilt. 1945 war die Situation komplizierter. Deutsche wurden in „Gute" und „Böse", in Opfer und Verbrecher eingeteilt. Nur einige Engländer, die wussten, dass wir Nazis gewesen waren, lehnten uns ab, aber wer uns zum ersten Mal begegnete, schien die Möglichkeit nicht einmal in Erwägung zu ziehen, wir könnten so etwas Abscheuliches wie Nazis gewesen sein. Wir entsprachen nicht ihrer Vorstellung von Naziungeheuern. Jeder, der bemerkte, dass wir Deutsche waren, nahm als selbstverständlich an, dass wir Opfer wären und begegnete uns mit besonderer Freundlichkeit. Wir konnten es einfach nicht verstehen.

Trotzdem war meine Mutter nach ihren Erlebnissen von 1918, die sich unauslöschlich in ihr Gedächtnis eingebrannt hatten, nicht von ihrem Plan abzubringen, unsere deutschen Spuren schnellstmöglich und effektiv auszuradieren. Allerdings hatte sie ihr Vorhaben unterschätzt. Äußerlich passten wir uns schnell genug an. Nach nur wenigen Monaten hätte niemand im geringsten daran gezweifelt, dass wir in London geboren waren und dort unser bisheriges Leben verbracht hatten.

In meinem Fall jedoch fand die Verwandlung größtenteils nur äußerlich statt. Ich war als Hitlerkind erzogen worden, und so sehr ich mich auch bemühte, das Gegenteil vorzutäuschen, nichts konnte den Einfluss der Jahre auslöschen, die meinen Charakter in dieser Weise geprägt hatten. Im Gegensatz zu den älteren Nazis war ich 1945 noch zu jung, um Verantwortung, Scham- oder Schuldgefühle zu empfinden für die Verbrechen, die nach und nach enthüllt wurden. Die anderen versuchten instinktiv, sich von ihrer Nazivergangenheit zu distanzieren, sie zu verleugnen und zu verdrängen. Bei mir war es gerade umgekehrt. Meine Erinnerungen an den Nationalsozialismus waren ein wesentlicher Teil meiner Kindheit, und größtenteils waren es gute Erinnerungen.

Ich war weit davon entfernt, sie auslöschen zu wollen. Ich wusste auch, dass ich sie um meines gesunden Verstandes willen wach halten musste, um sie eines Tages verstehen zu können und zu begreifen, was sich damals abgespielt hatte. Außerdem war ich aufgezogen worden, an die deutschen Tugenden, die Hitler geschickt in seine Naziideale integriert hatte, zu glauben. Zum Beispiel Treue. Mein Vater war nicht nur ein fanatischer Nazi gewesen, sondern auch ein liebevoller, fürsorglicher Vater, den ich sehr geliebt habe. Es war mir unmöglich, selbst in England, ihn und alles, was er für mein Leben darstellte, abzulehnen. Und konnten alle anderen Nazis, die ich gekannt hatte, sprich fast alle Menschen, die ich geliebt hatte, wirklich so unsagbare Scheusale gewesen sein? Konnten alle Prinzipien, die ich gelernt hatte zu verehren, wie beispielsweise Selbstaufopferung und Pflichtbewusstsein, tatsächlich so schlecht gewesen sein? Das wollte ich nicht wahrhaben. Doch falls es nicht zutraf: Wie war es dann möglich, dass sich die schlimmsten Verbrechen der ganzen Weltgeschichte sich in unserem Land, unter einem Regime, dem mein Vater so überzeugt und freiwillig folgte, abgespielt hatten?

Nachdem ich nach England gekommen war, hatte ich niemanden, mit dem ich die vielen Widersprüche, die mich quälten, bereden konnte. Während ich äußerlich zu einem ganz normalen englischen Mädchen heranwuchs, lauerte im hintersten Winkel meines Verstandes noch ein verwirrtes Nazikind.

Von welcher Seite man sie auch betrachtete, meine Identität und mein Selbstbildnis waren ein großes Durcheinander. Meine Mutter hatte mir ein paar äußerst wichtige Dokumente überreicht, die bewiesen, wer ich bin. Sie bildeten einen guten Ausgangspunkt für eine Suche nach innerer Klarheit und Verständnis, die ich eines Tages unternehmen musste.

Kein Geschenk hätte mir größere Freude machen können als mein schöner, neuer Stammbaum. Dankbar umarmte ich meine Mutter.

TEIL I

DEUTSCHLAND

KAPITEL 1

Aus dem Leben meiner Großmutter

Meine Großmutter Ethel war eine temperamentvolle Londonerin. Sie war winzig (gerade mal einen Meter fünfzig groß, mit einer Wespentaille), äußerst hübsch, amüsant, und wenn es die Situation verlangte, recht feurig. Einmal, als achtzehnjähriges Mädchen auf dem Weg zur Arbeit, versetzte sie in einem vollbesetzten Bus die anderen Fahrgäste in Aufruhr, als sie einen großen Mann, der versucht hatte, ihre Oberschenkel zu befummeln, der Länge nach in den Mittelgang stieß.

Sie konnte zeichnen, singen, dichten und, wenn sie in der richtigen Laune war, sogar spontan in witzigen Versen sprechen. Ihre Keckheit, kombiniert mit einem entsetzlichen Deutsch, war eine wahre Wunderwaffe, um sich in der Hitlerzeit durchzusetzen, wie es später immer wieder nötig war. Der hartnäckigste Nazibeamte stand, wenn meine zierliche Großmutter ihn anschrie, dem meist unverständlichen Wortschwall hilflos und gehorsam gegenüber, und später, nach Deutschlands Niederlage, gelang es ihr zuweilen, sogar russische Soldaten gefügig zu machen.

Vielleicht hatte Ethel ihren mutigen Charakter von ihrer Mutter Bessie geerbt. Sie war eine Schönheit gewesen, eine Kellnerin, die durch Heirat ihren sozialen Status verbessert hatte. Doch ihr Mann, Gentleman hin oder her, stellte sich als viktorianischer Taugenichts heraus, der sie eines Tages einfach sitzen ließ, ohne Geld und mit vier Kindern (zwei waren bereits zuvor gestorben). Einige Jahre später klopfte es an Bessies Tür. Sie öffnete, erblickte ihren Mann und schlug ihm die Tür vor der Nase zu, und damit war Schluss mit ihm.

Oma erzählte diese Geschichte stets amüsiert und konnte selbst darüber lachen. Es war ein ehrliches Lachen, keinesfalls bitter. Ich kann mich nicht erinnern, dass sie jemals verstimmt war, sich beklagte oder sich selbst leidtat. Wenn das Schlimmste eintraf – und das geschah oft in ihrem Leben – sagte sie sich „Da kann man nichts dran ändern" und versuchte, nicht weiter darüber nachzudenken, oder der Sache etwas Komisches abzugewinnen. Das gelang ihr sogar in der furchtbarsten Woche ihres Lebens, als sie in einem Berliner Keller saß, während die Stadt von der Roten Armee überfallen und ausgeplündert wurde. In späteren Jahren machte es ihr Spaß, der Familie komödiantisch vorzuspielen, wie man von einem russischen Soldaten abgesucht wurde: mit der einen Hand presste er einem den Revolver an verschiedene Körperstellen, mal hier, mal dort, mit der anderen tastete er den Körper nach versteckten Wertsachen ab.

Auch über ihren nutzlosen Vater, Robert Norris, sprach sie niemals schlecht. „Er hatte eine wundervolle Tenorstimme" – das war ihre liebste Erinnerung an ihn. Seine Verwandten, eine Juristenfamilie, hatte ihn verstoßen, weil er sie durch seine Heirat brüskiert hatte.

Nachdem er verschwunden war, half seine Mutter hin und wieder aus, wenn sie in der einspännigen Familienkutsche vorfuhr, beladen mit Lebensmittelpaketen und Kleidung. Als meine Oma Ethel rheumatisches Fieber hatte, holte ihre Großmutter sie sogar in ihr Haus, um sie zu pflegen. Aber nachdem die alte Dame gestorben war, brach der Kontakt ab.

Die drei Schwestern und ihr jüngerer Bruder wuchsen also in Armut auf; sie zogen von einer Mietwohnung in Nordwest-London zur nächsten. Ein dauerhaftes Zuhause kannten sie nicht.

Wenn eine Ehefrau sieben Jahre lang nichts von ihrem Ehemann gehört hatte, durfte sie nach englischem Recht ein zweites Mal heiraten. Dieser Regelung zufolge bekamen die Kinder einen Stiefvater, Onkel Jack. Der arbeitete als Verkäufer für Essbesteck und trank.

Oma Ethel schien die Armut ebenso wie den Alkoholmissbrauch vergessen zu haben; an andere Kuriositäten des Familienlebens erinnerte sie sich hingegen genau, zum Beispiel an ein Bild, das nach jedem Umzug getreulich an der gleichen Stelle über dem Messingbett ihrer Mutter aufgehängt wurde. Es zeigte zwei fechtende Männer in einem Duell und eine Frau, die sich mit ausgebreiteten Armen schützend vor einen der beiden warf. Der Titel des Bildes lautete: „Erst durch mein Herz!"

Wie knapp das Haushaltsgeld auch war, Bessie ließ sich nicht entmutigen. Bei jeder Mahlzeit war der Tisch ordentlich gedeckt mit einer sauberen, weißen Decke, und die Manieren mussten einwandfrei sein. Die Tatsache, dass sie auf solche Äußerlichkeiten Wert legte, erklärt wohl, warum meine Oma und ihre beiden Schwestern trotz ihrer einfachen Umstände immer eine gute

Aussprache pflegten, ohne eine Spur vom hässlichen Londoner Akzent. Das war meiner Urgroßmutter Bessie zu verdanken.

Meine Oma wurde im Jahr 1880 in London geboren und verließ mit vierzehn Jahren die Schule. Sie konnte gut lesen, schreiben und rechnen und beherrschte alle Psalmen auswendig. Sogar mit achtzig konnte sie diese noch rezitieren. Die drei Schwestern lernten alle ein Handwerk: Gertie, die älteste, wurde Schneiderin, Nellie, die jüngste, lernte Möbelpolstern, und Oma wurde Perückenmacherin. Die drei hielten eng zusammen, aber weil Oma hübscher und klüger als ihre Schwestern war, hatte sie manchmal unter deren Neid und Missgunst zu leiden, vor allem von Gerties Seite.

1899 lernte sie meinen Großvater, Richard Druhm, kennen. Er war vier Jahre zuvor nach seiner Lehrzeit als siebzehnjähriger Friseur von Deutschland nach England gekommen, getrieben von Wanderlust. Es mag kein Zufall gewesen sein, dass er genau in dem Jahr auswanderte, in welchem er zum Militär eingezogen werden sollte. 1894 herrschte in Deutschland noch militärischer Zwangsdienst, ein Überbleibsel des französisch-preußischen Krieges, und Opa war für das Militär so ungeeignet wie nur irgendein Mensch. Aus welchem Grund auch immer er Deutschland verlassen wollte, England war sein natürliches Reiseziel.

Damals zählte London fünfzigtausend deutsche Einwohner, darunter viele Kunsthandwerker, Inhaber kleiner Ladengeschäfte oder Dienstboten. Es gab eine deutsche Turnhalle, ein Krankenhaus, einen Konzertsaal, mehrere deutsche Kirchen, Restaurants, Zeitungen und Klubs, darunter auch ein deutsches Athenäum, Kultur- und Sportvereine und sogar Wohltätigkeitsvereine. Die Turnhalle steht noch heute hinter dem Bahnhof St. Pancras. In seinem berühmten Buch *Leben und Arbeiten in London*[3], das Charles Booth 1902 veröffentlichte, hebt er die deutschen Barbiere und Friseure besonders hervor und bemerkt, dass sie „extrem unter sich blieben". Sie gründeten sogar zwei Vereine, einer davon war die eindrucksvolle „Harmonie" am Fitzroy Square, und die etwas einfachere „Concordia" in Houndsditch. Ich weiß nicht, ob mein Opa in diesen Kreisen verkehrte, aber er fühlte sich in England so wohl, dass er blieb, und als er meine Großmutter traf, hatte er bereits alle Pläne, nach Deutschland zurückzukehren, aufgegeben.

3 Charles Booth (1840–1916): Philanthrop und Sozialforscher, der erstmals eine statistische Studie über die Armutsverhältnisse in London erstellte. Sein Hauptwerk *Life and Labour of the People in London* erschien 1902 in siebzehn Bänden.

Mein Großvater in London im Alter von 23 Jahren

Jeden Tag beobachtete Opa, wie Oma an seinem Geschäft vorüberging, und dabei verliebte er sich in sie. Es kostete ihn großen Einfallsreichtum, um ihr überhaupt vorgestellt zu werden – vermutlich durch ihren angeheirateten Onkel, der, wie er, Deutscher war. Als Oma ihm zum ersten Mal gegenüberstand, war sie sogleich von seinem guten Aussehen – er sah Prinz Albert ausgesprochen ähnlich – und seiner geschmackvollen Kleidung eingenommen.

„Sobald schwarzweiß karierte Hosen modern waren, besaß er welche, ebenso braune Schuhe und eine rote Krawatte", schrieb sie vor ihrem Tod, als ihre Enkelkinder sie baten, aus ihrem Leben zu erzählen. Als sie begannen, miteinander auszugehen, überredete Opa sie, das Perückenmachen aufzugeben und stattdessen Friseurin zu werden. Er selbst war in der Zwischenzeit Damenfriseur geworden, ein Beruf, der, wie er meinte, bessere Zukunftschancen biete.

Nach einiger Zeit wollte Oma sich nicht mehr mit ihm treffen, was in erster Linie daran lag, dass er Deutscher war. Sie war beeinflusst von der Welle antideutscher Gefühle, die erstmals in den 1890er Jahren aufkamen[4], und wollte nicht tiefer in eine Beziehung verwickelt werden. Damals war sie ja auch erst neunzehn. „Er war sehr unglücklich darüber, aber anstatt sich mit anderen Mädchen zu treffen, begann er, Radrennen zu fahren", schrieb sie.

Zwei oder drei Jahre später begegneten sie sich wieder. Sie hatten in ihrem neuen Beruf festen Fuß gefasst und frisierten nun in der Bond Street adelige Damen. Gelegentlich machten sie auch Hausbesuche bei ihren Kundinnen, wobei Opa stets Frack und Zylinder trug und als einziger Geschäftsmann den Haupteingang benutzen durfte, da er „sozusagen von den Damen erwartet" wurde. In solch erlauchten Kreisen zu arbeiten brachte auch Schwierigkeiten mit sich; Tiaras beispielsweise mussten mit besonderer Sorgfalt an den Köpfen befestigt werden („kaum vorzustellen, wenn eine verrutschte"), oder das Haar der Debütantinnen, die der Königin vorgestellt werden sollten, konnte

4 Verursacht durch die von Bismarck begonnene und von Wilhelm II. fortgesetzte Kolonialisierungspolitik, mit der das deutsche Reich Englands Vormachtstellung auf See streitig machte.

Meine Großmutter während des Besuches zu ihrer Verlobung in Deutschland 1904

Oma und Opa in London 1905 (vermutlich ihr Hochzeitsfoto)

sich widerspenstig zeigen und die vorgeschriebenen Straußenfedern nicht aufrecht halten („Die Haare mussten eben so frisiert werden, dass zu erkennen war, dass es *drei* Federn waren. Eine knifflige Angelegenheit!").

Für die Krönung Edwards VII., dem Sohn der Königin Victoria, durchlitten die Damen und ihre Friseurinnen zweimal dieselbe Tortur, da der junge König sich plötzlich einer Blinddarmoperation unterziehen musste und die Krönung daher abgesagt wurde. Es dauerte viele Stunden, die komplizierten Frisuren herzurichten, und das machte die Friseurinnen oft zu Vertrauten ihrer Kundinnen. Nicht selten wurden die Friseurinnen bedrängt, ihre adeligen Kundinnen in Liebesaffären zu beraten, zuweilen sogar als Botengänger zu fungieren. Meine Oma verdiente 35 Schilling in der Woche, und das genügte, um ihre Schwester Gertie neidisch werden zu lassen, die als Schneiderin nie mehr als 25 Schilling verdiente. Das gemeinsame Leben von Oma und Opa in London zur Zeit Edwards VII. wird wohl kaum so idyllisch gewesen sein, wie es in Omas Erinnerung erschien, aber ohne Zweifel stellte diese Zeit den Höhepunkt ihres Lebens dar. Opa war einem Radsportverein beigetreten und war Amateurmeister geworden, mit einer beachtlichen Ansammlung von Siegestrophäen. Bald interessierte sich auch Oma fürs Radfahren, und Opa ließ für sie beide ein „hübsches kleines Tandem" herstellen, mit dem sie Ausflüge in die Landschaft unternahmen. Mal waren sie mit einem Klub unterwegs, manchmal allein, oder auch mit Gertie und ihrem Mann Harry, der ein guter Freund von Opa geworden war.

„Wir machten wunderbare Ausflüge. Er war ein so anständiger junger Mann, dass meine Mutter nichts dagegen einzuwenden hatte. Einmal fuhren wir sogar nach Wales, ein anderes Mal machten wir eine Rundtour auf der Insel Wight für eine Woche. Wir waren ein bescheidenes Paar, ohne jeden unsittlichen Gedanken. Ganz anders als manche jungen Leute heutzutage."

Mittlerweile war Oma eine begeisterte Theaterbesucherin geworden und hatte Opa dazu gebracht, sie zu Theaterstücken, Musicals und ins Varieté zu begleiten. Neunmal sah sie das Musical *Chu Chin Chow*, und sie kannte hunderte Lieder aus Operetten von Gilbert und Sullivan auswendig. „Damals gab es noch kein Radio, und neue Lieder verbreiteten sich aus den Konzerthallen und Theatern allein durch Mundpropaganda. Natürlich blieben die Lieder damals viel länger populär als heutige Hits."

1904 verlobten sich Oma und Opa. Um dieses Ereignis für immer festzuhalten, ließen sie von einem Fotografen recht imposante Bilder machen. Beide waren tadellos und bis in letzte Detail nach der neuesten Mode gekleidet. Über Weihnachten reiste Opa mit Oma nach Deutschland, um sie seiner Familie vorzustellen.

Die Familie wohnte in Luckenwalde, einer kleinen mittelalterlichen Stadt, ungefähr fünfzig Kilometer südlich von Berlin. Generationen von Druhms hatten in der Stadt gelebt, allesamt ehrenwerte Handwerker und Geschäftsleute. Opa liebte Bücher, aber als ältester Sohn hatte er bei seiner Berufswahl nur wenig mitzureden. Er folgte einer Familientradition, die mindestens fünf Generationen zurückging und mehrere Wundärzte und Feldärzte einschloss. Sein Vater hatte ebenfalls als Barbier gearbeitet und war ein wichtiges Mitglied seiner Zunft. Auch als Laienarzt war er geschätzt. Neben Haareschneiden und Rasieren gab es in seinem Laden eine große Auswahl an alternativen, auch homöopathischen Heilmitteln. Doch nicht alle Druhms in Luckenwalde waren Barbiere. Einige hatten Manufakturen gegründet, und so hatte mein Opa einige reiche Onkel in der Stadt.

Opa und sein Bruder Max, Berlin, 1904

„Sie machten schrecklich viel Aufhebens um mich", berichtete Oma, „und sie hegten keine gehässigen Gefühle gegenüber einer Engländerin, wie es im umgekehrten Falle in England gewesen wäre."

Opas jüngerer Bruder Max, ein eingefleischter Junggeselle, war ebenfalls von Oma sehr eingenommen; und ihr zukünftiger Schwiegervater Otto Druhm schenkte ihr zu Weihnachten eine goldene Uhr.

Opa hatte fleißig gespart, und als sie ein halbes Jahr später heirateten, gingen sie in ein Möbelhaus und kauften die Einrichtung für ihr neues Heim. Opas Vater lieh ihnen zweitausend Mark, und so konnten sie ihren eigenen Frisiersalon auf dem Haverstock Hill in Hampstead eröffnen.

Der größte Nachteil dieser Geschäftslage war Oma zufolge das heftige Schnauben der Zugpferde, welche an dieser Stelle eine Pause einlegten, während sie ganze Busladungen von Passagieren den Hügel hinaufzogen.

Die Familie zog in die darüberliegende Wohnung und nahmen einen Mieter namens Martin Shaw auf, einen aufstrebenden Komponisten, der auch Organist in der nahegelegenen Kirche St. Mary's war. Dieser sollte später als produktiver Liederkomponist und Mitarbeiter des berühmten Ralph Vaughan Williams bekannt werden, ebenso als wichtiger Erneuerer der Kirchenmusik.[5]

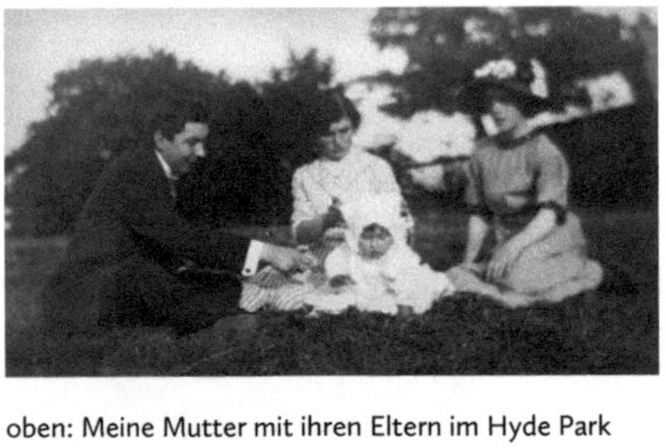

oben: Meine Mutter mit ihren Eltern im Hyde Park (etwa 1912)
unten: Onkel Arno, Oma und Miss Connell mit meiner Mutter in Hampstead Heath (1911)

In diesem Haus wurde 1910 meine Mutter Elfreda, in England „Freda" und in Deutschland kurz „Elfi" genannt, geboren. Das erste Kind, ein Sohn, war fünf Jahre zuvor im Alter von nur vier Monaten gestorben. Als ich 1987 meine Mutter in diese Gegend begleitete, die sie zum ersten Mal nach mehr als siebzig Jahren wiedersah, erkannte sie sofort die Straßen, durch die sie mit dem Kinderwagen geschoben worden war, und konnte sogar das Haus benennen, vor dem sie manchmal in ihrem Kinderwagen gewartet hatte, während sich ihr Kindermädchen mit ihrem Freund traf.

5 Der britische Kirchenmusiker Martin Shaw (1875–1958) komponierte über 300 Werke, davon etwa 100 Lieder, viele davon für Kinder. Ralph Vaughan Williams (1872–1958) trat vor allem als Sinfoniker und Dirigent in Erscheinung.

Opa hatte Gefallen am Fotografieren gefunden, und die Aufnahmen von damals, die Oma in erstaunlichen Hüten zeigen, wie sie meine Mutter im Kinderwagen durch Hampstead Heath schiebt, oder mit Bekannten und Verwandten Ausflüge in den Zoo oder an die Küste unternimmt, spiegeln ein zufriedenes und glückliches Leben wider. Opas Verwandte, darunter sein Bruder Max, der inzwischen in Berlin Postbeamter geworden war, und sein Vetter Arno, der kurz davor stand, die Leitung des Luckenwalder Familienunternehmens zu übernehmen, kamen oft zu Besuch. Sie konnten damals nicht wissen, dass Arno dreißig Jahre später während des Zweiten Weltkriegs ihre Gastfreundschaft erwidern würde, indem er die folgende Generation der Familie als Flüchtlinge aufnahm.

Opas Bilder von Arnos Besuchen sind äußerst unterhaltsam. Eines zeigt ihn als pummeligen jungen Mann, der vom Obergeschoss eines Londoner Doppelstockbusses herabwinkt, ein anderes in einem aufsehenerregenden gestreiften Badeanzug am Strand von Brighton. Auch Miss Kathleen Connell, Omas damaliges Lehrmädchen, ist auf vielen Schnappschüssen zu sehen. Nach ihrer Lehrzeit blieb sie als Angestellte im Laden und wurde Omas gute Freundin, eine der wenigen, die ihr über zwei Weltkriege hindurch treu blieb, und die auch in unserem Leben eine Rolle spielten sollte. Die meisten Fotografien, welche die Zeit überstanden, waren als Postkarten an Onkel Arno geschrieben worden, damit er sein Englisch auffrischen konnte, und ein ganzes Bündel davon wurde mir später zurückgegeben. Die Texte zeugen von dem warmen, unterhaltsamen Ton, der zwischen der englischen und der deutschen Seite der Familie herrschte, und auch von der positiven Stimmung im Hause meiner Großeltern auf dem Haverstock Hill. So beendete mein Großvater im Mai 1912 eine Karte an Arno mit dem Satz „Ich hoffe, Du bist ebenso glücklich wie ich."

Doch während dieser Jahre köchelten in ganz England die antideutschen Gefühle. „Die Bitterkeit gegen die Deutschen war unglaublich", erzählte Oma. „Sogar meine Familie wandte sich von mir ab. Einmal kam meine eigene Mutter und sagte so bittere Worte zu mir, dass ich ihr die Tür wies. Danach sah ich sie für mehrere Jahre nicht wieder."

Alle Deutschen wurden als Feinde angesehen, welchen Beruf sie auch ausübten. „Deutsche Lebensmittelhändler", so lautete das Gerücht, „vergiften möglicherweise dein Essen, deutsche Barbiere könnten deine Kehle aufschlitzen." Die Paranoia war maßlos. Ein deutscher Kellner, der einen Sitzplan

Oma und meine Mutter während des Ersten Weltkriegs

entwarf, wurde unter dem Verdacht festgenommen, er hätte militärische Installationen aufgezeichnet.

Der Grund für den Hass gegen die Deutschen ist den Historikern heutzutage immer noch nicht völlig klar. Im neunzehnten Jahrhundert war Deutschland lange Zeit Großbritanniens besonderer Freund, dessen kulturelle und wissenschaftliche Bedeutung anerkannt und nachgeahmt wurde. Führende Vertreter wurden nach England eingeladen, und Mendelssohn spielte im Buckingham-Palast der Königiwn Victoria seine Werke vor.

Außerdem ist der Ursprung der englischen königlichen Familien der letzten drei Jahrhunderte praktisch rein deutsch. Als Königin Anne 1714 ohne Nachkommen starb, war außer einem Katholiken, dessen Religion ihn als Thronfolger unmöglich machte, Georg von Hannover der Nächste in der Thronfolge. Seine Dynastie herrschte über Großbritannien fast zwei Jahrhunderte. Die letzte Hannoveranerin war Victoria, die 1837 als Siebzehnjährige Königin wurde. Die Suche nach einem passenden Mann für sie führte zu einem weiteren Deutschen, ihrem Vetter, Albert von Sachsen-Coburg-Gotha. Die beiden verliebten sich, heirateten 1840 und hatten acht Kinder.

Bis zu seinem frühen Tod im Jahre 1861 war der Prinzgemahl Albert von den Engländern angesehen und sogar beliebt, als aktiver Neuerer in der Architektur, der Stadtplanung und der Landwirtschaft. Er war der Initiator für Großbritanniens berühmte Weltausstellung im Kristallpalast von 1851. Sogar der Weihnachtsbaum soll von ihm eingeführt worden sein.

Vieles änderte sich Ende des neunzehnten Jahrhunderts. Die Freundschaft der beiden Völker wurde nie als ein Verhältnis zwischen Gleichgestellten angesehen, wenigstens nicht von der britischen Seite. Das größte Weltreich sah sich auch automatisch im Recht auf die Vorherrschaft. Gegen Ende des Jahrhunderts stellte Kaiser Wilhelm II. dieses Recht in Frage, indem er extrem provozierende, kriegerische Töne anschlug. Er verlangte, dass Deutschland auch an der Kolonisation von Afrika und anderer Länder beteiligt würde; er unterstützte Großbritanniens Gegner im Burenkrieg, und er bekräftigte seine Absicht, die deutsche Kriegsmarine so stark aufzubauen, bis ihre Schlagkraft der britischen Flotte überlegen sei.

All das traf in Großbritannien auf allgemeine Empörung. Doch es hätte kaum solchen Zorn und solche Gewalt erregt ohne die Wirkung eines ziemlich neuen Phänomens, nämlich der Sensationspresse. Diese hatte als Zielgruppe die erste Generation der Arbeiterklasse, die lesen konnte, richtete sich aber an ihr Gefühl, nicht an ihren Intellekt.

Die Verleger der Boulevardpresse hatten sofort gemerkt, dass mehr Zeitungen durch das Antreiben von engstirnigem Nationalismus zu verkaufen waren, als durch intelligente Analysen. Mit der Dämonisierung des „Kaiser Bill" und dem neuen Spaß, die „Hunnen" schlechtzumachen, verdienten sie ein Vermögen.

Als 1914 der Krieg erklärt wurde, peitschte die Presse den Hass der Nation mit solcher Leidenschaft auf, dass nicht nur Unruhen ausbrachen, sondern diese auch von allen beifällig kommentiert wurden. Deutsche verloren Arbeitsplätze, die sie zwanzig Jahre lang inne hatten, deutsche Geschäfte und Firmen wurden boykottiert, deutsche Musik wurde nicht gespielt, und den in England geborenen Kindern deutscher Eltern wurden keine Schulstipendien mehr bewilligt.

Der erbittertste Wortführer von allen war Horatio Bottomley, Herausgeber der Zeitschrift *John Bull*. Im Mai 1915 forderte er eine „Vendetta" gegen alle Deutschen in Großbritannien, gleichgültig ob sie naturalisiert waren oder nicht. „Man kann eine unnatürliche Bestie nicht naturalisieren," schrieb er. „Sie ist eine höllische Missgeburt. Aber vernichten kann man sie, und die Zeit ist dafür nun reif." Seine Worte, wie beispielsweise „schleichende, schleimige Hunnen, die uns die Luft vergiften", brachten Bottomley so viele Anhänger, dass er dreimal zum Parlamentsabgeordneten gewählt wurde.

Nach der Versenkung der *Lusitania* im Jahr 1915 durch ein deutsches U-Boot, bei der über tausend Menschen umkamen, kannte der Hass gegen die Deutschen kein Halten mehr. In vielen englischen Städten brachen antideutsche Aufstände aus, in denen deutsche Familien, ihre Wohnungen und Geschäfte angegriffen und ausgeraubt wurden. Die berühmte Sufragette Sylvia Pankhurst beschreibt in ihrem Buch über das Leben in London während des Ersten Weltkrieges wie folgt:

„Die Gelegenheit, ohne Furcht vor Strafe zu plündern, spornte gewisse Gruppen armer und ignoranter Menschen an. Manches Heim wurde zertrümmert, manche friedliche Arbeiterfamilie verlor Hab und Gut. Steine wurden geworfen, Kinder verletzt."

Weiter berichtet sie, wie eine Freundin versuchte, deutsche Familien vor dem Pöbel zu verteidigen. Sie wurde dabei selbst verwundet. Eine andere Freundin, die mit einem Deutschen verheiratet war, musste zusehen, wie ihr Heim vollkommen niedergerissen wurde: „Die wertvollen Werkzeuge, mit denen ihr Mann und ihr Sohn ihren Lebensunterhalt als Tischler verdienten, wurden gestohlen. Anschließend zerrte der Pöbel ihren Mann, ihren Sohn und die Tochter aus dem Haus und verschleppten sie. Sie wusste nicht, was ihnen zugestoßen war. Erst nach einem Tag quälender Ungewissheit wurde sie wieder mit ihnen vereint."

Laut offiziellen Mitteilungen wurden 237 Menschen in den Unruhen verletzt, aber Pankhurst glaubte, es wären viel mehr gewesen, „da Frauen wie meine arme Freundin nicht der Polizei berichteten, was sie durchgemacht hatten." Familien verloren ihr Heim und ihren Unterhalt. Manche begingen Selbstmord. Die Regierung gründete einen Ausschuss zum Beistand hilfsbedürftiger Ausländer, ebenso halfen die Quäker und andere wohltätige Organisationen.

Es ist erstaunlich, wie wenig bekannt dieses Stück Geschichte heute noch ist, trotz der Theorie von Panikos Panayi[6], dem führenden Historiker über diese Zeit, dass die Verfolgung „feindlicher Ausländer" während des Krieges die herrschende Innenpolitik war und propagiert wurde, um den Enthusiasmus des Volkes für den Krieg lebendig zu halten.

So kam es, dass das unbeschwerte Leben meiner Großeltern in Hampstead jäh zu Ende war. Opa wurde als „feindlicher Ausländer im Militärdienstalter" festgenommen und interniert. Zu dieser Zeit hatte er bereits zwanzig Jahre ununterbrochen in England gelebt und betrachtete es als sein Zuhause. Und doch konnte er das Zunehmen der antideutschen Stimmung in seinem Umfeld nicht einfach übersehen haben. So fragt man sich, warum er sich nicht vorher naturalisieren ließ. Ich konnte es selbst nicht verstehen, bis ich die Nationalitätsgesetze der Zeit studierte.

Es stellte sich heraus, dass vor dem Ersten Weltkrieg der Begriff „Nationalität" nicht so scharf definiert, nicht so bedeutsam war wie später. Der Aufenthaltsort eines jeden war das Ausschlaggebende. Von Ausländern, die

6 *Der Feind in unserer Mitte – Die Deutschen in Britannien während des Ersten Weltkrieges,* Berg Publishers, 1991

zehn oder mehr Jahre in England gelebt hatten, wurde angenommen, sie hätten ihre Nationalität aufgegeben und wären jetzt staatenlos. Danach war es lediglich eine Formsache, die britische Staatsangehörigkeit zu erlangen. Es schien so unbedeutend zu sein, dass sich nur wenige Ausländer darum kümmerten. Von 1903 bis 1913 fanden im Ganzen nur 10.000 offizielle Nationalisierungen statt.[7]

Als es 1913 so aussah, als ob die übrigen 70.000, einschließlich Opa, vernünftigerweise ihre Papiere in Ordnung bringen sollten, falls Krieg ausbrach, verabschiedete Deutschland ein neues Gesetz, welches das alte Verfahren umstieß. Das hieß: Alle, die auf deutschem Boden geboren waren, galten von nun an, ohne Rücksicht auf die Dauer ihres Aufenthaltes im Ausland, als deutsche Staatsangehörige. Menschen wie Opa waren damit nicht mehr staatenlos und konnten also keine britische Staatsangehörigkeit beantragen. Selbst nationalisierte Deutsche waren betroffen. Sie besaßen nun zwei Nationalitäten, ein Umstand, der in England nicht anerkannt wurde. Infolgedessen wurden die englischen Papiere einiger von ihnen nach Kriegsausbruch für ungültig erklärt, und sie wurden inhaftiert. Nicht, dass die antideutschen Aufrührer zwischen Feinden mit oder ohne Papiere unterschieden hätten. Sie verschonten nicht einmal einen Bäcker in Bermondsey, der in weiser Voraussicht Fotos seiner beiden Söhne in britischer Uniform in die Auslagen seines Ladens gestellt hatte, um zu beweisen, dass sie, wie auch mehrere tausend andere Söhne deutscher Immigranten, auf englischer Seite kämpften.

Elsie Hope (Auntie Hopey), ungefähr zu der Zeit, als sie Omas Freundin wurde

Eines Nachts landete ein Backstein in Omas und Opas Frisiersalon, und auf dem Bürgersteig waren antideutsche Slogans hingeschmiert.

„Banden zogen umher und zerstörten deutsche Läden“, schrieb Oma im Mai 1966 kurz vor ihrem Tod in ihren Memoiren für Udo und mich. „Der

7 Von den 80.000 in Deutschland oder Österreich Geborenen, die in England ansässig waren, hatten nur 7.000 eine Nationalisierungsbescheinigung beantragt.

Ehemann einer Kundin von uns traf einmal auf unserem Haverstock Hill eine disziplinlose Horde, die unterwegs war, um unseren Laden zu zertrümmern. Er war Parlamentsmitglied und eine starke Persönlichkeit, und so gelang es ihm, die Horde von ihrem Vorhaben abzubringen. Damals gab er mir den Rat, das Haus zu verlassen. Kundschaft hatten wir sowieso kaum noch. Ich verkaufte also alles in großer Eile, mein ganzes Heim für sieben Pfund[8]! Das war das Ende meines ersten Zuhauses. Ich mietete zwei Zimmer. Ich musste Arbeit suchen, und es blieb mir nichts anderes übrig, als zu meiner Mutter zu gehen und sie zu bitten, mein kleines Mädchen, damals vier Jahre alt, bei sich aufzunehmen."

Während des nächsten Jahres lebte meine Mutter mit ihrer Großmutter Bessie, ihrem Mann und einer älteren Cousine, die ebenfalls Ethel hieß und ein Dach über dem Kopf brauchte. Ihre Mutter, Omas jüngste Schwester Nellie, hatte ihren Mann verlassen und war unternehmungslustig nach Australien ausgewandert. Auf der Überfahrt hatte sie einen Mitreisenden geheiratet und lebte nun bigamistisch.

Bessies Wohnung muss ziemlich klein gewesen sein, da sich meine Mutter erinnerte, auf dem Sofa geschlafen zu haben. Sie wurde im Kindergarten angemeldet; ihre Cousine Ethel besuchte einen Kursus für Sekretärinnen. Oma holte meine Mutter jeden Samstagnachmittag ab und brachte sie am Montagmorgen wieder zurück zu Bessie.

Solange Oma ihren deutschen Nachnamen „Druhm" benutzte, konnte sie keine Anstellung finden, selbst in der anglisierten Schreibweise „Droome". So nahm sie wieder ihren Mädchennamen an und fand als „Miss Norris" sofort eine Stellung. Eines Tages sah eine Kollegin sie mit meiner Mutter zusammen im Bus und hörte, wie sie „Mummy" gerufen wurde. Die junge Frau ging sofort zu ihrem Chef und berichtete ihm, Oma wäre nicht die anständige Frau, wie alle annahmen. Sie sei (Gott vergebe ihr!) eine unverheiratete Mutter. Oma wurde sofort entlassen.

Danach fand sie einen Friseurmeister mit eigenem Salon, den ihre Nationalität nicht interessierte. Er war Schweizer und trug den Namen George Rossell, war aber allseits als „Mr. George" bekannt. Mr. Georges Hauptassistentin und Vertraute war Elsie Hope, genannt „Hopey", die mit der Zeit Omas liebste Freundin wurde.

8 Das entspricht heute etwa 525 Pfund oder 589 Euro.

„Ich musste Mr. George meine Geschichte erzählen, denn am Ende meiner ersten Woche im Salon bat er um meine Versicherungskarte. Alle Angestellten mussten damals eine haben. Ich hatte natürlich keine, da ich ja Inhaberin eines eigenen Geschäftes gewesen war. Ich behielt meine Stelle als Miss Norris. Niemand wusste, wer ich war, nur Hopey. Mr. George hatte sie eingeweiht."

Hopey war zehn Jahre jünger als meine Großmutter, erst fünfundzwanzig, als sie sich trafen, und unverheiratet. In den nächsten drei Jahren gab sie Oma uneingeschränkte praktische und moralische Unterstützung. Das tat sie noch einmal nach dem Zweiten Weltkrieg für unsere inzwischen wesentlich größer gewordene Familie.

„Mr. George", Omas Schweizer Arbeitgeber während des Ersten Weltkrieges, seine Frau Auntie Hopey (r.) und seine Tochter Gabrielle (vorn)

Im Gegensatz zu den neuen Friseurkollegen überließ die Familie meine Großmutter ihrem Schicksal. Omas Schwester Gertie und deren Mann Harry, mit denen Oma und Opa vor Ausbruch des Krieges eng befreundet gewesen waren, kümmerten sich nicht mehr um sie. Sie hatten in der Zwischenzeit auch eine kleine Tochter bekommen, Betty genannt. Betty war ein paar Jahre jünger als meine Mutter, doch diese kann sich nur an eine einzige Begegnung mit ihrer Cousine erinnern, kurz bevor die Familie nach Deutschland abreiste. „Wir waren in ihrem Haus in Harrow zum Tee eingeladen und um auf Wiedersehen zu sagen", erinnert sich meine Mutter. „Betty hatte feuerrote Haare, die in Korkenzieherlocken über ihre Schultern hingen."

Meine Mutter in den Ferien in Kettering

„Es waren furchtbare Jahre für mich", erzählte Oma in ihren Memoiren. „Ich lebte und arbeitete von Heimlichkeiten umgeben, ständig fürchtete ich, die

> anderen würden entdecken, dass ich mit einem Deutschen verheiratet war und ein Kind hatte. Mehrmals kamen frühere Kundinnen von mir aus Haverstock Hill in den Salon und sahen mich. Es gelang mir jedes Mal, sie rechtzeitig zu bitten, mich nicht zu verraten. Auch Geschäftsreisende kamen, die mich erkannten, und auch sie musste ich bitten, nicht zu sagen, wer ich war. Ebenso hatte ich ständig Angst, meine Kolleginnen könnten mich in der Öffentlichkeit mit meiner kleinen Tochter sehen. Zum Glück passierte dies nicht, und ich blieb dort drei Jahre als Miss Norris angestellt."

Von da ab konnte Oma nicht mehr richtig schlafen. Ihre Nerven waren zu angespannt, und sie erholte sich nie mehr vollständig von dem, was sie im Ersten Weltkrieg durchmachen musste. Wer hätte ahnen können, dass es im Zweiten Weltkrieg noch schlimmer kommen sollte?

Auch die Trennung von ihrem Töchterchen, jede Woche von montags bis samstags, bereitete ihr große Sorgen. Eines Tages hatte Mr. George eine glänzende Idee: „Wie wäre es, wenn Sie Ihre Tochter in die Klosterschule in der Nebenstraße bringen? Sie könnten sie morgens dort hinbringen und abends wieder abholen. Die Schwestern sind so freundlich, es würde ihr dort gefallen." Meine Oma befolgte diesen Vorschlag.

Noch heute erinnert sich meine Mutter an diese kleine Schule:

> „Die Nonnen kannten die ganze Geschichte, aber sie nahmen mich mit vollstem Verständnis und uneingeschränkter Freundlichkeit auf. Ich besuchte Schulstunden und lernte den Rosenkranz beten, aber sie verlangten nicht, dass ich katholisch wurde. Wenn die Schule aus war, spielte ich mit den anderen Kindern im Spielraum, bis ich abgeholt wurde. Ich war immer die letzte dort und hatte dann alle Spielsachen für mich allein. Dann fuhren meine Mutter und ich erst mit dem Bus, dann mit der U-Bahn nach Hause. Ich musste sehr schnell von der Schule zur Bushaltestelle gehen, und ich sollte nicht ‚Mummy' sagen, wenn eine Bekannte stehenblieb, um mit uns zu sprechen. Es kam mir immer wie eine kleine Verschwörung vor, die wir miteinander hatten.
>
> Am besten erinnere ich mich an die Winterabende. Wir gingen von der U-Bahnhaltestelle hinauf zur Straße in die dunkle, kalte Nacht hinein. Am Himmel kreuzten Scheinwerferlichter auf der Suche nach deutschen Zeppelinen hin und her. Einmal sahen wir einen; er hatte

Feuer gefangen und sah wie eine rotglühende Zigarre aus. Dann brach er auseinander und sank langsam zu Boden.

Wir gingen immer Hand in Hand, denn ich war um diese Zeit stets müde. Meine Mutter sang mir allerlei populäre Lieder vor, die überall gesungen und im Varieté gespielt wurden, um mich aufzumuntern. *If You Were The Only Girl In The World* und *Daisy, Daisy* waren meine Lieblingslieder, und immer, wenn ich diese höre, erinnere ich mich an damals.

Nachts heulten manchmal die Luftangriffssirenen, und ich wurde in das gegenüberliegende Haus getragen, wo wir im Keller mit den Nachbarn zusammen saßen. Ich kann mich jedoch nicht daran erinnern, dass jemals Bomben abgeworfen wurden.

Auntie Hopey und meine Mutter

Sonntags waren wir meistens bei Auntie Hopeys Eltern zum Mittagessen im ‚Wat Tyler' eingeladen. Das war eine Kneipe in Brondesbury, die Hopeys Vater gehörte. Hopey hatte auch Verwandte in Northamptonshire, die Sharpes, und dort verbrachte ich so manche Ferien. Für ein Großstadtkind war es eine wundervolle Erfahrung, bei einer Familie mit so vielen Kindern auf dem Lande zu leben. Wir spielten Spiele, von denen ich noch nie gehört hatte, wir kletterten auf Bäume und veranstalteten Laterna-magica-Vorführungen im Garten. Sogar Ponyreiten lernte ich! Das waren die glücklichsten Wochen meiner Kindheit während des Krieges."

Als Feind mit englischer Familie wurde Opa nicht, wie die meisten Deutschen, auf der Insel Man festgehalten, sondern in der Nähe seines Zuhauses, zusammen mit anderen, die schon viele Jahre in England lebten und sich an das englische Leben angepasst hatten. Jeden Samstag während des Krieges fuhr Oma mit meiner Mutter zum Islington Workhouse in der Cornwallis Street, einem ehemaligen Armenhaus, worin Opa mit vierhundert anderen Deutschen inhaftiert war.

Eines der Schmuckkästchen, die mein Opa im Internierungslager anfertigte

Oma, kurz bevor sie England verließ (1919)

Jedesmal schmuggelte sie Zigaretten, Apfelsinen und Schokolade hinein – in ihrer Unterhose. Eine Reihe von Polizisten bewachte das eiserne Tor, durch welches die Besucher auf dem Weg zu dem bedrohlich wirkenden Gebäude gehen mussten. „Eigentlich sollten sie uns durchsuchen, aber ich kann mich nicht daran erinnern, dass dies je vorgekommen ist", erinnert sich meine Mutter. Aber die Augenblicke, nachdem sie die Wachen passiert hatte, konnte sie nie vergessen. „Dort, hinter dem Stacheldrahtzaun, stand mein Daddy inmitten einer Gruppe Männer, die voller Neugier und Erwartung zum Eingangstor spähten."

„Empfandest du dieses wöchentliche Ritual, deinen Vater so weggeschlossen zu sehen, nicht als sehr beunruhigend?" fragte ich meine Mutter, als ich unsere Geschichte aufschrieb, aber sie konnte dies nicht bestätigen. „Ich war mit meiner Mutter zusammen, und so erschien mir die ganze Situation völlig normal."

Ich betrachte es heute als eine der bemerkenswertesten Leistungen meiner Großmutter, dass sie, selbst als ihr eigenes Leben in Scherben lag, den Mut und den Optimismus aufbrachte, meine Mutter während der Kriegsjahre vor emotionalem Schaden zu bewahren.

Miss Hope, deren Muff bei diesen Besuchen ebenfalls mit Leckerbissen vollgestopft war, begleitete sie manchmal, hin und wieder kam auch Mr. George mit. Von Zeit zu Zeit erhielten im Gegenzug auch die Besucher Geschenke, wie beispielsweise Spielsachen aus Holz und andere kleine Kunstwerke, die die Gefangenen hergestellt hatten, um sich die Zeit zu vertreiben. Holzschnitzen war in den meisten Lagern die Lieblingsbeschäftigung. Opa, der bekannt war für seine Geduld und seine Genauigkeit, zeigte sich darin besonders geschickt, und so manche seiner Kunstwerke befinden sich noch immer im Familienbesitz, zum Beispiel zwei Schmuckkästchen für Oma und Auntie Hopey, mit Einlegearbeiten in den Deckeln.

Ein anderes ungewöhnliches Stück, das diese lange Zeit überdauert hat, ist ein mechanischer Zigarettenkasten, der auf dem Prinzip eines Toasters beruht. Obwohl er nie schön anzusehen war, funktioniert er noch heute.

Opa hatte es mit seinem Lager besser getroffen als sein siebzehnjähriger Vetter, Günter Wagler, der zufällig zum ersten Mal in England zu Besuch war, als die Internierung eingeführt wurde. Da er Junggeselle war und keine nahen Verwandten in England hatte, wurde er sogleich auf die Insel Man gebracht, wo sich bereits 28.000 andere Internierte befanden. Dort starb er zwei Jahre später an Tuberkulose, das einzige Kind seiner Eltern.

Doch selbst der Aufenthalt im Armenhaus in der Cornwallis Street war nicht ungefährlich. Am 7. Juli 1917 erlebte London den ersten Luftangriff am Tage. 44 Menschen wurden getötet und 125 verletzt. Die Bevölkerung war empört, und eine neue Welle von Deutschenhass brandete auf. Vier Nächte hintereinander belagerten wütende Menschenmengen drohend und rachelüstern das Internierungslager. Nur durch das Eingreifen der Londoner Spezialpolizei konnten Mord und Totschlag verhindert werden. Deren Chronist W. T. Reay schrieb 1920 in seinem Bericht über ihren Dienst während des Krieges, dass dieses um so bemerkenswerter war, „weil jeder einzelne Polizist die gleiche Wut empfand wie die tobende Menschenmenge, und trotzdem beschützten sie nach Vorschrift die Deutschen und deren Besitz."

Eine weitere Provokation stellte der Name dar, den die Deutschen ihren neuen Bombenflugzeugen gegeben hatten: *Gothas.* Denn der Familienname des englischen Königshauses lautete damals *Sachsen-Coburg-Gotha*. Die Wut der Bevölkerung ob der Bombenschäden und der Beleidigung wuchs in derart hohem Maße, dass der König zehn Tage später den Namen seiner Familie änderte. Seine Dynastie hieß von nun ab „The House of Windsor".

1918 endete der Krieg, und die Deutschen, einschließlich Opa, wurden aus dem Lager entlassen. Sie durften jedoch nicht zu ihren Familien heimkehren, sondern wurden im Austausch gegen Briten, die in Deutschland interniert waren, sofort nach Deutschland abtransportiert.[9]

Das hieß also, dass mein Großvater, der seit seiner Jugend nur in England gelebt hatte, im Alter von vierzig Jahren deportiert wurde. Er war einer von zwölftausend, die mit einer britischen Frau verheiratet waren.

9 Die Forderung, alle Ausländer aus verfeindeten Nationen zu vertreiben – die sogenannte „Schmeißt die Hunnen raus!"-Kampagne – war das hervorstechendste Merkmal im Vorfeld des „Hängt den Kaiser!"-Wahlkampfes von 1918.

Was geschah mit diesen Frauen? Sie konnten ihre britische Staatsangehörigkeit, die sie durch die Heirat verloren hatten, wieder beantragen – aber nur, wenn sie bereit waren, sich scheiden zu lassen, ansonsten drohte ihnen das gleiche Schicksal. Dank eines 1914 erlassenen Gesetzes war eine deutsch-englische Scheidung unproblematisch, und viele Frauen nutzten diese Gelegenheit. Der größte Teil der deutsch-englischen Familien wurde auf diese Weise zerstört. Im *Imperial War Museum* sind noch heute herzzerreißende Briefe und Tagebücher von Männern zu sehen, die zwangsweise nach Deutschland zurückgeschickt wurden, und deren Frauen und Kinder nichts mehr mit ihnen zu tun haben wollten. Von den zwölftausend Frauen haben sich weniger als dreitausend dafür entschieden, ihre Männer zu begleiten.

Oma entschloss sich, mit Opa zusammen zu bleiben und ihm nach Deutschland zu folgen. Anscheinend hatte sie einen guten Eindruck gewonnen, als sie vor fünfzehn Jahren nach ihrer Verlobung dort zu Besuch gewesen war. Die antideutsche Hysterie, der sie in England begegnet war, empfand sie als dermaßen abstoßend, dass sie sich nicht vorstellen konnte, dort jemals wieder friedlich mit ihrer Familie leben zu können.

Im Februar 1919 also, fünf Monate nach Opas Deportation, schloss sie sich einer Gruppe englischer Frauen an, die bereit waren, sich mit ihren Kindern in Deutschland einbürgern zu lassen. Die meisten hatten Deutschland noch nie gesehen. Die Deportation wurde vom Roten Kreuz organisiert. Vor der Abfahrt des Zuges instruierte eine Vorsteherin die Frauen darüber, dass jetzt noch Gelegenheit sei zu bleiben: „Ihr braucht euch nicht zu schämen, wenn ihr nicht den Mut habt, die Reise anzutreten."

Meine Mutter mit Mr. Hope (l.), dem Eigentümer der Kneipe „Wat Tyler", bevor sie England 1919 verließ.
War dies der Mantel, der meine Mutter inspirierte, einen ähnlichen für mich im Jahre 1946 zu machen?

Oma war neununddreißig und meine Mutter achteinhalb, zwei Jahre jünger als ich war, als ich siebenundzwanzig Jahre später in die entgegengesetzte Richtung geschickt wurde. Ich muss gestehen, wie erleichtert ich war, als wiederum dreißig Jahre später meine eigene Tochter zehn Jahre alt wurde, ohne ein ähnliches Trauma durchleben zu müssen.

Es war eisig kalt. „Wir fuhren um Mitternacht vom Bahnhof King's Cross ab. Nur Hopey war gekommen, um sich von uns zu verabschieden", erinnert sich meine Mutter. „Sie hatte mir als Abschiedsgeschenk einen Pelzmantel, eine Pelzmütze und wunderbare, kleine, kniehohe Stiefel gekauft. Sie schenkte mir auch eine kleine Daunendecke, die mich auf der Reise warmhalten sollte."

Die Fahrt nach Berlin dauerte eine Woche, und sie standen unter ständiger militärischer Bewachung. Die Nächte verbrachten sie manchmal in einer Scheune oder einer Schule. Das Gepäck – fünfzig Kilo pro Person waren gestattet – wurde mehrmals von der Polizei durchsucht, um sicher zu stellen, dass kein britisches Geld ausgeführt wurde.

Meine Mutter erinnert sich noch gut an die Reise:

> „Von London aus fuhren wir mit einem Sonderzug, und dann ging es per Schiff nach Rotterdam. In Holland wurde die Gruppe von holländischen Quäkern begleitet. Sie taten, was sie konnten, gaben uns etwas Warmes zu essen und stellten provisorische Betten in einer Schule zur Verfügung. Ab der holländisch-deutschen Grenze jedoch war die Fahrt nach Berlin ein Graus. Wir fuhren in einem kriegsbeschädigten Zug ohne Heizung und ohne Fensterscheiben dreihundert Meilen durch die schneebedeckte Landschaft. Der Zug hielt oft an und änderte mehrmals seine Fahrtrichtung. Man sagte uns, dass Minen auf manchen Strecken lägen, und deshalb dauere die Fahrt so lange.
>
> Bei jedem Zwischenstopp kamen andere Polizisten und Grenzbeamte in die Waggons, um unsere Papiere und das Gepäck zu kontrollieren. Die Wachen verhielten sich rücksichtslos und unhöflich. Die einzige Freude, die ich auf dieser Fahrt hatte, war Auntie Hopeys wohlig warme Daunendecke, in die ich mich kuschelte."

Wir haben nichts davon gehört, dass Oma irgendetwas bei sich hatte, woran sie sich während der Fahrt erfreuen konnte. Es war nicht ihre Art, sich über unschöne Begebenheiten auszulassen, und in späteren Jahren hat sie sich nie über diese Erfahrungen beklagt. Ich kann mir aber vorstellen, wie ihr in diesem furchtbaren, eiskalten Zug mit den unfreundlichen Wachen und scheibenlosen Fenstern zumute gewesen sein musste, als sie ihre kleine Tochter aus dem einzigen Leben, das sie kannte, fortführte, zu ihrem Mann und in eine ungewisse Zukunft.

KAPITEL 2

Köpenick

Das Leiden während der Reise war nur ein Vorgeschmack dessen, was die Druhms in ihrem neuen Heimatland erleben würden. Im Jahr 1919, in dem meine Mutter und meine Großmutter in Deutschland ankamen, starben dort eine Million deutsche Kinder an Unterernährung. Die Situation war so dramatisch, dass Quäker aus Großbritannien und Amerika Deutschland zu Hilfe kamen. Während der nächsten vier Jahre eröffneten sie 7.300 Nahrungsverteilungsplätze für Mütter und Kinder im ganzen Land. Ich entdeckte diese Tatsache erst im Januar 1996, als ich die Ausstellung „Stille Helfer" im Deutschen Historischen Museum in Berlin besuchte, welche den entscheidenden Beitrag zum Überleben der deutschen Bevölkerung würdigte, den die Quäker mehr als einmal im 20. Jahrhundert geleistet hatten.

Der Mangel an Nahrungsmitteln war nicht das einzige Problem. Deutschland hatte seine militärische Niederlage nicht friedlich hingenommen. Während der nächsten Jahre waren politische Unruhen, Ausschreitungen und Gewalttätigkeiten auf den Straßen ebenso an der Tagesordnung wie Knappheit und Armut.

Was mein Großvater vorfand, als er im September 1918 zurückkehrte, war genau das, was Paul Cohen-Portheim in seinem 1930 veröffentlichten Bericht[10] über Kriegsinternierung in Großbritannien und ihre Nachwirkung beschrieb. Nach einer endlosen Fahrt in einer ebenso vandalisierten und kaputten Eisenbahn wie der, die meine Großmutter und meine Mutter ein paar Monate später nach Deutschland bringen würde, fand er die Straßen der Hauptstadt

10 *Time Stood Still* (New York, Dutton, 1932)

„voller verhungert aussehender Männer, zahlloser Kriegsinvaliden und noch mehr Bettlern. Alle paar Minuten ratterten Fahrzeuge voller roter Gardetruppen, bewaffnet mit Maschinengewehren, vorbei. Die Wagen waren mit Totenköpfen bemalt. Straßenkämpfe waren hier und da im Gange, und auch von anderen Teilen der Stadt her hörte man Maschinengewehrfeuer und Artillerie. Endlose Schlangen grau aussehender Frauen standen vor allen Lebensmittelgeschäften; Aufrührer agitierten vor Menschenansammlungen auf den Stadtplätzen. Das war meine Heimkehr vom Krieg zum Frieden, es schien mehr wie eine Rückkehr vom Frieden zum Krieg."

Im Februar 1919, als Oma und meine Mutter ankamen, hatten sich die Straßenkämpfe gelegt, jedenfalls momentan. Aber verglichen mit dem siegreichen, optimistisch gestimmten Land, das sie verlassen hatten, müssen die Armut, die Zeichen der Zerstörung und die Hoffnungslosigkeit der Menschen sie tief erschrocken haben. Wie Cohen-Portheim schrieb: „Was man auch von den Zuständen in Deutschland gehört oder gelesen hatte, dies zu sehen, diese Atmosphäre von Hoffnungslosigkeit und Verzweiflung, machte einen sprachlos." Viele englische Frauen, die wie Oma ihren Ehemännern gefolgt waren, kehrten entsetzt nach Hause zurück.

Während der ersten paar Monate quetschten sich die drei Neuangekommenen in die Wohnung von Opas Eltern hinter dem Geschäft in Luckenwalde. Die Alten taten alles, was sie konnten, um es ihnen bequem zu machen. Sie teilten alles mit ihnen, was sie hatten, das Problem war jedoch, dass sie selbst nur wenig besaßen.

Zu essen gab es fast nur schwarzes Brot und Kartoffeln, und selbst die waren rationiert. Wenn diese mal mit etwas anderem garniert waren – zum Beispiel mit Kohl – war es ein Festessen. Mehr als alles andere vermisste Oma ihre Tasse Tee, und bis Auntie Hopey, Mr. George und Großmutter Bessie sich erbarmten und Lebensmittelpakete schickten, litt sie entsetzlich.

Aber die Wärme, mit der sie überall willkommen geheißen wurde, machte vieles erträglich. Opas Vater Otto Druhm war von seiner neuen Enkeltochter so entzückt, dass er sie gleich auf seinen Schoß nahm und ihr den ersten deutschen Satz beibrachte: „Ich bin ein deutsches Mädchen." Meine Mutter hatte jetzt auf einmal Tanten, Onkel und Cousinen, von denen mehrere, wie Opas Vetter Arno, vor dem Krieg in London zu Besuch gewesen waren.

Gleich an ihrem ersten Schultag wurde meine Mutter zu einer Berühmtheit. Am Mittag begleiteten zwölf kleine Mädchen sie nach Hause. Oma schrieb in ihrer Biografie: „Sie war von Mädchen umgeben. Alle glaubten etwas Wunderbares zu beobachten. Die Mädchen hatte noch nie einen Ausländer erlebt." Und ein Mädchen mit einem Bubikopf vielleicht auch nicht.

Meine Mutter nahm die neuen Umstände mit Gelassenheit auf. Auntie Hopey erhielt von Oma eine Postkarte mit dem Bild des Brandenburger Tors. Darauf stand: „Wir kamen heute hier vorbei. Freda rief aus: ‚Guck mal, Hyde Park Corner!'".

Die ganze Familie, einschließlich eines wohlhabenden Onkels, setzten sich für Oma und Opa ein und ermöglichten es ihnen, wieder ein Geschäft zu eröffnen. Ein paar Monate nach ihrer Ankunft hatten sie ihren eigenen Salon in der Grünstraße eines südöstlichen Vorortes von Berlin, des historischen und in normalen Zeiten recht netten Köpenick.

Grünstraße, Köpenick. Das Geschäft meiner Großeltern ist in der Mitte

In den zwanziger und dreißiger Jahren führten sie dort ihr Geschäft mit Erfolg. Ihre modische Londoner Frisierkunst zog Berliner Hausfrauen an, und exotische Kurzschnittfrisuren, „Bobbing", „Marcelondulieren" und später „Dauerwellen" trugen dazu bei, dass das Geschäft blühte. Nach einem Jahr konnten sie das geliehene Anfangskapital zurückzahlen. „Wir spürten nie Ablehnung oder Missgunst, weil wir englisch waren, ganz im Gegenteil", erinnert sich Oma.

Jedoch war während dieser Periode die Freude an dem Erfolg ihres Geschäftes überschattet von der dauernden Verzweiflung über den Zustand des Landes. Friseure und andere Gewerbetreibende konnten ihr Handwerk mehr oder weniger normal ausüben, aber die einfachsten Notwendigkeiten des Lebens, besonders Nahrungsmittel, blieben sehr knapp, und die Qualität war erbärmlich. Nach wie vor war die Familie auf Lebensmittelpakete aus England angewiesen. „Im Jahr 1922 kam Auntie Hopey zum ersten Mal zu Besuch, und sie war entsetzt", erinnert sich meine Mutter. „Sie nannte unsere Mahlzeiten aus Mohrrüben und Haferflocken ‚Viehfutter', denn dieses war die regelmäßige Verpflegung, die wir ihr bieten konnten. Innerhalb weniger Wochen nahm sie zehn Pfund ab, und bestand darauf, das ich als Zwölfjährige den folgenden Sommer zu ihr nach England kommen sollte, um gut ernährt zu werden."

Auntie Hopey bei einem Besuch in Köpenick 1922. Im Hintergrund sieht man das bekannteste Wahrzeichen von Köpenick, die Schornsteine der Brauerei, wo am Tag von Hitlers Machtergreifung eine rote Flagge gehisst wurde

Ich habe in meinem Besitz zwei alte Nachrichten, welche zeigen, wie verzweifelt meine Großmutter während der ersten paar Jahre in Deutschland war. Eine davon ist eine Postkarte, adressiert an Miss Hope, mit dem Datum 14. April 1920, als Oma etwas mehr als ein Jahr in Deutschland gewesen war. Das Bild ist eine Vorkriegsfotografie der Grünstraße in Köpenick, auf der ihr Geschäft deutlich zu erkennen ist. Die Worte lauteten:

> „Hast du den Brief von Miss Connell erhalten? Mutter sollte ihn dir schicken. Ich möchte gern, dass George ihn liest. Bitte nimm ihn mit. Er bedeutet jetzt unsere einzige Hoffnung. Aber so viele Schwierigkeiten. E."

Wie meine Mutter erklärte, war Miss Kathleen Connell Omas Lehrmädchen im Friseursalon in Hampstead gewesen. Diese arbeitete inzwischen als Friseurin und Kammerjungfer einer adeligen Dame in Kenia und hatte dort einen Ingenieur namens Teddy Holness geheiratet, der bei der Entwässerungsabteilung der Regierung arbeitete. Als Kathleen hörte, wie schrecklich die Zustände in Deutschland waren, schlug sie vor, wir drei sollten ebenfalls nach Kenia auswandern. Meine Großeltern beantragten sofort die Papiere, und Teddy Holness schrieb ihnen sogar eine Empfehlung, aber nach monatelangem Warten wurde der Antrag abgelehnt – weil sie deutsch waren und weil sie als Friseure keine für die Kolonie wichtige Arbeit leisten würden. Ein paar Jahre lang waren Oma und Opa recht enttäuscht, aber nachdem Kathleen und ihr Mann nach England heimgekehrt waren, dachten sie nicht mehr daran.

Ein weiterer Brief Omas, datiert vom 2. September 1920, war an den Demagogen Horatio Bottomley gerichtet, der zuvor antideutsche Hetzartikel in der Zeitschrift *John Bull* veröffentlicht hatte und der nun für die *Sunday Pictorial*[11] schrieb:

11 Die Sonntagsausgabe des *Daily Mirror*, einem der BILD-Zeitung vergleichbarem Boulevardblatt.

Sir,

ich bin eine in Deutschland lebende Engländerin. Jede Woche schickt mir meine Mutter die *Sunday Pictorial*, und darin lese ich oft Behauptungen, denen ich widersprechen möchte.

Diese Woche las ich, Butter koste in Deutschland 14 Schilling pro Pfund. Ich wünschte, das wäre der Fall. Butter ist nur an der Hintertür eines Bauern zu kaufen, oder von jemandem, der sie dort gekauft hat. Sie ist niemals billiger als 30 Mark pro Pfund, oft sind es sogar 40 Mark. Die wöchentliche Ration von 20 Gramm kostet dasselbe.

Vor ein paar Wochen schrieben Sie, in Deutschland gebe es wieder Weißbrot. Nun bin ich seit fast zwei Jahren in Deutschland, und das einzige Stück Weißbrot, das ich je gesehen habe, wurde mir von einem englischen Soldaten geschenkt. Unser Brot hier ist dunkelbraun, sauer und sandig. Das sogenannte Weißbrot ist den Kranken vorbehalten, aber es ist beige und nur wenig besser als das gewöhnliche.

Zweifellos glauben Sie selbst an die Richtigkeit Ihrer Angaben, aber Sie sollten sich besser zuerst überzeugen. Ich will Ihnen gern Informationen bezüglich der Preise und der Zustände zukommen lassen.

Mit freundlichen Grüßen,
Ethel Druhm

Ich habe den Brief nur deshalb in meinem Besitz, weil er zurückgeschickt wurde, ungeöffnet und großzügig bestempelt mit dem Wort „Abgelehnt“. Es liegt eine gewisse Ironie darin, dass Bottomley, der durch Bloßstellung tatsächlicher oder vermuteter Missetaten anderer, besonders Deutscher, ein Vermögen angehäuft hatte, kurz nach der einseitigen Korrespondenz mit Oma selbst des Betruges überführt wurde und fünf Jahre im Gefängnis saß. Er hatte 78.000 Pfund, die für den Krieg gesammelt worden waren, unterschlagen. Im Jahr 1933 starb er gänzlich verarmt.

Zu der Zeit, da es endlich so aussah, als ob sich die Verhältnisse in Deutschland verbessern würden, begann ein neues katastrophales Phänomen sich bemerkbar zu machen: die Hyper-Inflation. Als sie ihren Höhepunkt erreichte, kostete ein Brot hundert Millionen Mark. Zum Einkaufen trugen die Menschen ihr Geld nicht in Geldbörsen, sondern in Körben und Eimern. Oma und Opa mussten täglich, wenn nicht gar stündlich, ihre Preise erhöhen, und ihr

Tageseinkommen eilends, oft zwischen zwei Kunden, ausgeben, andernfalls hätte es seinen Wert verloren. Geld für die Zukunft zu sparen bedeutete gleichsam, es wegzuwerfen. Im Jahre 1923 brachte der Reichskanzler Stresemann die Inflation in genialer Weise unter Kontrolle, aber die wirtschaftliche Genesung war langsam und nicht von Dauer. 1929 kam mit der Weltwirtschaftskrise ein noch schlimmeres Unheil: sechs Millionen Deutsche wurden arbeitslos.

Als ob diese wirtschaftlichen Gräuel nicht genug wären, hatten meine Großeltern gefährliche Situationen zu meistern, denen sie bisher in ihrem Friseurberuf nicht begegnet waren, nämlich politische Unruhen. Manchmal kamen sie einem Bürgerkrieg nahe und waren in keiner Weise vergleichbar mit dem, was sie an antideutschen Ausschreitungen in England durchgemacht hatten. Während der Weimarer Republik existierten mehr als dreißig verschiedene politische Parteien. Die Demokratie war handlungsunfähig. Hin und wieder versuchten verschiedene fanatische Gruppen einen Putsch; Attentate und Straßenkämpfe waren an der Tagesordnung. Ohne Vorwarnung konnte ein Handgemenge oder sogar eine Schießerei vor dem Geschäft ausbrechen. In solchen Momenten schlossen Oma und Opa den Salon, ließen die Jalousien herunter und eilten in ihre Wohnung über dem Geschäft. Wenn die Schießerei andauerte, versteckten sie sich hinter den Kachelofen. „Manchmal, wenn wir nachts im Bett lagen, hörten wir Schüsse und Geschrei", erzählte meine Mutter. „Wir fragten uns dann, wer am nächsten Morgen, wenn wir aufstanden, die Stadt in der Hand haben würde. Überbleibsel der deutschen Armee? Die Polizei? Rechte oder linke Straßenkämpfer?" Nach ein paar Tagen war es meist wieder ruhig.

Als sie sich in Köpenick niederließen, hatten sie nicht gewusst, dass der Ort eine Brutstelle politischer Unruhe war – eine sogenannte „rote Stadt". 1920 zum Beispiel löste eine Gruppe Rechtsgesinnter den berüchtigten Kapp-Putsch aus. Köpenicker Arbeiter machten Schlagzeilen, als sie sich militärischen Einheiten, die nach Berlin geschickt worden waren, um den Staatsstreich zu unterstützen, entgegenwarfen und sie vertrieben. Sozialisten beherrschten die Gegend, sogar noch nachdem die Nazis die Macht ergriffen hatten. Am Tag der Machtübernahme Hitlers 1933 hissten sie eine rote Fahne auf dem Schornstein der Köpenicker Brauerei, dem bekanntesten Wahrzeichen der Gegend.

Diese Widersetzlichkeit wurde während der sogenannten *Köpenicker Blutwoche* bestraft, in welcher dreiundzwanzig Anti-Nazis ermordet wurden. Kein Wunder, dass die Frisierkunst von Oma und Opa in der Hauptstraße Köpenicks manche Unterbrechung erlitt.

Onkel Arno, Auntie Hopey, meine Mutter und Oma am Müggelsee

Doch während der zwanziger Jahre fanden die drei Druhms auch Erfreuliches in Köpenick, solange die politischen Probleme des Tages das Leben nicht störten. Die Lage auf einer Landzunge, wo die beiden schiffbaren Flüsse Berlins, Spree und Dahme, zu einem breiten Wasserweg zusammenlaufen, ist geschmückt von zahlreichen Sehenswürdigkeiten. Zwei herrliche Brücken, eine über jeden Fluss, und ein Barockschloss, umringt von hübschen Gärten, sind besondere Merkmale. Es gab von den Brücken stets etwas zu sehen, entweder Vergnügungsdampfer, Ruderboote oder beladene Schleppdampfer. Ein kleiner Seitenarm der Dahme war ideal zum Schwimmen und Schlittschuhlaufen. Vergnügungsdampfer luden zu Fahrten ein, und in den Gaststätten am Flussufer konnte man Kaffee mit Musikbegleitung trinken. An Sonntagen spielten Musikkapellen im Park. Ganz Berlin ist von Wäldern und Seen umgeben. Köpenick, am Rande der Großstadt, liegt mitten in dieser Idylle, unweit von den Müggelbergen und dem Müggelsee.

Da die Druhms es immer verstanden, aus jeder Situation das Beste zu machen, haben sie jede Möglichkeit für ein angenehmes Leben genutzt. Herr Freyer, ein Gymnasiallehrer, der ursprünglich nur sein Englisch mit ihnen üben wollte, wurde zu einem engen Bekannten. Da er ein enthusiastischer Wanderer war, unternahm er mit ihnen Wochenendausflüge in die Müggelberge. Sie kauften sich ein Kanu, aber nach den Fotos zu urteilen sieht es so aus, als ob sie großes Glück hatten, als Nichtschwimmer ohne Schwimmwesten inmitten der stark befahrenen Schifffahrtsstraße zu überleben.

Auch drei Fahrräder wurden angeschafft, mit denen sie des öfteren die siebzig Kilometer bis nach Luckenwalde fuhren, um die Verwandten zu besuchen. Opa, nun fast fünfzig Jahre alt, war verwegen genug, um Motorrad zu fahren. Ein- oder zweimal im Jahr unternahm er eine Tour, mehrmals fuhr er auf seiner 500-cm^3-Maschine bis nach Böhmen. Sie unternahmen kurze Ferienreisen, einmal sogar in die Schweiz. Die Familie teilte viele Interessen, wie zum Beispiel Astronomie, das Studieren der letzten Neuigkeiten der Polarexpeditionen und klassische Archäologie.

Opa bei einem seiner Motorrad-Ausflüge in den Harz (Juni 1927)

Meine Mutter liebte die Dorotheenschule, ihr Köpenicker Mädchengymnasium. Bei jeder Aktivität war sie dabei. Ihre Lieblingsfächer waren Musik, Kunst und Astronomie. Sie besuchte auch eine Ballettschule, und eine Saison lang trat sie mit einer Kindertanzgruppe in einem Berliner Theater auf. Sie erhielt Klavierunterricht, und ihr Lehrer nahm sie mehrmals mit nach Berlin zu Konzerten und Opern. Sie wurde eine ausgezeichnete Schwimmerin, lernte Eiskunstlaufen und Rudern und wurde zur Präsidentin des Schulruderklubs ernannt. „Ich wurde wegen meiner Leistungen ernannt, nicht von den Mitgliedern gewählt. So demokratisch ging es nicht zu." Trotz der schmucken Uniformen, die wie Matrosenanzüge aussahen, war der Verein mehr für seine Partys und Tanzabende berühmt als für seine Ruderleistungen. Statt sportlicher Hochleistungen bestand die Aufgabe meiner Mutter vielmehr darin, Reden zu halten und Gäste willkommen zu heißen.

Während ihrer gesamten Schulzeit wurde sie regelmäßig in andere Klassen eingeladen, um den Schülerinnen, die sonst nur den deutschen Akzent von ihren Lehrern zu hören bekamen, „richtiges" Englisch vorzulesen.

Die Tatsache, dass meine Mutter glücklich an ihrer Schule war, trug ebenso wie die Dampfer- und Kanufahrten, die Biergärten am Flussufer mit Freiluftkonzerten, das Wandern mit Picknicks im Wald dazu bei, dass sogar Oma begann, eine gewisse Freude an ihrer neuen bürgerlichen Lebensweise zu haben. Doch so gut die Familie auch versuchte, sich den Umständen anzupassen, zu Hause hielten sie an ihrem englischen Charakter fest. Sie sprachen englisch, kochten englische Gerichte, und hin und wieder fuhr einer von ihnen in die Hauptstadt, um ihre Vorräte beim einzigen Händler für englische Teesorten aufzustocken. Gesellschaftliche Kontakte pflegten sie, von den Verwandten abgesehen, meist zu anderen englisch-deutschen Familien, die sie im Krieg während Opas Internierung kennengelernt hatten. Hin und wieder kamen Besucher aus England. Jeden Freitag stürzte die Familie sich auf das Päckchen englischer Zeitungen, die Bessie regelmäßig wie ein Uhrwerk sandte: *Schoolgirl's Own* für meine Mutter und die *Sunday Pictorial* für Oma und Opa. Meine Mutter las Opa die Fußballergebnisse vor, welche er in einem Notizbüchlein eintrug. Durch diese regelmäßig gelesenen Zeitschriften behielten sie einen engen Kontakt mit dem Leben in England. Sonntags, wenn sie von ihren Wanderungen heimkehrten, las Oma den anderen beiden aus englischen Büchern vor – meistens Klassiker, mit denen Bessie sie regelmäßig versorgte. Am beliebtesten waren *David Copperfield* von Charles Dickens und *Treasure Island* [12]. Letzteres inspirierte sie dazu, ihr Kanu auf den Namen *Yoho* zu taufen.

Die beliebteste und häufigste Besucherin war Hopey, Omas Kollegin im Salon von Mr. George, welche die Großfamilie Druhm schnell bezauberte. Meine Mutter hat nie vergessen können, wie sie als Elfjährige so freudig aufgeregt war, dass sie magenkrank wurde und dadurch nicht mit den anderen zum Bahnhof gehen konnte, um Hopey bei ihrem ersten Besuch abzuholen. Es gibt noch Fotos, die Hopey im Mittelpunkt eines riesengroßen Familienpicknicks zu Ehren von Großvater und Großmutter Druhm zeigen, und Bilder einer wilden Badeparty am Spreeufer. Opas Bruder Onkel Max, der eingefleischte Junggeselle, wurde ihr regelmäßiger Urlaubsbegleiter. Zurück in England, erhielt Hopey liebevolle Postkarten, unterschrieben von allen Familienmitgliedern.

Familie Druhm auf dem Müggelsee im Kanu *Yoho*

Im Sommer 1923 reiste meine Mutter, der Einladung von Auntie Hopey folgend, nach England. Begeistert schrieb sie:

„Ich hatte wunderbare Ferien. Ich war zwölf Jahre alt und reiste allein. Wie anders war das Leben dort! Ich hörte zum ersten Mal Radio, und sah eine Banane!"

Sie besuchte ihre Großmutter Bessie und ihre Cousinen Ethel und Betty – „noch immer mit diesen knallroten Löckchen". Sie begleitete Hopey auf einer Reise zur Familie Sharpe, ihren Verwandten in Kettering[13], und war Gast bei der Hochzeit der ältesten ihrer früheren Spielgefährten. Während dieses

12 *Die Schatzinsel* von Robert Louis Stevenson
13 Kleinstadt in Northamptonshire

Besuches wurde ausgemacht, dass einer der Sharpe-Jungen Köpenick besuchen sollte.

Die Druhms in Köpenick (Weihnachten 1926)

Hopey hatte ihre Stellung bei Mr. George aufgegeben und mit einer Geschäftspartnerin ihren eigenen Salon im Londoner Stadtteil Mayfair eröffnet. Meine Mutter verbrachte den größten Teil ihrer Ferien mit ihr, wurde im Notsitz[14] ihres neuen Autos herumgefahren und besuchte ihr reizendes Wochenendhäuschen an der Themse. Dort lernte sie eine neue Freundin kennen: Gabrielle, die Tochter von Mr. George, ein Jahr älter als sie selbst.

Die beiden Mädchen hatten sich bisher nicht gekannt, da Gaby mit ihrer Mutter während des Krieges in der Schweiz gewesen war. Aber jetzt wurden sie große Freundinnen. Am Ende ihrer Ferien luden die Rossells meine Mutter ein, ein paar Tage in ihrer Wohnung in der Oxford Street zu verleben, und es wurde verabredet, dass Gabrielle im folgenden Sommer nach Köpenick zu Besuch kommen sollte. Ehe meine Mutter nach Deutschland zurückreiste, machte Mr. George ihr ein ungewöhnliches Abschiedsgeschenk: die allerneueste heiße Dauerwelle mit der damals neu erfundenen Trockenhaube. Das verursachte eine Sensation, denn daheim in der Schule musste sie in jeder Klasse von ihrer Englandreise erzählen.

Oma fiel es sehr schwer, den Briten die Behandlung, die sie während des Krieges in England erfahren hatte, zu verzeihen. Erst zehn Jahre später, 1928, konnte sie sich dazu überwinden, meine Mutter auf ihrer zweiten Fahrt zu begleiten. Bei dieser Gelegenheit sah sie ihre Mutter und ihre Schwester Gertie wieder – Nellie war noch in Australien – verlebte aber auch die Zeit zum

14 Auch „Schwiegermuttersitz" genannt. Die Sitzfläche war im Kofferraum eingebaut und konnte bei Bedarf herausgeklappt werden.

größten Teil mit Auntie Hopey, Mr. George, Miss Connell und anderen Mitgliedern der Friseur-Clique, die ihr während des Krieges beigestanden waren.

1928 war auch das Jahr, in dem meine Mutter die Schule verließ und ein weiteres Mal nach England reiste, diesmal als „Flapper": eine moderne junge Dame, die mit ihren kurzen Röcken, kurzen Haaren und burschikosem Benehmen die ältere Generation schockierte. Als britisch Geborene mit ihrem eigenen englischen Reisepass wurde sie von vielen gefragt, warum sie nicht in England, ihrem Heimatland, bliebe, wo das Leben besser war und es mehr berufliche Entwicklungsmöglichkeiten gab? Der Gedanke war verführerisch, aber meine Mutter lehnte ab. Die vielen Jahre des gemeinsamen Exils hatten die drei so eng aneinander geschmiedet, dass keiner von ihnen glücklich gewesen wäre ohne die anderen. Also fuhr sie mit ihrer Mutter wieder nach Deutschland zurück.

Der Zeitpunkt war gekommen, sich für einen Beruf zu entscheiden, doch da sie auf so vielen Gebieten hoch talentiert war, erwies sich das als schwierige Entscheidung. Obwohl es für unsere Familie besonders charakteristisch ist, immer zuversichtlich zu sein und nur die positiven Erlebnisse in Erinnerung zu behalten, beschreibt meine Mutter diese Periode ihres Lebens selbst nach fast siebzig Jahren noch als besonders enttäuschend und frustrierend. „Meine Eltern haben mich nie angetrieben, etwas Besonderes zu leisten", erinnert sie sich. „Sie waren immer am Arbeiten und zu beschäftigt, um mit mir zu diskutieren, was ich machen sollte. Es war ganz meine eigene Entscheidung. Der einzige Verwandte, der sich für meine Zukunft interessierte, war Onkel Arno. Ich wollte unbedingt Chefsekretärin werden, wobei ich auch meine Sprachkenntnisse hätte einsetzen können, aber Onkel Arno riet mir davon ab. Er sagte, es gäbe unzählige Mädchen, die Englisch konnten, sowie tausende Sekretärinnen. Andererseits gäbe es sehr wenige, die meine künstlerische Begabung hätten, und darauf sollte ich mich konzentrieren. Er hatte großes Vertrauen in meine Fähigkeiten, und er überredete mich, diese zu entwickeln. Und das tat ich auch. Ich ging ein Jahr lang auf eine Berliner Kunstgewerbeschule und bekam dann eine Stelle im Reklamestudio des KaDeWe, Berlins größtem Kaufhaus[15]. Dennoch habe ich mir immer gewünscht, ich wäre bei meinem ursprünglichen Plan geblieben."

Zweifellos hatte sich die Druhm-Familie in den zwanziger Jahren, trotz ihrer englischen Lebensweise und ihrem Abscheu vor dem sozialen und

15 Das berühmte „Kaufhaus des Westens" wurde 1907 gegründet.

ökonomischen Durcheinander in Deutschland, in gewissem Maße in das deutsche Leben integriert und sogar begonnen, sich als Zugehörige zu fühlen. Was konnten sie sonst tun?

Zurück nach England konnten sie nicht, und wenn sie überhaupt ein Land als Heimat ansehen wollten, musste es Deutschland sein. Am Ende des Jahrzehntes begannen sie sogar, sich zum ersten Mal im Leben für Politik zu interessieren. Nach den chaotischen zwanziger Jahren waren Oma und Opa erfreut, dass eine radikale politische Bewegung auftrat, die nationale Einheit und wirtschaftliche Erneuerung versprach. Ihr Führer war ein ihnen bisher unbekannter Österreicher namens Adolf Hitler, und Oma und Opa glaubten an seine Mission. Omas Begeisterung war anscheinend noch stärker als Opas, denn sie hatte derart genug von der deutschen Politik, die sie in ihren zehn Jahren dort erlebt hatte, dass sie bereit war, jeden enthusiastisch zu begrüßen, der fähig schien, für politische Stabilität und erschwingliche Waren in den Geschäften zu sorgen, zwei Dinge, an denen es in England nie gemangelt hatte. Außerdem entsprachen möglicherweise die Aufmärsche der Nazis mit Fahnen und Musik ihrem theatralischen Geschmack.

Bestimmt hätten meine Großeltern Hitler weniger begrüßt, wenn sie geahnt hätten, dass er auf einen neuen Krieg zusteuerte. Alle Kriegsvorbereitungen indes wurden erfolgreich verschleiert, wie ein Zeitungszitat vom 10. November 1938 beweist, in dem sich Hitler wie folgt äußerte:

> „Die Umstände haben mich gezwungen, jahrzehntelang fast nur vom Frieden zu reden. Nur unter der fortgesetzten Betonung des deutschen Friedenswillens und der Friedensabsichten war es mir möglich, dem deutschen Volke Stück für Stück die Freiheit zu erringen und ihm die Rüstung zu geben, die immer wieder für den nächsten Schritt als Voraussetzung notwendig war... Der Zwang war die Ursache, warum ich jahrelang nur vom Frieden redete."[16]

Er hat meine Großeltern, ebenso wie Millionen von Deutschen, zum Narren gehalten. Im Frühjahr 1939, wenige Monate vor Deutschlands Einmarsch in Polen, der den Anfang des Zweiten Weltkriegs markierte, luden sie sorglos Omas Schwester Gertie zu ihrem ersten Besuch nach Deutschland ein. Hätten

16 Sebastian Haffner, *Anmerkungen zu Hitler*, Fischer 1997

Oma mit mir als Baby

sie auch nur den geringsten Verdacht gehegt, dass ein Krieg ausbrechen könnte, hätten sie Gertie auf keinen Fall kommen lassen.

Das Regime, mit dem Oma und Opa sympathisierten, brachte, wie heute bekannt ist, derart viel Leid und Vernichtung über ganz Europa, über Millionen von Juden und über Deutschland selbst, dass jeder, der später als ehemaliger Nazi entlarvt wurde, in der ganzen Welt als völkermordendes Monster dämonisiert wurde. Doch die seinerzeitige Wirklichkeit war etwas anders und viel komplexer.

Die Verwicklung meiner Familie in den Nationalsozialismus – ihr allererster Schritt in der Welt der Politik – hatte nichts mit Judenhass zu tun, sondern mit der Hoffnung auf ein nationales Wiederaufleben, das ihnen versprochen worden war. Meine Mutter erinnert sich deutlich an diese Tage: „Du kannst dir einfach den Geist der Hoffnungslosigkeit und das Bewusstsein der Niederlage nicht vorstellen, der in Deutschland herrschte, ehe Hitler erschien, eine Stimmung, die er in Optimismus und Hoffnung umwandelte."

Hitler hatte einen unheimlichen Instinkt für die innersten Sehnsüchte im Herzen der Deutschen. Er versprach den meisten Gruppen des Volkes – eines traurigen Volkes, mit einer dreimal höheren Selbstmordrate wie Großbritannien zur selben Zeit – genau die Dinge, die sie sich erträumten: Arbeit, Wohlstand und Sicherheit.

Aber das größte Verlangen der Deutschen damals, das anscheinend alle, auch meine Mutter, ergriffen hatte, war die Wiederherstellung von Selbstachtung und Anerkennung in der Welt.

Deutschland litt noch schmerzhaft unter der Niederlage im Krieg, dem Verlust seiner früheren Kolonien und der östlichen Provinzen, und vor allem unter den demütigenden Bedingungen, die ihnen in Versailles diktiert worden waren. Die Rhetorik jener Zeit, mit der selbstverständlichen Annahme, dass territoriale Ausdehnung und die Beherrschung anderer Völker Rechte waren, die den Deutschen verwehrt worden waren, klingt heutzutage kurios, ebenso wie das damals oft vorgebrachte Argument einer nationalen „Ehre" – einem nicht weiter definierten Begriff – die wiedererlangt werden müsse.

Die Vision von einem starken, wiedererweckten Deutschland, die Hitler seinen Anhängern vortrug, hatte als Grundlage ehrwürdige, fast heilige Traditionen: die alten, heroischen Sagen, die geliebten deutschen Tugenden wie Arbeit und Sparsamkeit, Tüchtigkeit und die Bereitschaft, dem Volke zu dienen. Auch die große Liebe der Deutschen für die Heimat, die Familie, für Völkerkunde, Wissenschaft und Kunst, für Wandern in Wäldern und Bergen, all dies fand Platz in der Vision. Den Mitgliedern der NSDAP wurde ununterbrochen eingeredet, dass sie die besten Traditionen am Leben hielten, und sie waren stolz auf ihre Uniformen und Abzeichen. Aber Hitler, der Verführer, sprach zu ihrer Vorstellungskraft und ihren Gefühlen – nicht zu ihrem Verstand. Er hat nie erklärt, wie er, ohne Krieg zu führen, das Reich wieder groß und international bedeutend machen würde. Meine Familie glaubte seinen Versprechungen, wie Millionen andere. Sie waren seinem Charisma verfallen, hypnotisiert von seinen demagogischen Fähigkeiten. Sie waren Verführte, die sich auf unheilvolle Weise betrügen ließen.

Sobald Hitler die Macht ergriffen hatte, wurden die Lebensverhältnisse besser. Die verringerte Arbeitslosenzahl und die neuen Wohlfahrtsprogramme hatten einen sofortigen Einfluss auf die Moral des Volkes. Die Druhms merkten den Unterschied sofort. In der Hauptstraße, in der sich ihr Geschäft befand, hatten sie sich oft nicht getraut, den Laden zu verlassen, weil sie fürchteten, dem Pöbel zu begegnen. „Da gab so viele ärgerlich aussehende junge Männer – ohne Arbeit natürlich. Dann, fast über Nacht, hatten dieselben jungen Männer Arbeit. Sie waren in die Hitlerjugend gesteckt worden und waren motiviert“, erinnerte sich meine Mutter. War dies nicht der Anfang der Auferstehung, die Hitler versprochen hatte? Die Bewunderung für diesen Mann wuchs immer mehr. Dass die freudige Erregung, die jetzt durch Deutschland zog, mehr Hitlers Propagandamaschine zu verdanken war als tatsächlichen Leistungen, wurde von Menschen, die politisch so naiv waren wie meine Großeltern, nicht bemerkt.

Als ich meine Mutter einmal fragte, wie die Judenverfolgung in all dies passte, gab sie zu, dieser Teil des Hitler-Programms habe ihr, wie auch vielen anderen Nazis, missfallen. Sie war in den zwanziger Jahren in Berlin aufgewachsen, war mit jüdischen Mädchen zur Schule, zum Klavier- und Ballettunterricht gegangen, und hatte im KaDeWe ohne Bedenken für einen jüdischen Chef gearbeitet. Sie habe, sagte sie mir, in Berlin keinen offenen Antisemitismus erlebt, keine äußerlich unterschiedliche Behandlung von Juden bemerkt, und sie sah keinen Grund, etwas zu ändern.

Eine genauere Untersuchung dieser Periode zeigt, dass die Erinnerung meiner Mutter nicht umfassend ist. So tolerant der persönliche Umgang mit Juden während der zwanziger Jahre in Berlin auch gewesen sein mochte – andere Zeitgenossen bestätigen die Erfahrungen meiner Mutter in dieser Hinsicht – so bestand doch ein populärer, stark antisemitischer Unterton, der unterschwellig ganz Europa durchzog; in Frankreich, in England, Österreich und Polen ebenso wie in Deutschland, wo mehrere ganz offen antisemitische Parteien im Weimarer Parlament vertreten waren. Der Antisemitismus war überall tief verwurzelt und wurde als derart selbstverständlich hingenommen, dass Leute wie meine Mutter seiner Existenz um sie herum nicht leicht gewahr wurden. Dass er sich nicht in Gewalttätigkeit oder diskriminierender Behandlung äußerte, sondern vielmehr rhetorisch, in Karikaturen, Witzen und Denkgewohnheiten, machte ihn nicht weniger gefährlich. Der Antisemitismus bestand, und es war leicht für Hitler, ihn mit einer Propagandakampagne auszubeuten, indem er ihn mit jedem Nerv der deutschen Psyche verband.

Meine Mutter erinnert sich deutlich an die Strategie, mit der Hitler stufenweise den Hass des Volkes gegen die Juden anstachelte, und auch daran, wie sie selbst, ganz gegen ihren Willen, davon beeinflusst wurde. Zum Beispiel behauptete Hitler, dass jüdische Spekulanten an der Hyper-Inflation viel Geld verdient hätten. Millionen von Deutschen – Opas wohlhabender Onkel war einer von ihnen – hatten dabei ihren Besitz verloren. Oder er bezichtigte prominente jüdische Künstler, mit ihren modernistischen Verirrungen die über alles hochgeschätzte „deutsche Kultur" zu untergraben, und eröffnete die einflussreiche Ausstellung „entarteter Kunst" in München, um seine Behauptungen zu beweisen. Anfangs behauptete Hitler, die schlimmsten Ausbeuter seien nicht deutsche Juden, sondern jene aus Polen, der Tschechoslowakei und anderen osteuropäischen Ländern – die Deutschen hatten die Slawen schon vorher noch mehr verachtet als die Juden.

Es kam meiner Mutter so vor, dass erst, nachdem Hitler sicher sein konnte, dass seine Hasstiraden gegen die osteuropäischen Juden vom Volk akzeptiert wurden, sich seine Reden gegen die deutschen Juden wandten. Dann kam schließlich eine Definition des Begriffes „deutsches Volk", von dem alle Juden ausgeschlossen wurden. Die jüdische Gemeinschaft in Deutschland, die in vielen Fällen auf Jahrhunderte zurückblickte, hatte sich so stark mit dem Land, das sie als ihre Heimat ansah, identifiziert, dass in den ersten Tagen des Naziregimes sogar jüdische Unterstützungsgruppen auftauchten, besonders von Veteranen, die sich im Ersten Weltkrieg ausgezeichnet hatten.

Wenn auch die Erinnerung meiner Mutter an den Antisemitismus im Deutschland der zwanziger Jahre nicht exakt ist, habe ich keinen Grund daran zu zweifeln, dass Hitlers Anziehungskraft auf sie selbst und für sehr viele andere, die ihm folgten, nicht weniger, sondern möglicherweise größer gewesen wäre, wenn er nicht so bösartig gegen Juden gehetzt hätte. „Wir duldeten nur deshalb Hitlers ‚Judenmacke', weil alles andere, was er für Deutschland tat, so wunderbar war", war ihre Erklärung dessen, was sich noch ereignete.

Heute sehen wir, dass sie und Millionen andere Deutsche ernsthaft dafür zu tadeln sind, dass sie sich von Hitler hypnotisieren ließen, sich ihres eigenen Urteilsvermögens nicht bedienten und ihm die volle Macht überließen. Damit sind sie mitschuldig am Antisemitismus geworden, denn sie hatten später keine Möglichkeit mehr, ihm Einhalt zu gebieten, als er im Namen des deutschen Volkes Verbrechen beging, die jeder einzelne privat verabscheut hätte.

Welche historischen und kulturellen Bedingungen hatten die Deutschen dazu bewegen können, alle politische Macht einem nationalistischen Diktator zu übergeben? Erstens herrschte Ermüdung nach zwei Jahrzehnten Krieg und Chaos, mit mindestens dreihundert Attentaten auf Politiker in den vier Jahren vor Hitlers Machtübernahme. Weitere Gründe waren die autoritäre und militärgläubige Tradition des Landes. Die wahre Geschichte des „Hauptmanns von Köpenick" verdeutlicht diese Tatsache auf köstliche satirische Weise.[17]

Auch das Schulsystem hielt junge Menschen davon ab, mitzudenken, Fragen zu stellen und Autoritäten zu hinterfragen. Die Schule meiner Mutter in Köpenick war zweifellos typisch für jene Zeit. Sie erinnert sich an den Lehrplan wie folgt:

Im Geschichtsunterricht war der einzige systematisch gelehrte Gegenstand die Entwicklung des deutschen Staates, beginnend bei den Völkerwanderungen bis zu den Höhepunkten der deutschen Geschichte, wie zum Beispiel der Blüte des preußischen Staates unter der Herrschaft Friedrichs des Großen, und die Vereinigung des Deutschen Reichs 1871 unter Bismarck. Das Diktat von Versailles und die Weimarer Verfassung wurden als Beleidigungen Deutschlands angesehen.

17 Komödie von Carl Zuckmayr, beruhend auf einer wahren Begebenheit: Ein arbeitsloser Schuster findet im Jahre 1906 die abgelegte Uniform eines Hauptmannes, die er anlegt, um sich warm zu halten. Auf der Straße begegnet er einer Kompanie preußischer Soldaten, die ihn sofort zackig begrüßt; als er bemerkt, dass sie, trotz seiner heruntergekommenen Erscheinung, bereit sind, jedem seiner Befehle zu gehorchen, befiehlt er ihnen, das Rathaus von Köpenick zu stürmen und den Bürgermeister in Arrest zu nehmen, woraufhin er selbst aus der Stadtkasse 4.000 Mark erbeutet und flieht.

Papa, zu der Zeit, als meine Mutter ihn kennenlernte

Die Literatur- und Kunstgeschichte betonte diese Sichtweise. Die alten epischen Gedichte, wie das Nibelungenlied und ihre Wiederbelebung in den Opern Richard Wagners, wurden verherrlicht. Naturwissenschaft, Astronomie und Medizin, Musik und Kunst wurden mit besonderer Betonung der Leistungen berühmter Deutscher. Sogar Kopernikus, der in Polen lebte, wurde als deutscher Staatsangehöriger behandelt.

Die Geschichte der anderen europäischen Länder wurde eher flüchtig anhand vereinzelter Geschehnisse gelehrt, mehr als Hintergrund für heroische Persönlichkeiten, wie Peter der Große oder Napoleon Bonaparte.

Die französische, russische und andere moderne Revolutionen wurden zwar erwähnt, jedoch verurteilt wegen ihrer Grausamkeit gegenüber den herrschenden Klassen und des Schadens, den sie ihren Ländern gebracht hatten.

Eine Diskussion über die den Revolten vorausgegangenen Missstände war nicht vorgesehen, ebensowenig eine Erwähnung der Revolutionsziele. Alle nichtdeutschen Nationalisten, besonders die polnischen, wurden als Übeltäter dargestellt. Das britische Weltreich dagegen galt als vorbildlich und nachahmungswürdig für Deutschland.

Griechische, römische und weitere europäische Kulturen wurden nur unter dem Gesichtspunkt ihrer Literatur und Mythologie durchgenommen, nicht ihrer politischen Ideen wegen. Daher wurde meine Mutter in ihrer Schule zwar mit den Werken von Shakespeare, mit den englischen romantischen Dichtern und sogar mit Oscar Wilde bekanntgemacht, aber sie wusste nichts über die Magna Carta oder parlamentarische Demokratie.

Was die aktuelle deutsche Politik anbelangte, so spielten weder die Prinzipien noch die Funktion der Weimarer Republik eine Rolle. Es fand keine Diskussion über zivile und politische Rechte oder das derzeit gültige Wahlsystem statt. Meiner Mutter war nicht bekannt, ob Frauen wahlberechtigt waren.[18]

Meine Mutter, ungefähr zu der Zeit, als sie Papa kennenlernte

Die Lehrmethode bestand aus Frontalunterricht. Schüler wurden nicht ermutigt, praktisch am Unterricht teilzunehmen, Zweifel zu äußern oder unabhängig zu denken. Wer in diese Richtung tendierte, wurde als „schwer zu behandeln" oder „Unruhestifter" denunziert.

Wenn meine Mutter selbst mit ihrer Gymnasialbildung so wenigen Ideen ausgesetzt war, die ihr Verständnis für Politik hätten erweitern können, so liegt der Schluss nahe, dass ihre Eltern noch viel weniger Einsicht hatten.

Oma schrieb 1930 einen begeisterten Brief an Mr. George, in welchem sie Hitler lobte und die wunderbare Wirkung beschrieb, die der Nationalsozialismus auf Deutschland hatte. Er antwortete nie, und somit endete eine fünfzehn Jahre lange Freundschaft, die schon viele Prüfungen überstanden hatte. Auch seine Tochter Gaby schrieb nicht mehr an meine Mutter oder kam zu Besuch. Oma und die anderen Familienmitglieder waren verletzt und konnten es nicht verstehen.

Jahre später, als ich die Geschichte meiner Familie zusammenstellte, entdeckte ich, dass Mr. George sein ganzes Leben lang ein Internationalist und Kommunist gewesen war. Dies erklärte natürlich, warum er Oma 1915 angestellt hatte, als niemand anderes sie engagieren wollte. Oma selbst war immer davon überzeugt, dass es mit seiner Sympathie für die Deutschen zu tun hatte, oder weil er Schweizer war.

Im Laufe meiner Nachforschungen traf ich auch meine eigene Generation der Familie Sharpe wieder, jene Cousinen von Auntie Hopey in Kettering, bei

18 In der Weimarer Republik waren Frauen ab 21 Jahren wahlberechtigt.

denen meine Mutter als Kind wunderbare Ferien erlebt hatte. Von ihnen bekam ich die Auskunft, dass auch Auntie Hopeys Unterstützung meiner Familie während des Ersten Weltkrieges eine politische Seite hatte. Es scheint, dass die ganze Hope/Sharpe-Familie schon immer dem radikalen Sozialismus zugeneigt war – eine Tradition, die im Namen der Kneipe von Auntie Hopeys Vater, die „Wat Tyler" hieß, Ausdruck fand. Wat Tyler war der populäre Anführer eines Bauernaufstandes im 14. Jahrhundert und wurde seit dieser Zeit als Held der Unterdrückten angesehen. George Sharpe, Gastgeber meiner Mutter in Kettering, war Kriegsdienstverweigerer gewesen. Den Ersten Weltkrieg hatte er nicht im Schützengraben, sondern in einer Schuhfabrik verbracht. Jedes Mal, wenn meine Mutter zu Besuch war, musste er ihre Anwesenheit bei der Polizei melden.[19] Obwohl Auntie Hopey, im Gegensatz zu den Rossells, nicht politisch aktiv war, erklärt diese Familiengeschichte, warum sie gegen das antideutsche Fieber jener Tage immun gewesen war.

Mr. George und Auntie Hopey müssen entsetzt gewesen sein über den Aufstieg des Nazismus in Deutschland, ganz zu schweigen von der Haltung meiner Familie. Obwohl sie nie, wie Mr. George, ihre Freundschaft zur Familie abgebrochen hatte, kam Auntie Hopey nie wieder nach Deutschland. Dies war ein Beweis der politischen Naivität meiner Familie, die keine Ahnung hatte, was für ein Gräuel ihren sozialistischen Freunden Hitler und der Nazismus gewesen sein musste.

Entgegen Mr. Georges Befürchtungen waren Oma und Opa über Nacht keine Faschisten geworden. Ich bezweifle, ob sie mit solchen Begriffen wie „Kommunist", „Internationalist", „links-" oder „rechtsorientiert", „Faschist" und „Diktator" überhaupt etwas anfangen konnten, weshalb sie auch die Reaktion von Mr. George auf Omas Brief nie verstehen konnten.

Meine Mutter entsinnt sich so: „Nazi zu sein hatte nichts mit Politik zu tun; wir interessierten uns nicht für Theorien und konnten deren Unterschiede nicht verstehen. Wir glaubten an eine gemeinsame Sache, und vor allem an einen Mann." Von Hitler waren sie wie hypnotisiert; ich vermute, selbst wenn er über Nacht Bolschewist geworden wäre, hätten sie ihn noch immer unterstützt.

19 Eine von zahlreichen Repressionen, welche die englische Regierung den Deutschen auferlegte, im vergeblichen Versuch, weitere antideutsche Ausschreitungen abzuwehren. So durften die Deutschen weder Fotoapparate noch Fahrräder besitzen und sich ohne polizeiliche Erlaubnis nicht weiter als fünf Meilen von ihrer Wohnung entfernen.

Im Sommer 1931 kam der letzte Anstoß für den Einbürgerungsprozess der Familie. Ein paar Tage nach ihrem 21. Geburtstag brachte meine Mutter ihren ersten Mann von Bedeutung mit nach Hause: Eberhard Thiele. Er war vierundzwanzig, Ingenieurstudent im mecklenburgischen Neustrelitz, sah gut aus, war intelligent und hatte eine überschwängliche und mitreißende Persönlichkeit. Er hatte meine Mutter vollkommen in der Hand. Oma und Opa waren von ihm sehr beeindruckt, und seine Nazisympathie gefiel ihnen auch. Ihre Zeit, sich kennenzulernen, war äußerst kurz, und durchaus waren sie meistens weit voneinander entfernt. Sie können sich kaum gekannt haben, als sie, drei Monate nach ihrer ersten Begegnung, heirateten. Damit trat meine Mutter nicht nur in den Ehestand ein, sie änderte auch ihre Staatsangehörigkeit. Am 11. November 1931 wurde sie Deutsche.

KAPITEL 3

Mahlsdorf

Ich wurde am 6. Juni 1936 in Berlin geboren, war drei, als der Krieg ausbrach, und sieben, als wir 1943 die Hauptstadt verließen, um von den Bomben fortzukommen. Dieser erste Abschnitt meines Lebens ist mir vielleicht deshalb in so lieber Erinnerung geblieben, weil die darauf folgenden Jahre so rastlos und zerrissen waren.

Wir lebten in Mahlsdorf, einem Vorort am östlichen Rand der Stadt. Meine Familie bestand aus meinen Eltern, meinem drei Jahre älteren Bruder Udo und mir selbst, Katrin Thiele. Zwei Straßen weiter entfernt wohnten meine Großeltern mütterlicherseits, die ihren Friseursalon in Köpenick kurz vor meiner Geburt aufgegeben hatten und nach Mahlsdorf gezogen waren, um ihrer Familie nahe zu sein.

Papa und sein kleines Mädchen

Wir wohnten in der Fauststraße, in einem Häuserkomplex, der noch heutzutage Stadtplaner in Ekstase versetzt: eine kleine Oase in einer ruhigen Straße von Bäumen umsäumt, bestehend aus zwei kleinen Wohnblöcken, zehn Wohnungen im Ganzen, mit Balkon, Veranda, kleinen Gärtchen und einem Blick auf den gemeinsamen Hof, wo unsere Mütter uns beobachten konnten, wenn wir spielten. Das Ganze war nach der letzten Erkenntnis von Stadtplanung gebaut und ideal für Familien mit Kindern.

Ich erfuhr erst ein paar Jahrzehnte später, als ich 1992 meine alte Heimat besuchte und einige Nachbarn aus meiner Kindheit wieder traf, dass diese

Wohnungen den meisten Familien, einschließlich meiner eigenen, von der NSDAP zugeteilt worden waren. Die Absicht war, die Präsenz der Partei zu verstärken in einer Gegend, die vor der Machtübernahme eine bekannte Hochburg der Kommunisten gewesen war. Mein Vater war damals Parteiangestellter der NSDAP und arbeitete in der Verwaltung der Hitlerjugend. Mit seiner jungen Frau und zwei niedlichen Kindern sollte er das Vorbild eines gesunden deutschen Familienvaters darstellen.

Die Fauststraßen-Bande feiert Geburtstag. Wir haben noch heute Kontakt zueinander!

Die Hauptinteressen meines Vaters waren seine Familie und der Nationalsozialismus, und er hätte sich für beides aufgeopfert. Zum Nationalsozialismus zogen ihn seine starke Vaterlandsliebe und die Sehnsucht nach Deutschlands Auferstehung, zwei Vorstellungen, die er mit vielen Männern seiner Generation teilte. In seinem Fall jedoch gab es noch etwas anderes, das seinen Glauben inspirierte. Beide Eltern waren innerhalb von sechs Wochen gestorben, als er nur neun Jahre alt war; sein Leben danach war nicht einfach, und ich kann mir gut vorstellen, dass die Erinnerung an sein verlorenes Elternhaus ihm tiefste Begeisterung für die Idee „Großdeutschland“ einflößte. Papas Eltern stammten beide aus Pastorenfamilien, aus denen viele Generationen von Geistlichen hervorgegangen waren. Ich versuchte einmal, sämtliche Kirchen zu besichtigen, in denen meine Vorfahren Pfarrer gewesen waren, gab das Projekt aber auf, als ich die Zahl Fünfzig erreichte. Die Thiele-Seite der Familie war fest in der preußischen Tradition verwurzelt, aber meine

Papa, Udo und ich an Bord eines Dampfers, unterwegs in die Ferien auf der Insel Rügen

Großeltern mütterlicher Seite, die ebenfalls auf eine lange Linie von Pastoren zurückblickten, stammten aus dem liberaleren Waldeck in Nordwest-Hessen. Papas Vater Fritz Thiele brach mit der Familientradition und wandte sich der Landwirtschaft zu. 1905, als er meine Großmutter Olga heiratete (dasselbe Jahr, in dem auch meine Großeltern mütterlicherseits in London heirateten), hatte Fritz bereits einen Posten bei der deutschen Ansiedlungskommission in der Provinz Posen angenommen. Die Kommission war eingerichtet worden, um die von Bismarck 1886 begonnene nationalistische Ausdehnungspolitik durchzuführen, indem große polnische Landgüter aufgeteilt und an deutsche Bauern verkauft wurden. Ihre Aufgabe war es, die Vorteile einer überlegenen Kultur in eine Gegend zu bringen, deren Bevölkerung traditionell von den Deutschen als rückständig oder sogar schlampig verachtet wurde.

Fritz fuhr durch die ihm anvertrauten Landgüter in einer privaten Eisenbahn mit drei Waggons: einer war sein Wohnquartier, ein zweiter sein Büro und ein dritter die Unterkunft für das Getier, das er und seine Begleitung für die Dauer ihrer Reise als Proviant brauchten. Da Fritz neben seinem Posten die Verwaltung eines eigenen Gutes übernommen hatte, lebte die Familie in ziemlicher Isolation im Dorf Tremesno. Als Sechsjähriger konnte mein Vater auf keine andere Weise zur Schule gelangen, als ein kleines Pferd anzuspannen und im Wägelchen sich selbst nach Tremesno zu fahren.

Mein Großvater Fritz (väterlicherseits), während er mit meiner Großmutter Olga und seinem Kutscher eine Ausfahrt auf dem Gelände unternimmt, das er für die preußische Ansiedlungskommission verwaltete (nahe Tremesno, Posen, 1910)

Wie jede Familie in einem feindselig gesinnten Kolonialposten war der Thiele-Haushalt in Popoliewo sehr nationalistisch eingestellt, führte die preußische Lebensart weiter und war leidenschaftlich darauf aus, die Grundlagen für Großdeutschland vorzubereiten. Fotografien aus jenen Tagen zeigen ein Leben ähnlich dem eines britischen Regierungsvertreters in den Kolonien. Das Bild von der Taufe meines Vaters zeigt seinen Großvater Thiele, ein Dekan aus Sachsen, der mit mehreren anderen Verwandten nach Popoliewo gereist war, um die Taufe zu feiern. Die anderen Gäste auf dem Bild sind deutsche Gutsbesitzer oder Regierungsbeamte. Es war kein Pole zu sehen. Auf anderen Fotos dieser Zeit sieht man gelegentlich einen vereinzelten polnischen Kutscher oder ein Dienstmädchen.

Mein Vater als Kadett an der Militärakademie in Naumburg (1918)

1916 starb meine Großmutter Olga während einer Scharlachepidemie, und sechs Wochen darauf Fritz an Diabetes. Nach diesem Schicksalsschlag wurden die drei Kinder Eberhard, Jochen und Christel, genannt Kiki, in die Familie von Onkel Otto, einem von Olgas Brüdern, aufgenommen. Während sich der jüngere Bruder Jochen und das Schwesterchen Kiki bei ihrer neuen Familie gut einlebten, blieb mein Vater „schwierig" und kam nie zur Ruhe. Deshalb wurde er nach ein paar Monaten als Kadett an der Militärakademie in Naumburg an der Saale angemeldet. Obgleich er in den Ferien bei verschiedenen Verwandten zu Besuch war – meist waren es Pfarrerfamilien – scheint er sich nirgendwo zu Hause gefühlt zu haben, und er wuchs als Einzelgänger auf. Daher kann ich mir gut vorstellen, wie empfänglich mein Vater für Hitler war. Dessen idealistische Reden von Großdeutschland und von der Idee, Ordnung und Fortschritt in die kulturelle Wildnis im Osten zu bringen, standen im Einklang mit seinen Erinnerungen an das geliebte Elternhaus.

Mein Vater betrachtete den Nationalsozialismus als eine noble Sache. Er hatte lange und mühsam studiert, um Ingenieur zu werden, einen Beruf, für den er sehr talentiert war, aber als er sein Studium beendet hatte, herrschte wirtschaftliche Depression, und er konnte keine Anstellung finden. In den ersten Jahren seiner Ehe war er oft arbeitslos. Diese Demütigung muss ihn umso mehr dazu getrieben haben, sich den Nazis anzuschließen. Im Jahre 1934 gab er alle Versuche auf, als Ingenieur Karriere zu machen, und wurde Angestellter bei der NSDAP.

Als Verwalter in der Hitlerjugend wurde er schnell zum Oberstammführer befördert. Nach Kriegsbeginn kam er zur Wehrmacht und diente in Frankreich und Russland. Er liebte das militärische Leben und schrieb einmal: „Ich wünschte, jeder Soldat wäre so glücklich wie ich."

Was mein Vater auch tat, sei es Parteiarbeit oder das Reparieren einer elektrischen Sicherung, er war ein unermüdlicher Arbeiter, praktisch und methodisch, und er hörte nicht auf, bis die Aufgabe gelöst war. Er hatte eine charismatische Persönlichkeit und ein selbstbewusstes, dominierendes Auftreten.

Die Gäste bei der Taufe meines Vater in Posen. Die Dame in der Mitte ist meine Urgroßmutter Anna Thiele, neben ihr steht Oma Olga mit dem Täufling Eberhard. Hinter ihr steht Pfarrer Carl Thiele, der die Taufe zelebrierte.

Mit seinem ungezwungenen Klavierspielen und seinem Charme konnte er jede Gesellschaft unterhalten. Als junger Mann sah er gut aus, und sein Leben lang zog er Frauen an. Er hatte jedoch seine dunkle Seite. Damals wurde es von deutschen Familienvätern fast erwartet, dass sie von Zeit zu Zeit schrien und sich laut beklagten.

Papa konnte auch so sein. Und er war launenhaft. Zuweilen zog er sich gänzlich in sich selbst zurück und wirkte wie ein ganz anderer Mensch. An solchen Tagen ignorierte er uns und wir ihn, so dass seine Launen uns wenig anhaben konnten. Aber ich merkte immer, wie sehr meine Mutter unter diesen Episoden litt.

Eine andere Seite seines Charakters, die sie unglücklich zu machen pflegte, war sein grobes und abstoßendes Verhalten, wenn ihre Verwandten oder Familienfreunde aus Köpenick und Luckenwalde zu Besuch kamen. Er konnte sich so herrschsüchtig und unhöflich benehmen, dass sie nicht länger kamen, es sei denn, sie wussten, er würde nicht daheim sein. Mir waren seine Ausfälle dieser Art nicht bewusst. Ich fand nichts an meinem Vater auszusetzen und war sehr unglücklich, wenn er abwesend war.

Gleiche politische Überzeugung führt nicht automatisch zur Freundschaft zwischen Familien, aber unsere absichtlich kreierte Nazi-Wohngemeinschaft war ein voller Erfolg. Obgleich alle dienstfähigen Männer nur selten erschienen, nämlich wenn sie auf Urlaub heimkamen - oder möglicherweise gerade deswegen - lebten unsere Familien in stabiler und friedlicher Nachbarschaft, wie man es sich nicht besser hätte wünschen können. Die dominante Gruppe bestand aus vier jungen Familien mit ungefähr gleichaltrigen Kindern, acht im ganzen. Wir wuchsen in einer großen Gruppe auf, gingen in den Wohnungen der anderen ein und aus, spielten draußen zusammen, und ab unserem sechsten Jahr gingen wir gemeinsam zur Schule. Unsere Mütter halfen sich gegenseitig bei Hausarbeit, Einkaufen und Kinderbetreuung, und wenn zwei oder drei Väter zufällig zur gleichen Zeit zu Hause waren, spielten sie miteinander Karten. Auch die Frauen kamen einmal in der Woche abends zusammen, und da jetzt, während des Krieges, diese Abende ihr einziges Vergnügen waren, zogen sie ihre besten Kleider an. Ich kann mich noch deutlich erinnern, wie meine Mutter, vor dem Spiegel stehend, Lippenstift auftrug und Halskette und Armband anlegte, ehe sie in die Nachbarwohnung hinüberging.

Zweifellos herrschte diese Harmonie, weil Krieg war. Bei jedem Zusammentreffen gaben die Erwachsenen ihrem Bedauern darüber Ausdruck. Sie schwelgten in Wehmut, wenn sie an die Friedenszeit zurückdachten. Da ich selbst keine Vorkriegserinnerungen hatte, kam mir alles ganz normal vor. Ihr ewiges Gerede von den „Opfern", die unsere Helden bei der Wehrmacht, der Marine und der Luftwaffe brachten, ging mir auf die Nerven. Mir erschien es, als sei es die natürliche Rolle eines Mannes, Soldat, Matrose oder Flieger zu sein. Etwas mussten Männer ja tun, und was gab es anderes für sie?

Ich konnte mich auch nicht, wie die Erwachsenen, über Schlangestehen, Lebensmittelkarten und Knappheiten aufregen. Ich hungerte nicht, fror nicht und war mir nicht bewusst, etwas zu entbehren. Vielleicht Bonbons und Schokolade – davon hätte ich gern mehr gehabt, aber das wollen wohl alle Kinder, egal wie viele Süßigkeiten sie bekommen.

Unsere knappe Lebensmittelzuteilung, von der Gandhi gesagt haben würde: „Genug zum Überleben, aber zu wenig für die Gier", hatte zur Folge, dass wir enorme Freude daran hatten, wenn es mal etwas Besonderes gab; nicht notwendigerweise etwas Exotisches, nur anderes. So ist mir ein Tag in unvergesslicher Erinnerung geblieben. Nachdem es monatelang nur Kartoffeln oder Kohl beim Gemüsehändler gegeben hatte, war der Laden plötzlich mit eigentümlichen, grünen, fußballgroßen Dingern, die niemand je zuvor gesehen hatte, angefüllt. Meine Mutter brachte eins heim, und als sie es mittendurch schnitt, lachte uns das Innere einer Wassermelone an. Wir wussten zuerst gar nicht, was wir damit anfangen sollten, aber bald entdeckten wir, dass es hervorragend schmeckte. Am nächsten Tag war der Obsthändler noch immer von seinem Melonenberg umringt. Es hieß, sie stammten aus dem tiefsten Afrika und wären Kriegsbeute von einem englischen Frachtschiff.

Unser unvergessliches Wassermelonen-Erlebnis

Mehrere Tage lang dachten mein Bruder und ich fast nur noch an Wassermelonen. Fotos wurden aufgenommen, die uns beim Tragen,

Aufschneiden und Essen von Melonen zeigen. Dann war alles plötzlich wieder vorbei. Erst fünfzehn Jahre später sah ich wieder eine, aber zu der Zeit war ich schon so verwöhnt, dass ich den Geschmack recht uninteressant fand und sehr enttäuscht war.

Da ich mich an eine Zeit ohne Luftangriffe sowieso nicht erinnern konnte, störten sie mich auch nicht besonders. Ich fand es vollkommen natürlich, mitten in der Nacht aufzustehen – Tagangriffe hatten zu der Zeit noch nicht begonnen – und mit den anderen drei Familien, die in unserem Haus wohnten, im Luftschutzkeller zusammenzukommen und dort mit Radiomusik, Karten- und Mensch-ärgere-dich-nicht-Spielen eine gemütliche Zeit zu verbringen. Das Lärmen und Krachen, das Geräusch von splitterndem Glas, Sirenen und Abwehrfeuer, Hundegebell und das Dröhnen von Bombenflugzeugen über uns regte mich nicht mehr auf als ein Gewitter, das grollend näher kommt, dann blitzt und donnert und allmählich in die Ferne zieht.

Nach ungefähr einer Stunde im Keller ertönte meistens die Entwarnungssirene, und wir gingen alle hinauf. Unsere ganze Gruppe – meist waren wir elf Personen – stapften dann hinaus auf den Hof, um frische Luft zu schnappen. Wir schauten westwärts in die Richtung der Stadt, um zu ermessen, wie es Berlin wohl diesmal ergangen sein mochte. Flak-Scheinwerfer suchten den Himmel ab, und wenn es ein besonders schlimmer Bombenangriff gewesen war, schimmerte der Himmel rot. Ich guckte mit den anderen nach Westen, aber mein Interesse war lediglich ästhetisch, so als ob ich einen Sonnenuntergang bewunderte. Besorgnis oder persönliche Anteilnahme empfand ich nicht.

Eines Nachts wurde ich ganz aufgeregt, als ich nach einem Luftangriff einen wunderbaren Vogelgesang hörte, anscheinend von ganz nahe. Unser Nachbar sagte, dies sei eine Nachtigall. Von da ab interessierte mich die Farbe des Himmels über Berlin überhaupt nicht mehr. Ich wollte nur die Nachtigall wieder singen hören, aber ich hörte sie nie wieder.

Weil unser Vorort am Rande Berlins lag, wären uns die Bombenangriffe vielleicht erspart geblieben, wenn nicht die wichtigste Eisenbahnstrecke zwischen der Hauptstadt und Osteuropa mitten durch Mahlsdorf geführt hätte, und wenn bei uns nicht die Endhaltestelle der Berliner Stadtbahn gewesen wäre. Eines Morgens auf dem Weg zur Schule waren wir erstaunt, einen ganzen S-Bahn-Wagen von der Eisenbahnbrücke hängen zu sehen, der aussah wie eine Raupe, die sich gerade einbuddelte. Im Frühjahr 1941, als die allgemeine Aufmerksamkeit noch auf die Westfront konzentriert war, bemerkten wir, wie ein Zug nach dem anderen, schwerbeladen mit Panzern, Kanonen und Soldaten, ostwärts über unsere Eisenbahnbrücke rollte. Eines Morgens weckte mich meine Mutter mit der Nachricht, unsere Wehrmacht hätte Russland angegriffen. Sie tat, als wäre dies eine gute Nachricht, aber sie klang nicht sehr überzeugend. So lange ich mich erinnern konnte, hing eine große bunte Landkarte Europas an der Wand unseres Kinderzimmers. Ich hatte davon reden hören, wie gefährlich die Russen seien, und ich konnte ja sehen, wie groß ihr Land war, verglichen mit unserem. Unter diesen Umständen schien mir der Angriff eine schlechte Idee zu sein – und ich war nur fünf Jahre alt.

Ich war offensichtlich nicht aufgeweckt genug, um einzusehen, welchen Schaden Bomben anrichten können, denn ich hatte größten Spaß, als eine hochexplosive Sprengbombe, kaum zehn Meter von unserer Wohnung entfernt, auf dem Grundstück gegenüber detonierte. Dort waren früher einmal weitere Wohnbauten geplant gewesen, aber da keine Bauarbeiten stattfanden, hatten die Nachbarn das Landstück provisorisch in Besitz genommen und pflanzten Gemüse an. Den Rest benutzten wir Kinder als Spielplatz, zum Buddeln und für allerlei abenteuerliche Bauprojekte, die auf dem Hof nicht möglich waren.

Nicht nur hatte diese Bombe jede Fensterscheibe unseres Hauses zerschmettert; viel schlimmer war die totale Vernichtung des Gemüses, das unsere Mütter mühselig angepflanzt hatten. Als wir am nächsten Morgen den prächtigen Krater inspizierten, den die Bombe verursacht hatte, leuchtete uns Kindern sofort ein, wie großartig er zum Spielen geeignet war. Wir waren ganz begeistert.

Weil die norddeutsche Ebene früher einmal Meeresboden gewesen war, stößt man, wo immer man dreißig Zentimeter tief gräbt, auf eine Sandschicht. Unser Krater brachte endlose Mengen von feinem, weißen Sand ans Tageslicht – ein Strand vor der Haustür, mit dem besonderen Vorzug, dass er nicht von Gezeiten überschwemmt werden konnte. Unter der pulvrigen Oberfläche war der Sand kühl und feucht, perfekt geeignet zum Herstellen von allerlei Formen. Wir fingen gleich an, mit Eimer, Spaten und Kuchenförmchen zu arbeiten. Dann trieb uns die Begeisterung zu komplizierten Sandburgen, mit Verbindungstunneln, Wasserkanälen und Schornsteinen. Schließlich gruben wir ein Gehege von Passagen und Durchgängen, in denen wir herumkriechen konnten, eine richtige unterirdische Burg. „Wenn sie einstürzt, und wir sind gerade drin, werden wir womöglich alle tot sein", sagten wir zueinander mit lustvollem Grusel. Da hatten wir ganz recht.

Dass ich trotz der Bombenangriffe ein frohes und unbesorgtes Kind und mir der andauernden Lebensgefahr nicht bewusst war, beruhte auf dem Gefühl vollkommener Geborgenheit in meiner Familie und der Welt, die mich umgab. Ich zweifelte niemals daran, dass meine Eltern mich vor jeder Gefahr behüten könnten und bereit sein würden, sich aufzuopfern, um mich zu schützen.

Ich bin überzeugt, dass dieses grenzenlose Vertrauen die Folge der besonderen Fürsorge war, mit der meine Eltern mich überschütteten, weil ich einen kleinen Körperfehler mit in die Welt gebracht hatte: Klumpfüße! Ein scheußliches Wort, das Schlimmeres andeutet, als der Fehler verdient.

Klumpfüße sind eine nicht ungewöhnliche Abnormität, die meistens im Kleinkindalter korrigiert werden kann. Bei mir war das leider nicht gelungen. Mehrere Korrekturmethoden wurden probiert, aber meine Füße schienen ihren eigenen Willen zu haben, und wenn die Ärzte glaubten, eine Behandlungsweise hätte Erfolg gehabt, kam gleich das alte Problem hartnäckig zurück.

Ich war nur ein paar Tage alt, als meine Füße zum ersten Mal operiert wurden, daher weiß ich nicht, wie sie anfangs aussahen: nach innen gedreht und ohne richtige Fersen, sagte man mir später. Da ich mir kein Bild von anderen Füßen als meinem eigenen Paar machen konnte, kamen sie mir ganz normal vor, und die Füße aller anderen waren falsch. Ich litt keine Schmerzen und konnte alles mit ihnen tun, was ich wollte – außer normale Schuhe tragen. Meine Füße waren für mich also lediglich der Anlass, dauernd umsorgt zu sein und oftmals Vorzüge zu genießen, die anderen Kindern versagt waren. Abends und morgens musste meine Mutter sie massieren und meine Fußübungen beaufsichtigen. Ein spezieller Gymnastikapparat wurde im Spielzimmer aufgestellt, der es nötig machte, dass alle Spielsachen, einschließlich Udos Eisenbahn, weggeräumt werden mussten. Wenn mein Vater abwesend war, durfte ich im Elternbett schlafen, damit meine Mutter auf meine Nachtschienen achtgeben konnte. Diese dienten dazu, meine Füße nach außen zu biegen. Jedoch vermochte ich irgendwie, während ich schlief, die Verschlüsse zu öffnen. Jeden Abend beim Anlegen sicherte meine Mutter diese Verschlüsse mit labyrinthisch geknoteten Bändern, aber jeden Morgen waren die Knoten geöffnet und die Schienen lose. Es war allen unerklärlich, wie ich meinen Houdini-Akt vollbrachte, noch dazu im Schlaf. Mir selbst war die Sache ebenso rätselhaft. Ich wusste ganz bestimmt, dass ich all die schwierigen Knoten im Wachen nicht hätte aufmachen können.

Unsere häufigen Besuche in der Berliner Charité waren für mich die größte Freude, aber für meine Mutter das schlimmste Grauen. Meiner Ansicht nach war der Hauptzweck dieser Visiten die Gelegenheit, mich mit den wunderbaren Spielsachen im Wartezimmer zu beschäftigen; dort gab es ein

Schaukelpferd, Pedalautos, exotische Stofftiere und – o Seligkeit! – ein Puppenhaus, in das man hineingehen konnte. Ich fühlte mich um ein Vergnügen betrogen, wenn wir nicht so richtig schön lange warten mussten. Glücklicherweise passierte das recht selten.

Die Ärzte in der Charité – erinnert sich meine Mutter – waren nicht besonders gut darin, den Eltern von behinderten Kindern moralischen Beistand zu leisten oder Beratungswilligkeit zu zeigen. Anscheinend interessierte sie mehr die Technik der Behandlung. Sie sagten meiner Mutter, dass meine Füße möglicherweise in die richtige Form manipuliert werden könnten, wenn sie die Manipulation selbst unternahm. Damit fühlte sich meine Mutter mit der Verantwortung für die Korrektur eines Körperfehlers belastet, der schließlich doch nur durch eine größere Operation gutzumachen wäre. Danach hatte sie keine Seelenruhe mehr, denn jede Stunde, die sie nicht an mir arbeitete, war, so glaubte sie, eine vergeudete Stunde. Wenn die Behandlung erfolglos blieb, könnte es womöglich ihre Schuld sein, weil sie nicht genug getan hatte.

Ich selbst genoss, wie gesagt, Vorteile durch meine Abnormalität, meinen Eltern hingegen brachte sie viel Kummer. Meine Kindheitserinnerungen sind fast nur glückliche, während meine Mutter nur mit Schmerz an diese Zeit zurückdenkt. Besondere Gräuel für sie waren die Momente, wenn sie mich als Baby für eine Operation ins Krankenhaus bringen musste, meine ersten Gehversuche mit den Beinen in Schienen mitzuerleben, und das ewig erfolglose Suchen nach Schuhen, die mir passten.

Ich erinnere mich nicht daran, ein einziges Mal in ein Bekleidungsgeschäft gegangen zu sein. Meine Mutter nähte alles selbst, was ich trug, mit ihrer kleinen Handnähmaschine. Wegen ihrer künstlerischen Ausbildung konnte sie Muster entwerfen und sah in jedem Stoffrest oder abgelegten Kleidungsstück eine originelle Verwendungsmöglichkeit. Ich hatte immer das Gefühl, dass ich das bestgekleidete Kind in der Nachbarschaft war. Das heißt, meine obere Hälfte! Der Effekt wurde leider immer durch meine bizarre Fußbekleidung ruiniert. Kurz nach Anfang des Krieges waren keine orthopädischen Schuhe mehr zu bekommen, und es blieb nichts anderes übrig, als auf die Suche nach gewöhnlichen Schuhen zu gehen. Weil meine beiden Füße aber in Größe und Form unterschiedlich waren, musste ich manchmal zwei ganz verschiedene Schuhe tragen. Wenn auch dies noch fehlschlug, waren die mit Watte ausgestopften Schnürstiefel meines Bruders, aus denen er herausgewachsen war, die letzte Rettung. Als überzeugter Nazi war mein Vater tief durchdrungen von der Auffassung, dass körperliche Missgestalt jeder Art etwas Unmoralisches an sich hatte. Ihm muss es ganz besonders peinlich gewesen sein, ein unperfektes Kind zu haben.

Könnte ihm vielleicht sogar der Gedanke gekommen sein, dass ich, wäre mein Körperfehler bedeutend ernster ausgefallen, eine Kandidatin für einen „sanften Tod" gewesen wäre? Was auch seine ideologisch begründeten Gefühle mir gegenüber gewesen sein mochten, er ignorierte sie, und er hätte als Vater nicht liebevoller sein können.

Einmal, als ich nur ein paar Wochen alt war, wurde ich aus dem Krankenhaus nach Hause gebracht, die Beine in eine Gipsform hineingezwungen. Eine Metallstange war zwischen den auswärts gedrehten Beinen eingegipst, was jedes Strampeln unmöglich machte. Ich schrie so laut und anhaltend, dass mein Vater es nicht länger ertrug. Mit einer Laubsäge befreite er mich, fuhr am nächsten Morgen mit mir wieder ins Krankenhaus und verlangte eine humanere Behandlung.

Papa während des Krieges

Zwar kümmerten mich die anderen „Helden" an der Front nur wenig, doch was meinen Vater anbelangte, war ich ganz anders gesinnt. Wenn er nicht zu Hause war, vermisste ich ihn schrecklich. Eine Familie in unserer Wohngemeinschaft verlor ihren Vater in Russland, und danach lebte ich in täglicher Sorge, dass uns das gleiche geschehen könnte. Auf seine Urlaube freute ich mich mehr als auf alles andere.

Ein eigentümliches Charakteristikum von Papas Kriegsdienst war, dass er zusätzlich zum gewöhnlichen Soldatenurlaub öfters und unerwartet auf ein paar Tage extra heimkam. Es hieß dann immer, er sei unterwegs zu einem Kursus oder mit der Ausführung eines besonderen Dienstes beordert. Er wurde zwar nie über den Rang eines Oberleutnants hinaus befördert, aber dennoch schien er mehr Urlaub zu haben als die Väter unserer Freunde. Wir waren immer sehr aufgeregt, wenn er erschien. Mochte sein Besuch auch noch so kurz sein, immer fand er Zeit, etwas Nützliches in der Wohnung oder im Garten zu tun.

Wenn genug Zeit war, ging er sogar in seine Werkstatt im Keller, um ein neues Spielzeug für uns anzufertigen: zum Beispiel eine kleine Dampfmaschine für Udo oder ein raffiniertes neues Möbelstück für meine Puppen.

Viele Jahre später, lange nachdem er tot war, dachte ich über die Bedeutung dieser kleinen Heimreisen nach, und fragte meine Mutter danach. Ihre Antwort war, sie habe nie verstanden, was er eigentlich tat; er sei immer sehr verschwiegen gewesen und sie selbst zu eingeschüchtert, um ihm Fragen zu stellen. Danach kam ich auf die Idee, in den offiziellen Urkunden nachzuforschen, und fand heraus, dass er höchstwahrscheinlich kein gewöhnlicher Soldat gewesen war, sondern Mitglied einer Sondereinheit innerhalb der Wehrmacht. Seine Aufgabe war es wohl gewesen, die Truppen politisch zu schulen, ihr Denken zu beeinflussen und ihre Führertreue zu festigen. Ein höherer Rang hätte diese Aufgabe behindern können.

Obgleich mein Vater oft monatelang im Ausland war – zwei Jahre in Frankreich, drei Jahre in Russland – war seine Anwesenheit in der Familie auf verschiedene Weisen spürbar. Wo immer er sich gerade aufhielt, fand er eine Gelegenheit, uns zu helfen – zum Beispiel mit Lebensmitteln. Er schickte Soldaten von seiner Einheit zu uns, wenn sie durch Berlin fuhren. Dass wir ganz in der Nähe der Stadtbahn wohnten, war ein günstiger Umstand. Diese Männer brachten immer ein aufregendes Paket für uns mit, oder einen Brief von Papa. Meist kamen sie unangemeldet, aber einmal erhielten wir ein Telegramm mit der Nachricht: „Herr Hase und Frau Gans Ankunft Montag." Und sie kamen tatsächlich, Gans und Hase, im Gepäck eines Soldaten, der bei uns übernachtete.

Zuweilen, während mein Vater in Frankreich war, schickte er uns Postpakete, meistens Lebensmittel und Kleidungsstücke, aber auch Luxusartikel, die es dort noch zu kaufen gab, wie Kaffee, Branntwein und Parfüm. Von Paris aus schickte er meiner Mutter einen Wollstoff, der angeblich eine amerikanische Offiziersuniform hätte werden sollen. Er war olivgrün und von hervorragender Qualität. Sie ließ sich von einem Schneidermeister ein klassisches Kostüm daraus machen, das der Hauptbestandteil ihrer Garderobe für die ganze Kriegsdauer war, und auch danach für mehrere Jahre unentbehrlich blieb.

Papas Person blieb ebenfalls lebendig durch seine unterhaltsamen Briefe, und Udo und ich ahmten oft im Spiel seine Schilderungen des Soldatenlebens nach. Zum Beispiel erdachten wir uns eine Entlausungsanstalt, wie sie an der russischen Front existierte. Er schickte uns einen Plan und beschrieb bis ins Einzelne die Prozedur, der er und alle Soldaten sich unterziehen mussten. Erst kam der Empfangsraum, wo er seine Kleider zur Desinfizierung ablegen musste, dann die verschiedenen Etappen Dampfbad, Sprühen und Duschen, und wieder zurück in den Empfangsraum, wo ihm seine Kleidung ausgehändigt wurde. Das fanden wir alles enorm interessant, und all diese Vorgänge mit unseren „Männekins" nachzuahmen, wurde eines unserer Lieblingsspiele. Diese Männekins waren kleine, buntbemalte Holzfiguren verschiedenen Aussehens, die vom Winterhilfswerk von Zeit zu Zeit verkauft wurden, um Geld für die Bedürftigen zu sammeln. Die Figürchen dienten meistens als Dekoration für den Weihnachtsbaum, aber Udo und ich hatten für unsere Kollektion von dreißig oder vierzig Stück ein Spiel erfunden, das viele Variationen bot und großen Spaß machte. Jedes Männekin hatte seinen individuellen Namen und Charakter, und unter sich hatten sie ihre eigene Sprache, die nur ihnen – und uns – verständlich war. Alle Gefahren, die unsere deutschen Soldaten an der russischen Front erlebten, mussten auch die Männekins in unseren Spielen durchmachen.

Die „Männekins"

Einmal, am Anfang des Krieges, wurde mein Vater nach Schleswig-Holstein zu einem monatelangen Kursus geschickt, und er richtete es ein, dass wir auf einem Bauerngut in seiner Nähe untergebracht wurden. Es war das erste Mal, dass wir Großstadtkinder richtig auf dem Lande waren, mit lebenden Tieren in Berührung kamen, neugeborene Kälber, Kätzchen und Hündchen erlebten, und die Gerüche, die der Landwirtschaft eigen sind. Es war Erntezeit, und der Bauer erlaubte uns, auf dem Heuwagen zu fahren, sogar auf den großen Zugpferden zu sitzen, die davor gespannt waren. Nach diesem Erlebnis antwortete ich, wenn jemand mich fragte, was ich werden wollte, wenn ich groß war, ganz einfach: „Bäuerin!"

Auch wenn wir monatelang von Papa getrennt waren, gab mir die Geborgenheit in der Familie ein Gefühl totaler Sicherheit, so dass ich den ganzen Krieg hindurch zuversichtlich und furchtlos blieb. Was mich zu dieser Zeit viel mehr ängstigte als Bombenangriffe, war die Entdeckung, dass es so etwas wie „Ehescheidung" gab.

Mit vier Jahren, 1940, bekam ich Keuchhusten. Der Arzt verordnete Luftwechsel auf dem Lande. Als Großstadtfamilie hatten wir nur wenige ländliche Verbindungen, aber unsere Nachbarin, Frau Winter, schlug uns ein Hotel in der Nähe von Lautenthal im Harz vor, ihrem Heimatstädtchen. Sie gab uns einen Empfehlungsbrief an ihre frühere Schulfreundin mit, Kätchen Beume, die dort noch lebte. Es war mitten im Winter, und Berge und Wälder waren schneebedeckt. Hier entdeckte ich, wie viel lustiger – und gefährlicher! – das Schlittenfahren ist, wenn man es auf richtigen Hügeln betreibt, und nicht in der ach-so-flachen Landschaft der norddeutschen Tiefebene.

Frau Beume – oder Tante Kätchen, wie ich sie bald nannte – war blond, sehr hübsch und recht lebhaft. Sie wohnte mit ihren Eltern in einem stilechten Fachwerkhaus, in dem kurioserweise auch noch das städtische Elektrizitätswerk untergebracht war, das ihrem Vater gehörte und von ihm betrieben wurde. Sie hatte zwei Söhne, Dieter und Klaus, die ungefähr so alt waren wie ich. Wir Kinder vertrugen uns so einigermaßen, aber unsere Mütter waren sehr schnell die allerbesten Freundinnen.

Als Klaus ein paar Monate später eine ärztliche Behandlung in Berlin benötigte, kamen alle drei nach Mahlsdorf und wohnten ein paar Wochen lang teils bei uns und teils bei den Winters.

Bei dieser Gelegenheit erfuhr ich, dass Tante Kätchen eine geschiedene Frau war – die erste, der ich je wissentlich begegnet war. Ich war sprachlos. „Meinst du", fragte ich meine Mutter, als ich wieder zu sprechen wagte, „dass sie noch einmal heiraten könnte? Jemand anderen?"

Kätchen Beume (meine zukünftige Stiefmutter) und meine Mutter bei einem Besuch im Harz

Ich erinnere mich noch daran, wie ein Gedanke mich quälte: Wenn es tatsächlich so etwas Unglaubliches wie Ehescheidung gab, dann könnten ja auch meine eigenen Eltern sich eines Tages scheiden lassen, und Papa könnte dann Tante Kätchen heiraten! Der Gedanke jagte mir einen großen Schrecken ein, den ich nicht loswerden konnte. Möglicherweise bestand tief in meinem Unterbewusstsein der vorerst noch winzige Verdacht, dass meine Mutter nicht hundertprozentig mit Papa einverstanden war. Konnte das die Ursache für meine Panik und für die unheimliche Vorahnung sein, die in mir aufgetaucht war?

Und zu jener Zeit hatten sich Papa und Tante Kätchen noch nicht einmal kennengelernt!

KAPITEL 4

Dazugehören

Es ist eine bekannte Erscheinung, dass Krieg für die nationale Stimmung Wunder wirken kann. Wenn alle sich bedroht fühlen, dann erwächst ein Gefühl der Gemeinschaft, und der Wille zur Abwehr reißt selbst solche mit, bei denen es normalerweise an Tatkraft und Einsatzbereitschaft fehlt. Ich erinnere mich sehr gut an die bedeutende Eintracht während des Krieges in Berlin, und wie wohl ich mich dabei fühlte.

Dass alle demselben Ziel zustrebten, war nicht nur des Krieges wegen, sondern weil wir alle Nazis waren. Das Gefühl hatte man jedenfalls. Ich fand es selbstverständlich, dass alle der gleichen Überzeugung waren, denn nie war es vorgekommen, dass jemand sich so benahm oder in einer Art und Weise sprach, die den geringsten Zweifel an der Richtigkeit der Nazi-Idee andeutete – mit einer peinlichen Ausnahme. Seitdem hat sich ja herausgestellt, dass Hitler viele Gegner hatte, und möglicherweise gab es solche auch in Mahlsdorf. Da sie ihre Stimme niemals öffentlich laut werden ließen, hätten sie ebensogut nicht existieren können. Jedenfalls taten sie nichts, was den Eifer und die Begeisterung für die Nazimentalität beeinträchtigen konnte, die unser ganzes Leben durchdrang.

Die peinliche Ausnahme war mein Bruder. Udos Opposition gegen den Nationalsozialismus konnte nicht ideologisch begründet sein, denn er war bestimmt niemals mit einer alternativen Weltanschauung in Berührung gekommen. Was er an der Sache widerlich fand, war die Eingliederung, das kollektive Denken und Empfinden, Militarismus, Uniformtragen und das „Mitmachen". Dass ihm so jede Begeisterung fehlte, war unserem Vater unverständlich.

Wie war es möglich, dass Udo nicht jede Minute zählte, bis er das magische Alter von zehn Jahren erreichen würde, in dem ein Junge der Hitlerjugend beitreten durfte – oder vielmehr: musste? Da Papa seine eigene Zeit als

Militärkadett für die beste und lehrreichste Periode seiner Jugend hielt, meldete er Udo bei der ähnlichsten Erziehungsanstalt an, die es unter Hitler gab: einer „Napola"[20]. Glücklicherweise fiel Udo bei der Auswahlprüfung durch, was Papa umso mehr ärgerte, weil einer der Winter-Jungen aus unserer Nachbarschaft die Prüfung bestand und aufgenommen wurde.

Wann auch immer ein Naziereignis stattfand, wollte Papa, dass Udo ihn begleitete, sei es nur als Zuschauer. Aber rätselhafterweise war Udo in solchen Stunden nicht zu finden, oder er wurde krank. Schließlich konnte er sich gegen Papas Drängen, ein Naziheld zu werden, nicht mehr wehren. Er entwickelte einen nervösen Husten, den er erst loswurde, als er erwachsen war.

Ich konnte Udos Haltung nicht verstehen, denn ich war das genaue Gegenteil. Mir gefiel alles am Nationalsozialismus: die Aufmärsche, die Fahnen, die Musik, das Gefühl der Zusammengehörigkeit... Und obgleich ich noch ein paar Jahre zu jung war, sehnte ich mich danach, dem BDM, dem Bund Deutscher Mädel, anzugehören. Am Tag, an dem ich sechs wurde, im jüngstmöglichen Alter, trat ich der Kindergruppe bei. Wir hatten eine Art Halbuniform, was für mich besser als gar keine war: einen dunkelblauen Rock mit Achselträgern, eine weiße Bluse, und vorne festgesteckt ein wunderschönes, glänzendes Hakenkreuz. Ich war nur kurze Zeit Mitglied gewesen, als sich mir die erste Gelegenheit bot, mich für den Führer einzusetzen.

Es war ein Krankenhausbesuch bei spanischen Soldaten, die im Kampf auf unserer Seite in irgendeinem Landstrich, ich weiß nicht genau wo, verwundet worden waren. Wir versammelten uns auf dem Bahnhofsplatz, zeigten einander die Blumensträuße, die wir mitbringen mussten, und schritten im Gänsemarsch zur anderen Seite von Mahlsdorf.

Die Mahlsdorfer Einheit der „Kindergruppe", der Organisation der Jüngsten in der Nazipartei. Hier sind wir versammelt, um verwundete spanische Soldaten im Krankenhaus zu besuchen.

Unterwegs kamen wir an einem eingezäunten Feld vorbei, das wie ein riesiger Käfig aussah. Drinnen stand eine Anzahl unbeschreiblich aussehender Männer. Sie waren schmutzig

20 Nationalpolitische Erziehungsanstalt (Eliteschulen zur Heranbildung des nationalsozialistischen Führungsnachwuchses).

und in Lumpen, mit abgemagerten Gesichtern und eingesunkenen Augen. Als wir vorbeigingen, streckten sie die Hände aus, um Essbares zu erbetteln. Unsere Leiterin sagte, wir sollten sie ignorieren, sie wären russische Kriegsgefangene.

Im Krankenhaus saßen die spanischen Patienten sauber und bequem aufrecht im Bett und lächelten uns an. Da wir jedoch kein Spanisch und sie kein Deutsch sprachen, war unserer Mission, sie aufzuheitern, Schranken gesetzt. Wir überreichten also unsere Blumen und sangen ihnen ein paar Volkslieder vor.

Das war eine einfache Aufgabe gewesen, verglichen mit der nächsten – und meiner letzten in der Kindergruppe. Uns war befohlen worden, an einem Sonntagnachmittag in die Schule zu kommen; warum, hatte man uns nicht gesagt. Als wir ankamen, war der Hof schon voll mit Jungen von der HJ und Mädchen in BDM-Uniformen. Dann eröffnete man uns die wundervolle Nachricht, der Führer würde heute nachmittag Mahlsdorf überfliegen. Wir waren versammelt worden, um ihm eine Überraschung zu bieten, durch welche ihm Mahlsdorf in ewiger Erinnerung bleiben sollte.

Es war der heißeste Tag des Jahres. Wir wurden im Gänsemarsch an den Stadtrand von Mahlsdorf geführt, bis wir endlich eine große Heuwiese erreichten. Hier, wies man uns an, sollten wir uns so ins Gras legen, dass der Führer, vom Flugzeug herunterblickend, zu seinem großen Erstaunen ein riesiges Hakenkreuz sehen würde, das so aussah, als wäre es aus dem Feld herausgewachsen.

Der Plan war großartig, aber seine Ausführung erwies sich als technisch schwieriger als erwartet. Das Hakenkreuz musste natürlich exakt und alle Glieder gleich lang sein. Da jedoch der menschliche Rohstoff alle Jahrgänge von sechs bis siebzehn umfasste, war die Konstruktion vollkommen gleicher Längen ein ziemliches Problem.

Wir wurden in Gruppen an mehrere strategisch wichtige Stellen gewiesen, wo wir uns in das stachelige Gras legen mussten, Kopf an Fuß. Aber der erste Versuch endete in einem großen Durcheinander. Niemand hatte daran gedacht, ein Megaphon mitzubringen, und das Feld war viel zu groß, als dass die Verantwortlichen an den vier Ecken des Hakenkreuzes sich durch Geschrei miteinander hätten verständigen können. Es entstand allgemeine Verwirrung. Was mir die größte Sorge bereitete, war meine Beobachtung, dass, während unsere Leiter disputierten und uns hin- und herschickten, mehrere Flugzeuge uns überflogen hatten. Wie schrecklich, wenn in einem davon tatsächlich der Führer gesessen und unsere grandios verhunzte Darstellung seines geliebten Symbols gesehen hätte?

Endlich, nach weiterem Geschrei und Hin- und Herlaufen durch das hohe Gras wurde beschlossen, wir lägen alle richtig. Die Sonne strahlte unbarmherzig auf uns nieder. Grillen und allerlei andere Insekten krochen auf uns herum, stachen und bissen uns. Wir warteten und warteten. Dann kam ein weiteres Flugzeug, das genauso aussah wie die früheren. Unsere Leiter behaupteten, es wäre die Führermaschine gewesen, aber ich zweifelte daran. Er würde doch mit dem Taschentuch gewinkt haben, oder die Flügel hätten sich geneigt, in Anerkennung unserer Mühe – und unseres Leidens.

Wir marschierten wieder im Gänsemarsch zurück zur Schule. Schon seit Stunden hätte ich austreten müssen, wie mir schien. Ich konnte es nicht mehr aushalten und war der Verzweiflung nahe.

Als wir dann um die letzte Ecke bogen und die Schule in Sicht war, geschah es – Tränen und Pipi flossen gleichzeitig, und mein Höschen war durchnässt. Alle hielten an, um mich anzugucken und auszulachen – so kam es mir wenigstens vor.

Hätte er nicht mit einer solch furchtbaren Schande geendet, es wäre mein stolzester Tag gewesen. Als ich aufwuchs, war ich dauernd von Nazipropaganda umgeben, die von allen Seiten auf mich zukam, sichtbar in Fahnen, Plakaten und Anschlägen in den Straßen, hörbar im Radio und in Liedern. Hitlers Bild hing in jedem Heim, jedem Büro und Klassenraum. Alle Briefmarken zeigten sein Gesicht, und alle Lippen sprachen mehrmals täglich seinen Namen aus in ihren „Heil Hitler"-Grüßen. Zugegeben, sein Name wurde oft halb verschluckt, und heraus kam „'L-Hitler" oder sogar „Litler". So absolut war die Institution, dass ich einmal meine Großmutter fragte: „Wie sagt man ‚Heil Hitler' auf Englisch?" Die einzige Übersetzung, die ihr einfiel, war „Good morning".

Beim Lesenlernen im ersten Schuljahr spielten Reklame und Wortpropaganda auch eine bedeutende Rolle für mich. Außer Schul-Lehrbüchern hatten wir keine Lesebücher in der Schule. Bis auf die klassischen Kinderbücher wie dem *Struwwelpeter* und den altbekannten Märchen gab es keine Lektüre für uns. Also trödelte ich mittags auf dem Heimweg von der Schule die Hauptstraße entlang und versuchte, die alten, verblassten Vorkriegs-Reklamen für Zigarren, Parfüm, Sonnenöl usw. zu entziffern. Auch politische Schlagworte las ich täglich. An der Bahnhofsmauer etwa hing ein riesengroßer Anschlag: „Die Räder rollen für den Sieg". Und an der Post war das bunte Bild eines kleinen Mädchens in meinem Alter zu sehen, das dem Führer einen Blumenstrauß überreichte. Darunter stand: „Auch Du gehörst dem Führer". Ein anderer Slogan, an den ich mich erinnere, lautete: „Wir glauben an den Führer!"

Was Nationalsozialismus an sich bedeutete: Ich wusste, dass der Führer Deutschland gerettet hatte. Wovor, war mir nicht ganz klar. Es hatte etwas zu tun mit der schlimmen Zeit, die die Deutschen nach dem Ersten Weltkrieg durchgemacht hatten.

Plötzlich war dann Hitler erschienen, und alle hatten Arbeit, reichliche Ernährung und Häuser, Ferien und „Kraft durch Freude". Kurz gesagt, es kamen viel bessere Verhältnisse, und, was sehr wichtig war, man konnte wieder stolz den Kopf hochhalten. Hitler war ja auch kein gewöhnlicher Führer, sondern ein Übermensch. Dies, so erklärte man uns, hatte sich erwiesen, als er im Ersten Weltkrieg dem sicheren Tod entgangen war. Einer mystischen Vorwarnung folgend verließ er gerade noch rechtzeitig eine gewisse Stelle, die Sekunden später von einer Granate getroffen wurde und alle dort Anwesenden tötete.

Der Grund für den jetzigen Krieg war der, dass angeblich unser Volk allen anderen Völkern überlegen war. Die größten Erfinder, Denker und Künstler der Welt seien Deutsche gewesen, wurde uns erzählt; der Plan des Führers, andere Länder zu erobern, war seine Mission – sein Schicksal – damit alle Welt an unserer Größe teilhaben konnte. Die kleinen Länder wie Österreich, die Tschecheslowakei, Belgien, Dänemark und sogar Frankreich hatten deshalb so schnell aufgegeben, weil sie uns willkommen hießen. Sie wollten dem glorreichen neuen deutschen Staat angehören. Nur wenige Länder, wie Großbritannien, Amerika und Russland, waren gegen die Nazi-Idee, weil ihnen die Intelligenz und die Scharfsichtigkeit fehlten, um vorauszusehen, welcher Segen das für sie sein würde. Jedoch war es auch ihnen vorherbestimmt, in unser Reich eingegliedert zu werden. Das würde geschehen, nachdem wir den Krieg gewonnen hatten.

In der Schule zeigte man uns eine Landkarte von Deutschland, wie es nach dem Krieg aussehen würde: es hatte die Form eines Adlers mit ausgebreiteten Flügeln. Mich dünkte, der ganze Sinn unseres Unternehmens war der, die Landkarte von Europa in eine ornithologisch korrekte Form zu bringen.

Ich war mir auch der moralischen Seite von Hitlers Mission wohl bewusst. Er erwartete von uns allen, als Helden und Heldinnen bereit zu sein, für unser Reich Opfer zu bringen. Immer wieder betonte er in seinen Reden Grundsätze wie „Pflicht", „Treue" und „Ehre".

Ich hatte davon gehört, dass tatsächlich einige schlechte Leute existierten, die keine Nazis waren. Da der Nationalsozialismus als moralischer Kreuzzug konzipiert war, mussten seine Gegner ja außerordentlich böse Menschen sein. Ihre Opposition brauchte man nicht ernst nehmen, angesichts der Sorte

Menschen, die sie waren: Kommunisten, Juden, Feiglinge und Egoisten, die nicht den Mut und genug Nächstenliebe besaßen, um sich für unser Vaterland einzusetzen. Leute, die ihr eigenes Wohl dem Volkswohl vorzogen. Gott sei Dank gab es solche in Mahlsdorf nicht! (Ich betete, dass niemand meinen armen, irregeführten Bruder verdächtigte.)

Wenn ich näher darüber nachdenke, erinnere ich mich, dass es einen Juden in Mahlsdorf gab, einen Jungen namens Günter. Er konnte keiner von den schlechten Menschen gewesen sein, von denen man hörte. Er war nett, war Udos bester Freund, bis Papa herausfand, dass er Jude war und nicht mehr erlaubte, dass sie zusammen spielten. Sonst kann ich mich nicht erinnern, dass je über Juden bei uns gesprochen wurde. Bis Papa uns eines Tages ein prächtig ausgestattetes Buch heimbrachte. Es enthielt bunte Bilder und Witze, die vermeintlich typische jüdische Eigenschaften darstellen sollten, wie etwa Gefräßigkeit, Unehrlichkeit, Habgier und schlechten Geruch. Papa wollte, dass wir es lasen. Da unsere Mutter in England aufgewachsen war, hatten wir von ihr keine deutschen Kinderbücher geerbt, und mir fehlte Lesematerial sehr. Ich kann mich noch bis ins Einzelne an jedes der paar Bücher erinnern, die ich besaß, so wertvoll waren sie mir.

Ein Beispiel aus meinem farbenprächtigen Bilderbuch mit antijüdischer Propaganda für Sechsjährige – der boshafte jüdische Kaufhausbesitzer vertreibt eine arme deutsche Familie

Normalerweise hätte ich mich auf so ein schönes Geschenk gestürzt. Aber an Papas buntem Propagandabuch fand ich gar keinen Gefallen. Nichtsdestotrotz verstand ich die Botschaft: Juden waren verachtenswert, und als guter Nazi war es meine Pflicht, sie nicht zu mögen.

Auch wenn wir heute wissen, dass das Schicksal der Juden in Nazideutschland eines der zentralen Themen des Regimes überhaupt war: Aus der Perspektive eines zu dieser Zeit aufwachsenden Kindes war die Verfolgung der Juden eher nebensächlich. Ich hörte nur selten davon, und es spielte keine Rolle in dem Glaubenssystem, das mir eingetrichtert wurde: dass alles, was geschah, einem besseren und größeren Deutschland diente. Als ich zum ersten Mal, nach dem Ende des Krieges, Bilder von Konzentrationslagern sah – ein Moment, den ich niemals vergessen werde – war ich vollkommen erschlagen.

Wenn man ein guter, erstklassiger Nazi sein wollte, kam es nicht nur darauf an, woran man glaubte, sondern auch, wie man es glaubte. Begeisterung und totale Hingabe wurden bewundert, Zweifeln und Infragestellen wurden als verächtliche Schwächen angesehen und grenzten an Verrat. Ich kann mich jedenfalls nicht erinnern, einem Gedankenaustausch beigewohnt zu haben, in welchem alternative Ideen diskutiert wurden. Die Leute äußerten ihre Zustimmung, meistens laut und deutlich. Es war nicht nötig, irgendetwas zu bezweifeln, denn der Führer war unfehlbar. Außerdem konnten Zweifel Unannehmlichkeiten nach sich ziehen. Diese Tatsache hatten wir bereits als ganz kleine Kinder erfasst. Als ich drei Jahre alt war, bekam meine Mutter mit, wie ich meinen sechsjährigen Bruder fragte: „Udo, wo kommen die kleinen Kinder her?"

„Psst", erwiderte er, „das darfst du nicht fragen. Niemand weiß das, nur die Regierung."

So berichtete man mir später. Aber obgleich ich mich nicht mehr an das Gespräch entsinne, erinnere ich mich ganz exakt daran, die Welt so gesehen zu haben, dass die Antwort meines Bruders vollkommen logisch und überzeugend war. Eine Welt, in welcher Fragenstellen, selbstständiges Denken oder etwas Ungewöhnliches tun auf keinen Fall an der Tagesordnung war.

Die Beeinflussung, der wir ausgesetzt waren, führte uns in die andere Richtung, nämlich zu Gleichförmigkeit der Ideale, des Geschmacks und des Benehmens. Für Kinder war der Zweck ihrer Spiele, ihrer Tätigkeiten und ihres künstlerischen Ausprobierens immer nur Nachahmung. Die Gesellschaft war durchdrungen von Wettbewerb, und das Ziel des Wettbewerbs war es, dem Ideal am nächsten zu kommen.

Kreativität, unabhängiges Denken und jede Form von Unangepasstsein wurden nicht nur abgelehnt, sondern galten sogar als gefährlich. Solche Eigenschaften waren den Leuten unangenehm. Warum wollte jemand anders sein, außer um zu opponieren? Für gewöhnlich war die erste Reaktion, wenn einer aus der Reihe tanzte, ihn zu belachen und verrückt zu nennen. Das gab ihm Gelegenheit, einen Rückzieher zu machen. Aber im Denken der anderen war der Grat zwischen Anderssein, Untreue und Hochverrat messerscharf.

Unvergessen ist ein gewisses Ereignis in meinem ersten Schuljahr: Ein Mädchen, das angeblich aus der Art schlug, wurde einer traumatisierenden Behandlung ausgesetzt, in der Hoffnung, sie würde sich danach „normal" benehmen. Ich glaube, sie gehörte einer Zigeunerfamilie an. Jedenfalls fiel sie auf, weil sie schlecht gekleidet und unsauber war. Eines Tages rief Fräulein Kesselring, unsere Lehrerin, sie auf und befahl ihr, sich mit dem Gesicht zu uns in eine Ecke zu stellen. Unsauberes Aussehen könne nicht geduldet werden, erklärte Fräulein Kesselring, es käme einer Beleidigung des Führers und des Reiches gleich. Wir sollten sie uns genau ansehen, forderte sie uns auf, ihr ungewaschenes Gesicht, ihr ungekämmtes Haar, die liederliche Kleidung und die schmutzigen Schuhe. Dann befahl sie uns allen, mit dem Finger auf das Kind zu zeigen und es verächtlich und spöttisch auszulachen. Die Klasse gehorchte mit Lebhaftigkeit und Geschrei. Das kleine Mädchen kauerte in seiner Ecke. Von dem Tag an sah sie zwar viel ordentlicher aus, aber ihre Augen blieben stets gesenkt, und sie sprach niemals mit den anderen.

Viele Jahre später las ich einen Bericht über einen Seemann, der in aller Öffentlichkeit ausgepeitscht worden war und sich seelisch niemals davon erholt hatte. Ich musste sofort an das kleine Mädchen aus meiner Klasse denken. Sie hatte diese Erfahrung hoffentlich überwunden, aber ich bezweifelte es.

Das gesamte Erziehungssystem war auf Gleichförmigkeit eingestellt. Kein Kind hätte sich darum mehr bemühen können als ich – mit weniger Erfolg. Bereits wenige Minuten nach dem Eintritt in die erste Klasse stand ich abseits, und diese Qual wiederholte sich am Anfang jedes Schuljahres. Es war das Verlesen der Namensliste, und jede Schülerin erklärte, wenn sie aufgerufen wurde, welcher Religion sie angehörte. Alle anderen riefen entweder „katholisch" oder „evangelisch". Gegen Ende des Alphabets, beim Buchstaben T, war ich dran und musste „gottgläubig" sagen. Ein allgemeines Kichern war daraufhin zu hören, alle drehten sich um und guckten mich groß an. Ich wusste ebensowenig wie sie, was das Wort bedeutete, und konnte es kaum aussprechen, aber mein Vater bestand darauf.

In den folgenden Jahren wurde mir meine erste religiöse Angehörigkeit immer rätselhafter. Papa hatte mich gelehrt, herkömmliche Religionen zu verachten, und jeden Menschen, der an das Christentum glaubte, zu bedauern. Mein öffentliches Bekenntnis als „gottgläubig" sollte offensichtlich diese Einstellung ausdrücken. Wörtlich genommen wird jemand gottgläubig genannt, wenn er tatsächlich an Gott glaubt. Was passierte hier eigentlich? Ich fragte meine Mutter. Sie meinte, es müsse etwa so viel wie „agnostisch" bedeuten, aber mit Sicherheit konnte sie mir nicht antworten. Mit Papa hatte sie nie die feineren Details des Nazismus diskutiert, sondern er erwartete von ihr, dass sie bloß dem zustimmte, was er ihr sagte.

Als ich fünfzig Jahre später versuchte, meine ehemalige Religion zu erforschen, entdeckte ich eine esoterische Seite des nationalsozialistischen Denkens. Es scheint, dass selbst die zähesten, kirchenfeindlichsten Nazis, wie mein

Vater, Gott nötig hatten, um ihre Weltanschauung und ihre Verpflichtung zu stützen. Wem denn sonst hätten sie ihre Treue zu Führer und Vaterland schwören können? Abgesehen davon, dass sie nicht als Christen gelten wollten, äußerten sie keine weiteren Ansichten über Gott. Der Glaube an seine Existenz genügte, und daher lautete die Lexikon-Definition des Wortes „gottgläubig": „Anhänger eines modernen deutschen theistischen Kultes."

Ein anderer, schrecklich auffälliger Aspekt meines „Andersseins" war meine Frisur, die mir durch einen Tick meiner Großmutter aufgezwungen wurde. Meine erste Schulfotografie zeigt Fräulein Kesselring auf der obersten Stufe einer Treppe mit ihrer Klasse von fünfzig ernst dreinschauenden kleinen Mädchen. Mit einer Ausnahme waren sie alle hell- oder dunkelblond, hatten das Haar straff zurückgekämmt und im Nacken entweder zu Zöpfen oder mit Klammern und Schleifen festgemacht. Bis auf mich: Die Ausnahme hat kurzes schwarzes Haar, nach vorne gekämmt, und ihre Stirn ist mit einem Pony bedeckt.

In allen Dingen waren meine Großeltern, die ja beide berufliche Damenfriseure gewesen waren, bereit, sich der Konvention anzupassen, aber was Frisuren betraf, waren sie unbeugsam, selbst noch im Ruhestand. Oma fand, dass keine der beiden momentan geduldeten Kleine-Mädchen-Frisuren für mich geeignet war. Mein Haar glatt zurückzuziehen stand mir nicht, und Zöpfe waren altmodisch. Oma war noch immer stolz darauf, dass sie in den zwanziger Jahren den „Pagenkopf" in Köpenick eingeführt hatte. Langes Haar, wie auch immer frisiert, war in ihren Augen hoffnungslos altbacken. Sie entschied, dass ich mit kurzgeschnittenem Haar und Pony am besten aussähe, und wenn ich meine Kinderbilder ansehe, muss ich zugeben, dass sie Recht hatte. Der Fall war jedoch, dass es mir ganz egal war, ob ich nett aussah oder nicht – ich wollte nur wie alle anderen aussehen.

Jedesmal, wenn Omas spezielle Haarschneideschere erschien, um meinen Pony zu schneiden, haben wir uns beinahe gezankt – nur beinahe, nicht wirklich, denn wie jedes andere mir bekannte Kind hätte ich es nie gewagt, mich einem Erwachsenen zu widersetzen. Schon gar nicht meiner feurigen Oma. Um mein Missfallen auszudrücken, blieb mir nur eins übrig – zu weinen. Aber das half auch nichts.

Glücklicherweise gelang es mir, in keiner anderen Weise aufzufallen. Das wäre beim herrschenden Lehrsystem auch kaum möglich gewesen. Abgesehen von einer Pause am Vormittag war die Zeit gänzlich dem Pauken von Lesen, Schreiben und Rechnen gewidmet. Musik, Kunst oder Theater wurden nicht

Mein erstes Schulfoto: die Klasse von Fräulein Kesselring. – Mich erkennt man sofort an meiner unkonventionellen Frisur!

erwähnt. Es wurden auch keine Geschichten erzählt. Meinen ersten Schultag verbrachte ich damit, die dreifach linierten Seiten meines neuen Schreibheftes, eine nach der anderen, mit dem Buchstaben „i" auszufüllen. Am nächsten Tag kam der Buchstabe „t" und so weiter. Alle machten gleichzeitig dasselbe und später, als wir lesen konnten, taten wir auch dies laut und einstimmig zusammen. Fräulein Kesselring lehrte uns das Alphabet und die Grundlagen der Rechenkunst wie ein Kapellmeister, der ein unerfahrenes Orchester in eine neue Symphonie einführt. Alle folgten ihr, so gut sie konnten. Ich glaube nicht, dass sie mich oder viele andere dem Namen nach kannte, aber das war nicht wesentlich, denn ihre Aufgabe ließ ihr keinen Spielraum für individuelle Unterweisung oder eine persönliche Beziehung zu uns. Für Disziplin brauchte sie nicht zu sorgen. Wir respektierten Autorität viel zu sehr, um unartig zu sein oder zu schwatzen.

Am Ende des Schuljahres erhielten wir alle ein Zeugnis mit der Beurteilung unserer Leistung, welche damals wie heute von einer Eins („Sehr gut") bis zu einer Sechs („Mangelhaft") reichten. Die Mehrzahl der Schülerinnen und ich selbst bekamen normalerweise eine Drei („Befriedigend") für jedes Lehrfach. Ich nehme an, dass Fräulein Kesselring so am besten auskam, da sie die meisten nicht persönlich kannte. Und wenn wir ihr nicht weiter aufgefallen waren, konnte sie davon ausgehen, dass unser Fortschritt zumindest „befriedigend" sein musste. Jedenfalls war ihr Lehrsystem unleugbar erfolgreich, denn am Ende des Schuljahres, als wir alle sieben Jahre alt waren, konnten wir alle fünfzig lesen, schreiben, addieren und subtrahieren.

Die Forderung, zu gehorchen und sich zu fügen, war so groß, dass mir immer bange war, ich würde mich nicht genügend anpassen, oder wäre gar – welch schrecklicher Gedanke – einmal ungehorsam. Propaganda-Figuren wie „Der Kohlenklau"[21] verstärkte diese Befürchtung. Seine Karikatur, die uns von Plakaten, Wänden, Häusern, sogar in Luftschutzkellern drohend angrinste, befahl uns, Energie zu sparen. Ich erinnere mich, dass ich jedesmal, wenn ich das Licht anschaltete, ein nervöses Kribbeln verspürte. Auch Papier, Metall, Knochen und Lumpen mussten gesammelt und zum Schulhof gebracht werden. Ich wusste nicht, was mit mir passieren würde, wenn ich einmal unnötig das Licht anmachte oder mal eine Büchse oder einen Knochen „verschwendete", aber ich war fest entschlossen, es nie herauszufinden. Wen ein solcher Verstoß kümmerte, welche Strafe erfolgen würde oder wer sie ausführen sollte, war völlig irrelevant. Was einzig zählte, war zu gehorchen.

Unsere Besessenheit von den Regeln einer unsichtbaren, allgegenwärtigen Autorität zeigte sich, wie mir scheint, auch in unserer täglichen Umgangssprache. Ich entsinne mich nicht an Fragen wie „Gefällt dir das?" oder „Möchtest du...?". Ebensowenig habe ich gesagt: „Am liebsten würde ich...", „Das wäre mir lieber", „Ich möchte", „Ich möchte nicht" oder „Ich habe mich entschlossen". Vielmehr wurde mir gesagt, was ich zu tun hatte, oder ich wusste ganz einfach, was von mir erwartet wurde. Die tolerierten Worte waren *dürfen*, *verboten*, *gehorchen* und *müssen*. Wenn ich zu mir selbst sprach, waren die mächtigsten Worte „Ich muss" und „Ich will".

Wie den Tieren in *Animal Farm*[22] ging es uns gut, wenn wir uns ordnungsgemäß verhielten. Es wurde alles für uns entschieden, wir brauchten uns keine Gedanken zu machen, man verlangte nicht von uns, besonders klug zu sein. Die einzige Voraussetzung, um als vollwertiges Gruppenmitglied zu gelten, war, das komplette Naziprogramm zu akzeptieren. Das tat ich. Und zum ersten – und letzten – Mal in meinem Leben hatte ich das Gefühl, dazuzugehören.

21 Eine von der nationalsozialistischen Propaganda als Personifikation eines Volksschädlings geschaffene Gestalt: ein hässliches Monster, halb Mensch, halb Tier, mit einem Sack auf dem Rücken.

22 George Orwell, *Animal Farm* (deutsch: *Farm der Tiere*), 1945

KAPITEL 5

Die englische Verbindung

Wenn die Schule aus war, spielten wir Kinder unserer Wohngemeinschaft gewöhnlich friedlich miteinander. Unsere Freundschaft war besonders eng, weil wir uns in dauerndem Kriegszustand mit einer anderen Bande befanden, die in der Nähe wohnte. Zurückdenkend nehme ich an, dass sie die Kinder der früheren Nazigegner waren, wobei unsere Familien ihnen ja ein Vorbild sein sollten. Sie waren älter und größer als wir, und wir vermieden, so gut es nur ging, jeglichen Kontakt mit ihnen. Der Anführer der anderen Gruppe war ein scheußlicher Raufbold namens Fritz Johne, der manchmal heimlich auf unserem Grundstück herumschlich, um unser Lager zu zerstören. Wir jüngeren Kinder hatten alle Angst vor ihm.

Eines Tages, als wir dort spielten, regnete es plötzlich Steine auf uns, die aus einem Gebüsch hinter dem Zaun flogen. Wir versuchten zwar wegzulaufen, aber die Steine verfolgten uns. Unser einziger Ausweg war durch die Feuerlinie versperrt, und wir wussten nicht, wie wir unverletzt entkommen sollten. Ganz plötzlich hatte der Steineregen jedoch ein Ende, und gleichzeitig vernahmen wir ein großes Geheul. Dann sahen wir zu unserem Erstaunen den vornüber gebeugten Fritz Johne, der mit schmerzverzerrtem Gesicht aus den Büschen herausgeführt wurde. Eine kleine, grauhaarige Frau, in pelzbesetztem Mantel mit elegantem Hut und Lederhandschuhen packte Johne, der größer war als sie, grob an beiden Ohren und schob ihn die Straße entlang, seinem Haus zu. Dabei schimpfte sie ihn in kaum verständlichem Deutsch aus. Wir folgten den beiden in einiger Entfernung und bemerkten, wie Passanten ebenfalls dem ungewöhnlichen Strafvollzug zusahen.

Anschließend hörten wir voller Bewunderung, wie unsere Großmutter – sie war es nämlich – mit einem letzten Schwall von Drohungen den jammernden Fritz seiner erschrockenen Mutter übergab.

Oma kam aus England. Sie war fast vierzig, als sie nach Deutschland übersiedelte. Das lag nun mittlerweile über zwanzig Jahre zurück, und noch immer beherrschte sie die deutsche Sprache nicht richtig. Nicht, dass es ihr im geringsten schwerfiel, sich mit anderen Menschen zu verständigen, aber dies hatte mehr mit ihrer ausdrucksvollen Persönlichkeit zu tun als mit ihrem Wortschatz oder gar ihrer Grammatik. Solange ich zurückdenken konnte, lebten Oma und Opa in einer Wohnung über der Bäckerei ein paar Straßen von uns entfernt. Diese Wohnung konnte fast als ein kleiner Vorposten von England bezeichnet werden. Oma und Opa sprachen immer englisch miteinander. In ihrem Heim umgaben sie sich mit fremdartigen Gegenständen, die man in deutschen Familien selten sah. Zum Beispiel besaßen sie mehrere Puzzles, eine Wärmflasche, eine Dose schwarzen Tee, eine englische Keksbüchse und Pastetenformen. Besonders lächerlich kam mir aber der wollene, gestrickte Teekannenwärmer vor. Im Krieg gegen uns zähe Deutsche, so sagten wir uns, hatten Menschen, die verrückt genug waren, einer Teekanne eine Mütze aufzusetzen, wohl kaum Chancen.

Diese Wohnung war unser zweites Zuhause. Wenn wir dort zu Besuch waren, was recht oft vorkam, gab uns Oma immer etwas Ungewöhnliches zu essen. Pommes frites oder „bread and milk", einen Brei aus Weißbrot und Milch, den wir „Bremmilk" nannten, und wenn sie die Zutaten kriegen konnte, „girdle cakes". Von Oma lernten wir englische Kartenspiele, zum Beispiel „Snap" und „Beggar Your Neighbour", und Kinderlieder, die ich heute noch singen kann. Am besten gefiel mir *Walking through the fields* – es hatte eine sehr hübsche Melodie:

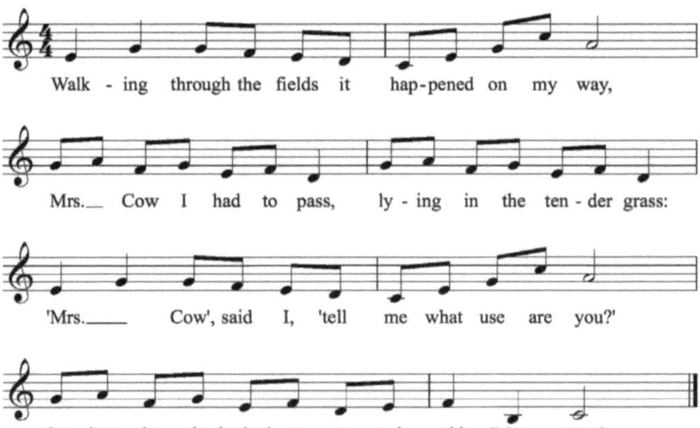

Walking through the fields it happened on my way,
Mrs Cow I had to pass,
Lying in the tender grass,
'Mrs Cow,' said I, 'tell me what use are you?'
Solemnly she looked at me and said: 'Moo Moo'.

'Moo, Moo, Moo,' she answered and she seemed to say:
'Every morning without fail,
Mary brings the milking pail,
To the dairy then she takes my milk away,
Butter, cream and cheese to please you get next day.'[23]

Leider konnte ich den Text nicht verstehen, denn mein Vater hatte uns verboten, Englisch zu lernen. Wir kannten nur ein paar Ausdrücke wie „please", „thank you" und „hoppit!". Das genügte jedoch schon, um vor unseren Freunden zu prahlen.

Oma besaß auch ein paar englische Kinderbücher, die noch aus der Kindheit unserer Mutter stammten. Die sahen wir uns immer wieder mit großer Freude an und ließen uns die Bildunterschriften und die kleinen Geschichten von Oma übersetzen, so dass uns die Kinder und Tiere in den Erzählungen mit der Zeit recht vertraut wurden. Bücher solcher Art gab es in Deutschland nicht.

Oma sprach nie von ihrem Leben in England, oder wie es dazu kam, dass sie jetzt in Deutschland lebte. Was der Grund auch sein mochte, ich spürte, dass es ihr Schmerz bereitete und dass sie anscheinend nicht darüber sprechen wollte. Ich wusste aber, dass sie seitdem nachts nicht mehr richtig schlafen konnte. Oft war sie müde und nervös, deshalb zog sie sich nachmittags meistens für ein Schläfchen zurück zu einem „nap" – ein weiteres Wort in meinem englischen Wortschatz. Ich wusste auch, dass sie eine Schwester namens Nellie hatte, die nach Australien ausgewandert war. Ihr Name wurde immer wieder

23 Morgens ging ich übers Feld,
Da traf ich Fräulein Kuh.
Im grünen Gras lag sie zur Ruh.
„Fräulein Kuh", rief ich ihr zu,
„Wozu sind Sie denn gut?"
Sanft sah sie mich an und sprach:
„Muh, muh, muh."

„Muh, muh, muh", sprach sie,
Und das hieß wohl:
„Jeden Morgen ohne Fehl
Kommt Mary mich zu melken her.
Zur Molkerei bringt sie die Milch,
Butter, Käse, Sahne frisch
Kommt für dich täglich auf den Tisch."

erwähnt, wenn jemand uns über die Herkunft unseres ungewöhnlichen Stofftiers befragte, dem in Deutschland zu der Zeit kaum bekannten „Koalabär".

Oma und Opa hatten beide als Damenfriseure gearbeitet, zuletzt in Köpenick, nicht weit von Mahlsdorf entfernt. Als Opas Herz jedoch nicht mehr mitmachte, mussten sie ihren Salon aufgeben, und sie zogen kurz vor meiner Geburt nach Mahlsdorf. Opa arbeitete jetzt in einem Büro in Berlin, aber natürlich frisierte er Oma weiterhin, was nicht unerheblich zu ihrem stets eleganten Aussehen beitrug.

In seinem Alter eine neue Karriere zu beginnen, musste schwierig für ihn gewesen sein. Er war mittlerweile beinahe sechzig, und den einzigen Beruf, in dem er Erfahrungen gesammelt hatte, musste er wegen seines Herzleidens aufgeben. Wo würde er eine neue Stelle finden? Es war schließlich Papa, der die Lösung fand: in der NSDAP.

Papa hatte bereits vor dem Krieg für die Partei gearbeitet. Er sah sich nach einer Stellung um, die ihm für Opa passend schien, und fand die ideale Stelle in der Lagerabteilung der SA. Der Haken an der Sache war allerdings, dass Opa, um angestellt zu werden, Parteimitglied werden musste.

Er war jedoch ein schmal gebauter, bescheidener, wissensdurstiger Mann, der, unter anderen Umständen geboren, eher Lehrer oder Bibliothekar geworden wäre. Es war erstaunlich, dass die SA ihn überhaupt aufnehmen wollte, geschweige denn darauf bestand, dass er Mitglied wurde. Dass er aber tatsächlich eingetreten ist, weiß ich genau, denn ich habe ein Foto, auf dem er kaum zu erkennen ist: angetreten zur Inspektion, in schlecht sitzender Uniform und unglaublich unglücklich aussehend. Sobald er den Vertrag in der Tasche hatte, nahm er so wenig wie möglich an Parteiaktivitäten teil und fuhr nun täglich mit der S-Bahn zu seinem Büro in Charlottenburg. Udo und ich holten ihn manchmal pünktlich um sechs Uhr vom Bahnhof ab.

Tagsüber, während Opa in der Parteizentrale arbeitete, war Oma meistens bei uns in der Fauststraße, wo sie entweder Mutti im Haus half, oder sie gingen zusammen einkaufen und Schlangestehen. Sie sprachen nur Englisch miteinander, lachten und kicherten viel, aber wir Kinder verstanden kein Wort. Sie lebten in ihrer kleinen, privaten Welt, von der wir ausgeschlossen waren; übrigens auch mein Vater. Daher kam wohl auch sein törichtes Dekret, dass wir auf keinen Fall Englisch lernen sollten.

Wenn Oma nicht mit unserer Familie verbunden gewesen wäre, hätte niemand auf den Gedanken kommen können, dass meine Mutter ursprünglich Engländerin war. Äußerlich unterschied sie sich in keiner Weise von den anderen Müttern in der Fauststraße. Sie sprach perfektes, akzentfreies Deutsch, hatte einen deutschen Mädchennamen (Druhm) und war mit einem deutschen Offizier und Parteifunktionär verheiratet. Auch unser Heim und die Art, wie sie den Haushalt führte, waren typisch deutsch, ganz im Gegensatz zu Omas häuslichem Leben. Ein paar englische Romane im Bücherschrank und englische Noten auf dem Klavier blieben die einzigen Spuren ihrer Herkunft.

Doch sie war in England geboren und hatte dort ihre frühe Kindheit verbracht. Und bis sie Papa heiratete, behielt sie die englische Staatsbürgerschaft. Und obgleich ihr britischer Reisepass längst nicht mehr gültig war, bewahrte sie ihn unbedingt sorgfältig auf.

An der Wand unseres Spielzimmers hing eine große bunte Landkarte von Europa, mit deren Hilfe Mutti uns mit den verschiedenen Ländern bekannt machte. Der Gedanke, dass sie, meine wunderbare deutsche Mutter, in London geboren war, so weit entfernt und auf feindlichem Gebiet, war mir unbegreiflich. Es war mir ebenso unverständlich, als wäre sie von einem anderen Planeten. Außer ihr und meiner Großmutter hatte ich niemals einen Ausländer zu Gesicht bekommen.

Zwar war Oma in der Tat anders, so dass sie besser der Rolle eines Ausländers entsprach, aber meine Mutti? Bei ihr konnte ich das einfach nicht fassen.

Einmal, als wir darüber sprachen, äußerte sie die Idee, dass wir, Udo und ich, möglicherweise einmal nach London fahren würden. Ich stieß den Gedanken sofort mit Entsetzen von mir. Er war zu weit hergeholt, ich konnte nicht mit ihm fertig werden.

Da Oma bei uns ein- und ausging, war die Tatsache, dass sie und meine Mutter Engländerinnen waren, allen Nachbarn bekannt, aber keiner nahm irgendeine Notiz davon. Da ihre einzige, annähernd subversive Tat darin bestand, heimlich öfters BBC im Radio zu hören, war unsere Mutter in den Augen der Nachbarn „eine von uns". Sie war lebhaft, gesellig im Umgang und verfolgte vielfältige Interessen. Ich spürte instinktiv, wie hoch man sie schätzte. Auch Oma war überall beliebt. Keiner konnte ihrer Lebhaftigkeit und ihrem Humor widerstehen. Besonders nach dem Vorfall mit Fritz Johne kannte ihre Beliebtheit keine Grenzen. Sie fühlte sich so sehr in die Gemeinschaft integriert, dass sie nicht davor zurückschreckte, ihre Schlagfertigkeit einzusetzen, wenn jemand in seine Schranken verwiesen werden musste.

Ihr keckes, selbstbewusstes Auftreten, bei deutschen Frauen zu jener Zeit äußerst selten, war für ihr Gegenüber meist derart überraschend, dass er in seiner Verwirrung fast immer ihren Wünschen nachgab. Wenn Papa nicht zu

Hause war, übernahm es dann auch Oma – und nicht etwa Mutti oder Opa – mit Ladenbesitzern, Angestellten und sogar Parteifunktionären zu verhandeln.

Beide wurden vorbehaltlos akzeptiert, weil niemand im Geringsten daran zweifelte, dass ihre Loyalität dem kriegführenden Deutschland gehörte – was auch zutraf. Es musste jedoch schmerzlich für sie gewesen sein, ihre zwei Länder im Kriegszustand miteinander zu wissen – so wie es schmerzlich für Kinder ist, wenn ihre Eltern streiten und die Kinder die schwierige und zum Teil auch endgültige Entscheidung treffen müssen, auf welcher Seite sie stehen wollen.

Zwei Faktoren müssen Oma und Mutti geholfen haben: Zum einen waren sie beide Pragmatikerinnen, die danach entschieden, was für die Familie am besten sein würde. Wenn sie sich die Frage stellten, welches Kriegsergebnis uns allen die Möglichkeit eines relativ gesicherten Weiterlebens versprach, mussten sie wohl als gewöhnliche Berliner Hausfrauen einen deutschen Sieg erhoffen. Damit hätten dann wenigstens die allnächtlichen, todbringenden Bombenangriffe der englischen und amerikanischen Luftwaffe ein Ende gehabt.

Der zweite Faktor, der sie beeinflusst haben musste im Konflikt ihrer Loyalitäten, war die Art und Weise, in der sie England hatten verlassen müssen. Dass sie deportiert worden waren, nur weil mein Großvater Deutscher war, fand meine sensible Oma unverzeihlich.

1941, als ich ungefähr fünf Jahre alt war, erhielt meine Mutter einen Brief, der sie in große Aufregung versetzte. Ein Mann namens Kleinow, Direktor der Übersee-Sendungen des norddeutschen Rundfunks auf Kurzwelle, war auf der Suche nach zwei Frauen, die perfekt englisch sprachen. Er hatte über Papas Parteikontakte von meiner Mutter gehört und lud sie zu einem Vorstellungsgespräch ein.

Sie sollte zusammen mit Ilse, der halbamerikanischen Frau von Kurt Krüger-Lorenzen, einem zur damaligen Zeit sehr bekannten Moderator[24], wöchentlich eine fünfzehnminütige Frauensendung auf Englisch moderieren. Es sollten nur hausfrauliche und mütterliche Themen besprochen werden, natürlich mit Betonung des Gesundheitsdienstes und der Wohlfahrt in Nazideutschland. Es begann also eine regelmäßige Plauderviertelstunde, die sich „Jane and Janet's Weekly Chat" nannte. Meine Mutter war „Jane" und ihre neue Freundin „Janet".

24 Kurt Krüger-Lorenzen machte 1935 in Berlin als erster Fernsehreporter der Welt TV-Reportagen und -Interviews. Er ist außerdem Verfasser von mehreren Handbüchern über deutsche Redensarten („Das geht auf keine Kuhhaut"). Nach dem Krieg war er hauptamtlich beim Hessischen Rundfunk tätig.

Normalerweise schrieben die beiden ihre Texte selbst, manchmal schlug ihr Produzent auch ein Thema vor, aber im allgemeinen arbeiteten sie ihre eigenen Ideen aus. Meine Mutter besorgte sich eine klapprige alte Schreibmaschine und brachte sich selbst das Tippen bei. Ich erinnere mich noch heute, wie ich sie abends, kurz vor dem Einschlafen, im Nebenzimmer tippen hörte. Da „Jane" und „Janet" auch im Alltag einfache Hausfrauen waren und ihre Themen nicht professionell recherchiert wurden, stammten ihre Ideen größtenteils aus unserem Alltagsleben.

Hin und wieder ging sie mit dem Mikrofon in die Stadt, um etwas vom Leben der Berliner Bevölkerung einzufangen, und einige Male wurden Udos oder meine Stimme verwendet. Einmal sang ich zu Weihnachten ein dreistrophiges deutsches Weihnachtslied, das Oma ins Englische übersetzt hatte.

Ein andermal spielte ich die Rolle eines Kindes, das gerade geimpft wurde. Ich hatte zwei Einsätze: Wenn der „Arzt" mich am Arm fasste, sollte ich „Aua" sagen. Und auf seine Frage, ob es weh getan hätte, sollte ich antworten: „No, not a bit."

Ich kann also mit Recht behaupten, dass die ersten englischen Worte, die ich ernsthaft sprach, in die weite Welt gesendet wurden.

KAPITEL 6

Podewilshausen[25]

Im Sommer 1943, sobald mein erstes Schuljahr vorbei war, fand unser glückliches Leben in Mahlsdorf ein jähes Ende. Danach besuchten wir die Wohnung in der Fauststraße nur noch selten; meistens auf der Durchreise von einem Ort zum anderen. Vielleicht lag es gerade daran, dass so viele Jahre verstrichen, ehe wir uns wieder irgendwo häuslich niederließen, dass die Zeit in Mahlsdorf eine besondere Bedeutung in meiner Fantasie annahm, als die zeitlose „Heimat", nach der sich ein Teil von mir immer zurücksehnte.

Dies heißt aber nicht, dass die Jahre danach, als Evakuierte, als Flüchtlinge oder als englische „Heimkehrer", Zeiten völliger Trübsal gewesen wären. Ich war ein privilegiertes Kind und verlebte, verglichen mit anderen, einen „guten" Krieg mit aufregenden und bereichernden Erlebnissen, die mir nie passiert wären, wenn wir Mahlsdorf nicht verlassen hätten. Die bunten Begebenheiten meiner Wanderjahre sind mir in klarster Erinnerung geblieben und verleihen meinem persönlichen Andenken an die Zeit im Dritten Reich eine Nuance von Unbeschwertheit.

Wir verließen Mahlsdorf zu einer Zeit, da durch die Bombenangriffe bereits viele Mütter mit Kindern aus den relativ sicheren Vororten vertrieben worden waren. Aber wir hatten einen noch dringenderen Grund, uns von unserem Heim und voneinander zu trennen. Die ganze Familie hatte sich im Rahmen einer Massenuntersuchung röntgen lassen, wobei sich herausstellte, dass meine Mutter einen Schatten auf der Lunge hatte, der als Tuberkulose diagnostiziert wurde. Wir waren alle erschüttert, denn sie hatte keinerlei Symptome verspürt und sah recht gesund aus. Der Arzt, der ihr die Diagnose mitteilte,

25 heute Podwilczyn

sagte weiter, nur eine schlechte Mutter würde ihre Kinder einer möglicherweise lebensgefährlichen Infektion aussetzen. Sie müsse sich sofort von ihren Kindern trennen.

Meine Mutter war außer sich und behauptete, niemand außer ihr könne uns betreuen, vor allem mich, wegen der notwendigen Fußbehandlung. Der Arzt sah das ein und gab ihr nach, so dass ich bei ihr bleiben durfte, während Udo sofort isoliert werden musste. Daraus könnte man folgern, dass es nicht so schlimm wäre, wenn ein unvollkommenes Kind, besonders ein Mädchen wie ich, angesteckt werden würde, ein perfekter Junge wie Udo aber musste unbedingt geschützt werden.

Unsere Familie war sehr beunruhigt angesichts dieser neuen Situation, aber mein Vater gewann dadurch die lang ersehnte Gelegenheit, Udo in eine Militärakademie zu stecken. Papa litt noch immer unter der Enttäuschung, die Udos Nichtaufnahme in die NAPOLA verursacht hatte. Jetzt nahm er ein paar Tage Urlaub, um nach einer ähnlichen Bildungsanstalt zu suchen. Er entschied sich für ein Internat in Bayern: ein ehemaliges Benediktinerkloster, in welchem jetzt Jungen nach streng nationalsozialistischen Richtlinien erzogen wurden. Muttis Widerstand lehnte er als Sentimentalität mit der Behauptung ab, diese Schule würde aus ihrem Sohn einen richtigen Mann machen. War nicht Papas Zeit als Kadett in der Militärakademie die beste seines Lebens gewesen? Udo, jetzt zehn Jahre alt, wurde natürlich nicht nach seiner Meinung gefragt. Papa fuhr mit ihm im Zug nach Passau, besorgte die erforderliche Hitlerjugend-Uniform und lieferte ihn in der Klosterschule ab.

Ehe er an die russische Front zurückkehrte, richtete er es auch ein, dass meine Mutter und ich Berlin verlassen konnten. Wir sollten im entferntesten Pommern, in einem kleinen Dorf namens Podewilshausen, untergebracht werden, im Haus eines Militärfreundes, der dort vor dem Krieg Lehrer gewesen war. Sonst hatte sich meine Mutter niemals gegen Papas Vorschriften gesträubt, aber diesmal war sie nicht gewillt, Udo einem so furchtbaren Schicksal zu überlassen. Sobald Papa auf dem Weg zurück nach Russland war, nahm sie die Sache in die Hand und ließ mich allein nach Pommern vorausfahren.

Ich war gerade sieben geworden, und es war meine erste Eisenbahnreise ganz allein. Einerseits war ich stolz darauf, aber zugleich auch etwas ängstlich. Auf dem Weg mit meiner Mutter zum Bahnhof war ich noch voller Vorfreude. Sie fand einen Fensterplatz für mich und erhielt vom Schaffner das Versprechen, gut auf mich aufzupassen. Aber als sich der Zug nach Danzig in Bewegung setzte und Muttis taschentuchwinkende Gestalt immer kleiner wurde, konnte ich die Tränen nicht mehr länger zurückhalten. Würde ich vielleicht von jemandem entführt werden, und würde ich sie dann jemals wiedersehen? Solche Gedanken schossen mir durch den Kopf.

Als sie gar nicht mehr zu erkennen war, kam mein Mut zurück, und das Alleinreisen erschien mir bald als ein großes Abenteuer. Der Höhepunkt war erreicht, als der Zug bei Stettin seine Geschwindigkeit verringerte und auf einer Hängebrücke die Oder überfuhr. Dort unten eröffnete sich ein Panorama von Laderampen, Kränen und Schiffen, so wie ich es mir immer in den unzähligen Kriegsschiffspielen mit Udo vorgestellt hatte.

In Stettin empfing mich, wie verabredet, die Frau des Lehrers, unverkennbar durch ihr blaues Kleid mit weißen Punkten. (Ihr Sonntagskleid, stellte sich später heraus.) Sie begrüßte mich mit einem Blumenstrauß, der fast so groß war wie ich selbst, und führte mich zu einem anderen Bahnsteig, wo ein kleinerer Zug abfahrbereit stand, der uns nach Stolp bringen sollte.

In Stolp erwartete uns vor dem Bahnhof ein Junge von ungefähr vierzehn Jahren mit einem wackeligen Ponywagen. Er war fremdartig gekleidet und trug sogar Knickerbockers. Auch er hatte somit seine beste Sonntagskleidung an und überreichte mir ebenfalls einen kleinen Blumenstrauß zur Begrüßung. Das fand ich rührend, war aber gleichzeitig in Verlegenheit gebracht, denn vom nationalsozialistischen Standpunkt aus, unter dem ich aufgewachsen war, hatte ein Junge nichts mit Blumensträußen zu tun, ohne dass er als unmännlicher Himbeerheini – und damit als ideologisch unannehmbar – angesehen wurde.

Nun steckte ich im ersten der vielen noch folgenden moralischen Dilemmata, die mich in der Welt so weit von Mahlsdorf quälen würden. Dort war alles so einfach und selbstverständlich gewesen; man wusste ohne Zweifel, woran man glauben sollte.

Der Junge war uns behilflich, in das Wägelchen zu steigen und uns auf dem abgenutzten Ledersitz niederzulassen. Dann nahm er die Zügel auf, und es begann eine neun Kilometer lange Fahrt nach Podewilshausen.

Der Weg führte in gerader Linie durch einen dicht gewachsenen Kiefernwald, wie ich noch nie einen gesehen hatte. Es dauerte nicht lange, bis mir Gedanken an die Gefahren, die Menschen wie Rotkäppchen und Hänsel und Gretel in genau solchen Wäldern erlebt hatten. Als es anfing, dunkel zu werden, konnte ich an nichts anderes mehr denken.

„Gibt es im Wald Wölfe?“ fragte ich und bemühte mich, möglichst unbesorgt zu klingen.

„Och ja“, antwortete der Junge. „Ausgebrochene russische Kriegsgefangene auch.“

Ich drückte mich fest in das abgenutzte Leder, in der Hoffnung, dadurch weniger sichtbar zu sein. Von da an schielte ich dauernd verstohlen von einer Seite zur anderen und überlegte, was ich tun würde, wenn ein Wolf oder ein hungriger Russe aus dem dunklen Wald auf mich zuspringen würde.

Es war beinahe dunkel geworden, als wir vor dem Dorfschulhaus abgesetzt wurden. Ich wurde die Treppe hinauf in ein Schlafzimmer geführt, das ganz für Erwachsene eingerichtet war. Mein Blick fiel zuerst auf ein altmodisches Porzellanwaschbecken mit Wasserkanne. Überall standen weitere Vasen mit Blumen. Alles war ganz anders, im Vergleich zu unserer modernen Wohnung in Berlin.

Aber ich war in erster Linie so froh, die gefährliche Fahrt durch den Wald überlebt zu haben, dass es mir nicht in den Sinn kam, auch nur die leiseste Kritik zu üben.

Am nächsten Morgen inspizierte ich das Dorf. Wie so viele Dörfer in Pommern hatte Podewilshausen teils deutsche, teils polnische Einwohner. Es war jedoch eindeutig, welche Staatsangehörigkeit kulturell dominierte. Die Polen wurden nur dann toleriert und als gleichwertig angesehen, wenn sie sich bemühten, ihre minderwertige polnische Lebensweise aufzugeben und sich wie Deutsche zu benehmen. Wie gut die Polen in Podewilshausen in dieser Hinsicht vorankamen, war fraglich. Ich bemerkte sofort, dass manche Teile des Dorfes ungepflegt und „undeutsch“ wirkten. Das Wasser des Ententeiches war schlammig, und auf dem glitschigen Rand lag Entendreck. Auf den holprigen, ungepflasterten Straßen sah man nie ein Auto oder eine Straßenbahn, nur hin und wieder einen klapprigen Holzkarren, der von einem Pferd oder einem Ochsen gezogen wurde, und wenn man Glück hatte, ein antiquiertes Fahrrad. Verglichen mit der Ordnung und Gepflegtheit in Mahlsdorf sah alles recht bedauerlich aus.

Im Dorf standen nur zwei solide Gebäude: die hübsche, pittoreske, wenn auch etwas heruntergekommene weiße Kirche – katholisch und also polnisch, und, im Zentrum des Dorfes, das Schulhaus, dauerhaft gebaut und unverkennbar deutsch. Es verfügte nur über einen einzigen Klassenraum, in welchem meine neue Tante Bärbel, die Frau des Dorfschullehrers, morgens alle Kinder des Dorfes von sechs bis vierzehn Jahren gleichzeitig unterrichtete. Mein Selbstbewusstsein wurde durch diesen Umstand unmäßig gefördert, denn nach einem Jahr in Fräulein Kesselrings Klasse konnte ich besser lesen und schreiben als die meisten der älteren Schüler, einschließlich der vierzehnjährigen polnischen Jungen.

Der einzige andere Raum des Hauses, der ebenfalls im Erdgeschoss lag und an den ich mich noch gut erinnern kann, war die geräumige Küche. Eine Wand wurde gänzlich von dem riesigen Ofen eingenommen, in den zusätzliche Schubfächer zum Brotbacken eingelassen waren. Jeden Dienstagnachmittag beschlagnahmte Tante Bärbel die Küche für das traditionelle Brotbacken, dem ich mit größtem Interesse zusah.

Ringsherum standen ein Dutzend tuchbedeckter Töpfe und Schüsseln, die braune Teigklumpen enthielten; diese schwollen langsam an, als wären sie verzaubert. Wenn die Klumpen die gewünschte Größe erreicht hatten, unterzog Tante Bärbel einen nach dem anderen einer energischen Knetprozedur. Dann formte sie sorgfältig längliche Brote und schob sie in den Ofen. Wenn das fertig gebackene Roggenbrot für die kommende Woche auf dem Küchentisch lag, erfüllte für mehrere Stunden der verlockende Duft des köstlichsten Landbrotes der Welt das ganze Haus.

Tante Bärbel hatte zwei Kinder, eines davon war ein Mädchen in meinem Alter, Rotraut genannt. Wenn unsere Eltern die Hoffnung gehegt hatten, dass wir dicke Freundinnen werden würden, müssen sie wohl enttäuscht gewesen sein. Von meinem Aufenthalt in Podewilshausen, wo alle Leute sehr nett zu mir waren, ist mir die Erinnerung an mein Heimweh, die Einsamkeit und die gelegentliche Langeweile am klarsten präsent. Wir lebten in verschiedenen Welten. Hier vermisste ich nicht nur meine Spielsachen und die Freunde auf unserem Hof, sondern am allermeisten meinen Bruder Udo. Ich vermisste auch sehr die gewohnte Naziethik, den Glauben an eine glänzende Zukunft, die im Entstehen begriffen war. Mein ganzes bisheriges Leben hatte mich dieser Glaube umgeben, er war mir so selbstverständlich gewesen wie die Luft, die ich atmete. Ohne ihn erschien Podewilshausen leblos zu sein, wie ein Überbleibsel aus der Vergangenheit, eine Welt von gestern. Was sich dort abspielte, schien mir ohne Bedeutung zu sein.

Hier konnte ich lediglich ein Prinzip der Nazi-Ideologie anwenden, nämlich die mir von klein auf eingeimpfte Voreingenommenheit gegenüber Polen. Polacken waren, so hatte man mir beigebracht, ein rassisch minderwertiges Volk, aber jenen, die in Großdeutschland lebten, war es möglich, sich irgendwie in Deutsche zu verwandeln, wenn sie sich nur richtige Mühe gaben.

Ich muss daran gezweifelt haben, dass die Podewilshausener sich genügend bemüht hatten, denn als zwei ältere deutsche Schuljungen mich aufforderten, mit ihnen zusammen die polnische Kirche zu verunstalten, zögerte ich keine Sekunde. Sie sah so hübsch aus von außen, aber innen war sie recht dunkel und spukhaft, mit Erdfußboden und feuchten Wänden. Es war nichts da, was sich gelohnt hätte, kaputt zu machen. Wir gossen lediglich das Weihwasser aus und zerstreuten die Blumen.

Endlich, als ich, wie mir schien, eine Ewigkeit allein in Podewilshausen gewesen war – in Wirklichkeit waren es vielleicht sechs Wochen – kam Mutti. Sie war vollbeladen, und es sah so aus, als ob sie sich auf einen längeren Aufenthalt eingestellt hätte. Unter anderem brachte sie ihre Nähmaschine und ihr Fahrrad mit. Am allerbesten waren jedoch die Neuigkeiten, die sie mir eröffnete. Zum ersten hatte sie gar keine Tuberkulose. Weitere Röntgenaufnahmen hatten ergeben, dass der Fleck auf ihrer Lunge nur eine alte Narbe war, die von einer früheren Rippenfellentzündung herrührte.

Zweitens hatte sie mit Opa zusammen Udo aus seiner Klosterschule gerettet. Er hielt sich jetzt bei unseren Verwandten in Luckenwalde, Opas Vetter Arno Runge und seiner Familie, auf. Mutti erzählte mir, wie sie sofort nach Papas Abreise den Zug nach Passau genommen hatte, um Udo in der Nazischule aufzusuchen. Obwohl ihr nicht erlaubt wurde, mit ihm allein zu sprechen, vermochte Udo ihr doch irgendwie die unerträgliche Härte des Schulsystems mitzuteilen: das Exerzieren, die langen Nachtmärsche mit Rucksäcken und Zelten. Wenn die Jungen das Exerzieren nicht fehlerfrei ausführten, was bei Udo fast immer der Fall war, bekamen sie Ohrfeigen.

Udo war zu jeder Art von Militärexerzierübungen einfach nicht zu gebrauchen. Als einmal die Schule eingeladen wurde, in Regensburg an einer Parade teilzunehmen, wo kein Geringerer als Joseph Goebbels den Gruß abnehmen würde, war Udo einer von zwei Jungen, die nicht mitdurften. Sonst hätten sie die anderen nur wieder blamiert. Im Kloster schliefen die Jungen alle zusammen in einem großen Schlafsaal, und alle, einschließlich Udo, nässten in der Nacht ins Bett. Der Direktor behauptete, es hätte mit dem Wasser zu tun.

Meine Mutter bestand auf einer Unterredung mit dem Direktor und verlangte Udos Entlassung. Diese wurde verweigert. Udos Vater, so sagte er, hätte den Jungen in seine Obhut gegeben, und er würde ihn an keinen anderen ausliefern. Er gab Udo nicht einmal ein paar Stunden frei, damit er etwas Zeit mit seiner Mutter verbringen konnte.

Von da ab plante meine Mutter seine Befreiung. Sie sandte ein Telegramm an Opa, worin sie ihn bat, sofort zu kommen. Dann mietete sie ein Zimmer in einer Pension, von dem aus sie die Schule und die Ausmarschzeiten der Jungen beobachten konnte. Mehrmals erblickte Udo sie für einen kurzen Moment. Sie zu sehen machte ihn jedoch nur noch unglücklicher, worauf Mutti im Augenblick allerdings keine Rücksicht nehmen konnte.

Als Opa anreiste, legte Mutti ihm ihren Plan vor, und bei der nächsten Gelegenheit, als die Jungen in Reih und Glied das Kloster für einen Ausmarsch verließen, entführten sie Udo. „Ich musste meine Sachen zurücklassen, aber das machte mir nichts aus. Mir war, als würde ich aus dem Gefängnis entlassen", erzählte er später.

Um ihr Glück nicht herauszufordern und eventuellen Gegenmaßnahmen zu entgehen, verließen die drei schnellstens die Gegend, aber Udo und Opa blieben noch in Bayern. Sie wohnten in einer kleinen Pension am Fuß der Alpen, um sich zu erholen: Udo von den Strapazen der Internatsschule und Opa von dem Stress der Rettung.

Sie genossen die Tage beide sehr, wanderten und sammelten Blaubeeren. Ich glaube, meine Mutter hätte ein paar Ferientage eigentlich nötiger gehabt als die beiden, aber sie fuhr schnellstens nach Berlin zurück und von da nach Podewilshausen, um nach mir zu sehen.

Wir waren gerade dabei, uns im Schulhaus einzuleben, als eines Tages ohne Vorwarnung Papa erschien, mit Udo im Schlepptau. Wie konnte er nur so häufig von der Front wegkommen, wann immer es die Familienangelegenheiten erforderten? Papa war guter Laune. Mit der Entführung Udos aus der Klosterschule hatte er sich besser abgefunden, als Mutti erwartet hatte. Papa und Udo hatten ihre Fahrräder mitgebracht, und wir vier verlebten so frohe Stunden miteinander, wie es selten vorgekommen war. An einen Tagesausflug per Fahrrad, einen der wenigen Ausflüge zu viert, kann ich mich besonders gut erinnern. Wir fuhren aufs Land in die entgegengesetzte Richtung des furchterregenden Kiefernwaldes, und ich balancierte dabei auf Papas Fahrradstange. Seit meiner Ankunft vor zwei Monaten hatte ich das Dorf nicht verlassen. Inzwischen war es schon herbstlich geworden, und die Landschaft sah wunderschön aus. Wir fuhren an einem Fluss entlang, an Seen vorbei und durch kleine Dörfer. Als wir in einen Laubwald kamen, schlug Papa vor, Pilze zu suchen. Udo und ich hatten bisher noch nie Pilze im Wald gesehen, aber Papa wusste genau, welche Sorten wir pflücken durften. Als wir wieder in Podewilshausen eintrafen, waren wir schwer beladen mit Steinpilzen, Kuhpilzen und Pfifferlingen. Schließlich beendeten wir den Abend mit Tante Bärbel und ihren Kindern am Küchentisch des Schulhauses, löffelten eine wunderbare Pilzsuppe und aßen dicke Scheiben ihres unvergesslichen Roggenbrotes.

Ein paar Tage danach verließen wir Podewilshausen. Papa fuhr nach Russland, und wir anderen nach Berlin. Ich weiß nicht genau, warum wir damals wieder wegfuhren, denn nirgends waren wir vor den Bomben so sicher wie in Podewilshausen. Dass Mutti nicht an TB erkrankt war, änderte unsere Situation natürlich, somit konnten wir zusammenbleiben.

Außerdem war Udo jetzt in einem Alter, in dem er eine höhere Schule als die einklassige Dorfschule von Podewilshausen besuchen musste.

Dieselbe Ponykutsche brachte mich und unser Gepäck zum Stolper Bahnhof, während Mutti und Udo auf ihren Fahrrädern voraus fuhren. Die Rückfahrt nach Berlin im Herbst 1943 war die erste von unseren vielen Kriegszeit-Eisenbahnreisen, und hier perfektionierten wir unsere später oft angewandte Reisetechnik. Auf dem Bahnsteig war es meine Aufgabe, unsere dreizehn Gepäckstücke, einschließlich Fahrrädern, Nähmaschine, Gasmasken und Schulmappen, zu bewachen. Sobald der Zug einfuhr, sprang Udo hinauf und suchte Sitzplätze für uns. Mutti merkte sich, wo er sich hinsetzte und lud die Räder und die anderen großen Stücke in den Gepäckwagen. Anschließend holte sie mich und die kleineren Sachen ab, und wir folgten Udo in das überfüllte Abteil, in dem er, wenn er Glück gehabt hatte, Plätze für uns freihalten konnte.

Ich war mehr als bereit, nach Hause zu fahren – zu meinen Freunden, meinen Spielsachen, und zu Oma und Opa. Aber das Schicksal hatte anderes im Sinn. Meine Reisen hatten eben erst begonnen.

KAPITEL 7

Luckenwalde

Papa befahl uns, keinen Moment länger als nötig in Mahlsdorf zu bleiben, sondern nur schnell umzupacken und sofort wieder abzureisen. Unser Ziel war Luckenwalde, wo wir als Evakuierte bei Opas Vetter und gutem Freund, unserem Onkel Arno, Unterkunft suchten. Meine Großeltern hatten uns erzählt, dass Onkel Arno vor dem Ersten Weltkrieg als Teenager nach England gekommen war, um sie zu besuchen und Englisch zu lernen. Sie zeigten uns köstliche Familienfotos, auf denen ein fröhlicher, junger Mann zu sehen war, der mit einer sorgfältig geklatschten Haarmähne die Sehenswürdigkeiten Londons besichtigt.

Die Erinnerung an diesen Besuch erklärte wahrscheinlich die Wärme, mit der seine Familie uns aufnahm, als wir über dreißig Jahre später mit vollem Gepäck vor ihrer Haustür standen und um Obdach auf unbestimmte Zeit baten. Mutti kannte die Familie gut, aber Udo und ich waren, soweit wir uns erinnern konnten, noch nie in Luckenwalde gewesen, und wir kannten Onkel Arno nur von den uralten Fotografien her. Mittlerweile war sein dickes Haar silbergrau geworden, aber abgesehen davon war er derselbe liebenswürdige, korpulente Mann wie auf den Bildern.

Onkel Arno verstand es, die Wärme seiner Persönlichkeit, die er mit jedem Zoll seiner Erscheinung ausstrahlte, mit Scharfsinn und Humor zu verbinden, so dass er unter dem Nationalsozialismus unversehrt weiterleben konnte. Auf der Zugfahrt nach Luckenwalde war uns nämlich heimlich die Tatsache kundgetan worden, dass er – psst – kein Nazi war! Der erste Nichtnazi (außer Udo), den ich wissentlich getroffen hatte. Und nicht nur das: Er diente auch noch als Kirchenältester. All dies hätte eventuell Spannungen mit uns Berlinern herbeiführen können, jedoch dank seiner taktvollen Diplomatie kam es nie dazu. Onkel Arno war immer freundlich und gelassen. Was den Nationalsozialismus

Onkel Arno

und andere Weltanschauungen betraf, äußerte er weder Missbilligung noch Lob. In seinem Haus wurde nicht über Politik gesprochen, jedenfalls nicht in unserer Anwesenheit. Im Allgemeinen vermochte er seine Meinung zu verbergen und sich so zu verhalten, dass er Unannehmlichkeiten vermied und sein Geschäft am Laufen hielt.

Onkel Arno und seine Frau Mieze führten ein großes Haushaltswarengeschäft in der Breiten Straße, dem Boulevard von Luckenwalde. Sie arbeiteten als Partner: Tante Mieze kümmerte sich um die Glas- und Porzellanabteilung, Onkel Arno um die Eisenwaren und Werkzeuge. Er hatte das Geschäft im Parterre und das dazugehörige große Wohnhaus von seinem Vater Otto geerbt, dessen Firmenzeichen – der Buchstabe R, umkreist von einem O – über dem Ladeneingang prangte, deutlich sichtbar für jeden, der in der Breiten Straße einkaufen ging. Meine Mutter hatte es in ihrer Zeit als Werbegrafikerin entworfen.

Die Familie Runge bestand aus Onkel Arno und Tante Mieze, ihrer zwanzigjährigen Tochter Jutta und Tante Miezes Schwester Dora. Ihre Wohnung im ersten Stock nahm die ganze Länge des großen Geschäftes ein. Sie war prachtvoll ausgestattet mit schweren Möbeln und dicken Teppichen nach dem Geschmack der deutschen Bourgeoisie, hier jedoch etwas aufgelockert und modernisiert durch helle Gardinen, dramatische Ölgemälde und Bücherregale. Am besten gefiel mir Juttas Zimmer: Es war sehr modern mit hellen, eingebauten Eichenmöbeln. Ich staunte über das Bett, das nachts von der Wand heruntergeklappt wurde, und den Schreibtisch, der mit Hilfe eines einfachen Knopfdrucks in einen eleganten Toilettentisch umgewandelt werden konnte. Jutta war zierlich, hübsch und lebhaft. Obwohl sie nicht viel älter war als ich, verkörperte sie für mich die Magie des Erwachsenseins, mit ihrem eigenen Zimmer, mit Puder und Schminke und umgeben von Bewerbern.

Wir fügten uns schnell in das entspannte Leben der Familie Runge ein. Für uns Großstadtkinder bot die Marktstadt Luckenwalde mit ihrer breiten, zu einem mittelalterlichen Turm führenden Hauptstraße eine vertrautere Umgebung als das ländliche Pommern. Auch die Atmosphäre in Luckenwalde war nicht so sehr von Mahlsdorf verschieden. Die Hitlerjugend marschierte auch hier so oft die Straßen entlang, dass ich mich schon fast wie zu Hause fühlte. Ich stand gern auf dem Balkon, wenn sie direkt an Onkel Arnos Geschäft vorbeimarschierten, und nie versäumte ich es, meinen Arm zum Hitlergruß zu heben, wenn die Hakenkreuzfahnen vorbeigetragen wurden, so wie es alle anderen auf der Straße ebenfalls taten. Für Udo sowie Onkel Arno waren solche Vorbeimärsche der Anlass, sich unsichtbar zu machen. Was Tante Mieze betraf, sorgte sie immer dafür, dass sie die Hände voller Einkäufe hatte, so dass niemand von ihr erwarten konnte, den Arm zu heben.

In diesem angenehmen Milieu ging die Zeit schnell vorbei. Für uns gab es immer eine Menge zu tun: wir besuchten verschiedene Tanten und Cousinen, halfen Onkel Arno bei der Gartenarbeit und spielten im Laden. Jedoch mein allerliebster Zeitvertreib war es, heimliche Mitwisserin von Juttas Liebesleben zu sein. Ihre zwei Hauptverehrer waren Habib, ein aus Persien stammender Student, den sie vor dem Krieg auf einem Urlaub in Prag getroffen hatte, und Bernhard, ein Wehrmachtsmajor, der in Russland kämpfte. Beide Freier schienen zu glauben, es würde ihnen bei ihrer Werbung helfen, sich „kinderlieb" zu zeigen, denn sie brachten uns immer Süßigkeiten oder andere Kleinigkeiten mit. Udo wollte nichts davon wissen, aber ich war in meinem Element. Ich glaubte fast, sie kämen, um mich zu besuchen, und nicht Jutta.

Einmal verlebte Bernhard zehn Urlaubstage in der Stadt. Er war außergewöhnlich groß und blond, mit klassischen Gesichtszügen und blauen Augen, mit anderen Worten: ein Arier, wie er im Buch steht, aber in Deutschland nicht allzuoft zu finden war.

Wenn Jutta sich mit ihm in ihr reizendes Zimmer zurückzog, ging ich nach Möglichkeit mit, fummelte in Juttas Handarbeitskorb herum oder spielte mit ihrem Schmuck. Sie waren beide viel zu nett, um mich vor die Tür zu setzen, aber sobald meine Mutter mich entdeckte, zerrte sie mich hinaus. Trotz der Hindernisse, die ich den beiden in den Weg legte, nahm ihre Freundschaft im Verlauf von Bernhards Urlaub merklich an Wärme zu.

Meine späteren akademischen Erfolge verdanke ich vermutlich meiner Luckenwalder Lehrerin Fräulein Vogt. Nicht etwa, weil sie meinen Intellekt formte oder bisher ungeahnte Talente in mir wachrief. Ich kann auch nicht sagen, dass sie einen besonderen Wissensdrang in mir stimulierte. Ihr Vermächtnis war mein Vermögen zu „pauken", gründlich und unermüdlich eine Aufgabe zu einem Abschluss zu bringen, selbst wenn sie mich nicht interessiert oder wenig Sinn und Zweck hat. Zwar habe ich es ihr zu verdanken, dass ich meine ganze Schullaufbahn hindurch Prüfungen mühelos bestand, jedoch in anderer Hinsicht habe ich mein Leben lang danach streben müssen, um das zu verlernen, was sie mich gelehrt hat.

Fräulein Vogts Alter war unbestimmbar. Sie war groß und dunkelhaarig. Ihre hochgekämmte Frisur und die straffe Körperhaltung ließen sie noch größer erscheinen. Ihre Kleidung war schmucklos, und sie trug einen Kneifer. Einmal sah ich sie auf ihrem Fahrrad die Breite Straße entlangfahren. Sie machte einen majestätischen Eindruck: wie ein General, der zu Pferd eine Parade leitet, und dabei fuhr sie nur zum Einkaufen.

Während der vier Stunden, die wir sieben- und achtjährigen Mädchen täglich in ihrer Klasse verbrachten, herrschte absolute Stille. Jeden Tag hatten wir Grammatik, Rechnen und Lesen. Dann wurden uns Hausaufgaben gegeben, in denen wir alles wiederholen mussten, was sie uns am Tag gelehrt hatte. Wegen der Papierknappheit schrieben wir immer auf Schiefertafeln, die wir selbst kaufen mussten und stets mit großer Vorsicht behandelten. Auf der einen Seite waren Linien, auf der anderen Rechenkästchen. Ein kleiner feuchter Schwamm und ein Tüchlein zum Trocknen waren mit Schnur an der Tafel befestigt. Unsere Schieferschreibstifte, die öfters angespitzt werden mussten, waren in einem Bleistift-Etui aufbewahrt. Damit unsere Schularbeit nicht versehentlich verwischt wurde, wenn wir die Tafel in die Schulmappe steckten, wurde sie in besonders angefertigte, genau passende Papphüllen sorgfältig hineingeschoben. Das System war tadellos und als ökonomische Maßnahme sehr zu empfehlen.

Ich kann mich nur an zwei Begebenheiten erinnern, an welchen unsere Klassenroutine geändert wurde. Das erste Mal führte man uns in die Aula, um das Wunderkind unserer Klasse – sie war die kleinste von allen und sah der Shirley Temple unglaublich ähnlich – eine Klaviersonate von Beethoven vortragen zu hören. Ein anderes Mal, wenige Tage vor dem 20. April 1944, widmete Fräulein Vogt einen ganzen Vormittag dem fünfundfünfzigsten Geburtstag des Führers. In unnatürlich sentimentalem Ton erzählte sie von seinem Leben, zeigte uns Bilder, auf denen kleine, blondzöpfige Mädchen ihm Blumensträuße überreichten. Schließlich diktierte sie uns einen Aufsatz über die wichtigsten Taten, die er zum Wohle Deutschlands vollbracht hatte und für die wir ihm Dank schuldeten. Dann überprüfte sie, wie gut wir alles begriffen hatten, und als sie uns für genügend vorbereitet hielt, gab sie jedem von uns – höchst ungewöhnlich – einen Bogen liniertes Schreibpapier. Sie verlangte, dass wir unserem Führer einen persönlich illustrierten Geburtstagsbrief schreiben sollten, in dem wir unsere Dankbarkeit für die großen, selbstlosen Dinge, die er für uns getan hatte, ausdrückten. Diese sammelte sie dann ein, um sie – so sagte sie – nach Berchtesgaden zu schicken.

Zweimal während unseres Aufenthaltes in Luckenwalde kam mein Vater aus Russland zurück, nicht auf Urlaub, sondern wegen besonderer Anweisungen, die er nicht näher erklärte. Was bedeutete das nur? Andere Väter an der russischen Front kamen lange nicht so oft nach Deutschland zurück wie er. Beide Male wollte er meine Mutter und mich bei sich haben. Mutti fragte Fräulein Vogt, ob ich auf ein paar Wochen von der Schule abwesend sein durfte. Sie dachte lange darüber nach. Dann gab sie ihre Erlaubnis unter der Bedingung, dass ich alles aufschrieb, was ich erlebte, und anschließend jeden Satz grammatikalisch korrekt zerlegte.

Unser erstes Treffen mit Papa im November 1943 führte meine Mutter und mich nach Münster in Westfalen. Da unser Zug in Hannover eine halbe Stunde Aufenthalt haben würde, nicht weit von Lautenthal, baten wir Kätchen Beume, unsere Freundin aus dem Harz, zum Bahnhof zu kommen. Wir hatten Tante Kätchen seit fast zwei Jahren nicht gesehen. Es war ein fröhliches Treffen.

Als wir später in Münster auf den Bahnhofsplatz hinaustraten, sahen wir vor dem Ausgang eine wunderbare, schwarz und golden lackierte Kutsche stehen. Zwei graue Pferde waren davor gespannt. Ich guckte herum und suchte nach dem fürstlichen Paar, für das die Kutsche wohl vorgefahren sei, als ein Mann auf uns zukam und Mutti fragte, ob sie Frau Thiele sei? Mutti nickte, und der Mann hievte unsere Koffer in das Gefährt, half uns auf den roten Plüschsitz und legte eine Pelzdecke über unsere Knie. Dann stieg er auf den Kutschbock, löste die Bremse, und wir fuhren los. Das war ja ein Leben! Ich konnte kaum glauben, dass all dies mir passierte!

Beim Einsteigen hatte ich Lederriemen bemerkt, die an den Seiten befestigt waren. Wozu waren die wohl? In der Berliner S-Bahn gab es solche auch, damit Passagiere ohne Sitzplatz sich daran festhalten konnten. Aber hier, in einer Kutsche?

Als sie Fahrt aufnahm und anfing, hin und her zu schwanken, erst auf dem Kopfsteinpflaster von Münster und dann über die holprige Landstraße, wurde mir der Zweck der Riemen klar. Ich ergriff einen und hielt mich daran fest, als ob es um mein Leben ginge. Wie war ich nur auf die Idee gekommen, elegant zu reisen müsse auch unbedingt bequem sein?

Wir hielten vor einem abgelegenen Landsitz, der beschlagnahmt worden war und jetzt als Offiziersunterkunft benutzt wurde. Uns wies man ein riesengroßes, eiskaltes Zimmer zu, mit Himmelbetten und vergoldeten Möbeln. Zu meinem Bedauern verweilten wir nur ein oder zwei Nächte dort mit Papa zusammen und zogen danach in eine Pension. Allein der erste Tag meiner Reise hatte so viel Material für Fräulein Vogts Tagebuch mit sich gebracht, dass ich fürchtete, die Zeit würde nicht ausreichen, alles zu niederzuschreiben, ganz abgesehen von der grammatikalischen Zerlegung der Sätze.

Unser zweites Treffen mit Papa war in Wien, im März 1944. Diesmal fuhren wir über Nacht von Berlin aus im Schlafwagen der Eisenbahn. Am ersten Wochenende, bevor die Konferenz meines Vaters begann, wollten meine Eltern einmal die Puppen tanzen lassen. Zwar nicht zu toll, denn ich war ja immerhin mit dabei. Wir wohnten in einem Luxushotel, und nach dem Abendessen besuchten wir ein reizendes, kleines Opernhaus. Dort erlebten wir in einer Loge sitzend die Operette „Die Bäuerin“ – leider weiß ich den Namen des Komponisten nicht mehr und habe später nie wieder von ihr gehört.

Später im Hotel sagten meine Eltern, sie würden noch einmal ausgehen, diesmal in ein Kasino.

„Was ist ein Kasino?“, fragte ich, und Papa gab sich Mühe, es mir zu erklären. „Was machst du, wenn du dein ganzes Geld verlierst?“, fragte ich ängstlich.

„Kein Problem“, sagte Papa, „dann verspiele ich Mutti.“ Er machte öfter solche Späße, aber diesmal war ich nicht ganz sicher, ob er das vielleicht ernst gemeint hatte. Um sicherzugehen, blieb ich wach im Bett liegen, bis beide zusammen wiederkamen.

Danach zogen wir in eine etwas bescheidenere Unterkunft am Rande der Stadt. Während Papa mit seiner Konferenz beschäftigt war, gingen Mutti und ich aus, um uns die Stadt anzusehen. Wir waren enttäuscht, weil es so wenig zu sehen gab. Die Denkmäler auf dem „Ring“ waren wegen Bombengefahr alle eingemauert, und die meisten Museen und Paläste waren geschlossen.

Wir spazierten im Wiener Wald, aber am meisten Spaß machte mir das Treffen mit Habib, Juttas persischem Freier. Er lud uns zu Kaffee und Kuchen in einem überbordend luxuriösen Hotelfoyer ein. Von der weiß-goldenen Decke hingen glänzende Kandelaber, die Tische waren mit spitzenbesetzten Tüchern bedeckt, die Damen trugen Pelz und die Herren Uniform, und alle saßen auf vergoldeten Stühlen. Kellner im Frack servierten Kaffee und Patisserien von silbernen Platten, bedeckt mit üppigen Portionen Schlagsahne. Ein Kammerorchester spielte, und einige Leute tanzten. War wirklich ein Krieg im Gange? Für mich war diese Szene ebenso aufregend wie die Operette – und das war, ehe die erstaunlichen Kuchen ankamen.

Im Mai 1944, als wir in die Routine unseres Luckenwalder Lebens zurückgekehrt waren, kam ein Brief, der den Runge-Haushalt in Aufregung versetzte. Bernhard schrieb, er sei an die italienische Front versetzt worden und habe in Verbindung damit ein paar Tage Urlaub. Ob nicht Jutta das nächste Wochenende mit ihm in Nürnberg verbringen könnte? Lebhafte Diskussionen fanden statt. Gab es eine passende Eisenbahnverbindung? Hatte Jutta genug Zeit, sich vorzubereiten? Und war so ein Wochenende überhaupt anständig? Schließlich einigten sich Onkel Arno und Tante Mieze, sie würden Juttas Treffen mit Bernhard erlauben, aber nur, wenn eine „Anstandsdame" mitginge. Tante Mieze konnte das Geschäft nicht verlassen, Tante Dora hatte ihre feste Anstellung. Da blieb also nur meine Mutter.

Rastlose Vorbereitungen folgten: Jutta ließ sich frisieren, es wurden Kleidungsstücke, ohne die sie, wie sie sagte, nicht leben könne, gewaschen und nass gebügelt, weil keine Zeit mehr blieb zum Trocknen. Schließlich fuhren sie ab.

Mutti war eine untüchtige Anstandsdame, aber Jutta und Bernhard waren höchst zufrieden mit ihr. Es war ihr peinlich, immer im Wege zu sein, also unternahm sie Ausflüge und ließ das Paar allein, einmal den ganzen Tag lang, um nach Regensburg zu fahren und die berühmten „Domspatzen" singen zu hören. Als sie nach Nürnberg zu Jutta und Bernhard zurückkam, waren die beiden verlobt, obwohl sie insgesamt gerade mal zwei oder drei Wochen zusammen verbracht hatten.

Die Hochzeit sollte in zwei Monaten, am 20. Juli 1944, stattfinden. Jutta lud mich ein, Brautjungfer zu sein. Sie hätte mir keine größere Freude machen können. Mutti, die beste Näherin der Familie, sollte die Damenkleider, die seit Kriegsanfang nicht mehr ans Tageslicht gekommen waren, modernisieren. Sie bat Oma in einem SOS-Brief, die Tüllgardinen hinter den Glastüren ihres Kleiderschranks abzunehmen und ihr zu schicken. Papa hatte Musselin-Stoff aus Frankreich geschickt, hellblau, mit weißen Schmetterlingen bestickt – genau richtig für ein Brautjungfernkleid. Wie üblich blieb nur ein Kleidungsproblem ungelöst: meine Schuhe. Ich trug jetzt nichts anderes mehr als Udos Stiefel, aus denen er herausgewachsen war. Da hatte Jutta einen Geistesblitz: War Italien nicht berühmt für seine Schuhe? Bernhard würde doch dort welche für mich finden können. Zeichnungen und Maße von meinen Füßen wurden an die italienische Front geschickt.

Während wir so sehr mit Hochzeitsvorbereitungen beschäftigt waren, dass wir fast den Krieg vergessen hatten, brachten zwei Geschehnisse uns plötzlich wieder in die Wirklichkeit zurück. Am 6. Juni 1944 feierte ich meinen achten

Geburtstag. Ein paar Tage später besuchte uns ein Nachbar mit der Nachricht, dass die Alliierten in Frankreich gelandet seien. Mir drehte sich der Magen um, als ich das hörte. Unmöglich, sagte ich mir. Das konnte doch nicht wahr sein. Bitte nicht! Jeden Tag hieß es doch im Radio, dass unser Sieg immer näher rückte und der Krieg bald zu Ende sein würde. Wenn der Gegner tatsächlich in Frankreich Fuß gefasst hatte, konnten diese Radioberichte doch nicht stimmen.

Dann hörte ich den Nachbarn behaupten, diese Invasion wäre vorteilhaft für uns. Der Feind habe sich jetzt entblößt, und uns war nun Gelegenheit gegeben, ihn mit unserer überlegenen Wehrmacht vollkommen zu besiegen. Der Mann sprach mit großer Überzeugung, und das beruhigte mich.

Kurz danach geschah etwas, das mein normalerweise grenzenloses Vertrauen in den Endsieg erschütterte, nämlich eine Serie von Luftangriffen auf Luckenwalde, die noch fürchterlicher waren als alle, die wir in Berlin erlebt hatten. Leider war der Keller von Onkel Arno nicht gegen Bomben verstärkt worden, so wie das mit unseren Kellern in Berlin geschehen war. Während des ersten Nachtangriffes auf Luckenwalde saßen wir zusammen im Heizungskeller, wo dem Koksofen widerliche Gerüche entströmten. Plötzlich verlor ich mein Bewusstsein, und im Fallen schlug ich mit dem Kopf gegen die Kante des eisernen Ofens. Ich kam erst wieder zu mir, als ich in die frische Luft hinausgetragen wurde. Ich lag im Hof auf der Erde und hörte Stimmen: „Tief atmen! Tief atmen!" Aber ich war nicht ernstlich verletzt.

Diesem nächtlichen Luftangriff folgte ein weiterer, noch schlimmerer am nächsten Tag. Das Bombardement begann völlig unerwartet, alle Leute rannten von der Straße und aus den Geschäften in unseren Keller, minutenlang dröhnte und bebte es.

In Mahlsdorf hatte ich die regelmäßigen Luftangriffe fast gleichmütig als unvermeidliche Ereignisse akzeptiert. Doch diesmal war es anders. Ich hatte furchtbare Angst, die ich nicht überwinden konnte. Ich musste gestehen, ein Feigling geworden zu sein, und das Beschämendste war, dass mein Benehmen ganz hysterisch wurde.

Nach dieser Erfahrung beschloss meine Mutter, dass, wenn wir uns schon bombardieren lassen mussten, dies ebensogut in Mahlsdorf durchmachen konnten. Anscheinend rückte Luckenwalde mehr und mehr ins Visier der Kriegsgegner. Sie sorgte sich immer mehr um ihre Eltern in Berlin und wollte dringend nach ihnen sehen. Sobald die Schulferien begannen, verließen wir drei Luckenwalde. Den Runges versprachen wir, zur Hochzeit wiederzukommen.

Unsere kurze Heimkehr nach Berlin war eine Riesenenttäuschung. Wir hatten so sehr Heimweh gehabt, aber Mahlsdorf hatte sich inzwischen stark verändert. Die meisten Geschäfte waren beschädigt und mit Brettern vernagelt, alle unsere Freunde waren fort, und Oma und Opa sahen traurig und elend aus. Die Luftangriffe, die nun meist am Tag stattfanden, waren viel beängstigender als die nächtlichen von früher. Meine Mutter fürchtete, unser Keller wäre nicht mehr sicher genug, und eines Morgens, als das Radio bekanntgab, ein schwerer Luftangriff wäre bald zu erwarten, schickte sie uns mit Fahrrädern zu einem besonders sicheren großen Bunker in einem anderen Teil Mahlsdorfs. Wir waren noch ziemlich weit davon entfernt, als ich eine Panne hatte. Gestrandet in dieser unbekannten Gegend, guckten wir verzweifelt zu, wie Welle um Welle amerikanischer Bombenflugzeuge aus westlicher Richtung auf uns zuflogen. Bisher hatten wir sie nur gehört, aber jetzt ergriff uns große Furcht, als wir die bedrohlichen Massenformationen direkt über uns sahen. Ihre Schatten verdunkelten den Himmel. In Panik ließen wir unsere Räder in einem Garten liegen und rannten, so schnell wir konnten, in Richtung des Bunkers.

Nach nur wenigen Tagen in Berlin eröffneten sich uns ganz plötzlich neue Zukunftsaussichten, die meine Mutter in einem Brief an Onkel Arno und Tante Mieze mitteilte. Er trug den Poststempel „Weissewarte“, ein unbekanntes Dorf in Brandenburg, westlich der Elbe, datiert am 10. Juli 1944:

> „Nun nehme ich aber an, Ihr seid recht neugierig, was wir hier in Weissewarte machen“, schrieb Mutti. „Eberhard kam vor einer Woche, durch Fernschreiben vom RLM[26] gerufen, in Berlin an. Ganz überraschend! Ich hatte mit den Kindern eine Tageswanderung durch die Müggelberge[27] gemacht, und als wir abends heimkehrten, stand er in Gartenkluft vor uns. Er war seit 10 Uhr zu Hause gewesen, hatte mit einem Stück Draht die Haustür geöffnet – und da war er.
>
> Am nächsten Tag RLM, und am Tag darauf ab nach Weissewarte, in ein schön gelegenes WE-Lager[28], zum Einarbeiten und, jetzt staunt Ihr vielleicht, zum Segelfliegen lernen. Das muss er als Leiter eines Flieger-HJ-Lagers beherrschen. Nun startet er mit den Jungen zusammen

26 Reichsluftfahrtsministerium
27 Bei Köpenick
28 Wehrertüchtigungslager

und fühlt sich wie ein Jüngling. Außerdem muss er in das Verwaltungstechnische u.a. Einblick nehmen. Seine Zeit ist restlos ausgefüllt. Trotzdem rief er schon nach 2 Tagen laut und dringlich nach uns, und ich kam gleich, erstmal allein, her.

Das Lager liegt in der Stendal-Tangermünde-Gegend – ganz wunderbar mitten im Wald. Und überall die jungen, frohen Kerlchen – alle zukünftige Flieger. Es ist ein wunderbares Milieu für Udo, und Katrin wird es auch hier gefallen. Morgen fahre ich nach Berlin und hole die Kinder her. Ich habe es insofern eilig, als wir neulich einen recht hässlichen Nacht-Störangriff erlebten. Nach dem Schrecken in Luckenwalde waren sie beide recht nervös geworden, und ich schwor mir: sobald es geht, raus aus Berlin mit ihnen. In zwei Wochen ist dieser Lehrgang hier zu Ende. Eberhard zieht gleich von hier aus in sein eigenes Lager und wir gleich mit. Ich freue mich, dass wir zusammen reisen. Wir ihr seht, meine lieben Runges, die Thieles haben mal Glück."

Die Hochzeit von Jutta und Bernhard Diederichsen am 20. Juli 1944, dem Tag des Stauffenberg-Attentats auf Hitler

Dieser Brief wurde mir, siebenundvierzig Jahre, nachdem er geschrieben wurde, von Jutta zurück überreicht. Er endet mit einer Aufzählung der vielen Hindernisse, die bestehen, um zur Hochzeit kommen zu können. Was sie auch gewesen sein möchten, die Frauen unserer Familie wohnten der Feierlichkeit in voller Kraft bei, nur die Männer nicht.

Am Abend vor der Hochzeit sollte der Polterabend begangen werden. Gewöhnlich bringen die Gäste meist ihr eigenes Wurfmaterial mit, aber in diesem Fall sah es so aus, als ob Onkel Arno und möglicherweise schon sein Vater zerbrochenes Geschirr seit der Geschäftseröffnung für diesen Tag gesammelt hätten.

Ich entdeckte, dass es süchtig macht, eine große Menge davon gegen die Hintertür zu schleudern, und ich blieb auf meinem Posten, böse Geister zu vertreiben, bis es dunkel wurde.

Der nächste Vormittag war der Kleidung gewidmet. Bernhard hatte auftragsgemäß ein schönes Paar italienischer Sandalen für mich gefunden. Es waren

Schuhe für Jungen, und sie passten mir, solange ich stillstand, aber es war vorauszusehen, dass ich sie leicht verlieren könnte, sobald ich anfing zu laufen.

Wir Brautjungfern zogen die aus den Tüllgardinen hergestellten Kleider an. Wir trugen Blumen im Haar und ein Körbchen mit Blumen, die wir vor dem Brautpaar auf den Boden streuen sollten, wenn sie die Kirche verließen. Zur Kirche fuhren wir mit Jutta in einer offenen Kutsche. Alle anderen Gäste benutzten das einzige Taxi von Luckenwalde, das für die vierzig Gäste sehr oft hin- und herfahren musste.

Bernhard sah fabelhaft aus in seiner Uniform. Zum großen Teil war sie bedeckt von seinen vielen Auszeichnungen, einschließlich seiner zwei Eisernen Kreuze.

Abgesehen von meinem Zerstörungsunternehmen in Podewilshausen war ich noch nie in einer Kirche gewesen und war so eingeschüchtert von ihrer Größe und der feierlichen Atmosphäre, dass ich mich für einen Moment von meiner Hauptaufgabe, die Sandalen anzubehalten, ablenken ließ. Ich hatte nur ein paar Schritte im Kirchengang getan, als ich auch schon eine Sandale verlor. Beim Versuch, sie aufzuheben, stolperte ich und ließ meine Blumen fallen. Da alle Augen auf Bernhard und Jutta gerichtet waren, nehme ich an, dass es niemandem weiter aufgefallen war.

Mein großer Tag als Brautjungfer

Nach der Trauung begleiteten die Brautjungfern das Brautpaar in der Kutsche die Breite Straße entlang zum besten Hotel der Stadt. Dort wurde bis spät in die Nacht hinein gegessen, getrunken und getanzt.

Tante Mieze brachte mir Polka bei, und dann beobachtete ich fasziniert, wie Mutti mit Bernhards Offizierskameraden Foxtrot, Tango und Charleston tanzte. Ich hatte keine Ahnung davon, dass sie so gern tanzte.

Dann stimmte die Kapelle eine Melodie an, die ich noch nie gehört hatte. Alle anderen kannten sie und sangen lustig mit – auf Englisch. Bernhard ergriff Muttis Hand, und alle promenierten in großem Kreis im Saal herum. Zuerst konnte ich die englischen Worte nicht verstehen, nur das „Oi!“ am Ende jedes Kehrreims, wenn die Tanzenden die Hände hochwarfen. Bald machte ich mit:

„Doing the Lambeth Walk, Oi!“ Mutti sagte mir nachher, dass wir es eigentlich nicht hätten singen dürfen, da Hitler es verboten hatte…

Ein paar Tage später erreichte uns ein Brief in einem komischen Deutsch, das großzügig mit englischen Wörtern garniert war. Er war von Oma:

> Liebe Mieze,
>
> Ich habe das Gefühl, dass ich jemand schreiben muss, die Hochzeit war so schön und wer am schönsten ausgesehen hat nach Jutta bist Du, wirklich Mieze, wunderbar schön hast Du ausgesehen, ein so schönes Kleid, auch ein kleine hübsche Farbe im Gesicht, wie die da gekommen ist ist ganz egal. Schön war es. Ich fand Jutta's Kopfschmuck, eine kleine Krone, sehr sehr geschmackvoll, und diese himmlische süße Lächeln in ihr Gesicht war einfach charming! Wie ein film braut war sie. Sei nicht neidisch Arno, Du hast auch sehr schön ausgesehen, aber, alle männer waren uninteressant ausser der Braütigam [sic!], wie immer bei Hochzeiten. Der kirchliche Feier war *nicht* nach mein Geschmack, erstens, warum mussen die armen Brautleute so lange stehen? Eine richtige Strafe war dass, konnten nicht zwei schöne Sitzgelegenheiten hingestellt werden bis ihr persönlicher Teil daran war?
>
> Wie eine Braut das aushalten konnte und dann lächeln, dass ist zu viel, zu erwarten. Und habt ihr alle die Rede des Pfarer Rede nett gefunden? das möchte ich wissen, ich habe es wenig liebevoll und ohne die passende nette persönliche Worte gedacht.
>
> Auch, der Music was zu schwer und wie ein gewöhnliche Sonntags Gottesdienst. Wird in Deutschland nie ein richtige Hochzeitsmarch gespielt?
>
> Siehst Du Mieze, ich bin ein ole Meckerer vielleicht, ich möchte aber wissen ob dass alles nur mein Empfindung war.
>
> Elfi ist nicht hier, ich weiss nicht was sie denkt.
>
> Gerda hat mich nachher geschnappt, und ich bin mit ihr nach Hause gegangen, war nicht bis 10.30 zu Hause.
>
> Jutta's Hochzeit war gekrönt mit dem grossen Segen, unser Führer lebt.
>
> Viele liebe Grüsse an alle von
>
> Ethel

Für die Runges, die Druhms und die weiblichen Thieles wird der 20. Juli 1944 immer als Juttas Hochzeitstag in Erinnerung bleiben. Für alle anderen jedoch überschattet ein Geschehen in Ostpreußen, mehr als vierhundert Kilometer entfernt, die Bedeutung dieses Tages. Im selben Moment, als ich in der Kirche meine Blumen fallen ließ, explodierte in einer Baracke der „Wolfsschanze" Stauffenbergs Bombe, die Hitler hätte töten sollen.

KAPITEL 8

Schlesien

Was auch immer für ein Handel geschehen sein mochte, um es meiner Mutter und mir zu ermöglichen, zur Hochzeit zu kommen: Udo war das Opferlamm. Obwohl mein Vater seinerzeit das demütigende Ende von Udos militärischem Ausbildungsprojekt bemerkenswert gelassen aufgenommen hatte, bedeutete dies nicht, dass er seinen Plan, Udo zu einem vollen Nazihelden zu machen, aufgegeben hatte. Er wartete lediglich die nächste Gelegenheit ab, und das Telegramm, das ihn zum Luftfahrtministerium und von dort zum WE-Lager von Weissewarte rief, war genau der richtige Anlass.

Es war für mich keine leichte Aufgabe, fünfzig Jahre später herauszufinden, welche konkrete Funktion die Fliegerlager der HJ in Hitlers Kriegsmaschinerie erfüllten. In den Geschichtsbüchern sind sie nur spärlich belegt, aber sicher ist, dass ihr militärischer Zweck vor allem die Indoktrination leicht beeinflussbarer Heranwachsender war. Sie sollten mit Begeisterung für den Nazismus kämpfen und bereit sein, dafür zu sterben, wenn sie dazu aufgefordert würden. Doch die Leidenschaft für Segelflug hatte weniger mit einer Militärstrategie als vielmehr mit der starken Position einer spezialisierten „Kult"-Gruppe innerhalb der Nazipartei zu tun, die auf Hermann Göring zurückging.

Im Ersten Weltkrieg war Göring ein gefeiertes Flug-As gewesen. Für ihn und andere Enthusiasten war die am meisten demütigende Bedingung des Versailler Vertrages das Verbot einer Luftwaffe für Deutschland gewesen – was ihren leidenschaftlichen Nazismus noch anheizte. Verärgert und verbittert investierten sie all ihre Kräfte und ihr technisches Wissen in die Segelfliegerei, und so schufen sie sich selbst eine einflussreiche Subkultur in der Partei. Für sie war die größte Stunde des Zweiten Weltkrieges ohne Zweifel die Segelfluginvasion bei der Einnahme von Kreta.

Die Leidenschaft für das Segelfliegen und der Wunsch, die nationalsozialistische Ideologie wirkungsvoll zu verstärken, erklärt, wie diese Gruppe auf die Idee gekommen ist, das Segelfluglager als Schauplatz für die politische Erziehung der nächsten Nazi-Generation zu benutzen. Verwaltet von der Hitlerjugend und geleitet von militärischen Ausbildern, boten sie dreiwöchige Kurse für sechzehn- und siebzehnjährige Jungen an, mit der Absicht, deren Dienstwilligkeit für die bevorstehende Einberufung anzufeuern. Meine eigene Erinnerung an zwei solcher Lager und die Beschreibung meiner Mutter in ihrem Brief an Tante Mieze belegen, dass diese Strategie erfolgreich war. Kein Wunder, dass mein Vater zuversichtlich war, einen Durchbruch in der Bildung seines hoffnungslosen Sohnes zu erreichen.

Er schickte meine Mutter und mich zur Hochzeit nach Luckenwalde und beorderte Udo nach Weissewarte mit der Anweisung, seine HJ-Uniform und sein Sportzeug mitzubringen. Sein Plan war, dass Udo die überschwängliche HJ-Atmosphäre einsaugen und durch intensives Training das HJ-Sportabzeichen erlangen sollte. Überraschenderweise fand Udo viel Interesse am Lager und dem Segelfliegen – er absolvierte sogar einen Kurzflug – an Schießübungen und dem Leben im Freien allgemein. Er begeisterte sich auch für Leichtathletik, bestand die Prüfung darin mit Leichtigkeit und begann eine aufrichtige Freundschaft mit dem ihm zugeteilten Lehrer. Nur Papas konstanter Druck auf ihn bewirkte, dass er seine Zeit dort hasste.

Anfang August 1944 erhielt mein Vater den Befehl, das Kommando über ein eigenes Lager zu übernehmen. Es war in der Nähe der Stadt Schweidnitz[29] in Schlesien. Wieder einmal hatte er eine ausgezeichnete Unterkunft für seine Familie gefunden, eine Wohnung im Turm eines Miniaturschlosses im Dorf Wilkau, nur wenige Kilometer vom Lager entfernt.

Die Gastgeberin, Frau von Schöller, war eine Witwe, etwa in Muttis Alter. Ihr Mann, der im Krieg gefallen war, hinterließ ihr die Verantwortung für das Schloss und das dazugehörige Gut, außerdem seine alte Mutter, eine Gräfin, und drei halbwüchsige Kinder, eines davon noch ein Säugling. Sie war groß und blond und erledigte alles unbefangen und mit einer natürlichen Autorität.

Ihre Kinder waren ein wenig jünger als wir, aber nett, und wir gewöhnten uns schnell an glückliche Ferientage mit ihnen. Der Schlosspark wurde von einem Bach begrenzt und bot wunderbare Spielmöglichkeiten, ebenso der

29 heute Świdnica

Bauernhof, wo das Getreidelager unser Lieblingsspielplatz wurde. Die Haufen von gedroschenem Getreide waren fast wie Sand an einem Strand, mit dem Vorteil, dass die Weizen- und Roggenkörner nicht am Körper haften blieben oder Mund und Augen verstopften. Man konnte darüberlaufen, hineinrutschen, sich eingraben oder zusammen darin kuscheln.

Der Bauernhof wurde von polnischen Zwangsarbeitern bewirtschaftet, die in Nebengebäuden wohnten, weit weg von uns anderen. Wir konnten nicht mit ihnen sprechen, ebensowenig sie mit uns. Wir richteten uns nach den Erwachsenen um uns herum und behandelten sie, als ob sie nicht existierten; wie Nichtmenschen.

Der Bauernhof hatte sein eigenes Leben. Während unserer Zeit dort wurde der Schlosshaushalt nur bei zwei alljährlichen Ritualen mit einbezogen. Das erste war die Zuckerrübenernte, bei der hunderte von Säcken der weißen Knollen in den Küchenanbau gebracht, in riesige Bottiche gepackt und zu köstlichem, dicken, schwarzen Sirup eingekocht wurden. Später, zur Vorbereitung auf Weihnachten, wurde ein Schwein geschlachtet, wobei die Küche in eine Schweineräucherei und Wurstfabrik verwandelt wurde.

Am Ende der Sommerferien beschloss Frau von Schöllers Gouvernante, ihre zwei älteren Schützlinge mit auf einen Ausflug zu nehmen, und lud Udo und mich ein, sich ihnen anzuschließen. Wir brachen in einem Pony-Einspänner nach Schweidnitz auf, einer im 17. Jahrhundert befestigten Stadt mit Zinnen, Kriegsgerät, geheimen Durchgängen und alten Festungstürmen, die zu erforschen waren. Auf dem Weg zurück machten wir einen Umweg zu einer mittelalterlichen Burg, die für die Allgemeinheit geöffnet war. Wir betraten sie über eine Zugbrücke. Antike Rüstungen und Waffen säumten die Hallen und Ausstellungsräume; man zeigte uns einen geheimen Durchgang und einige Kerker, wo noch ein Skelett an der Wand angekettet war. Das war meine erste bewusste Begegnung mit Relikten aus der Vergangenheit, und die Begeisterung, die ich damals empfand, habe ich niemals vergessen.

Als die Schule wieder begann, wurde Udo in die Schweidnitzer Oberschule aufgenommen, und ich in die Dorfschule, die wieder nur aus einer Klasse für alle Kinder im Dorf bestand, außer den Schöller-Kindern, die von einer Hauslehrerin unterrichtet wurden. Nach einem Dreivierteljahr Drill als Jüngerin von Fräulein Vogt war es schwierig, wenn nicht gar peinlich, allen anderen in der Klasse voraus zu sein. Unser Lehrer bat mich manchmal, die anderen Kinder zu unterrichten und ihre Rechtschreibung und Rechenarbeiten zu verbessern. Es gab aber auch ein Lehrfach, das ich zum ersten Mal in Wilkau kennenlernte, und das war die Stickerei. Die Stiche auf meinem Muster haben nie den akzeptablen Mindeststandard der Mädchen von Wilkau erreicht, aber ich habe nie vergessen, wie man sie macht, und sie haben sich in meinem späteren Leben als äußerst nützlich erwiesen.

Schlittschuhlaufen war eine andere heimische Fähigkeit, von der wir peinlicherweise keine Ahnung hatten. Da Schlesien viel weiter östlich liegt als Berlin, kommt der Winter früh, und die Seen und Teiche bleiben über Monate zugefroren.

An den meisten Nachmittagen trafen sich die einheimischen Kinder zu einem fröhlichen Trudeln auf dem Eis, oder sie zogen ihre kleinen Geschwister mit selbstgebauten Schlitten auf jedes Hügelchen in dieser flachen Landschaft, das sich als Piste anbot. Ich hatte weder Schlittschuhe noch einen Schlitten, und so beschränkte mich auf das Bauen von Schneemännern und Iglus. Mich erfreute das Schneewetter, aber von Udo konnte man das nicht behaupten. Er musste mit dem Fahrrad zur Schule fahren, und die Schneestürme aus den russischen Steppen machten das Vorankommen in die eine Richtung fast unmöglich, aber gefährlich schnell in die andere.

Am liebsten besuchten wir das Luftwaffenlager, von dem Papas WE-Lager ein Teil war. Die Atmosphäre dort strotzte immer vor Kraft und Begeisterung. Weil das Land so flach war, wurden die Segelflugzeuge, damit sie überhaupt in die Luft kamen, mit einer gewaltigen Winde aufgezogen, welche an römische Katapulte erinnerten, die beim Angriff auf eine Befestigung benutzt wurden. Zu beobachten, wie die Hitlerjungen in die Luft geschossen wurden, war eine hervorragende Unterhaltung; wenn das langweilig wurde, gingen wir zum Fallschirmtraining und probierten die Saltotechnik aus, die für das Landen gelehrt wurde.

Eines Tages bot sich uns ein außergewöhnlicher Anblick: Eine fliegende Maschine mit rotierenden Armen wie eine Windmühle auf dem Rücken, die regungslos über uns im Himmel stand. Nachdem sie einige Minuten an derselben Stelle verharrt hatte, änderte sich plötzlich das Motorengeräusch, und die Maschine glitt in die Ferne. Ein Flieger erzählte uns, dass dies eine der fünf Wunderwaffen sei, die Hitler noch in Vorbereitung hatte. Von den sieben, die man uns versprochen hatte, waren nur die V1 und die V2 einsatzbereit, aber die anderen, erzählte er uns, würden bald in Betrieb genommen. Auch die Segelflugzeuge sollten eine tragende Rolle in einem höchst genialen Konzept spielen: Sie würden an einem größeren Flugzeug hängen – einem Mutterflugzeug sozusagen – und auf diese Weise äußerst zielgenau Bomben abwerfen können. Es war nicht klar, was danach aus den unglückseligen Piloten werden würde, aber unser Informant überzeugte uns, dass die Segelflugzeuge eine unabdingbare Voraussetzung für unseren Sieg waren.

Wenn wir genug davon hatten, die Fallschirmspringer und Segelflugzeuge zu beobachten und der einzige Hubschrauber des Lagers sich nicht in der Luft befand, genossen wir die weniger spektakulären Bereiche des Lagerlebens, wie Sport, Drill und Marschieren. Jede Abteilung des Militärs hatte seine eigenen Marschlieder, und die jungen Rekruten schmetterten diese und andere Nazilieder, wenn sie um das Lager herum marschierten. Die meisten Lieder kannten wir und sangen inbrünstig mit.

Bald wurde auch meine Mutter ins Lagerleben einbezogen. Etwa ein Dutzend der Hitlerjugend-Volontäre waren ethnische Deutsche aus kürzlich annektierten Teilen Polens. Obwohl sie nun, ihren Papieren nach, Deutsche waren, beherrschten sie die Sprache nicht, und Mutti wurde angestellt, um ihnen Deutsch beizubringen. Sie tat es gern, und ich vermute, sie wurde schnell zu einer Mutterfigur. Um ihre Schüler zum Deutschsprechen zu motivieren, sollten sie ihr alles mögliche über ihr Zuhause und ihre Familien erzählen. Jeden Abend berichtete sie uns, was in der Klasse geschehen war. Wir kannten bald alle Namen und Persönlichkeiten sowie ihre eigenartige Ausdrucksweise und verfolgten genauestens alle Fortschritte. Auf eine Weise wurden sie unsere Freunde, unsere Schützlinge sogar, denn wie hätten wir nicht Mitleid mit jemandem haben können, der unfähig war, Deutsch zu sprechen?

Seit wir Berlin vor fast anderthalb Jahren verlassen hatten, waren meine Füße notwendigerweise vernachlässigt worden. Meine Mutter massierte sie noch täglich, und nach wie vor machte ich meine Übungen, aber schon lange passten mir meine Nachtschienen nicht mehr. Und als die Füße wuchsen, nahmen sie allmählich wieder ihre ursprüngliche, verkrümmte Form an. Meine Mutter konnte das nicht ertragen, und gegen Ende des Herbstes brachte sie mich zu einem Spezialisten in der schlesischen Hauptstadt Breslau (heute die polnische Stadt Wrocław). Wenige Wochen später war sie von der Roten Armee in einer vier Monate dauernden Belagerung eingekesselt, anschließend erobert und zu siebzig Prozent zerstört. Ich kann mich noch deutlich daran erinnern, was für eine noble Stadt es war, mit breiten Straßen und stattlichen Steildachgebäuden. Der Doktor, der meine Füße untersuchte, sagte, dass ich sofort eine Operation brauchte und ließ mich im Kinderkrankenhaus für die erste Woche des neuen Jahres vormerken. Er teilte meiner Mutter mit, dass eine neue Behandlung von Klumpfüßen, von der ich vielleicht auch eines Tages profitieren würde, in einem Krankenhaus im Ruhrgebiet, von einem gewissen Dr. Kleine, den er persönlich kannte, entwickelt worden sei. Mutti schrieb alles auf.

Wenn es ein Weihnachten gibt, dass immer in meiner Erinnerung bleiben wird, dann ist es das Weihnachten 1944. Nach einigen Weihnachtsfesten ohne Papa waren wir diesmal alle zusammen und feierten in grandiosem Stil. Wie konnten wir wissen, dass es unser letztes Weihnachten als eine Familie sein würde? Die Erde war schneebedeckt, und am Weihnachtsabend schlossen wir uns der Hitlerjugend-Feier in der Mensa des Lagers an. Der Raum wurde von einem gewaltigen Weihnachtsbaum beherrscht, und die polierten Knöpfe und Schnallen der HJ-Uniformen leuchteten im Licht der vielen Kerzen. Eine strahlende Mischung aus Nazi-Euphorie und Weihnachtsstimmung erfüllte die Atmosphäre, als einige hundert Stimmen einfielen in „O Tannenbaum".

Udo und ich waren die einzigen Kinder und saßen am Haupttisch mit unseren Eltern und den anderen Offizieren, das Festessen genießend, Lieder singend und über ein Amateurkabarett lachend. Mein Vater kommandierte sein Lager mit strenger Autorität, weniger aus persönlichem Ehrgeiz als aus Engagement für sein Ziel; er hatte gewöhnlich guten Humor und Witz und war infolgedessen angesehen und beliebt. An diesem Abend war es allen erlaubt, einen Spaß auf ihn zu machen, und er spielte eine wichtige Rolle in ihren Sketchen. An eine Szene erinnere ich mich noch genau, in der ein Mann Auszüge aus einer Zeitung vorlas, einschließlich einer kleinen Annonce: „Wünsche einen Kamm gegen ein Staubtuch zu tauschen, E. Thiele", ein Hinweis auf Papas weit fortgeschrittene Glatze.

Es war lange nach unserer Bettzeit, als wir zum Schloss zurückkehrten, aber dies war Deutschland, und der Weihnachtsabend musste richtig gefeiert werden. Wir hatten einige Tage vorher das Wohnzimmer nicht betreten dürfen, aber jetzt, sobald mein Vater die Kerzen am Baum angezündet hatte, ließ er uns hinein. Dort, mitten im Zimmer, stand das größte und prachtvollste Puppenhaus, das ich je gesehen hatte. Seine Außenseite war angemalt mit roten Backsteinen, und es hatte ein Ziegeldach. Es gab einen Dachboden, eine Veranda und einen Balkon, was ohne Zweifel an unsere Wohnung in der Fauststraße erinnern sollte, und vier Haupträume einschließlich eines Kinderzimmers mit einer Wiege und einem Kinderwagen. Im Esszimmer gab es eine Großvateruhr, winzige silberne Kerzenhalter, Kelchgläser, und über dem Esstisch hing, in Muttis unverkennbar flottem Stil gezeichnet, ein Miniaturporträt des Führers.

Jeder Raum hatte sogar Strom, im Badezimmer gab es fließendes Wasser und eine Toilette mit funktionierender Spülung. Eine genauere Inspektion zeigte, dass viele Rohstoffe, aus denen dieses Wunder gestaltet worden war, militärischen Restbeständen entstammten.

Die kleinen Eimerchen, die Kochtöpfe und Bierkrüglein waren aus Gewehrpatronen unterschiedlicher Größe gebastelt. Papa hatte natürlich das ganze Ding selbst gemacht, mit Hilfe einiger Kollegen und mit den Beiträgen von meiner Mutter und sogar von Oma und Opa. Dieses unvergleichliche Geschenk ließ mich fast in Ekstase geraten.

Am ersten Weihnachtsfeiertag waren wir zur großen Familienfeier der von Schöllers eingeladen. Der Esstisch war mit schwerem, silbernen Besteck gedeckt, und für jeden gab es eine Fingerschale. Auf einer riesigen, silbernen Platte wurde eine knusprig gebratene, braune Gans hereingetragen. Nach dem Mittagessen gab Frau von Schöller bekannt, dass ein Verwandter von ihr uns alle zu Kaffee und Kuchen auf sein Nachbargut eingeladen habe. Wir sollten in einer halben Stunde warm gekleidet in der Vorhalle bereitstehen. Als wir uns einfanden, warteten vor dem Eingang zwei riesige Schlitten mit je einem Paar lebhafter, ungeduldiger Pferde. An diesem Weihnachtstag lernten wir die bequemste, ruhigste und erfreulichste Form des Transports kennen, die je erfunden wurde.

Am selben Abend lud Papa sein Personal in unsere Wohnung ein. Udo und ich hatten uns so über das Kabarett amüsiert, dass wir uns die Sketche Wort für Wort eingeprägt hatten und es bedurfte nur wenig Überredung, Papas Gästen eine Wiederholungsvorstellung darzubieten.

Heute wissen wir, dass es weniger als einen Monat dauerte, bevor die Russen in Schlesien einfielen und die Bevölkerung und jede Spur von deutscher Kultur vertrieben. Das Gebiet ringsum wurde danach ein Teil Polens, besiedelt von polnischen Flüchtlingen, die selbst aus ihrer Heimat weiter östlich von den Russen vertrieben worden waren.

Trotz der nahen Front war die Stimmung während der Weihnachtstage im Schloss wie im Lager ruhig und zuversichtlich. Alle glaubten – oder taten zumindest so – dass wir den Krieg noch gewinnen würden. Wir hatten einen genialen Führer, eine erstklassige Armee, moralische Stärke und die Vorsehung auf unserer Seite. Was konnte da unseren Sieg verhindern?

Ohne Zweifel verdanke ich die Tatsache, dass ich nicht im Kinderkrankenhaus lag, als die Russen Breslau belagerten und ich für immer von meiner

Familie getrennt worden wäre – so wie es anderen Kindern geschah – einer Wespe, die mich im letzten Sommer in den Knöchel gestochen hatte. Der Stich war nicht richtig geheilt, und über Weihnachten zog er sich zu einem bösen Geschwür zusammen. Überall in meinem Körper schwollen Drüsen an, und ein Arzt wurde gerufen. Er stellte eine Blutvergiftung fest und ordnete völlige Bettruhe an. Ich durfte nicht einmal mit meinem wunderschönen Puppenhaus spielen. Meine Mutter bettete mich auf die Couch im Wohnzimmer, wo ich es wenigstens sehen konnte, und ich plante, was ich in dem Augenblick tun würde, wenn ich genesen wäre. Es war widerlich, daran zu denken, dass ich, sobald es mir besser ging, es im Stich lassen und ins Krankenhaus gehen müsste. Ich war noch ans Bett gefesselt, als wir Mitte Januar ein Geräusch hörten, das wie Donner klang, der Tag und Nacht anhielt: Es war offensichtlich Geschützfeuer, und es wurde immer lauter. Papa erzählte uns, dass es eine Artillerieübung sei.

Es dauerte noch einige Tage, bevor man uns Kindern in der letzten Januarwoche, als die Russen nur noch fünfundzwanzig Kilometer entfernt waren, endlich die Wahrheit sagte. Das WE-Lager hatte den Befehl zum Rückzug erhalten; von Schöllers hatten bereits das Schloss verlassen, und wir sollten ihnen nachfolgen, und zwar sofort. Papa hatte herausgefunden, dass heute Nachmittag ein Zug für Zivilisten von Breslau abfahren würde. Ohne jede Vorbereitung jagte er mit uns sofort in einem Wehrmachtswagen dorthin.

Der Breslauer Bahnhof wimmelte von Flüchtlingen, und es sah aus, als ob ganz Osteuropa unterwegs war, verzweifelt aussehende Leute, vollbeladen mit Gepäck, was sie eben tragen konnten. Ein schneebedeckter Zug kroch heran, vollgestopft mit Passagieren. Die Türen und die Stufen zu den Waggons waren völlig versperrt, und die Menschen saßen und standen auf den Puffern. Papa schleppte uns grob zu einem der Waggons, aber nicht zu einer Tür, wo andere hoffnungsvoll schubsten und drängelten, im Versuch, einzusteigen. Er stieg hoch zu einem der Abteilfenster und riss es von außen auf. Bevor irgendjemand protestieren konnte, hob er zuerst mich, dann Udo und dann meine Mutter hoch und warf uns durch das Fenster, auf die unglücklichen Insassen. Der letzte Personenzug verließ das Gebiet, bevor es von den Russen eingeschlossen wurde.

Mein Vater kehrte zum Lager zurück, um das sichere Geleit der Jungen, des Personals und der Ausrüstung nach Westen zu beaufsichtigen. Wer auch immer die Kisten in Empfang genommen hat, mag wohl gestaunt haben, als er beim Auspacken der Segelflugzeuge und weiterer Militärausrüstung ein vollkommen prächtiges Puppenhaus entdeckte. Es hatte Strom, fließendes Wasser, eine Toilette mit Spülung, und an der Esszimmerwand eine besonders stilvolle Holzkohleminiatur des Führers. Es hatte niemand damit gespielt, und ich sah es nie wieder.

KAPITEL 9

Weissewarte

Es war spät am Nachmittag, als Papa uns in den Zug hineingeworfen hatte, und meine Haupterinnerung an diese folgende Reise ist, dass alles in der Dunkelheit passierte. Irgendwann mitten in der Nacht mussten wir uns aus unserem Abteil herausdrängen, um umzusteigen. Ich werde diesen Eisenbahnknotenpunkt – es muss die Stadt Hirschberg gewesen sein – nie vergessen. Es hatte leicht geschneit, und die Treppen und Fußgängerbrücken, welche die Bahnsteige miteinander verbanden, wimmelten von Flüchtlingen. Das war nicht die Art von Leuten, die ich gewohnt war, auf Reisen zu sehen, die vornehm gekleidet waren und angemessenes Gepäck trugen. Diese Reisenden sahen verängstigt und verzweifelt aus, besonders die alten Leute. Die Frauen waren in riesige Schultertücher eingepackt und trugen ihren Besitz zusammengerollt in Laken und Decken. Während wir dort warteten, kam ein Zug aus einer anderen Richtung herein. Auch er hatte eine Unzahl Passagiere an den Türen und Puffern hängen, die die allgemeine Verwirrung noch vergrößerten.

Meine Mutter geriet nicht in Panik. Sie fand genau heraus, wohin wir für unsere Verbindung gehen mussten, und als der Zug ankam, drückte sie uns fest an sich. Alle Welt dachte in dieser Nacht nur daran, nach Westen, Westen, Westen zu kommen, weg von den Russen. Unser Zug nach Norden, nach Berlin, war weniger begehrt, und bevor die Nacht vorüber war, hatten wir sogar Sitze auf einer Holzbank in einem Abteil dritter Klasse. Es war ein langsamer Zug, der ebenso viele außerplanmäßige wie offizielle Haltestellen hatte, und als wir in Berlin ankamen, war es Tag. Ich hatte meine erste Nacht ohne Schlaf verbracht.

Papa hatte uns wieder verboten, in unserer Wohnung zu übernachten, und wir blieben nur einige Stunden in Berlin – genug, um lebenslange Erinnerungen von Trümmern und Zerstörung zu sammeln. Unsere Heimat lag in Ruinen. Auch das Haus meiner Großeltern war bombardiert worden. Sie lebten jetzt in unserer Wohnung in der Fauststraße. Meine Mutter tat alles in ihrer Kraft Stehende, sie zu überzeugen, mit uns zu kommen, aber sie wollten nichts davon hören. So brachen wir wieder allein auf.

Diesmal war Tangerhütte, eine kleine Stadt jenseits der Elbe, etwa hundert Kilometer westlich von Berlin, unser Reiseziel. Wir waren unterwegs zum Wehrertüchtigungs-Lager Weissewarte, wo Papa letzten Sommer sein Segelflugtraining und Udo sein Athletiktraining absolviert hatte. Papas Befehl lautete, das schlesische Lager aufzulösen, das Personal und die Ausrüstung – natürlich samt meinem Puppenhaus – in Sicherheit nach Bayern zu bringen, und anschließend das Kommando des Lagers Weissewarte zu übernehmen. Wir sollten uns dort mit ihm treffen, kamen jedoch mindestens eine Woche vor ihm an.

Das WE-Lager Weissewarte war wiederum Teil einer größeren Luftwaffenoperation, wo regulär Einberufene so gut wie die Hitlerjugend eine Grundausbildung erhielten. Es lag in ländlicher Umgebung, an drei Seiten von Wald umgeben. Uns wurde ein kleiner Raum in den Offiziersunterkünften am Ende einer langen Holzbaracke zugewiesen. Am anderen Ende, das von unserem Raum durch eine Holzwand getrennt war, lebte eine Gruppe junger Rumänen. Warum sie da waren, und in welcher Eigenschaft, war rätselhaft. Gewöhnliche Kriegsgefangene konnten sie nicht sein, aber irgend einer Autorität unterstanden sie offensichtlich, denn sie mussten im Lager die niedrigsten Arbeiten ausführen. Niemand konnte sich mit ihnen verständigen, aber sie waren immer in fröhlicher Stimmung; sie lachten, sangen und machten viel Lärm.

Kurz nachdem wir ihre Nachbarn geworden waren, begannen sie, ihren Teil der Baracke zu renovieren. Einige entfernten den Anstrich mit Sandpapier, während der Anführer mit einer Lötlampe die alten Farbreste in Angriff nahm, angefeuert von den übrigen. Eines Tages saßen wir in unserem kleinen Raum zu Mittag mit einigen vom Lagerpersonal, die sich uns angeschlossen hatten. Mutti schickte mich in die Küche, um die Suppenterrine nachzufüllen. Als ich in den Korridor trat, schlugen mir Flammen aus der hölzernen Trennwand entgegen. „Feuer!“, schrie ich. Alle rannten hinaus, schnappten, was immer sie retten konnten. Vorbeikommende eilten zur Hilfe, aber die Hitze und der Rauch waren so stark, dass einer der Jugendlichen, der heldenhaft in das brennende Gebäude eingedrungen war, sich beeilen musste, in Sekunden wieder herauszukommen, mit dem einzigen Stück Beute, das er hoch vor sich hielt: Muttis Büstenhalter.

Zwei junge Offiziere, die im Zimmer uns gegenüber wohnten, waren den Tag über abwesend und hatten ihre Tür abgeschlossen. Niemand konnte so schnell eine Axt finden, um sie aufzubrechen, und als sie zurückkamen, war alles, was sie besaßen, zu Asche geworden. Sie waren nicht erfreut.

Wir zogen in eine andere Baracke, die als Quartier des Lagerleiters bestimmt worden war, und warteten auf meinen Vater. Ein paar Nächte später hörten wir lautes Klopfen. Mutti sprang zur Tür, und aus dem Schnee kam Papa herein, überglücklich, uns hier vorzufinden. Ich hatte ihn noch nie so freudig erregt erlebt. Er trug keine Uniform, sondern recht heruntergekommene Zivilkleidung und war mit Kohlenruß bedeckt. Er erzählte uns, er habe keinen normalen Transport gefunden, der ihn hierherbrachte, weil dieses Lager so weit abgelegen war. So sei er auf einen Güterzug geklettert und mit dem Lokführer auf der Lokomotive gefahren. Er habe geholfen, Dampf zu machen und sogar die Kontrollen übernommen, und habe sich so seine lebenslange Ambition, Lokführer zu werden, erfüllt. Daher seine Hochstimmung – und der Ruß.

Von diesem Tag an kommandierte er das Lager, und wir wurden ein Teil des Personals. Wir hatten unsere Mahlzeiten mit allen anderen in der Mensa einzunehmen, und da wir die einzigen Kinder waren, wurden wir ziemlich verwöhnt. Der Koch, ein älterer Mann, der als Schiffskoch rund um die Welt gearbeitet hatte, wurde unser Freund. Er gab uns viele Häppchen oder ließ uns seine Kuchenschüsseln auskratzen. Gleichzeitig brachte er uns unanständige Versionen von gut bekannten Nazi- und Wehrmachtsliedern bei. Der Schießausbilder bastelte uns einen Miniaturschießstand mit Zielscheibe und brachte uns das Schießen mit dem Luftgewehr bei.

Manchmal machten wir beim täglichen Fahnenhissen und -senken mit, oder reihten uns ein in den Drill und bildeten den Schluss, wenn die Kolonnen losmarschierten. Für mich war es kein Spiel, ich leistete meinen Beitrag. Die Haltung aller anderen, sogar die meines Vaters, war so lässig, dass Udo sich diesmal auch nicht gezwungen sah, mitzumachen.

Wenn man bedenkt, dass wir zwischen Februar und März 1945 im Lager anwesend waren, zu einer Zeit, als die alliierten Streitkräfte bereits Teile von Deutschland besetzt hatten, kann man nur staunen, dass die Stimmung im Lager noch so gelassen, unbeschwert und zuversichtlich war. Wenn die Menschen um uns herum überhaupt die bevorstehende Niederlage des Vaterlandes voraussahen, so zeigten sie es jedenfalls ganz bestimmt nicht. Wir wissen heute, dass alle desillusionierten Soldaten nach Möglichkeiten suchten zu desertieren, und Nicht-Nazis, die den ganzen Krieg über ihre Köpfe hingehalten hatten, sich bereit machten, ihre Tarnung abzulegen. Noch in den letzten Kriegstagen wurden 20.000 Deserteure und Zivilisten, die sich trauten, öffentlich für eine Kapitulation zu plädieren, als Verräter erschossen.

Das Kämpfen ging nur deshalb so lange weiter, weil Hitler immer noch riesige Unterstützung hatte, sowohl vom Militär als auch von der Bevölkerung.

Mein Vater war offensichtlich Teil dieser Unterstützung, und es ist mir heute unbegreiflich, wie er so blind sein konnte. Was auf der Welt brachte einen gewissenhaften Soldaten wie ihn dazu, in dieser Phase des Krieges idealistischen Teenagern das Segelfliegen beizubringen? War das Herumspielen mit Flugzeugmodellen, während Deutschland von Bomben vernichtet wurde, nicht gleichbedeutend mit Harfespielen, während Rom brannte? Er dachte anscheinend anders und tat seinen Dienst so begeistert wie immer.

Meine Mutter hatte keine Illusionen mehr. Sie erhielt fast täglich Briefe von meinen Großeltern aus Berlin, Briefe, die sie innerlich fast zerrissen. In diesem Frühjahr feierte Oma ihren fünfundsechzigsten und Opa seinen siebenundsechzigsten Geburtstag. Mutti hatte schon vor einer ganzen Weile versucht, sie zu überzeugen, Berlin zu verlassen und zu uns zu kommen, aber sie weigerten sich immer noch. Oma würde Opa nicht verlassen, und Opa konnte aus Berlin nicht fortgehen, weil es dem gesamten Personal der NSDAP verboten war, ihre Posten zu verlassen. Opa war nie in seinem Leben einem Befehl ungehorsam gewesen, und er wollte nicht jetzt damit anfangen.

Einige von Omas und Opas Briefen aus diesem Frühjahr haben überlebt. Sie berichten in einem Atemzug über unterschiedliche Anlässe, den Zusammenbruch des öffentlichen Lebens in Berlin genauso wie Omas Dilemma darüber, was sie mit einem alten Mantel tun sollte. Sie zeigen die Anstrengung der Menschen, so normal wie möglich weiterzuleben, während ihre Welt untergeht.

Omas erster Brief – natürlich auf englisch geschrieben – ist datiert vom 6. Februar 1945:

> Es ist hier ein merkwürdiges Leben. Kein Telefon, selten Post, keine Zeitungen, keine Telegramme, keine Busse oder Straßenbahnen, und nur in einigen Stadtteilen die S-Bahn. Heute fährt sie von hier zum Schlesischen Bahnhof. Daddy fuhr heute morgen los, um zu versuchen, nach Charlottenburg zu kommen. Er sagte: Wenn es hoffnungslos sei, würde er zurückkommen, aber er kam nicht. Er ist unglücklich, wenn er nicht arbeiten gehen kann. Sein Gewissen beunruhigt ihn so, er kann einfach

nicht stillsitzen. Frl. Mache [unsere Nachbarin] geht täglich vom Schlesischen Bahnhof zum Potsdamer Platz zu Fuß.

Wir haben Tag und Nacht Luftangriffe. Elfi, sie kommen oft über den Stendaler Weg, ich frage mich, ob ihr sie hört und wisst, wenn wir einen Luftangriff haben. Wirst Du es mir erzählen? Liebe Elfi, wir sind so froh, dass ihr nicht hier seid.

Ich würde mich so gern mit Dir unterhalten, aber es gibt kein Telefon. Der Anhalter Bahnhof ist sehr zerstört, auch die U-Bahn dort. Reisen in Berlin ist schrecklich. Ach du lieber Gott, sind wir nicht in einem Wirrwarr? Können wir da herauskommen? Ich habe noch Hoffnung. Ich habe den Mantel aufgetrennt und bin zu dem traurigen Schluss gekommen, dass ich nicht von einem Schneider erwarten kann, ihn wieder neu zu machen. Ich werde stattdessen ein Kleid daraus machen müssen. Daddy ist zurückgekommen, er fuhr heute morgen Richtung Ostkreuz, Gesundbrunnen, Friedrichstraße, dann nach Charlottenburg, es dauerte zwei Stunden. Ich habe vergessen, Dir zu erzählen, dass ein großer Teil der Wand im Badezimmer am Sonnabend in das Bad hineinfiel.

In Liebe
Mummy

Der nächste Brief ist datiert vom 17. Februar in Opas Schönschrift, aus seinem Büro geschrieben:

Mommsenstraße 48
Charlottenburg
Montag

Liebe Elfi, Udo und Katrin,

ich möchte Euch erzählen, wie die Dinge hier in Berlin nach dem großen Luftangriff aussehen. Ich musste in das Gebiet gehen, das am meisten ertragen musste… Es sieht dort so aus, als wäre ein Erdbeben gewesen. Kein Haus blieb unbeschädigt. Man braucht starke Nerven, um ein bisschen Hoffnung in dieser Situation zu behalten, Nerven wie Stahl. In den Berliner Straßen sind große Panzerbarrikaden aufgestellt, einige Straßen sind komplett für den Verkehr geschlossen.

Die Leute sind sorgenvoll, jeder fragt jeden, was das bedeutet. In meinem Büro hier ist es beinahe unerträglich, alle sind so *chicken-hearted*[30], dass ich mich freue, zu Mummy zurückzugehen, die noch optimistisch ist.

Gestern war ein sehr schöner Tag, und ich habe ein bisschen im Garten gearbeitet. Wir gingen zu den Fischers zum Kaffee. Liebe Elfi und Kinder, wann und wo wir uns wiedersehen werden, ist unmöglich zu sagen, aber es ist nicht ausgeschlossen, dass Mummy in den nächsten Tagen zu Euch stoßen wird. Wir hören Gerüchte, dass die östlichen Vororte evakuiert werden sollen, aber man weiß nichts Gewisses. Beunruhigt Euch jedenfalls nicht über uns und schreibt uns oft und lasst uns wissen, wie es Euch geht. In Gedanken sind wir zusammen. Ich schicke Euch ein Päckchen mit Taschenlampenbatterien. Passt gut aufeinander auf.

Bis wir uns wiedersehen,

Heil Hitler
Opa

Ein weiterer Brief von Oma, datiert vom 28. März, ist im Zug geschrieben. Sie war auf dem Weg, Opa von seinem Büro abzuholen. Sie planten, Opas Bruder Max und die alte Tante, die bei ihm lebt, zu besuchen. Sie sagte, sie haben ihn oft angerufen, aber sie erhielten nie eine Verbindung, und jetzt wollten sie selbst herausfinden, was mit ihnen los sei:

Ich bezweifle, dass wir dorthin kommen werden. Der Luftangriff heute morgen hat wieder die S-Bahn behindert. Du hast in Deinem letzten Brief gesagt, dass Du immer weißt, wann wir Luftangriffe haben.

Ach du liebe Zeit, aus diesen Zugfenstern hinauszusehen ist schrecklich. Ob Du hinausschaust oder nicht, es ist überall dasselbe Bild: Ruinen. Schau, Elfi, Du musst aufgeben zu glauben, dass Daddy und ich, oder ich allein, zu Euch kommen. Daddy kann nicht von seinem Job wegbleiben. Niemandem ist es erlaubt wegzugehen, außer er ist ein

30 feige

Vollinvalide oder etwa 100, und ich könnte ihn nicht allein lassen. Wenn Du sehen würdest, wie abgemagert und heruntergekommen er ist, würdest Du sagen, nein, Mummy, natürlich musst Du bei ihm bleiben. Aber wir werden Ostern nach Schöneiche fahren.

Weißt Du, Elfi, ich muss versteinert sein, die Luftangriffe machen keinen Eindruck mehr auf mich, kein Durchfall oder zitternde Knie, ich sitze einfach still in meiner Ecke, und wenn es vorbei ist, könnte ich niemandem erzählen, ob es schlimm war oder nicht. Am vergangenen Abend sagte Frau Mache, dass sie 19 Bomben gezählt habe, und am Abend davor 40. Ich bin sicher, ich weiß es nicht. Ist das nicht merkwürdig?

Liebe Elfi, Du kannst nicht glauben, wie sehr Du mir mit Deinem letzten Paket geholfen hast. Diese Seife! Oh! Es ist ein Geschenk des Himmels für meine armen Hände. Und stell Dir vor, so viel Brot! Damit habe ich wieder einen hübschen Vorrat, und wenn die neuen Lebensmittelkarten kommen, dann habe ich schon mal etwas.

Keiner hat jetzt Brot, und noch 10 Tage vergehen. Und nächsten Monat erhalten wir pro Woche 500 Gramm weniger. Ich weiß nicht, was die Leute tun werden. Bei Ungers [dem Kolonialwarenhändler] steht ständig eine Tafel draußen, auf der steht: ‚Nicht vorhanden ist: Butter, Zucker, Marmelade, Sirup, Kunsthonig, Hüttenkäse, Mehl'. Keiner hat diesen Monat seine Marmeladenration erhalten, alle essen trockenes Brot, wenn sie welches haben. Elfi, was wird passieren, kann man noch irgendeine Hoffnung haben?

Mein Topf mit den Osterglocken ist wirklich eine Pracht. Sechs wunderschöne große Blüten sind aufgegangen, doppelte Osterglocken. Oh! So ein Hauch von Frühling!

Der ganze Garten ist umgegraben und bepflanzt, mit Ausnahme der Bohnen, ich habe Angst davor, ständig gießen zu müssen. Letzten Sonntag hatten wir Rosenkohl, herrlichen Rosenkohl von den Pflanzen des vergangenen Jahres.

Trotz immer geringerer Lebensmittelrationen wurde aus Omas Bericht klar, dass jeder für die schlimmste Zeit im voraus gehamstert hatte. Mutti sorgte dafür, dass Oma und Opa regelmäßig mit Lebensmittelpaketen beliefert wurden, und nun wollte Oma sich revanchieren:

Dein Koch muss ein raffinierter Haushälter sein: für so viele Leute mit Erfolg zu kochen! Ich schicke Dir eine Büchse Pâté de Foie gras[31]; ein bisschen Luxus als Abwechslung zur Wurst. Soll ich Dir ein paar Sardinen schicken?

Irgendwie werde ich auch Deinen Hut zu Dir bekommen. Ja, es klingt, als ob Udos Schule ganz unterhaltsam wäre: auf einem Sofa sitzen in einem Gasthaus. So was gefällt ihm!

Deine letzten Briefe brauchten nur eine Woche, um hier anzukommen, das ist besser.

In Liebe von uns beiden,
Mummy.

Von dem letzten Brief hat nur eine Seite überlebt. Ein Dutzend Soldaten haben sich in den Wohnungen in der FaustStraße einquartiert. Einige benehmen sich so, als ob ihnen die Wohnung gehörte, andere sind sehr höflich und nennen Oma „gnädige Frau". Einer bat um die Erlaubnis, Akkordeon spielen zu dürfen.

Dieser Brief hat einen kräftigen Beigeschmack von „Das Ende ist nahe". Oma hat keine Ruhe, um Briefe zu schreiben, aber sie bittet um Muttis Ratschlag zu einem Problem, das sie beunruhigt:

> Sagst Du mir, was ich mit all diesem Futter machen soll? Ich meine die Büchsen. Niemand hamstert mehr irgendetwas. Sie sagen alle, dass die Russen eines Tages hier sein könnten. Frl. Meta sagte gestern: „Nur ein Idiot wird etwas aufheben", aber ich glaube, wir dürften bald durch eine noch viel hungrigere Zeit gehen. Bitte sprich darüber mit Eberhard, der weiß immer, was zu tun ist.

Trotz solcher Berichte aus Berlin, trotz Radiomitteilungen, die Rekordzahlen von feindlichen Flugzeugen über dem Reich verkündeten, trotz der furchterregenden Spektakel der amerikanischen Bomberformationen über uns auf dem Weg zur Hauptstadt, haben meine Eltern weder uns noch den Hitlerjungen auch nur andeutungsweise verraten, dass die Nazipropaganda, mit der wir jahrelang gefüttert worden waren, sich irgendwann als tödliches Gift erweisen

31 Ein Luxusprodukt von Eberhard aus Brest?

sollte. Es gab keine Diskussion, keinen Plan darüber, was wir tun sollten, wenn der Feind an unserer Türschwelle erschien.

Was auch immer mit mir geschah, ich hielt mich an die Erwachsenen um mich herum und klammerte mich an den Gedanken, dass der Führer den Feind absichtlich in ein Verhängnis lockte, dass die nächste Wunderwaffe da war und jeden Tag zuschlagen konnte. Ich verdrängte jeden Zweifel, der es wagte, in mein Bewusstsein zu treten, und fuhr fort, meine ganze Aufmerksamkeit auf die praktischen Alltagsprobleme zu lenken, wie zum Beispiel meinen Weg zur Schule.

Wieder einmal wurden wir in die örtlichen Schulen eingeschrieben. Udos Schule war in Tangermünde und nur mit dem Rad zu erreichen, und ich besuchte nun die Dorfschule in Weissewarte. Dorthin war es nach meinen Maßstäben ein ungeheuer langer Weg, über Felder und eine wässrige Wiese. Das schlimmste Stück war die Überquerung eines Baches, gesäumt von einer Reihe verkrüppelter Weidenbäume, die aus der Entfernung wie Soldaten aussahen, die mit ihren Gewehren auf mich zielten. Sie schienen mir so realistisch, dass ich jedesmal, wenn ich in ihre Feuerlinie kam, von neuem darum bat, dass sie keine feindlichen Soldaten waren, die gekommen waren, um mich zu holen.

Bis auf diese bangen Momente, die ich zweimal täglich durchmachte, waren die letzten Monate des Krieges für mich eine vollkommen gewöhnliche und frohe Zeit. Im Lager war immer etwas Interessantes los. Ich hatte Udo, meinen Lieblingsgefährten, zum Spielen, und die andere Bedingung für meinen Seelenfrieden – Papas Sicherheit – war auch gegeben.

Ein Ereignis, das mich besonders empfindlich traf, brachte auch das Lager mehr in Aufregung als alles, was vorher geschehen war. Eines Tages, als ich meinen Heimweg von der Schule beinahe geschafft hatte und die Biegung erreichte, von der aus ich das ganze Lager überblicken konnte, bemerkte ich im Gebüsch am Rande des Lagers ein Flugzeug, das senkrecht auf seiner Nase balancierte. Es wackelte ein bisschen, stürzte dann auf eine Seite und verschwand aus meiner Sicht. War das eine neue Landemethode? Ich hatte so viele seltsame Dinge in der letzten Zeit gesehen, dass ich nicht viel darüber nachdachte, bis ich das Lager erreichte. Dort herrschte große Aufregung, verursacht durch die Neuigkeit, dass mit dem einzigen Flakgeschütz des Lagers ein amerikanisches Jagdflugzeug abgeschossen worden war. Einer von der Mannschaft war tot, der andere gefangengenommen worden.

Ich rannte zu der Menschenmenge, die sich um die Trümmer des Flugzeugs gebildet hatte. Ich drückte mich zwischen den Zuschauern hindurch ganz nach vorne, doch dann wünschte ich, es wäre mir nicht gelungen. Ich war genau an der Stelle herausgekommen, wo der Körper des toten Fliegers auf etwas Stroh lag. Er war lang und dünn mit einem bleichen, schmalen Gesicht und kurzen, blonden Haaren. Ich bemerkte, dass er einen Ehering trug und fragte mich, ob er vielleicht eine kleine Tochter hatte? Dieser Gedanke verstörte mich sehr. Ich war in einer kriegsbegeisterten Atmosphäre aufgewachsen, in der man vor allem den Feind vernichten wollte. Nun, hier lag einer, der wahrhaftig vernichtet worden war, aber ich konnte mich nicht darüber freuen. Er tat mir nur leid, und noch mehr als ihn bedauerte ich sein kleines Mädchen – wenn er denn eins hatte.

Kapitel 10

Süppling

Als das Ende kam, das Ende der einzigen mir bekannten Welt, passierte alles schnell, aber es war kaum schrecklich oder katastrophal – wenigstens nicht für uns, so wie wir es zu jener Zeit erlebten. Die Nachwirkungen aber beeinflussten das Leben unserer – und aller anderen – Familien, und das Schicksal jedes einzelnen von uns noch jahrzehntelang. Die Nachwehen sind noch immer fühlbar.

Der Frühling des Jahres 1945 steckt im Gedächtnis aller Deutschen, die damals am Leben waren. Alle erinnern sich daran, wo sie sich in den Tagen gerade befanden, oder – was ebenso oft der Fall war – wo sie hinwollten. Jeder zweite Deutsche war irgendwohin unterwegs. Entweder wollte er vor dem Zusammenbruch nach Hause, oder, wenn er im Osten wohnte, wollte er weg, ehe die Russen kamen. Zwölf Millionen Deutsche aus Schlesien und Pommern waren jedoch aus anderem Anlass in Bewegung. Sie wurden aus ihren Häusern vertrieben, zurück in die wesentlich engeren Grenzen Deutschlands in der Nachkriegszeit, um für polnische Flüchtlinge Platz zu machen, die von weiter östlich kamen, wo russische Siedler deren Häuser beschlagnahmt hatten – so wie es von den Alliierten in Jalta und auf der Potsdam-Konferenz beschlossen worden war.

Nur wenigen Familien wie uns war es vergönnt, in diesen verhängnisvollen Tagen beisammen zu sein, und noch dazu in einer Gegend, wo kaum heftige Kämpfe zu erwarten waren. Heim nach Berlin zu gehen wäre Wahnsinn gewesen. Die Sorge um Oma und Opa bedrückte uns genug.

Ende März erhielt mein Vater den Befehl, seine Familie solle das Lager verlassen. Meine Eltern entschieden sich, in der Gegend zu bleiben, und Papa fand eine Unterkunft für uns in der Nähe.

Während unseres Aufenthaltes im Lager erschien eines Tages mein Vater mit einem kleinen, blechernen, sehr unbequemen DKW-Auto[32]. Es war unschön militärgrau angestrichen, hatte aber anscheinend nichts mit dem Lager zu tun. Es war ganz neu, und es gehörte uns. Wie hatte Papa es nur fertig gebracht, in diesen Zeiten ein Auto aufzutreiben? Das war ein weiteres von den vielen Rätseln, die mich stark beeindruckten, als ich, fast fünfzig Jahre später, versuchte, meine Familiengeschichte zusammenzufügen.

Mein Vater begann, meiner Mutter Fahrunterricht zu geben. Als wir Ende März das Lager verlassen mussten, packte er uns und was wir noch an Gepäck besaßen, in das kleine Auto, und wir fuhren zum letzten Mal durch das Lagertor. Es ging eine kurze Strecke die Straße entlang und dann ein paar Kilometer auf einem Waldweg weiter.

Als wir schließlich aus dem dichten Wald herauskamen, entfaltete sich vor uns ein Bild wie aus „Hänsel und Gretel". Auf einer Lichtung stand ein märchenhaftes, aus Baumstämmen gebautes Forsthaus. Wo der Fahrweg am Haus vorbeiführte, lag ein von Bäumen umrandeter Teich, auf dem Gänse und Enten herumplantschten. Eine Familie kleiner Enten eilte hin und her. Dies war der Waldsitz Süppling, und ich war sofort verzaubert.

Mein Vater hatte mit dem Förster, dem dieses Idyll gehörte und der eigentlich auch Bauer war, vereinbart, dass wir sein Dachzimmer mieten sollten, und dieser führte uns nun die Treppe hinauf. Dann verabschiedete sich Papa mit dem Versprechen, uns so bald wie möglich zu besuchen. Ein weiteres Auto, das uns nachgefahren war, brachte Papa ins Lager zurück. Der graue Wagen blieb bei uns für einen eventuellen Notfall.

Ich kann nicht sagen, in welchem Moment vernünftige Einsicht über blinden Glauben triumphierte und selbst mein Vater akzeptierte, dass es keine Wunderwaffe gab, dass das Ende gekommen war und dass Hitler uns alle zum Narren gehalten hatte.

Ich nehme an, dass meine Eltern sich qualvoll über dies alles ausgesprochen hatten. Ihre Enttäuschung muss schmerzhaft gewesen sein und ihre Verwirrung groß, aber selbst wenn das der Fall war: mit uns teilten sie ihre Bestürzung oder ihre Furcht nicht.

Während unserer ersten Wochen in Süppling besuchte uns Papa oft. Doch dann hörten wir Artilleriefeuer aus der Entfernung, und von diesem Moment

32 Deutscher Kraftwagen

an kam er nicht mehr. Die Beteuerungen meiner Eltern, dass alles in Ordnung sei, mögen zwar irreführend gewesen sein, aber sie sorgten dafür, dass ich mich sicher fühlte, und so hatte ich keine Angst, wenn ich in der Ferne Kampflärm hörte. Hin und wieder fragte ich mich, ob Papa in Gefahr wäre, aber dieser Gedanke hinderte mich keineswegs daran, meine neue Umgebung zu genießen.

Die kleine Siedlung Süppling stellte sich als viel größer heraus, als wir zuerst gemeint hatten, was sich, angesichts der Dinge, die sich in den kommenden Tagen ereignen würden, als großer Vorteil herausstellte. Hinter dem Wohnhaus war ein Bauernhof mit Scheunen und Schuppen, in denen ein paar Kühe, Schweine, ein Pferd und Geflügel untergebracht waren. Mitten auf dem Hof lag ein enormer Dunghaufen. Hin und wieder kletterte ein stolzer Hahn in der Manier eines Dirigenten, der sein Podium betritt, hinauf und krähte vom höchsten Punkt aus *fortissimo* in die Weite.

An das Wohnhaus angebaut war eine Molkerei, wo die Frau des Landwirtes mit zwei Töchtern des öfteren Hühner rupfte, Futter für die Tiere zubereitete, Milch entrahmte oder Butter machte. An einer Seite des Hauses war eine Handpumpe, auf der anderen eine stinkende Latrine – das einzige Klosett.

Sobald der darunter befindliche Tank voll war, lud der Landwirt ihn auf seinen Wagen und breitete den Inhalt auf seinen Feldern aus – ein höchst effektiver Weg, seinen Nachbarn mitzuteilen, an welchem Punkt des Anbauzyklus er sich gerade befand.

Nie zuvor war ich in einer solch bukolischen Umgebung gewesen, noch hatte ich je aus nächster Nähe den Frühlingsanfang erlebt. Die jungen Knospen an den Bäumen, wilde Blumen, Schmetterlinge, hämmernde Spechte, rote Eichhörnchen, Hasen und Igel! Alles entzückte mich.

Am faszinierendsten war das üppig wimmelnde Leben unter Wasser im kleinen Teich. Stundenlang lag ich am Rand und starrte ins Wasser. Ich beobachtete das wilde Treiben tausender Kaulquappen, während durchsichtige Libellen an der Wasseroberfläche tanzten. Das alles war neu und zauberhaft für mich.

Mein zweitliebster Zeitvertreib war es, den Frauen beim Geflügel zu helfen. Ich durfte mit ihnen die Hühner füttern und die Eier einsammeln. Ich guckte zu, wenn die Küken aus den Eierschalen herauskrochen. Sie brachten mir sogar bei, meine eigene Butter zu machen – in einer Marmeladendose, statt in einem großen Butterfass.

Die erste Andeutung, dass die mir vertraute Welt zusammenzubrechen begann, war das Erscheinen einer merkwürdig aussehenden Menschengruppe.

Es waren seltsam gekleidete Männer, die sich unsicher umsahen, als sie verstohlen aus dem Wald schlichen und sich dem Haus näherten, in dem vergeblichen Versuch, ganz natürlich zu wirken. Ihre Kleidung sah aus, als wären es Uniformen, aber die Nähte waren dort zerrissen, wo einmal Streifen gewesen waren, und anstelle der Abzeichen waren grob ausgeschnittene Löcher. Das waren Deserteure, leuchtete mir sofort ein.

Vielleicht hatten sie Gerüchte gehört, dass Süppling ein „sicheres" Haus sei. Wir wussten, dass unser Förster bereits vor Hitlers Machtübernahme ein in der Gegend bekannter Sozialist gewesen war, der das Dorf verlassen hatte, und nun ein einsames, verstecktes Leben im Wald führte, um nicht täglich mit dem Nationalsozialismus in Berührung zu kommen. Es schien sich nun herumgesprochen zu haben, dass Süppling nicht nur ein offenes Haus für Deserteure sei, sondern auch eine Fälschungszentrale für Entlassungspapiere.

Dieses Unternehmen wurde derart geheim gehalten, dass selbst Udo und ich mehrere Tage lang nicht ahnten, dass unsere Mutter der Fälscher war. Mit ihrer Ausbildung als Werbegrafikerin war sie ideal dafür geeignet. Aber warum, fragten wir uns, tat sie etwas derart Riskantes? Und woher kamen die Werkzeuge, die sie benutzte: eine Schreibmaschine, ein Stempelkissen und zwei Gummistempel? Der eine war der offizielle Luftwaffenstempel mit dem Adler, mit dem anderen konnte man das Datum einstellen. Diese Dinge gehörten meiner Mutter, und nicht dem Förster. Also musste sie es wohl aus dem Lager mitgebracht haben. Hatte Papa ihr diese Utensilien ausgehändigt? War Muttis Tätigkeit möglicherweise Teil der Abmachung, die der Förster mit Papa geschlossen hatte, als er einwilligte, uns zu beherbergen? Es war uns ja von Anfang an klargewesen, dass er uns nur unwillig aufgenommen hatte.

Wie dem auch sei, meine Mutter hatte Freude an der Arbeit. Sie hatte etwas Schöpferisches und Sinnvolles zu tun, denn ansonsten bot ihr Süppling wenig Interessantes. Die Fälschungsutensilien bewahrte sie in einem kleinen Kasten auf, den sie im Wald versteckte und bei Bedarf nach Einbruch der Dunkelheit ins Haus holte.

Die Mehrzahl der Deserteure hatte es eilig, nach Hause zu kommen. Sobald sie ihre gefälschten Papiere erhalten hatten, verschwanden sie. Andere, die vielleicht aus dem Osten kamen und nicht wussten, wo sie hingehen sollten, schlenderten planlos umher, nahmen dankbar an, was ihnen zu essen angeboten wurde, und bereiteten sich auf ein bevorstehendes Nomadenleben vor. Von dieser ungewöhnlichen Gruppe entsinne ich mich am besten an ein Paar, das nicht mehr ganz jung sein mochte. Sie nannten sich Henryk und Lilo. Henryk hatte viele Abzeichen von seinem Luftwaffenhemd abgetrennt. Er musste wohl ziemlich viele militärische Auszeichnungen erhalten oder einen hohen Rang bekleidet haben, denn vom originalen Hemd war nur wenig übrig geblieben, das keine Risse oder hellere Stellen hatte. Lilo war schmal und braungebrannt, mit gebleichtem Haar und einer natürlichen Eleganz, die noch nach mehreren im Heuboden verbrachten Wochen erkennbar war. Udo erzählte mir, er habe heimlich zugesehen, wie Henryk die Reste seiner Uniform im Teich versenkt habe. Etwas Wunderliches und Rührendes umgab die beiden. Während alle anderen sich um Landkarten, Wasserflaschen und eiserne Rationen kümmerten, erweckten Henryk und Lilo nicht den Eindruck, eilig von hier wegkommen zu wollen. Sie hatten nur füreinander Interesse und schienen ihr Leben lang an diesem reizenden Ort bleiben zu wollen. Später fanden wir heraus, dass Henryk Oberst der Luftwaffe gewesen war, und Lilo seine Sekretärin. Beide hatten ein Zuhause, wohin sie gehen konnten, aber sie waren mehr daran interessiert, ihr Verhältnis zu genießen. Und dafür war Süppling ideal.

Niemand außer mir schien das Desertieren zu missbilligen. Ich hatte nichts persönlich gegen die Leute, aber ich war entsetzt zu sehen, wie willig sie ihrer Pflicht und ihrem Eid den Rücken kehrten. Das war doch Verrat! Wo waren Ehre und Treue, Tugenden, die ich gelernt hatte, mehr als alles andere zu schätzen! Warum taten sie nicht ihre Pflicht, so wie Papa?

Nicht alle, die in diesen Tagen in Süppling erschienen, waren Deserteure. Einmal kam eine richtige militärische Formation und bat um Wasser und eine Stelle zum Ausruhen. Sie blieben nicht lange, aber als sie sich aufmachten, vergaßen sie eine Panzerfaust und ließen sie auf dem Hof neben dem Dunghaufen zurück. Der Förster wusste nicht, was er mit ihr machen sollte, und warf sie auch in den Teich.

Dann kamen zwei junge Offiziere, die wir aus dem WE-Lager kannten, und baten um Zivilkleidung. Auch sie waren keine gewöhnlichen Deserteure. Sie hatten Hitlers letzten Befehl, bis zum Tode zu kämpfen, gehört und sich zu Herzen genommen. Sie wollten „Werwölfe“[33] werden, Saboteure hinter der Kampflinie, die sofort hingerichtet werden konnten, wenn sie gefangengenommen würden. Beide waren kultivierte, gebildete Männer. Einer war vor

33 Untergrundbewegung, im September 1944 von Heinrich Himmler gegründet.

dem Krieg Architekt gewesen, und sie waren ins WE-Lager geschickt worden, da sie für den aktiven Wehrdienst untauglich geworden waren. Jeder hatte in Russland einen Arm verloren. Mit diesen Verwundungen und den von meiner Mutter vorbereiteten Entlassungspapieren hätten sie ohne Schwierigkeiten nach Hause gehen können. Aber davon wollten sie nichts wissen. Sie waren absolute Fanatiker.

Das nächste Zeichen, das vom Zusammenbruch der Ordnung kündete, waren mehrere Explosionen, die eines Nachts aus dem Wald erbebten, da, wo eine Eisenbahnstrecke unseren Waldweg kreuzte. Ein schwer bewachter Zug mit Waffen und Vorräten war dort vorbeigefahren, als die Luftabwehrmannschaft die Information erhielt, sie könnten nicht weiterfahren, da die Amerikaner bereits die Abladestelle okkupiert hätten. Ihnen wurde befohlen, den Zug mitsamt Munition und Vorräten in die Luft zu sprengen. Ehe die Pyrotechniker ihr Werk begannen, gingen sie herum, um die Leute vor der bevorstehenden Explosion zu warnen. Gleichzeitig deuteten sie an, es würde sich lohnen, die Fracht zu besichtigen, denn es waren Nahrungsmittel darunter, die ausreichten, um eine ganze Armee zu versorgen.

Unser Förster schickte sofort die ganze seltsame Belegschaft seines Haushaltes, um zu retten, was sie tragen konnten. Die Nachricht verbreitete sich wie ein Lauffeuer, und in kürzester Zeit war die halbe Einwohnerschaft von Weissewarte unterwegs mit Handwagen, Schubkarren und Rucksäcken. Alle eilten in Richtung des Zuges. Als wir dort ankamen, brannte er schon. Munition explodierte, Feuer schoss in den Himmel. Es muss sehr gefährlich gewesen sein, aber in der Aufregung des Plünderns kümmerte sich niemand darum. Leider war die Fracht des verunglückten Zuges in riesigen Kisten verpackt, so dass es meist mehrerer Personen bedurfte, um eine einzige davon zu tragen. Unsere Beute stellte sich als ein enormer Kasten voll Mondamin heraus, genug, um eine normale Familie für hundert Jahre zu versorgen. Andere Gruppen hatten Säcke getrockneter Erbsen oder Riesenkästen voller Knäckebrot erbeutet.

Der ganze Vorgang verstörte mich sehr. In einer solchen Atmosphäre von Gesetzlosigkeit konnte ich mich nicht wohlfühlen. Was würde passieren, wenn das herauskäme?

Am nächsten Vormittag, dem 16. April, saßen wir mit den Töchtern des Försters auf den Verandastufen in der Sonne, als drei Panzerwagen auf der Waldstraße erschienen. Sie waren nicht grau, wie gewöhnlich, sondern khakifarben mit weißen Sternen an den Seiten. Als die Panzer das Haus erreichten, hielten sie an, und bewaffnete Soldaten sprangen heraus. Erschrocken hoben wir die Hände hoch. Lässig schlenderten die Soldaten an uns vorbei ins Haus, suchten ohne großes Interesse herum und kamen wieder heraus mit allen Waffen, die sie gefunden hatten, unter anderem Muttis kleinem Revolver, den sie immer im Nachttisch liegen hatte, und dem Jagdgewehr des Försters.

Einige versuchten, mit uns ins Gespräch zu kommen, und Mutti antwortete ihnen auf englisch. Sie waren sichtlich erstaunt, in diesem ländlichen Vorposten der Zivilisation eine so schöne, kultivierte, perfekt englisch sprechende Frau zu finden. Sie starrten sie argwöhnisch an und verlangten ihre Papiere zu sehen. Mutti zeigte ihnen ihren veralteten britischen Reisepass.

Dieser ersten kleinen Gruppe von „Befreiern" folgten viele weitere. In dieser Gegend schien es der beliebteste Dienst der amerikanischen Besatzung zu sein, unseren merkwürdigen Haushalt mitten im Wald zu kontrollieren, und so kamen sie immer wieder. Ob es das besondere Milieu war, das sie anzog, oder die zwei hübschen jungen Töchter des Försters, oder gar unsere exotische Mutter, konnte niemand sagen. Sie waren immer höflich, nur zuweilen wurde ein bisschen was geklaut. „Offizielle Beschlagnahme" nannten sie das. Eine Gruppe verlangte die Herausgabe aller unserer Fotoapparate. Damit verloren wir die kleine Box-Kamera, mit wir unsere ganze bisherige Kindheit aufgenommen hatten. Eine andere Gruppe konfiszierte alle Uhren. Einige verlegten sich darauf, abends in der Cocktailstunde zu erscheinen, in der Hoffnung, hinter dem Rücken der Militärpolizei verbotenerweise ein wenig zu fraternisieren. Im Wohnzimmer des Försters wurde getrunken und gesungen. Manchmal hielt uns ihr Akkordeonspiel lange wach. Musik und Gelächter dauerten fast die ganze Nacht über an. Mutti ging ein paarmal auf ein Weilchen herunter und freute sich darüber, dass sie mehr als einmal von einem angeheiterten Jüngling der Besatzungsarmee einen Heiratsantrag bekam.

Innerhalb kürzester Zeit hatte ich die Amerikaner ins Herz geschlossen. Selbst wenn sie sich nicht darum bemüht hätten, unsere Freundschaft mittels köstlicher Verpflegung und ihrer Hershey-Schokolade zu erkaufen – was ohnehin nicht sonderlich schwierig war – so war es fast unmöglich, sie nicht zu mögen. Sie waren so gutmütig, so liebenswürdig und so vertrauenerweckend, als ob sie keiner Fliege etwas antun könnten. Wir staunten immer wieder über die Verschiedenheit ihres Verhaltens, verglichen mit dem uns wohlbekannten *homo Germanicus*.

Wie sehr die Soldaten beider Seiten sich voneinander unterschieden, fiel uns besonders auf, als eines Tages eine ganze Kolonne Amerikaner am Haus vorbeimarschierte. In den Monaten im WE-Lager war ich, was Körperhaltung anbelangt, ein Experte geworden. Zunächst bemerkte ich, dass die Amerikaner größer waren als die Deutschen, im Gesicht recht blass, nicht braun und vom Wetter abgehärtet wie unsere Soldaten. Sie standen auch nicht stramm wie unsere Rekruten, die fast rückwärts lehnten, weil sie immer wieder mit „Brust raus, Bauch rein!" angeschrien wurden. Was uns am meisten auffiel bei diesen Männern, war ihre komische Körperhaltung beim Gehen. Sie rollten mit den Hüften und streckten den Hintern raus. Und wenn sie marschierten, fand ich ihre Lässigkeit amüsant, verglichen mit dem zackigen Ausschreiten unserer Soldaten. Ich konnte ja damals nicht wissen, dass sie, zackig oder nicht, mit ihrer lässigen Marschweise größere Entfernungen mit der gleichen Energie zurücklegen konnten.

Ich war gerade dabei, mich an den Anblick der Sieger zu gewöhnen, und begann zu glauben, dass das Leben nach dem Verlust des Krieges doch irgendwie weitergehen könnte, als sie ihre Macht über mich plötzlich auf die schrecklichste Weise, die ich mir vorstellen konnte, ausübten.

Eines Morgens kam ein Jeep der Militärpolizei angefahren und hielt vor dem Haus an. Wir kannten diese Jeeps und nahmen an, sie kämen, um unerlaubte Fraternisation aufzuspüren. Zwei Offiziere schritten die Stufen herauf, stießen die Tür grob auf und verlangten meine Mutter zu sehen.

Ohne ein Wort der Erklärung fuhren sie mit ihr fort. Alles, was ich bisher an Mut oder entsprechenden Nazitugenden erworben hatte, verließ mich nun vollkommen. Ich fühlte, wie sich mein Körper vor Furcht versteifte. Was wollten sie von ihr? Ich hatte von Spioninnen wie Mata Hari gehört, die festgenommen und erschossen wurden. Würden sie möglicherweise Mutti der Spionage anklagen und sie erschießen? Hatten sie von ihren Radiosendungen gehört, die wir nie erwähnen sollten? Oder von den Fälschungen der Entlassungspapiere? Hatte es etwas mit Papa zu tun? Was war aus ihm geworden?

Die Stunden, bis Mutti wieder zurückgebracht wurde, kamen mir wie Jahre vor.

Sie erzählte, die Amerikaner hätten nach Papa gefragt. Wann sie ihn zuletzt gesehen hätte, und – was das Wichtigste war – wo er jetzt wäre? Da sie es nicht wusste, konnte sie ihnen nicht helfen. Anscheinend glaubten sie ihr nicht, denn am folgenden Tag nahmen sie Mutti wieder mit, und am Tag darauf noch einmal. Bei dieser Gelegenheit behielten sie Mutti nicht nur über Nacht, sondern auch noch den halben Tag. Und als sie diesmal zurückgebracht wurde, nahmen sie Udo mit. Sie stellten ihm dieselben Fragen, die auch er nicht beantworten konnte, aber er fühlte, es sei seine Pflicht zu lügen, und so log er über alles, was sie ihn fragten. Dies fanden sie bald heraus, und von da an wurde ihr Benehmen ihm gegenüber streng und kalt. Er empfand den Vorfall traumatisch. Ich glaubte, nun würde ich bestimmt das nächste Opfer sein, und beschloss, wenn sie mich auch mitnähmen, würde ich ganz einfach, ohne Zögern, sofort in Tränen ausbrechen. Das würde mir nicht schwerfallen, es würde sogar von selbst kommen. So viel zu meinem Mut...

Außer diesen Sorgen um meine eigene Familie war der Zusammenbruch der alten Ordnung ein so allmählicher Vorgang gewesen, und die amerikanische Übernahme war so ereignislos und taktvoll vonstatten gegangen, dass ich die Bedeutung der letzten Tage nicht vollends begriffen hatte.

Dann, zwei oder drei Wochen nach ihrer Ankunft, sagte mir meine Mutter, der Führer sei tot. Sie hatte es im Radio gehört, und dem Bericht zufolge sei er in einem Nahkampf gestorben. Ich war entsetzt. Das konnte nicht wahr sein. Ohne den Führer war das Leben unmöglich. Mutti war jedoch vollkommen sachlich, wie immer. „Tant pis!“[34], sagte sie, „mit ihm ist es also zu Ende. Wir müssen ohne ihn fertig werden.“ Und genau das war es, was ich mir nicht vorstellen konnte.

Als wir später hörten, Hitler habe in seinem Bunker Selbstmord begangen, konnte selbst ich erkennen, wie ehrlos und feige sein Tod war. Es ging gegen alle Prinzipien der Treue und Ehre, die er immer von uns verlangt hatte. Es dauerte nicht lange, bis mir die Augen geöffnet wurden und ich die Wahrheit sah. Er war kein Übermensch, sondern ein gewöhnlicher Sterblicher gewesen, der uns verraten und im Stich gelassen hatte. Doch als meine Mutter mir die Nachricht überbrachte, war es nicht in erster Linie der Verlust Hitlers, so sehr ich ihn geliebt hatte, der mich erschütterte. Was mich verblüffte, waren die Konsequenzen eines Lebens ohne Hitler. Denn wenn er tot war, dann gab es keine Wunderwaffe, und es war gar nicht unser Schicksal gewesen, den Krieg zu gewinnen! Im innersten Herzen hatte ich die amerikanische Besatzung als nicht endgültig angesehen. Irgendwo im Unterbewusstsein hatte ich noch immer geglaubt, unsere deutsche Wehrmacht werde zurückkommen und die „Befreier“ davonjagen.

Wenn ich früher zuweilen versucht hatte mir vorzustellen, wie man mit einer Niederlage würde leben können, hatte mein Denken einfach versagt.

34 franz.: Sei's drum!

Die Vorstellung war einfach zu absurd oder nur ein Witz. Erst jetzt sah ich der Wirklichkeit ins Gesicht, das Unvorstellbare war geschehen: wir hatten den Krieg verloren. Ich wusste nur, dass die Richtlinien des Lebens, die soziale Ordnung und der Glaube, in dem ich aufgewachsen war und die Teil von mir waren, auf dem Müllhaufen gelandet waren. Wie würden wir in einer anderen Welt weiterleben können?

Mir kam der Gedanke, dass die aktiven und überzeugten Nazis wohl als erste von den zukünftigen Machthabern bestraft werden würden. Andere kamen zu dem gleichen Schluss und verbrannten oder vergruben alles, was an ihre Nazizeit erinnern konnte. Ich ging in mein Dachzimmer hinauf und entnahm meinem Schatzkästchen, das ich auf all meinen Reisen mitgeführt hatte, das – wie ich dachte – „silberne" Hakenkreuz, das ich in der Mahlsdorfer Kindergruppe so stolz getragen hatte. Ich ging in den Wald und verbuddelte es. Wie alle anderen lernte ich jetzt, meine Prinzipien zu verleugnen oder wenigstens zu verbergen.

Verbergen war jedoch nicht gleichbedeutend mit Aufgeben. Als ich über der Tatsache brütete, dass das Leben von nun an anders sein würde, entschloss ich mich, äußerlich die Gesetze der neuen Machthaber zu befolgen, allerdings ohne sie wissen zu lassen, was ich wirklich dachte. Solange ich dies heimlich tat und nicht auffiel, konnte ich weiter glauben, was ich wollte. Auf diese Weise würde ich meine Treue und Ehre behalten und brauchte kein Feigling oder gar Verräter zu werden. So würde auch Papa handeln, dessen war ich sicher. Niemand würde ihn jemals zwingen können, seine Ideale aufzugeben. Das wusste ich.

Solche Gedanken trösteten mich, und ich war nicht mehr völlig verzweifelt. So würde ich es überleben, besiegt zu sein.

In dieser Stunde entschloss ich mich, immer an meinem Glauben festzuhalten. Diese Verpflichtung prägte sich fest in mein Gewissen ein. Danach kehrte ich zufrieden zur Beobachtung meiner Entchen, Kaulquappen und Libellen zurück.

KAPITEL 11

Kommen und Gehen

An einem dieser Tage, während derer wir dauernd wie auf glühenden Kohlen saßen, ging ich ins Dachgeschoss, um etwas zu holen. Ich öffnete die Tür und sah meinen Vater. Er saß auf dem Bett, im Gespräch mit meiner Mutter. Ich hatte ihn zuletzt vor kaum einem Monat gesehen: gesund und lebhaft wie gewöhnlich, in seiner tadellosen Offiziersuniform. Jetzt sah er ganz anders aus – kaum wiederzuerkennen. Er war unrasiert, die Augen waren dunkel umrändert. Tiefe Verzweiflung sprach aus seinem Gesicht. Er trug Zivilkleidung. Ein Hosenbein war am Knie abgeschnitten und entblößte einen schmutzigen Verband. Ich stürmte ins Zimmer und wollte zu ihm laufen, aber etwas hielt mich zurück. Ich fühlte mich wie ein Eindringling. Papa sah mich an, aber ich glaube, er nahm mich gar nicht wahr. Sein Bewusstsein war woanders. Mutti sagte, sie hätten etwas Privates zu besprechen, und ich müsse wieder hinuntergehen. Im Flüsterton fügte sie hinzu, ich solle niemanden wissen lassen, dass Papa in Süppling sei.

Er blieb auch nicht lange. Mutti bat ihn, keine Minute länger als nötig auf dem Waldsitz zu verweilen. Sie sagte uns später, sie habe gefürchtet, dass die Amerikaner kommen könnten und Papa bei ihr fänden. Sie würden dann glauben, sie hätte ihn die ganze Zeit versteckt gehalten und gelogen, als sie beim Verhör geschworen hatte, keine Ahnung zu haben, wo er sich aufhielt. Dann hätten sie wahrscheinlich Mutti verhaftet und weggeschleppt, dieses Mal auf unbestimmte Zeit. Was wäre dann aus Udo und mir geworden? Meine Eltern beschlossen also, mein Vater müsse sich am nächsten Tag den Amerikanern ausliefern. Meine Mutter organisierte eine Mahlzeit und saubere Kleidung. Dann behandelte sie seine Beinwunde und legte einen frischen Verband an. All dies tat sie im Glauben, es sei niemandem aufgefallen, dass Papa in Süppling sei.

Am nächsten Morgen vor Tagesanbruch mussten wir uns von ihm verabschieden. Er vermochte kaum etwas zu sagen, und wir brachten ebenfalls kein Wort heraus. Dann tappten die beiden die Treppe hinunter zum Auto, und Mutti fuhr mit ihm zum amerikanischen Hauptquartier. Den Weg dorthin kannte sie ja schon sehr gut. Selbst in diesen bizarren Zeiten wird es nicht oft vorgekommen sein, dass ein Kriegsgefangener im eigenen Wagen von seiner Frau in die Gefangenschaft abgeliefert worden ist, oder dass eine Ehefrau bei ihrer ersten Fahrt am Steuer persönlich ihren Mann im eigenen Auto in Kriegsgefangenschaft auslieferte.

Zweifellos wäre es Papa möglich gewesen, der Gefangenschaft zu entgehen, wenn er es so gewollt hätte. Viele andere hatten es tatsächlich geschafft. Sein Bruder Jochen zum Beispiel, der Offizier in der SS gewesen war, zerstörte seinen Personalausweis und tauchte bei seiner Cousine in einem Dorf unter, wo niemand ihn kannte. Nach kurzer Zeit war aus ihm ein respektierter Bürger geworden. Doch Papa sah ein, dass Muttis Angst berechtigt war und es böse Folgen für uns drei haben könnte, sollte Mutti weiteren Verhören ausgesetzt sein. Er wollte uns nicht durch die eifrige Suche nach ihm in Gefahr bringen.

Diese Zeit ist in meiner Erinnerung ziemlich verschwommen. Am klarsten entsinne ich mich des niedergeschlagenen und reumütigen Ausdrucks in meines Vaters Gesicht, als ich den Dachboden betrat. Ich erinnere mich auch an den Plan, den wir verabredeten, sollten wir den Kontakt zueinander verlieren. Wir würden in diesem Falle durch Tante Kätchen in Verbindung kommen. Ihre Heimat im Harz war mit Sicherheit am wenigsten vom Krieg zerstört, und sie würde wahrscheinlich am ehesten dort wohnen bleiben. Diese Vereinbarung trafen wir am 8. Mai, am Tag des offiziellen Kriegsendes.

Seltsamerweise war ich weniger um Papa besorgt, der so krank und niedergeschlagen aussah und jetzt in Gefangenschaft war, als über die Tatsache, dass wir den Krieg verloren hatten. Das Kämpfen war zu Ende, und Papa war am Leben. Ich hatte ihn mit eigenen Augen gesehen. Gewiss, Gefangenschaft war scheußlich, aber er war nicht mehr in Lebensgefahr. Eines Tages würden wir wieder beisammen sein. Aber ich konnte mir nicht vorstellen, wie wir als Familie leben würden, in einem Deutschland ganz ohne Hitler und ohne Nationalsozialismus.

Während unseres Aufenthaltes in Süppling hatte meine Mutter uns oft zu verstehen gegeben, wie wichtig es war, den Förster nicht zu ärgern oder ihm unangenehm aufzufallen. Ich verstand nicht warum, fühlte aber instinktiv, dass er uns nur ungern dort wohnen ließ. Zurückblickend frage ich mich nicht nur, warum er uns in seinem Haus duldete, sondern warum er uns anfangs überhaupt aufgenommen hatte – und warum seine Familie dann auch noch die ganze Zeit so nett zu uns war. Er war zwar eingeschworener Sozialist und Gegner des Krieges an sich, aber jetzt, unter amerikanischer Besatzung, könnte er womöglich Unannehmlichkeiten dadurch haben, dass er die Familie des wichtigsten Nazis der Gegend beherbergte. Nach der Kapitulation, als sich eine neue Ordnung zu formen begann, wurde sein Wunsch, uns los zu sein, deutlich fühlbar. Aber wo sollten wir denn hin?

Es war beinahe ein halbes Jahr vergangen, seit meine Mutter mich im Breslauer Kinderkrankenhaus für eine dringend notwendige Operation an meinen Füßen angemeldet hatte. Seitdem war sie stets in Sorge, denn als meine Füße wuchsen, wurde mehr und mehr deutlich, wie verkrümmt und verwachsen sie waren.

Dies war der Moment, in dem sie sich entschloss, dass in dieser Stunde unseres Lebens, in der eine Bleibe so gut wie die andere war, sie auch ebensogut den orthopädischen Spezialisten aufsuchen konnte, den man ihr in Breslau für meine Klumpfüße empfohlen hatte. Sie fand den Namen in ihrem Notizbuch: Dr. Kleine in Recklinghausen, einer Stadt am Rande des Ruhrgebiets.

Auch aus einem anderen Grund erschien ihr die Stadt passend: Die Gegend lag in der britischen Zone. Vielleicht konnte sie dort eine Stelle finden, mit der sie uns unterstützen konnte? Allmählich bildete sich ein Plan für unseren nächsten Umzug.

Zur Zeit galt für Zivilisten ein generelles Reiseverbot. Insbesondere war der Übergang von einer militärischen Zone in eine andere völlig untersagt. Man brauchte einen besonderen Reisepass, der nur bei dringenden familiären Gründen gewährt wurde. Meine Mutter beschloss, meine Füße wären Grund genug, und sie beantragte beim amerikanischen Gouverneur einen Reisepass aus medizinischen Gründen. Meine Mutter und ich mussten uns persönlich im Hauptquartier präsentieren. Wir wurden in ein stattliches Sitzungszimmer geführt, wo mehrere Offiziere an einem Tisch saßen. Mutti ließ mich meine Schuhe und Socken ausziehen und vor ihnen auf und ab gehen. Während die Offiziere prüfend meine Schritte verfolgten, sprach sie erregt und eindringlich von Doktor Kleine und der Notwendigkeit einer sofortigen Operation. Wenn der Krieg nicht dazwischengekommen wäre, sagte sie, hätte diese schon längst stattgefunden. Die Offiziere fanden augenscheinlich unseren Doppelakt überzeugend, denn sie gaben uns sogleich einen Reisepass, der ein paar Tage später gültig sein würde.

Wir trafen Vorbereitungen für die Abreise. Mutti holte die treue Handnähmaschine hervor, die uns, seit wir vor zwei Jahren Berlin verlassen hatten, überallhin begleitet hatte. Aus einem Bettlaken und einem roten Stoffrest nähte sie eine große Rotkreuz-Fahne, die sie am Hinterfenster des Autos befestigte. Dann packten wir alles in den kleinen Wagen, was nur hineinging. Das war nicht viel, denn wir hatten einen zusätzlichen Passagier.

Mutti hatte eingewilligt, Hans mitzunehmen, einen der Süpplinger Deserteure, dessen Papiere sie gefälscht und dem sie versprochen hatte, ihn zurück in seine Heimat zu bringen, als Gegenleistung für zwei wertvolle Dienste: Erstens konnte er richtig Autofahren, und zweitens lag sein Elternhaus nicht nur im britischen Besatzungssektor, sondern auch im Ruhrgebiet, nicht weit von Recklinghausen. Hans versicherte uns, wenn das Haus noch stünde und seine Eltern noch lebten, würden sie uns gern aufnehmen, bis wir eine eigene Bleibe fänden.

Meine Mutter nahm zum letzten Mal ihre Fälschungsausrüstung hervor und fügte seinen Namen unserem Pass hinzu. Am 22. Mai waren wir wieder einmal bereit, abzureisen.

Am letzten Abend in Süppling ging ich noch einmal zu meiner Lieblingsstelle. Bäuchlings am Rande des Teiches liegend, guckte ich fasziniert ins Wasser. Die meisten Kaulquappen hatten jetzt nicht nur Beine, sondern auch kleine Ärmchen, und aus ihnen waren reizende kleine Fröschlein geworden. Und noch mehr Neues gab es zu bewundern: Wasserrosen hatten sich geöffnet, Iris und Sumpfdotterblumen standen in Massen am Rand des Teiches und machten ihn noch wunderbarer als zuvor. Ich stand auf und lief zur anderen Seite, um zu sehen, was dort passiert war. Plötzlich sah ich in der Ferne einen hellroten Fleck im Wald aus der Richtung von Weissewarte, der näherzukommen schien. Bald sah ich ein Gesicht über dem roten Fleck, dann einen ganzen Menschen. Es war eine kleine alte Dame, und der rote Fleck war ihre bunte Bluse.

An ihrer Seite war ein kleiner alter Mann in einem zerknitterten dunklen Anzug. Er zog einen hölzernen Handwagen hinter sich her, der ein paar Bündel enthielt. Nach Wochen in Süppling, in denen die einzigen Besucher, abgesehen von Deserteuren, uniformierte Männer gewesen waren, die in Jeeps den Waldweg entlang sausten, war der Anblick dieser zwei alten Leute so unvermutet, dass ich verwirrt ein paar Schritte in Richtung des Hauses zurückwich. Als die beiden näherkamen, sah ich, wie sie unsicher umherschauten, als ob sie etwas suchten. Dann plötzlich erkannte ich sie: Es waren Oma und Opa. Sie waren den ganzen Weg von Berlin zu Fuß gekommen. Einen ganzen Monat lang waren sie unterwegs gewesen. Erfreut lief ich ihnen entgegen, um sie zu umarmen. Aber meine Begrüßungsworte waren nicht sehr liebevoll: „Oma, du bist alt geworden!"

KAPITEL 12

Oma und Opa unterwegs

Das letzte Mal hatten wir Oma und Opa gesehen, als wir auf der Flucht von Schlesien nach Weissewarte einen kurzen Zwischenhalt in Berlin eingelegt hatten. Da ihr eigenes Heim ausgebombt war, lebten sie in unserer Wohnung. Seitdem waren fast täglich Briefe zwischen Oma und Mutti hin- und hergegangen. Mutti hatte sie immer wieder gedrängt, zu uns zu kommen, solange das Reisen noch möglich war. Oma schien nicht abgeneigt zu sein, aber wie sie später in ihrem Bericht[35] über die darauf folgenden Ereignisse schrieb:

„Der standhafte alte Opa ließ sich nicht überreden. Die Nazi-Propaganda war sehr machtvoll, und man redete uns ein, irgend ein ‚Etwas' würde Deutschland in letzter Minute retten und verhindern, dass die Russen jemals in Berlin einzogen. Grelle Anzeigen an allen wichtigen Punkten in der Stadt verkündeten diese Botschaft, aber ich kann nicht sagen, dass viele wirklich daran glaubten."

Opa schien einer der wenigen zu sein, die wohl doch daran glaubten, obwohl Udo sich ganz genau daran erinnert, wie bestürzt Opa war, als er hörte, dass Hitlers Truppen Russland angegriffen hatten. Schon zu diesem Zeitpunkt hatte er seine Zweifel geäußert, dass Deutschland den Krieg überhaupt gewinnen könne. Er war jetzt 67 Jahre alt, und ich vermute, in ihm war die Überzeugung, dass Hitler Deutschland retten würde, so tief verwurzelt, dass es ihm nicht möglich war, sie aufzugeben und der Wirklichkeit ins Auge zu sehen. Hätte er das getan, hätte er zugegeben, dass der Mann, dem er blindlings gefolgt war, Deutschland vollkommen vernichtet hatte, wäre das eine unerträgliche Demütigung gewesen – und dies noch, bevor die Vorgänge in den Konzentrationslagern öffentlich bekannt gemacht worden waren.

35 Der Originaltext befindet sich im Archiv des Londoner Imperial War Museum.

Meiner Meinung nach hielt Opa länger an seiner Nazi-Hoffnung fest, als sein gesunder Menschenverstand es hätte erlauben dürfen, um sein geistiges Gleichgewicht zu bewahren. Pflichtbewusst bestand er darauf, täglich in sein Büro auf der anderen Seite der Stadt zu gehen, auch nachdem der öffentliche Verkehr schon längst zusammengebrochen war.

Er war nicht der einzige, der den Kopf in den Sand steckte. Die Bewohner von Berlin hatten keine Ahnung von der Katastrophe, die ihnen bevorstand. Am 17. April 1945, drei Tage, bevor die Bombardierung begann, äußerte Hitler seinen Truppen gegenüber: „Derjenige, der in dieser Stunde seine Pflicht nicht leistet, ist ein Verräter." Der Zoo war noch geöffnet, und sogar die Berliner Philharmoniker spielten am 16. April ihr letztes Konzert, einschließlich Wagners *Götterdämmerung* – wahrhaftig ein passendes Programm.

In diesem Monat waren die Luftangriffe schrecklich und pausenlos. Oma beginnt ihre Geschichte damit: „Zwei Wochen lang hatte niemand entkleidet zu Bett gehen können. Wir saßen meist im Keller, oft Hand in Hand, überzeugt, dass unser Ende nahe wäre. Eines Morgens, um den 20. April herum, erschienen Soldaten und sagten, alle Fenster sollten geöffnet werden – die meisten hatten sowieso keine Glasscheiben mehr. Sie würden demnächst all ihre Munition in die Luft sprengen. Die Russen seien nur noch einen halben Kilometer entfernt, und wer weg wolle, müsse jetzt gehen.

Wir wussten nicht, was wir tun sollten. Einige aus der Fauststraße meinten, wir müssten in unserem Heim bleiben. Andere packten ein, was sie konnten und liefen davon. Schließlich willigte auch Opa ein, fortzugehen. Aber der Entschluss, alles zurückzulassen, fiel uns sehr schwer. Wir dachten, wir würden vielleicht bald zurückkommen. Jedenfalls gingen wir los."

Oma und Opa packten warme Kleidung und derbe Schuhe in unseren Handwagen, einige Wertsachen wie etwa ihr Essbesteck, ein paar Büchsen, übriggebliebene Lebensmittel und ein langes Brot. „Es war ein regnerischer Morgen, kein guter Tag, um draußen unterwegs zu sein", erinnerte sich Oma. „In der Nähe von Mahlsdorf wanderten Kühe frei umher, auch Pferde. Man hätte einfach eine Kuh mitnehmen können, wenn man eine wollte."

Ihre Absicht war, zu Opas Bruder Max zu gehen, der mit einer alten Tante im südwestlichen Vorort Dahlem wohnte, aber sie sahen bald ein, dass sie die Strecke nicht an einem Tag schaffen konnten. Es waren mindestens zwanzig Kilometer Luftlinie, und bald wurden ihre Schritte langsamer, weil Granaten über sie hinwegflogen. Oft mussten sie den Wagen stehenlassen und in einem Hauseingang Schutz suchen. Viele Jahre später las ich in den

Geschichtsbüchern, dass genau an diesem Tag, am 21. April um elf Uhr dreißig, die russische Artillerie begonnen hatte, die Hauptstadt zu beschießen.

Meine Großeltern sahen ein, dass sie an diesem Tag nur die Hälfte des Weges gehen konnten, und beschlossen, bei einem Bekannten Unterkunft für die Nacht zu erbitten. Die Familie nahm sie gerne auf, aber bei dem Kriegslärm konnte keiner zu Bett gehen. Alle gingen in den Luftschutzkeller, was, wie sich herausstellte, ein Segen war, denn in der Nacht wurde das Haus durch einen Volltreffer zerstört, der auch Teile des Kellers beschädigte. Am nächsten Morgen standen sie vor einem Trümmerhaufen. Es blieb ihnen also nichts anderes übrig, als ihre paar Sachen zu packen und wieder loszugehen. Vor der Tür stand ein Polizist, den sie fragten, ob es wohl möglich sei, zu ihrer Wohnung in Mahlsdorf zurückzugehen:

„Er glaubte, wir hätten den Verstand verloren: ‚Zwischen hier und Mahlsdorf', sagte er, ‚wird in den Straßen gekämpft. Wollen Sie sich den Bauch aufschlitzen lassen? Die Russen sind überall.' Also entschlossen wir uns, trotz der Gefahr, den Weg nach Dahlem mit dem Handwagen fortzusetzen."

Die Straßen waren menschenleer. Wie am Tag zuvor zischten Granaten über sie hinweg. Der Eingang eines Museums bot ihnen eine Weile Schutz, dann erreichten sie den Lustgarten. Ein paar Kanonen standen dort und einige Offiziere der Wehrmacht. Soldaten waren nicht zu sehen. Die Offiziere riefen sie herbei und teilten ihnen mit, was sie schon erwartet hatten: sie dürften nicht auf der Straße sein. „Wir erklärten, wir müssten unbedingt nach Dahlem. Die Offiziere ließen uns gehen. Was konnten sie sonst tun? Als wir den Tiergarten erreichten, sahen wir die wartenden Soldaten, überall versteckt. Sie waren erstaunt, als wir zwei alten Leute zu Fuß mit einem Handwagen erschienen, und sie schenkten uns Schokolade. Je weiter wir gingen, um so unheimlicher wurde es. Soldaten waren überall versteckt, entweder mit Maschinengewehren bewaffnet, oder mit der neuen deutschen Waffe, der Panzerfaust." Unbeabsichtigt waren Oma und Opa in die Vorbereitungen für den letzten Kampf um Berlin geraten.

Sie schleppten sich den ganzen Tag über weiter in südwestlicher Richtung. Am Spätnachmittag waren sie nur noch ein paar Straßen von Onkel Max entfernt. Sie kamen zu einem kleinen Gehölz, etwa 180 Meter lang. Hinter jedem Baum stand ein Soldat. „Sie schrien uns an: ‚Sucht Deckung in einem Haus! Die Russen sind beinahe hier!' Russen! Wir waren nach West-Berlin gekommen, in der Hoffnung, englische oder amerikanische Truppen würden die Eroberer sein, aber ganz Berlin war anscheinend von Russen umringt."

Es war klar: ein letzter, verzweifelter Kampf würde sich sehr bald hier abspielen. Oma und Opa folgten dem Rat der Soldaten. Sie standen vor einer Mauer, die ein Grundstück abschloss. Opa schob Oma hinüber und kletterte ihr nach. Den Handwagen ließ er auf der Straße stehen.

Die Bewohner des Hauses nahmen sie auf, und zusammen saßen sie im Keller. Als sie erklärten, wo sie hinwollten, sagte der Hausbesitzer: „Das ist ja nur um die Ecke. Laufen Sie doch einfach hin! Das ist vielleicht Ihre letzte Chance!" Im Moment war es ruhig draußen. Sie beherzigten den Rat, griffen den Handwagen und rannten los. Die Offiziere wollten sie nicht durchlassen, aber Oma und Opa sagten: „Nur um die Ecke!"

Das Nachbarhaus von Max war die Residenz des japanischen Botschafters. Das Grundstück hatte keinen Zaun. Sie eilten über den Rasen und betraten Max' Eingangshalle. Es gab keine Tür mehr, die Glaswände des Vorraums waren zerschmettert, und so konnten sie sofort ins Haus eintreten. Onkel Max war höchst erstaunt, sie zu sehen. Außer Max und der achtzigjährigen Tante Martha waren fünf weitere Personen dort: Tante Marthas Gefährtin Meta, die um die vierzig war, und ein Bankdirektor mit seiner Frau und zwei Töchtern, die dreiundzwanzig und sechsundzwanzig Jahre alt waren. Sie alle hatten sich auf eine Belagerung im Keller vorbereitet.

Dort unten waren mehrere Räume und Korridore mit einem winzigen Fensterchen auf Straßenhöhe. Sie hatten Matratzen und Wolldecken heruntergebracht, und holten jetzt zwei weitere für Oma und Opa. Es war kaum eine Stunde vergangen, als Max kam und sagte: „Sie sind hier!"

In den folgenden Zeilen beschreibt Oma ihre erste Begegnung mit der Roten Armee:

„Sie kamen die Treppe herunter. Sie waren zu viert. Mit ihnen kam ein quiekendes Geräusch. Ich wusste nicht, was es war, aber die anderen kannten es nur zu gut: Es stammte von einer ungewöhnlichen Taschenlampe, die dauernd mit der Hand gepresst werden musste.

Sie kamen auf uns zu. Eines der Mädchen, das ältere, hatte sich bereits im Kohlenkeller versteckt, wo sie sich, auf den Kohlen liegend, mit ihrem schwarzen Pelzmantel bedeckt hatte. Die Russen ergriffen das andere Mädchen und führten es den Korridor entlang zu einem kleinen Schlafzimmer. Alle vier waren angetrunken und hielten Revolver in der Hand. Was konnten wir tun? Ich glaube, die nächste halbe Stunde war die schmerzhafteste Zeit, die wir alle je erlebt hatten. Der Vater des armen Mädchens schritt händeringend umher, fast wahnsinnig vor Verzweiflung. Endlich kam die Tochter zu uns zurück. Sie sah entsetzlich aus. Ihre ersten Worte waren die Frage, was uns geschehen war in ihrer Abwesenheit. Sie war sehr tapfer und tat ihr Bestes, ihre unglücklichen Eltern zu trösten, obgleich sie selbst ein Wrack war.

Dann kamen die Russen wieder. Die allerschlimmsten Typen waren die in den langen, grünblauen Mänteln mit Bärenfellmützen. Einer, ein sehr asiatisch aussehender Mongole, war nicht ganz so furchterregend wie die anderen. Ein anderer stieß Tante Martha auf den Boden, dann gingen sie durch das Haus und klauten alles, was sie fanden, Onkel Max' goldene Uhr zum Beispiel. Dann zielten sie mit ihren Revolvern auf die Regale und schossen alles, Gläser, Eingemachtes usw., kaputt. Sie forderten etwas zu trinken, und um sie zu beruhigen, überreichte Max ihnen seinen guten Wein und seine Liköre. Endlich gingen sie fort mit ihren fortwährend quiekenden Lampen.

Innerhalb einer Stunde kamen weitere die Stufen herunter. Die beiden Mädchen und Meta hatten in der Toilette eine kleine Falltür entdeckt, hatten sich hindurchgequetscht und waren auf den Dachboden geklettert. Ein richtiges Zimmer war es nicht, denn das Haus war ein Bungalow mit einem Flachdach. Es war lediglich ein niedriger Raum unter dem Dach, so niedrig, dass sie nicht aufrecht sitzen konnten. Aber dort blieben sie.

Jede Nacht und jeden Tag kamen die Soldaten. Sie nahmen unser Essen, öffneten unsere Handtaschen, warfen den Inhalt aller Schränke und Schubladen auf den Boden.

Wir hatten kaum Zeit, die Sachen aufzuräumen, ehe die nächste Gruppe kam. Immer hielten sie uns ihre Revolver an die Kehle oder vor die Brust, während sie mit der anderen Hand unseren Körper abtasteten."

Wenn sich Oma in späteren Jahren an diese schreckliche Zeit erinnerte, konnte sie der Versuchung nie widerstehen, die persönliche Untersuchungstechnik der Roten Armee als Komödie vorzuspielen, wie Revolver unsanft an verschiedene Stellen ihrer Anatomie gepresst wurden. Sie erzählte weiter:

„Ein russischer Soldat stand immer im Hauseingang Wache. Uns war nicht erlaubt, das Kellergeschoss zu verlassen. Wir zitterten vor Angst, sie würden die kleine Falltür bemerken, denn sie hätten die Mädchen erschossen, und uns auch. Aber sie sahen sie nie.

Wir bemerkten, dass jeden Mittag um zwölf die Wache wechselte und das Haus dann oft eine halbe Stunde unbewacht blieb. Dies war der einzige Zeitpunkt, an dem wir den Mädchen etwas zu essen hinaufschieben konnten. Die kleine Toilettentür war nur ungefähr zwei Meter vom Hauseingang entfernt, und die Angst während dieser fünf Minuten – es dauerte kaum länger – war unbeschreiblich. Es war so: Wir hatten alles schon bereit, den Kaffee (ich nenne ihn Kaffee, aber es war natürlich der widerliche, sehr bittere Ersatz aus Eicheln, den wir den ganzen Krieg über getrunken hatten) und Sandwiches, so gut wie wir sie machen konnten. Sobald die Wache weggegangen war, holten die Männer ihre Leiter hervor, der Vater stieg hinauf und Max reichte ihm die Mahlzeit, die er ins Dach hinein schob. Opa hielt Wache. Wir Frauen saßen atemlos, die Ankunft der neuen Wache fürchtend, ehe die Männer fertig waren. Die Spannung war groß, denn die Wachsoldaten hatten immer ein Maschinengewehr umgehängt und eine Pistole in der Hand. Eine ganze Woche lang ging das so. Tag und Nacht trampelten die Soldaten die Kellertreppe hinab. Wenn wir auf unseren Matratzen lagen, mussten wir aufspringen, und dann ging das Durchsuchen wieder los, mit Revolver an Brust und Hals.

Während der Woche, die wir im Keller verbrachten, kamen der alten Tante Martha Selbstmordgedanken. Das erste Zeichen war das dicke Seil, mit dem sie sich wegzuschleichen versuchte. Ein andermal fand ich sie mit triefend nassem Kopf und Schultern vor. Sie hatte versucht, sich in der Badewanne zu ertränken, es aber nicht fertig gebracht.

Nach einer Woche sah Opa zum ersten Mal Menschen auf der Straße. Bisher war sie vollkommen leer gewesen, denn es war ja niemandem erlaubt, sein Haus zu verlassen. Die Geschäfte waren geschlossen, und kein Brot ist gebacken worden. Auch die Wache war weg. Gott sei Dank, dachten wir. Jetzt nur noch schnell weglaufen! In wenigen Minuten hatten wir unsere paar Habseligkeiten in den kleinen Handwagen geladen. Opa ging in den Garten und grub seine goldene Uhr aus, die er in einer leeren Kondensmilchdose vergraben hatte. Das war ein Glück, denn wir hatten nichts mehr zu essen. Dann gingen wir los.

Doch vorher kamen die beiden Mädchen und Meta vom Dachraum herunter, ohne zu wissen, dass wir frei waren. Sie hatten es nicht mehr aushalten können. Sie waren schwarz wie Schornsteinfeger und vollkommen steif, denn sie hatten weder stehen noch sitzen können. Sie sahen elend aus und konnten kaum gehen. Sie zeigten uns eine scharfe Rasierklinge, die sich bei sich gehabt hatten und mit der sie sich umgebracht hätten, anstatt sich den Russen zu unterwerfen.

Großer Gott! Als wir das Haus verließen, fürchtete ich, jeden Moment würde mich eine große schmutzige Hand am Kragen festhalten. Wir eilten davon und fanden einen kleinen Pfad durch das Wäldchen, dem wir folgten.

Wir waren nur ungefähr 150 Kilometer von euch entfernt, und wir glaubten, diese Strecke in einer Woche zurücklegen zu können, schlimmstenfalls in zehn Tagen. Aber wir wussten ja nicht, welchen Hindernissen wir noch begegnen würden.

Vereinzelt wurde hier und da noch gekämpft. Wir hörten Schüsse und mussten warten, bis alles ruhig war. An diesen abgelegenen Orten wussten die Soldaten noch nicht, dass der Krieg zu Ende war."

Das war Omas Einschätzung der militärischen Situation, aber der folgende Teil ihres Berichts sowie spätere Berichte über die letzten Tage des Krieges zeigen klar, dass es nicht die Soldaten waren, die sich geirrt hatten, sondern sie selbst. Der Krieg war offensichtlich noch voll im Gange. Der 8. Mai, der Tag des offiziellen Kriegsendes, war noch zehn Tage entfernt, daher waren Oma und Opa, ohne es zu wissen, durch die letzten Kriegsschauplätze gewandert. In dieser verwirrten Zeit konnten sie nicht – konnte niemand – genau ermessen, was sich um sie herum abspielte. Es scheint, dass ihr am 29. April begonnener Weg ungefähr Schritt hielt mit dem Vorrücken der russischen Armee zur Elbe.

Oma betont in ihrem Bericht die häuslichen Aspekte ihrer Expedition, das Suchen nach Essbarem und Schlafgelegenheiten, um am Leben zu bleiben. Nur ihre Nebenbemerkungen zeigen, wie dicht sie und Opa den Kriegsaktionen waren. Zum Beispiel ihre Freude, als sie „Teepakete an einer Stelle fanden, an denen soeben noch Kämpfe stattgefunden hatten und tote Soldaten herumlagen", oder ihr Kommentar, „oft nützliche Dinge" auf eben erst verlassenen Schlachtstätten gefunden zu haben. Grausame Anblicke, zum Beispiel einen ausgebrannten Panzer, aus dem noch verkohlte Leichen heraushingen, erwähnt sie nur, wenn sie im Zusammenhang mit ihren eigenen Bemühungen zu überleben standen. Ebenso beiläufig spricht sie über die zerstörten, geplünderten Dörfer, in denen die Spuren des Raubes noch frisch waren, und von den verzweifelt weinenden Frauen, die sämtlich vergewaltigt worden waren. Was Oma und Opa erlebten, war nicht ein Krieg, der vorüber war, sondern die Schockwellen der letzten brutalen Kriegstaten:

„Läden oder Bäckereien waren keine geöffnet. Es ist ein Wunder, wie wir uns am Leben hielten. Einmal fanden wir Kartoffeln am Straßenrand, wahrscheinlich von einem Wagen gefallen. Wir hoben sechzehn davon auf und baten eine Frau, die aus dem Fenster sah, sie für uns zu kochen. Solche Hilfe erlebten wir öfters.

Wir gingen durch ein Dorf, in welchem alle Geschäfte zertrümmert und geplündert waren. Fleischdosen lagen auf der Straße – welch ein Glück! Wir nahmen sieben davon mit. Aber wir konnten nicht nur Dosenfleisch essen. Ein paar Schritte weiter sahen wir eine Frau, die in einem ausgetrockneten Graben herumstocherte. Sie hatte ein paar Pakete Trockenbrot gefunden. Wir zeigten ihr, was wir hatten, und sie war sehr glücklich, ein paar ihrer Pakete gegen zwei Dosen Fleisch umzutauschen. In einem ruhigen Seitenweg öffneten wir eine Dose mit Hilfe eines Taschenmessers und ein paar Steinen und genossen eine wirklich sättigende Mahlzeit.

Einmal sah ich einen großen Russen auf der Straße, der ein langes, deutsches Brot unter dem Arm hielt. Ich ging auf ihn zu und gab ihm zu verstehen, dass wir nichts zu essen hatten. Er nahm ein großes Messer aus der Tasche, schnitt das Brot mittendurch und gab mir die Hälfte. Mehrmals haben wir Hilfe von Russen erhalten. Sie waren nicht alle schlecht.

In diesen Tagen wussten wir nie im voraus, wo wir die Nacht verbringen würden. Einmal saßen wir auf Stühlen in einem Gartenhäuschen. Zweimal erlaubte man uns, im Luftschutzkeller zu schlafen.

Ein andermal erlebten wir wirkliche Nächstenliebe: Wir hatten einige Pakete Tee gefunden in einem Ort, wo der Krieg vor kurzem noch im Gange gewesen sein musste. Tote Soldaten lagen herum. Kein seltener Anblick mehr für uns. Es war am Spätnachmittag, das Wetter war kalt, und es hatte geregnet. Wir froren und waren hungrig. Eine alte Frau stand vor der Tür ihres Hauses, und wir fragten, ob sie uns erlauben würde, eine Tasse Tee aufzubrühen. Sie lud uns ein, ins Haus zu kommen, und ach! sie hätte nicht freundlicher sein können. Sie wohnte dort mit ihren zwei Schwestern. Alle waren um die achtzig Jahre alt. Sie brühten unseren Tee auf, öffneten Büchsen mit Spargel und Früchten und bereiteten eine wunderbare Mahlzeit für uns. Schließlich luden sie uns ein, die Nacht dort zu verbringen. Sie hatten ein Gästeschlafzimmer, und zum ersten Mal, seit wir unser Heim verlassen hatten, schliefen wir in einem richtigen, bequemen Bett. Ich glaube, wir zwei alten Leute taten ihnen leid. Wir sahen ja jetzt schon ziemlich erschöpft und heruntergekommen aus. Am nächsten Morgen setzten sie uns ein schönes Frühstück vor. Sie taten dies alles mit offensichtlicher Freude. Für uns war ihre Güte ein Geschenk des Himmels. Sie sagten, dies wäre der erste Tag, an dem sie nicht von den Russen belästigt worden wären. Diese drei herzensguten Frauen haben wir niemals vergessen."

Danach wurde das Wetter schlecht, und Oma und Opa schliefen auf einem Feld, lediglich mit ihren Mänteln zugedeckt. Sie hatten in einer Scheune Kartoffeln gefunden und nahebei einen alten Emailletopf, der allerdings ein Loch hatte. Das verstopften sie, so gut sie konnten, zündeten ein Feuer an und versuchten, sich eine Kartoffelmahlzeit zu kochen. Andauernd sickerte etwas Wasser durch das zugestopfte Loch, so dass die Zubereitung ewig dauerte. Es war eine äußerst kalte Nacht, und am nächsten Morgen waren sie steif und hungrig und sehnten sich nach einer Tasse Tee.

Dieser Tag sollte verheerend für sie sein. Sie waren durch ein völlig zerstörtes Dorf gegangen und hatten außer Tee nichts Essbares mehr. Sie betraten ein Haus, dessen Tür offenstand, und sahen am Ende des Korridors einen Mann in der Küche sitzen. Ob sie sich eine Tasse kochen dürften?, fragten sie. Ja, antwortete der Mann. Sie zogen ihren Wagen durch den Korridor. Der traurig aussehende Mann erzählte ihnen, was für eine schreckliche Nacht es gewesen wäre. Die Russen hätten sein Haus geplündert, und seine Frau wäre vor Angst davongelaufen. Doch noch ehe sie dazu kamen, ihren Tee aufzubrühen, drängelte sich eine Gruppe polnischer Frauen ins Haus; sie waren Zwangsarbeiterinnen bei einem Bauern gewesen und jetzt unterwegs zurück nach Polen. Sie stürzten sich auf den kleinen Handwagen und nahmen alles weg. Oma hat ihre Entrüstung über dieses Ereignis nie überwinden können:

„Alles, außer dem Besteck, das auf dem Boden des Wagens in einem Sack eingewickelt lag, war weg. Ich sah, wie eine der Frauen meinen schönen roten Regenschirm nahm, und ich versuchte, ihn ihr zu entreißen. Ich zerrte und sie zerrte. In dem Moment kam ein junger russischer Soldat herein. Als er sah, was sich zutrug, nahm er sein großes Messer heraus, öffnete es und hielt es mir vor die Brust, ganz nahe. Natürlich musste ich loslassen, und sie machten sich davon, ungefähr sechs Frauen, mit allem, was wir noch in der Welt besaßen: meine Pelzjacke, Opas Anzug, Schuhe, Kleider, alles. Der Wagen, den wir zehn Tage lang gezogen hatten, stand jetzt leer vor uns."

Die Geschichte, die Oma uns in den Mahlsdorfer Tagen am liebsten erzählt hatte, war der Dickens-Roman *David Copperfield* gewesen. Und der Teil, den sie immer mit besonderem Mitgefühl ausgedehnt hatte, sodass er für mich zum Höhepunkt der Geschichte wurde, war das Erlebnis des Helden am Anfang seiner Reise von London nach Dover, als er seines Gepäcks und seines Geldes beraubt wurde.

Viele Jahre später, als ich das Buch zum ersten Mal selbst las, war ich überrascht zu entdecken, dass dieser Vorfall im Roman nur nebensächliche Bedeutung hat. Wurde er von Oma vielleicht deshalb so sehr hervorgehoben, weil sie ahnte, dass ihr eines Tages etwas Ähnliches geschehen würde? Ob es so war oder nicht, ich bin überzeugt, ihre Erinnerung daran half ihnen, die harten Wochen zu überstehen.

Die Erlebnisse des Romanhelden auf seiner Fußreise nach Dover – das Übernachten auf Heuschobern, das Suchen nach Essbarem, die Begegnung mit ungewöhnlichen Gefährten – klingen Omas Bericht unheimlich ähnlich. So zum Beispiel eine Passage aus Copperfields Bericht: „Morgens war ich steif und hatte schwere Füße. Wie benommen war ich durch das Schlagen der Trommeln und das Marschieren der Truppen, die, so kam es mir vor, mich auf jeder Seite einschlossen…“

Und Oma: „Es war eine fürchterliche Hitzewelle – so viele Truppen strömten vorüber. Manchmal mussten wir stundenlang am Rande der Straße sitzen, um sie vorbeigehen zu lassen. Sie fuhren auf russischen, von Pferden gezogenen Fahrzeugen, Hunderte und Aberhunderte, manche voller schlafender Soldaten. Der aufgewirbelte Staub war scheußlich.“

Oma und Opa scheinen das Vagabundenleben so selbstverständlich und ohne Aufhebens auf sich genommen zu haben, als hätten sie es schon von früher gekannt. Ein weiterer Grund zu glauben, *David Copperfield* habe ihnen geholfen, ihre schwere Zeit zu überstehen, ist die Tatsache, dass Oma und Opa, als sie endlich wieder Zugang zu englischer Literatur hatten, dieses Buch als erstes wählten.

Oma erzählt weiter:

„Die folgende Nacht verbrachten wir in einem Bauernhaus. Die Bewohner gaben uns Brot mit Hüttenkäse und ließen uns ein Zimmer im Obergeschoss benutzen, in dem ein winziges Bett und ein Sofa standen. Die Frau warnte uns, dass die Russen jede Nacht kämen. Sie hatte eine 15- oder 16-jährige Enkelin bei sich wohnen, die sehr klein war für ihr Alter, sie sah mehr wie eine Zehnjährige aus. Die Großmutter hatte sie glücklicherweise ganz kindlich angezogen, mit einem Rock, der in Kniehöhe endete, und einer Schleife im Haar. Für mich sah sie etwas unnatürlich aus, aber jedenfalls hatte die Aufmachung sie bisher vor den russischen Soldaten geschützt. Wir waren so müde, dass wir um sieben zu Bett gingen – ich auf dem Sofa und Opa auf dem Bett. Wir hatten kaum eine Stunde dort gelegen, als wir schwere Schritte die Treppe heraufkommen hörten. Die Tür flog mit einem lauten Krach auf, und herein polterte ein riesiger Soldat. Er sprach perfektes Deutsch und fragte grinsend: ‚Warum sind Sie so früh zu Bett gegangen? Haben Sie Angst?‘ Ich sagte: ‚Nein, wir sind den ganzen Tag über auf den Beinen gewesen, und wir sind müde.‘ Er grinste und verschwand. Wir hatten im Laufe der Nacht keine weiteren Eindringlinge mehr.

Von da an fanden wir viele brauchbare Sachen. Viele Häuser waren von den Bewohnern verlassen und dann von den Russen geplündert worden. Unterwegs ließen sie viele Sachen liegen, weil sie sie nicht mitnehmen konnten.

In den Wäldern waren Betten und Matratzen, auch Kopfkissen, viele davon aufgeschnitten, sodass die Federn überall verstreut waren und manchmal auf den Bäumen hingen. Wir gingen an Kinderwagen vorbei, sahen Motorräder, Fahrräder, Autos, Karren, Schreibmaschinen, Seife, eingemachtes Obst, einen Haufen Taschenmesser, neue Schuhe aus einem Schuhgeschäft. Leider waren es immer nur einzelne, kein einziges Paar. Aber wir hoben Hemden auf, Blusen und Strickjacken. Wir fanden sogar eine große, hundert Meter lange Rolle weißer Seide. Unser Handwagen war bald wieder voll.

Besonders die Seide stellte sich als große Hilfe für uns heraus. Wir tauschten mehrmals im Laufe der nächsten Tage ein paar Meter Seide gegen Nahrungsmittel ein.

In dieser Zeit stieß ein Reisegefährte zu uns, ein junger Deutscher, der an der deutsch-holländischen Grenze zu Hause war. Er sprach Deutsch mit einem holländischen Akzent. Er hatte in der deutschen Wehrmacht gedient, und als diese zerfiel, hatte er sich bei einem Bauern Zivilkleidung besorgt und war jetzt zu Fuß unterwegs nach Hause. In gefährlichen Momenten erklärte er, Holländer zu sein, und bisher hatte niemand bemerkt, dass er eigentlich Deutscher war. Wir blieben ein paar Tage beisammen, und er erwies sich als sehr hilfsbereit. Wir hatten ziemlich holprige Straßen zu bewältigen, und ich weiß nicht, wie wir in manchen Momenten ohne ihn fertig geworden wären, besonders, als auf einem Feldweg die Räder unseres Handwagens tief in den Schlamm einsanken. Wir waren ihm sehr dankbar, und traurig, als unsere Wege sich trennen mussten. Die ganze Zeit waren Menschen unterwegs, zu Fuß, so wie wir.

Dann kam ein Wetterwechsel. Auf kaltes, nasses Wetter folgte eine Hitzewelle. Ich konnte die Hitze mit meiner eigenen Kleidung nicht mehr ertragen und musste eine der gefundenen Blusen anziehen." (Das muss die knallrote, mit gelben und orangefarbenen Rosen gewesen sein, die Oma trug, als ich sie durch den Wald mir entgegenkommen sah. Sie war so grell und Omas gewöhnlich tadellosem Kleidungsgeschmack derart fremd, dass, nach meiner nicht sehr freundlichen Begrüßung, ich mich nicht hatte enthalten können zu sagen: „Oma, deine Bluse lacht.")

„Wir erlebten mehrere Hindernisse, die uns beinahe aus der Fassung brachten. Zum Beispiel führte einmal nach vielen mühsam zurückgelegten Kilometern der Weg einfach nicht weiter, und wir mussten umkehren. Andere Male war eine Brücke zerstört oder eine Straße so ruiniert, dass wir einen anderen Weg finden mussten.

Einmal wanderten wir eine breite, leere Straße entlang. Wir sahen eine große Anzeige mit russischer Schrift. Ohne eine Ahnung zu haben, was sie bedeutete, gingen wir weiter, aber mit unsicherem Gefühl. Plötzlich wurden wir angeschrien. Niemand war zu sehen, aber auf einmal flog ein Geschoss an meinem Ohr vorbei und streifte meinen Kragen. Nun war es klar, dass wir uns auf verbotenem Gebiet befanden. Wir kehrten schnellstens um, mussten aber einen Umweg von vielen Kilometern machen.

In einem kleinen Ort, durch den uns der Weg führte, gab es unbegreiflich viele Lebensmittel. Der frühere Besitzer des Kolonialwarengeschäftes, ein aktiver Nazi, war geflohen. Nachbarn waren in den Laden eingebrochen und hatten ganze Säcke voller Zucker, Mehl und Getreide mitgenommen. Vieles davon lag noch herum. An diesem Abend konnten wir uns endlich einmal satt essen.

Wir waren am Nachmittag durch ein Dorf gekommen, wo Russen sich auf einem Bauernhof niedergelassen hatten. Ich kannte jetzt das russische Wort für Brot[36]. Hier schien Gelegenheit zu sein, etwas Essbares zu erlangen. Ich ging also auf den Hof und bat den Offizier um etwas Brot. Er schickte einen Soldaten ins Haus, der dann sehr bald mit einer Silberschale voller Zwieback erschien. Ich schüttete diesen in Opas nicht allzu sauberes Taschentuch. Als wir später den Ort erreichten, aus dem der Nazi-Kolonialhändler geflohen war, bereitete eine freundliche Frau uns eine Mahlzeit aus diesem Gebäck. Sie kochte es uns mit Milch und Zucker, und wir genossen ein leckeres Abendbrot. Es reichte sogar fürs Frühstück am nächsten Morgen. Das Gekochte war aufgequollen und war, mit weiterer Milch, schmackhaft und sättigend. Die Nacht über hatten wir im Luftschutzkeller schlafen dürfen, und als wir am nächsten Morgen losgingen, fühlten wir uns ziemlich wohl. Wie Du siehst, war ich immer diejenige, die die Initiative ergriffen hat, wenn es darum ging, etwas zu essen zu finden oder mit Russen zu verhandeln, nie der arme Opa.

Viele Menschen verschiedener Nationalitäten gingen auch in die entgegengesetzte Richtung. Meistens waren es polnische Zwangsarbeiter auf dem Weg nach Hause. Zahlreiche Kleinkinder waren mit dabei. Sie stahlen alles, was sie haben wollten: Kochgeräte, Pferde und Wagen, an manchen war sogar eine Kuh festgebunden. Die Flüchtlinge sahen aus wie wilde Tiere, äußerst erschreckend. Leute wie sie waren es gewesen, die all unsere Sachen gestohlen hatten.

36 *chleb*

Endlich, nach zwei Wochen langen, mühsamen Gehens, erreichten wir einen Ort an der Elbe, wo es früher eine Fähre gegeben hatte. Auf der anderen Seite waren die Amerikaner. Dieser kleine Ort war kaum mehr als ein Dörfchen mit kleinen, primitiven Häuschen. An fast jeder Haustür waren weinende Frauen oder Mädchen. Sie hatten eine schreckliche Nacht mit russischen Soldaten erlebt. Es war herzzerreißend, sie zu sehen.

Wir hatten kaum den kleinen Landungssteg betreten, als man uns anschrie und fortwies. Wir wanderten herum in der Hoffnung, ein Zimmer für die Nacht zu finden – wir hatten sogar Geld – aber, oh weh, es war hoffnungslos. Durch einen Zaun sahen wir eine Reihe Häuschen, und wir betraten einen Garten, in dem eine Wasserpumpe stand. Links befand sich eine große Scheune, aus der zwei junge Männer kamen. Als sie uns sahen, fragten sie, ob wir wohl einen Platz zum Schlafen suchten. Wir bejahten, woraufhin sie uns vorschlugen, an ihrer Stelle dort zu schlafen, wo sie selbst ein paar Nächte verbracht hatten. Es wäre nicht schlecht, sagten sie, und wir akzeptierten das Angebot gern. Der Boden bestand aus Backsteinen, aber sie hatten ihn mit Stroh bedeckt und dickes schwarzes Papier darauf gelegt. Sogar etwas Essbares hatten sie versteckt hinterlassen, Büchsenfleisch und Suppenpäckchen, auch Tee. Wir hatten also Glück gehabt. Wir versteckten den Wagen und machten dann die Bekanntschaft mit einer Frau, die in einem der Häuschen wohnte. Sie war ein bisschen schmutzig, ihre Küche ebenfalls, aber sie half uns. Wir versorgten sie mit Büchsenfleisch, und sie bereitete uns daraus leckere Mahlzeiten, die wir, auf ihren Stufen sitzend, aßen. Sie ließ uns sogar ihr Kochgas benutzen, um Tee aufzubrühen. So lebten wir eine Woche lang. Jeden Tag gingen wir zum Landesteg und versuchten, über den Fluss zu kommen. Irgendwann sagte uns ein russischer Posten, wir bräuchten einen Pass. Den würden wir nur vom russischen Kommandanten bekommen, in einem Ort, der zwölf Kilometer entfernt lag in der Richtung, aus der wir gekommen waren.

Also wanderten wir am nächsten Tag in der schrecklichen Hitze diese zwölf Kilometer. Wir fanden das Amt, aber der Mann wollte uns keinen Pass geben. Die Verantwortlichen wollten nicht, dass Leute ihre Zone verließen. Ich weinte und führte eine so rührende Szene vor, dass er uns schließlich einen Pass gab.

An diesem Abend konnten wir nicht mehr zurückgehen. Wir fanden jemanden, der uns Essen und Unterkunft bot. Am nächsten Tag wanderten wir zurück, gingen zum Landungssteg und zeigten dem Russen unseren Pass. Der sagte, er wäre nicht in Ordnung. Die Unterschrift wäre nicht richtig. Lieber Gott! Wir gingen in unsere Scheune zurück. Neulich hatten wir eine große

Menge Seife gefunden, aber unsere Unterwäsche hatten wir seit langem nicht wechseln können. Wir zogen uns also in der Mittagshitze aus, wuschen sie unter der Pumpe und hingen sie über den Zaun zum Trocknen. Das klappte gut. Auch Opas Oberhemden wuschen wir. Bügeln konnten wir sie ja nicht, aber das machte nichts.

Die Nächte in der Scheune waren furchtbar, denn wir waren in ständiger Angst, dass die Russen uns finden würden. Jede Nacht ritten sie auf ihren Pferden herum. Von technischen Dingen hatten sie keine Ahnung, sie konnten zum Beispiel nicht radfahren. Manche hatten noch nie ein Motorrad gesehen. Sie stahlen manchmal eines auf der Straße, verstanden aber nicht, wie man ein solches Ding startet.

Dagegen wussten sie hervorragend mit Pferden umzugehen. In der Stille der Nacht hörten wir also oft das Tripp-trapp von Pferdehufen. Vor unserem Eingang hörte dann oft das Getrappel auf. Ja, dann zitterten wir vor Angst. Oft kamen sie an unsere Scheunentür und leuchteten mit ihren Taschenlampen herein, aber sie sahen uns nie unter dem schwarzen Papier. Das geschah in manchen Nächten mehrmals. Die Gefahr war umso größer, weil oben im Heu zuweilen auch zwei Mädchen schliefen.

Ach, wir konnten einfach kein Ende dieser Situation absehen. Nach einer Woche erzählte uns ein Junge, zwei Amerikaner hätten schon zwei Nächte lang im Heuboden über dem Barbiergeschäft geschlafen, und wir machten uns sofort auf die Suche nach ihnen. Es waren dunkelhäutige Südamerikaner. Einer hatte einer Tanzkapelle angehört, dort zufällig den anderen getroffen, und seitdem waren sie zusammen geblieben. Beide wollten zurück nach Südamerika. Sie hatten erfahren, dass am nächsten Tag mittags ein Transport französischer Truppen über die Elbe stattfinden sollte. Sie planten, sich diesem anzuschließen und schlugen uns vor, dasselbe zu tun.

Am nächsten Tag frühstückten wir in aller Frühe und begaben uns zum Landesteg. Da wir den Handwagen so weit mitgeschleppt hatten, wollten wir ihn natürlich gern mitnehmen, aber falls es nicht möglich sein sollte, würden wir ihn zurücklassen. Die alte Frau, die so gut zu uns gewesen war, sollte mit zum Landesteg kommen, und falls wir ihn nicht mit hinüber nehmen konnten, sollte sie ihn bekommen.

Ein großer Dampfer lag vor Anker. An dieser Stelle war die Elbe so breit, dass man kaum das andere Ufer sehen konnte. Man hatte uns erzählt, dass jede Nacht Männer hinüberschwammen. Es müssen sehr gute Schwimmer gewesen sein.

Es war kein Mensch da – weder auf dem Kai, noch auf dem Dampfer, nur die beiden Südamerikaner, die hinter einem Schornstein kauerten.

Wir gingen also an Bord, mit Handwagen und allem, setzten uns an eine Stelle, wo wir nicht leicht gesehen werden konnten, und warteten. Fast vier Stunden saßen wir da. Dann kamen zwei Gruppen französischer Soldaten an Bord, so viele, dass ich glaubte, es würden gar nicht alle auf das Schiff passen. Manche hatten Säcke auf den Schultern, Kisten, auf den Rücken geschnallte Musikinstrumente, einige hatten sogar Fahrräder dabei. Eingezwängt zwischen hunderten von französischen Soldaten waren wir bald vollkommen unsichtbar. Das Schiff fuhr ab, und die letzte Etappe unserer Reise hatte begonnen.

Als wir später vom Dampfer stiegen, wurden wir von amerikanischen Soldaten herzlich begrüßt. Die Franzosen stiegen um auf Militärlastwagen, ebenso wir vier Zivilisten mit dem Handwagen. Danach jedoch hatten wir weniger Glück. Es war fast dunkel, als die Amerikaner entdeckten, dass wir englisch waren. Sie baten uns, zu warten, bis sie alle anderen untergebracht hatten. Sie würden uns dann, wie sie versprachen, eine ganz besondere Unterkunft für die Nacht besorgen. Stattdessen vergaßen sie uns vollkommen, und als wir uns schließlich meldeten, war keine Unterkunft mehr zu haben. Sie schickten uns in ein Schulhaus. Dort würden wir gut versorgt werden, sagten sie. Wir erhielten ein großartiges Abendbrot aus der Feldkantine – zumindest fanden wir es großartig. Aber es gab dort kein Zimmer mehr, in dem wir schlafen konnten. Sie konnten uns nur ein Klassenzimmer anbieten, in dem ein paar eiserne Bettgestelle ohne Matratzen standen. Darauf haben wir die Nacht verbracht.

Wir waren jetzt nur wenige Kilometer von euch entfernt, aber man wies uns den falschen Weg, und wir trabten den ganzen Tag umsonst. Es war sehr warm, und abends waren wir erschöpft. Wir erreichten das Haus eines Holzfällers und erkundigten uns nach einer Schlafgelegenheit. Das war das widerlichste Erlebnis von allen: Der Holzfäller führte uns auf einen Dachboden über einem Schweinestall. Es lag etwas Stroh dort, aber durch die Lücken zwischen den Fußbodenbrettern konnten wir die Schweine sehen. Sie grunzten die ganze Nacht über, und der Gestank und die Hitze waren ekelhaft. Ich fand es beschämend, dass zwei anständige alte Menschen so untergebracht worden waren. Aber das war unser letztes schlechtes Erlebnis.

Am nächsten Tag, dem 21. Mai, waren wir dann endlich bei Euch angelangt. Der erste Ausruf, den wir von Katrin erhielten, war: „Oma, du bist alt geworden!"

KAPITEL 13

Recklinghausen

Groß war unser Staunen, als Oma und Opa aus dem Wald auftauchten. Sie sahen alt und erschöpft aus, aber Gott sei Dank waren sie am Leben und anscheinend gesund. Das Traurige war, dass wir nicht länger als ein paar Stunden mit ihnen zusammen sein konnten. Meine Mutter hatte all ihre Findigkeit anwenden müssen, um die Reiseerlaubnis zu erlangen, und sie wagte es nicht, unsere Abreise zu verschieben und die Erlaubnis aufs Spiel zu setzen.

Wir hielten also an unserem Plan fest, Süppling am nächsten Morgen zu verlassen. Wären Oma und Opa auch nur einen halben Tag später angekommen, wären wir abgereist gewesen, ohne eine Adresse hinterlassen zu haben, aus dem guten Grund, dass wir nicht wussten, wo wir uns niederlassen würden. Wäre das geschehen, wie hätten wir einander je wiedergefunden?

Glücklicherweise war es nicht so gekommen, und jetzt war das Problem ein ganz anderes. Was sollten wir jetzt mit ihnen tun? In Süppling konnten sie nicht bleiben, und mitnehmen konnten wir sie auch nicht. Selbst wenn wir ein vernünftiges Reiseziel hätten und sie auf unserem Reisepass mit genannt wären, hätten sie nicht in das kleine Auto gepasst.

Meine Mutter bat Hans, sie mit Oma und Opa nach Tangerhütte zu fahren. Es wurde schon dunkel, als der Wagen wiederkam. Meine Mutter hatte eine Wohnung für Oma und Opa gefunden und sie für die Zeit gemietet, bis wir irgendwo und irgendwann ein neues Zuhause im Westen gefunden hätten und sie zu uns kommen konnten. Sie hatte auch beschlossen, Udo als Gesellschaft für die alten Leute zurückzulassen. Die drei hatten schon immer ein besonders enges Verhältnis gehabt, zweifellos eine Kompensation dafür, dass meine Mutter so viel mit mir beschäftigt war.

Nun behauptete Mutti, sie könnten die gemeinsame Zeit vorteilhaft ausnützen, indem sie Udo Englisch beibrachten, meinte Mutti. Sie lieferte ihn in der neu gemieteten Wohnung in Tangerhütte ab und verabschiedete sich mit dem strengen Befehl, sie sollten auf alle Fälle dort wohnen bleiben, bis wir mit ihnen aufs neue in Verbindung treten könnten.

Bei Tagesanbruch am nächsten Morgen fuhr der Wagen mit meiner Mutter und mir und allem unseren Besitz, den wir darin verstauen konnten, zum letzten Mal den Waldweg hinunter – mit Hans am Steuer. Ich war recht besorgt, die drei anderen zurückzulassen und den letzten Faden zu Papa abzuschneiden, aber gleichzeitig war ich erleichtert, dass endlich etwas Positives passierte, nach den vielen Ungewissheiten der letzten Wochen. Ich war auch traurig, den Ort zu verlassen, der mir so lieb geworden war.

Wir traten unsere Fahrt in westliche Richtung an. Da die Straßen durch Bomben und Kämpfe entsetzlich beschädigt und Brücken gesprengt worden waren, mussten wir riesige Umwege machen und kamen nur sehr langsam vorwärts. In Hameln, wo die Anfahrt über die Weserbrücke, also zur britischen Besatzungszone, kontrolliert wurde, mussten wir mit anderen Fahrzeugen in einer langen Schlange stehen. Als wir die ländliche Gegend hinter uns ließen und uns dem Ruhrgebiet näherten, fuhren wir an total zugrunde gerichteten Ortschaften vorbei. Ganze Städte waren verwüstet.

Unser Ziel war die Kohlenbergwerkstadt Buhr, Hans' Heimatort in der Nähe von Gelsenkirchen. Bomben und Artilleriefeuer hatten die Gegend völlig verändert, aber Hans navigierte uns sicher durch die Straßen und fand mühelos die Wohnung seiner Familie. Sie hatte den Krieg überlebt. Hans' Eltern hatten lange nichts von ihm gehört und keine Ahnung gehabt, was aus ihm nach der Kapitulation geworden war. Er jagte die Treppe hinauf, und nach ein paar Minuten kamen er und seine Eltern herunter, um auch uns zu begrüßen. Der Vater war Grubenarbeiter gewesen, aber schon längst aus Gesundheitsgründen pensioniert. Sein Gesicht hatte eine bläuliche Farbe, und selbst in seiner Freude, Hans wohlbehalten wiederzusehen, sah er ausgesprochen gespenstisch aus. Auch die kleine Mutter, trotz der großen Erleichterung, ihren Sohn wiederzusehen, machte einen kränklichen und erschöpften Eindruck.

Wie Hans vorausgesehen hatte, boten sie uns herzlich ihre Gastfreundschaft an, die meine Mutter sofort akzeptierte. Ein Problem bestand jedoch darin, dass Hans vier Geschwister hatte, von denen einige verheiratet waren und Kinder hatten. Seine Brüder waren ebenfalls Grubenarbeiter und deshalb nicht zur Wehrmacht eingezogen worden. Sie lebten entweder noch bei den Eltern, oder hatten ihre eigenen Wohnungen durch Luftangriffe verloren. Nun wohnten sie alle im einzigen Haus, das der Familie zur Verfügung stand, nämlich bei den Eltern. Es ist mir nie ganz klar geworden, wie viele mit uns in der Wohnung lebten, oder wie sie alle miteinander verwandt waren. Eins ist mir aber in genauer Erinnerung geblieben: nämlich meine Unterbringung zum Schlafen. Ich lag, trotz meiner fast neun Jahre, in einem Kleinkinderbett, bei dem eine Seite heruntergeklappt worden war. Den dazugehörigen Säugling hatte man, um mir Platz zu machen, in eine geöffnete Schublade gelegt. Einmal, als ich vor Hitze und Unbequemlichkeit nicht schlafen konnte, zählte ich sechs Erwachsene zusammengequetscht im Ehebett; andere lagen auf dem Boden. Meine Mutter schlief im Wohnzimmer auf zusammengeschobenen Lehnstühlen, während ein anderer Mann versuchte, sich in der Badewanne auszustrecken.

Am nächsten Morgen in aller Frühe machte meine Mutter sich fertig und ging auf Stellungssuche, während diese außergewöhnlich warmherzige Familie sich derweil um mich kümmerte. Wenige Tage später kam meine Mutter strahlend und aufgeregt zurück. Wegen Dr. Kleine hatte sie mit ihrer Suche in Recklinghausen begonnen und war sofort vom britischen Militärkommandanten engagiert worden, der dort seinen Sitz hatte und nach einer zweisprachigen Sekretärin schrie. Man versprach ihr sogar eine möblierte Wohnung, obgleich dies zu arrangieren eine Weile dauern würde. Zweitens hatte Mutti Dr. Kleine in einem katholischen Krankenhaus in Herten, ein paar Kilometer von Recklinghausen entfernt, aufgefunden und schon einen Termin vereinbart, an welchem er meine Füße untersuchen würde.

Recklinghausen ist eine mittelalterliche Stadt am Rande des Ruhrgebiets. Weil sie weniger industriell war als die übrigen Städte in der Gegend – und auch, weil die Alliierten, wie sich später herausstellte, sich diese Stadt schon vor Kriegsende als zukünftigen Verwaltungsort ausgesucht hatten – war sie nicht so sehr von Bomben beschädigt und sah teilweise sogar noch so aus wie vor dem Krieg.

Um die Zeit zu überbrücken, bis wir die versprochene Wohnung bekommen würden, mietete meine Mutter ein Zimmer bei zwei reizenden alten Damen. Dort verbrachte ich meinen neunten Geburtstag. Mutti brachte es sogar fertig, eine richtige kleine Feier zu arrangieren, mit einem Strauß Stiefmütterchen – meinen Lieblingsblumen – und einem kleinen Kuchen, auf der in Papierbuchstaben mein Name und die Ziffer Neun prangten. Dazu erhielt ich ein wirklich schönes Geschenk: ein Autogrammalbum. Wie hatte sie so etwas Passendes finden können, obgleich sie seit mindestens einem Jahr kein richtiges Geschäft gesehen hatte und das normale Einkaufen sowieso zu einer vergangenen Zeit gehörte?

Auf dem Weg zum Termin in der Klinik erzählte mir meine Mutter, was für ein berühmter Arzt Doktor Kleine sei. Ich erwartete also nicht, dass er so freundlich und knuddelig sein würde. Er bewegte meine Füße hin und her, sah zu, wie ich auf- und abging und meine Übungen ausführte, und äußerte nach wenigen Minuten die gleiche Meinung wie sein Breslauer Kollege: Mein linker Fuß müsse dringend operiert werden. Das passte meiner Mutter ganz gut, denn sie sollte sofort mit ihrer Arbeit beim britischen Kommandanten beginnen. Im Krankenhaus würde ich in guten Händen sein, und das ließ ihr ein wenig Zeit, meine zukünftige Betreuung zu arrangieren.

Kurz nach meinem Geburtstag brachte sie mich in den einzigen Kindersaal des Krankenhauses. Der Raum reichte so weit, wie ich sehen konnte. Vom Säugling bis zum jungen Mädchen waren alle Altersstufen vertreten, und die Diagnosen reichten von vergrößerten Mandeln bis hin zu Lähmungen und schlimmen Missbildungen. Ein paar Betten weiter von mir lag ein siebzehnjähriges Mädchen. Ich ging hinüber, um mit ihr zu plaudern, und sie erzählte mir, dass sie an einem mysteriösen Muskelschwund leide, aufgrund dessen sie allmählich alle Bewegungskraft verliere. Sie beschrieb ihren Zustand in einer vollkommen resignierten Weise.

Ein strenger antiseptischer Geruch durchdrang den Krankensaal. Am auffälligsten waren die verbundenen Köpfe vieler Patienten, die mich stark an die oft geschilderten Patienten von Florence Nightingale im Scutari-Krankenhaus auf der Krim erinnerten[37]. Diese hier waren aber keine Kriegsverwundeten, wie man hätte annehmen können, sondern die Opfer einer Kopfläuse-Epidemie.

Von der Operation selbst erinnere ich mich nur, wie man mir half, mich auf einen Tisch zu legen. Menschen mit Gesichtsmasken beugten sich über mich. Ein besonders freundliches Augenpaar war darunter – das war sicherlich Doktor Kleine! Zwei Hände hielten meine Arme fest, und während man mir ein Äthertuch auf die Nase presste, wies man mich an, von zehn an rückwärts zu zählen. Ich zählte: „Zehn… neun… acht…“

Als ich im Krankensaal erwachte, hatte ich einen großen, feuchten Gipsverband am Bein.

Ich döste und nahm nur halbbewusst wahr, dass sich Leute in der Nähe meines Bettes unterhielten. Plötzlich drang die Bedeutung einiger ihrer Worte

37 Florence Nightingale (1820–1910) gilt als Begründerin der modernen Krankenpflege. Sie verfasste mehrere pflegetheoretische Schriften, gründete eine Krankenpflegeschule und sorgte dafür, dass der Beruf der Krankenschwester gesellschaftlich anerkannt wurde.

in mein Bewusstsein, und ich schreckte auf. Die Grenze zwischen der amerikanischen und der russischen Besatzungszone sei ohne Vorwarnung verschoben worden, erklärte jemand. Die Westalliierten hätten den Russen einen Landstreifen westlich der Elbe überlassen, im Austausch gegen einen Teil von Berlin. Die dortigen Bewohner seien unter amerikanischer Besatzung zu Bett gegangen und unter russischer aufgewacht. Mir war sofort klar, dass Tangerhütte und Umgebung von dem Austausch betroffen waren. Meine Großeltern waren wieder in russischen Händen – und diesmal auch Udo.

Ich erstarrte. Bis ich dies hörte, war ich vollkommen zuversichtlich gewesen, dass die Pläne, die wir in Süppling gemacht hatten, sich realisieren ließen. Wir würden wieder ein eigenes Haus haben, und alle, einschließlich Papa, könnten vereint darin leben. Diese Hoffnung hatte mein Gemüt beruhigt. Nun war sie verloren, und ich war verzweifelt.

Das Krankenhaus wurde von Nonnen geführt. An jedem dritten Sonntag erlaubten sie zwei Stunden lang Besuch. Glücklicherweise – oder in meinem Falle vielleicht unglücklicherweise – war der erste Sonntag meines Aufenthaltes ein Besuchstag. Bis dahin hatte ich mich zusammennehmen können und in keiner Weise blamiert. Nun wartete ich aufgeregt und gespannt auf den Moment, in dem die Besucher den Krankensaal beträten. Als meine Mutter und die anderen Eltern hereinkamen, verließ mich auf einmal mein Mut. Ich brach in Tränen aus und weinte unaufhörlich, bis die Besuchszeit zu Ende war.

Mutti hatte Mühe, nicht mitzuweinen. Eine Nonne trat zu ihr und flüsterte ihr zu, mein Verhalten – es war wohl nicht das erste Mal, dass so etwas passierte – sei ein Beweis für ihre Vermutung, dass es für alle vielleicht besser wäre, wenn gar keine Besuche erlaubt wären. Sie habe das schon lange geglaubt.

Am nächsten Morgen, als ich aufwachte, ging das Weinen wieder los, und am Morgen darauf ebenfalls. Ich wusste selbst nicht, warum ich mich so benahm. Ganz selten und nur unter enormer Willensanstrengung gelang es mir, mich zu beruhigen und die Augen zu trocknen, doch es genügte, dass jemand mich ansprach oder auch nur freundlich ansah, und schon flossen meine Tränen wieder.

Jeden Morgen führte die kommandierende Oberschwester Doktor Kleine und seine Kollegen durch den Krankensaal. In ihrer weißen Nonnentracht war sie anzusehen wie Schiff mit vollen Segeln. Und jeden Morgen, wenn Doktor Kleine mich freundlich anlächelte, brach ich wieder in Tränen aus.

Eigentlich sollte ich vier Wochen im Krankenhaus bleiben, aber nach etwa der Hälfte der Zeit kam eine junge Nonne, die ich noch nie gesehen hatte, an mein Bett. In der Hand hielt sie einen Lederschuh in Elefantengröße, den sie mir über den Gips zog. Dann half sie mir, aus dem Bett zu steigen und ließ mich durch den Saal humpeln. Am Abend kam sie mit einem Rollstuhl, half mir beim Anziehen und packte meine paar Sachen zusammen. Dann musste ich mich in den Rollstuhl setzen, sie reichte mir meine Tasche, schob mich über den Korridor und dann in einen Fahrstuhl. Im Erdgeschoss angekommen, rollte sie mich durch eine Seitentür in den Hof, wo mich ein schwarzes, elegantes Auto erwartete.

Die Schwester half mir auf den Rücksitz, während ich mich an meine Tasche klammerte. Was war los? Ich war jedoch viel zu abgestumpft, um mir viele Gedanken zu machen, und tat nur automatisch, was mir befohlen wurde.

Auf einmal erschien Doktor Kleine. Er dankte der Nonne, stieg ein und fuhr durch das Krankenhaustor. Auf der Fahrt eröffnete er mir, dass wir auf dem Weg zu ihm nach Hause waren, wo ich in der Obhut seiner Frau bleiben sollte, bis ich wieder gesund wäre. Er sprach in so selbstverständlichem Ton, als ob dies eine ganz normale Maßnahme zur Genesung sei. Im Krankenhaus hatte ich mir große Mühe gegeben, alle Gefühle zu unterdrücken und gegen den dauernden Tränenfluss zu kämpfen. Nun wurde mir langsam klar, dass meine Verlagerung in das Haus des Doktors ein wohl vorbereiteter Plan war, in welchen meine Mutter und die Nonnen offensichtlich mit einbezogen waren – und wie so oft war ich die letzte, die auf dem Laufenden gehalten wurde.

Familie Kleine wohnte in einer Villa am Rande Recklinghausens, zehn Minuten zu Fuß entfernt von den Damen, bei denen meine Mutter wohnte. Das Haus stand etwas erhöht mit einem wunderschönen Blick auf den Garten. Er bestand aus Terrassen, deren verschiedene Stufen mit entzückenden Kletterrosen an Spalieren bewachsen waren. Bogengänge und Lauben gingen ineinander über. Beete mit bunten Blumen und Sträuchern, von denen ich viele noch nie gesehen hatte, wurden von Wegen umfasst, die zum Schlendern einluden. Im Obstgarten wuchsen Miniatur-Äpfel und Birnbäume, die eine gute Ernte im Herbst versprachen. Überall im Haus standen Vasen voller Blumen, die Frau Kleine liebevoll arrangiert hatte.

Die Familie hatte zwei Töchter: Lieselotte, die Medizinstudentin war, und Dorothea, die sich gerade auf ihr Abitur vorbereitete. Da Lieselotte zur Zeit nicht zu Hause wohnte, wurde mir ihr Zimmer zur Verfügung gestellt, ein großes, sehr erwachsen aussehendes Wohnschlafzimmer, keineswegs so elegant wie Juttas, aber trotzdem nicht zu vergleichen mit so manch einem meiner

Dr. Kleine und seine Familie

Schlafplätze der letzten Zeit, wie etwa dem Babybett mit heruntergeklapptem Seitenteil, oder dem Krankenhaussaal, in der ich übrigens auch der Kopflaus-Epidemie zum Opfer gefallen war.

In dieser besänftigenden Umgebung hörte ich auf zu weinen. Die Kleines nahmen mich sehr natürlich und mit sehr wenig Umstand auf. So fühlte ich mich bald zur Familie gehörend, und ihr Zuhause wurde mein Zuhause. Mit der Haushälterin Leni freundete ich mich besonders an. Ein paar Wochen später – ich hatte längst gelernt, mit dem Gips am Bein zu laufen – ließ sie mich manchmal in der Küche helfen, und auch im Haus und Garten. Ich konnte jedoch nicht verstehen, warum Leni ihre Mahlzeiten allein in der Küche einnehmen musste, statt mit uns anderen im Esszimmer. Ich fragte sie nach dem Grund, aber ihre Erklärung war mir unverständlich.

Ich blieb einige Wochen bei den Kleines wohnen, länger als der Zustand meines Fußes es unbedingt notwendig machte. Ich nehme an, sie behielten mich, damit meine Mutter zur Arbeit gehen konnte. Im August konnten wir, wie versprochen, eine möblierte Wohnung im Elper Weg beziehen, erfreulicherweise in derselben Gegend wie die Kleines. Dort übernachtete ich und verbrachte die Wochenenden, aber während Mutti arbeitete, hielt ich mich bei den Kleines auf.

Meine Mutter in Recklinghausen

Wenn meine Mutter und ich allein beisammen saßen, waren wir meistens recht deprimiert. Uns quälte die Sorge um die anderen der Familie, und es war für uns beide schrecklich, dass wir keinerlei Kontakt herstellen konnten. Da wir jetzt wenigstens ein eigenes, nettes Zuhause hatten, lud meine Mutter Tante Kätchen ein, die ebenfalls in der britischen Zone zu Hause war, uns zu besuchen, in der Hoffnung, sie würde uns ein bisschen aufheitern.

Ihr lebhaftes Wesen brachte uns tatsächlich zeitweilig auf andere Gedanken. Wegen einer besonders schlechten Ernte war unsere Lebensmittelzuteilung noch geringer geworden, und wir hatten weniger zu essen als in den schlimmsten Kriegstagen. Auf dem Lande, wo Tante Kätchen wohnte, gab es genug Nahrungsmittel, und sie war nicht gewillt, sich unseren Entbehrungen auszusetzen. Eines Tages machte sie allein einen langen Spaziergang bis zum Rande von Recklinghausen. Am Abend bat sie mich, sie zu einer interessanten Stelle zu begleiten. Als es dunkel wurde, gingen wir mit ein paar Einkaufstaschen los und erreichten die Felder. Dort gewahrte ich mit Entsetzen, wie sich Tante Kätchen, die sonst immer so „comme il faut" war, in einen regelrechten Mundräuber verwandelte: Sie füllte schamlos ihre Taschen mit Kartoffeln, Karotten, Blumenkohl und Steckrüben. Ich muss sie sehr enttäuscht haben, denn ich war ein ganz nutzloser Spießgeselle. Obgleich ich eine gewisse moralische Verpflichtung fühlte mitzumachen, war meine Angst, entdeckt zu werden, viel zu groß, als dass ich mich mutig an dem Diebstahl hätte beteiligen können. Wenn ich die Wahl gehabt hätte zwischen Stehlen und Verhungern, wäre ich in Wahrheit lieber verhungert.

Im September 1945 besuchte ich, nach einer Unterbrechung von fünf Monaten, zum ersten Mal wieder eine Schule. Wenn man bedachte, dass die Kapitulation noch nicht lange her war, dass der Lehrplan von allen Spuren des Nationalsozialismus hatte gereinigt werden müssen und dazu noch viele Schulgebäude in Trümmern lagen – dann muss man die Tüchtigkeit und Energie bewundern, mit der das Schulsystem wieder auf die Beine gestellt wurde.

Warum ich anfangs in eine katholische Schule geschickt wurde, weiß ich nicht mehr. Als ich sie zum ersten Mal betrat, erblickte ich erstaunt Kruzifixe und andere vergoldete religiöse Symbole in der Eingangshalle, mit denen ich nichts anfangen konnte. Wo sonst Bilder des Führers hingen, nämlich an der Wand über jedem Lehrertisch, standen Statuen von der Jungfrau Maria mit dem kleinen Jesus im Arm.

Ich war verwirrt. War dies denn wirklich eine Schule? Ich fühlte mich wie ein Fisch auf dem Trockenen. Hier hörte ich zum ersten Mal das Vaterunser und das Glaubensbekenntnis. All dies plapperte ich nach wie ein Papagei, ohne irgendwas davon zu verstehen. Ich war froh, als die städtische Grundschule wieder eröffnet wurde und man mir erlaubte, dorthin zu wechseln.

Da das Stadtgymnasium in Trümmern lag, musste das Gebäude zwei Schulen beherbergen. Die jüngeren Klassen benutzten die Schule am Vormittag, die Gymnasiasten kamen nachmittags. Am Ende unseres Schultages durfte absolut nichts im Klassenraum zurückgelassen werden, nicht mal eine Vase mit Blumen. Am nächsten Tag würde sie bestimmt verschwunden oder zertrümmert sein.

Unser Klassenzimmer war überfüllt; die Mädchen konnten alle in den Bänken sitzen, die Knaben mussten in dem engen Raum zwischen der letzten Reihe und der Wand stehen. Ich zählte einmal dreiundsiebzig Kinder, aber nach kurzer Zeit waren es nur noch etwas über fünfzig. Damit war für jeden ein Sitzplatz frei.

Unsere Lehrerin war Fräulein Buchholz, eine dunkelblonde Dame vom selben Typ wie Fräulein Vogt. Sie hatte markante Gesichtszüge mit Sommersprossen und trug ihr langes, glattes Haar in einem strengen Knoten zusammengebunden. Sie pochte sehr auf Ordnung und vermittelte uns eine ansehnliche Allgemeinbildung. Ich war mittlerweile in der Lage, Vergleiche zwischen Lehrern zu ziehen, denn dies war meine achte Schule. Um die bemerkenswerte Disziplin zu bewahren, wanderte Fräulein Buchholz mit einem Bündel dünner Weidenruten in der Hand im Klassenzimmer herum. Wenn sie ein Kind beim Schwatzen ertappte oder etwas anderes Unerlaubtes bemerkte, dann konnte es gut passieren, dass der Betreffende durch einen Schlag auf den Rücken überrascht wurde. Schlimmere Untaten hatten zur Folge, vor die Klasse treten zu müssen, um einen Stockschlag auf die vorgehaltene Hand zu bekommen. Sogar ein bescheidenes Kind wie ich kriegte mehr als einmal „Kloppe", welche geschwollene Handflächen oder tagelang anhaltende rote Streifen auf dem Rücken zur Folge hatten. Während meines ganzen Jahres in ihrer Klasse war Fräulein Buchholz kein einziges Mal abwesend.

Wie in all meinen vorherigen Schulen wurde die meiste Zeit mit Lesen, Schreiben und Rechnen ausgefüllt. Bei Fräulein Buchholz jedoch erhielt ich außerdem eine erste Einführung in Erdkunde, Lokalgeschichte, Literatur, Kunst und Religion – Fächer, die sie in anschaulicher Weise unterrichtete.

In der Zeit des Nationalsozialismus war es natürlich hier und da vorgekommen, dass Hitler und die Kirche gleichzeitig verehrt wurden. Man hatte sogar versucht, offiziell einen Anschluss zwischen der protestantischen Kirche und der Nazi-Partei herzustellen. Pastoren, die einer solchen Verbindung günstig gesinnt waren, hatten ein neues Gewand für Geistliche entworfen, welches deutliche nationalsozialistische Merkmale trug. Wenn es aber eine Familie gab, die an solchen Ideen kein Interesse hatte, dann war es die meinige. Mein Vater lehnte Religion vollkommen ab, von der agnostischen Strömung der

„Gottgläubigen“ abgesehen, die sich auf Gott nur zum Zwecke der Vereidigung auf Adolf Hitler berief. Seine Haltung war nahezu fanatisch. Er liebte es, antireligiöse Witze zu erzählen, die, so vermute ich, gotteslästerlich waren. Es muss wohl ein Ausdruck seiner Auflehnung gegen die geistlichen Verwandten gewesen sein, die seine Kindheit nach dem Tod seiner Eltern so unglücklich gemacht hatten. Durch seine Haltung mit starken Vorurteilen geprägt, kam ich mir wie ein Verräter vor, weil die Bibelgeschichten, die Fräulein Buchholz uns erzählte, mir so gut gefielen. Ich hatte nie vorher von der Arche Noah gehört, von Moses im Körbchen, oder von Joseph mit seinem bunten Mantel. Jetzt konnte ich nicht genug von diesen Geschichten hören.

Ein weiteres Fach auf dem Lehrplan von Fräulein Buchholz, das für mich ganz neu war und mir großen Spaß machte, war Gesang. Sie lehrte uns Lieder, die ich noch nie gehört hatte und die eine willkommene Abwechslung von den Volksliedern waren, die wir sonst immer nur gesungen hatten. Erst Jahre später entdeckte ich, dass einige dieser „Lieder“, mit denen sie uns bekannt machte, Chöre aus Mozarts Opern waren.

Der Höhepunkt des Vormittags kam in der Pause, wenn Fräulein Buchholz hinausging und kurz danach mit einer Suppenkelle und einem großen Zinkgefäß, das sie vor sich herschob, wieder hereinkam. Das war unsere „Notküche“, die von der britischen Besatzung gestiftet worden war, um die Minimalernährung für alle Schulkinder sicherzustellen. Wir brachten alle eine Blechtasse mit zur Schule und stellten uns in einer Reihe an, um unsere Kelle voller „Was-es-gerade-gab“ in Empfang zu nehmen. Mir war es unverständlich, warum unsere Eroberer sich solche Mühe gaben, damit wir nicht hungerten. Es schien mir irgendwie ungehörig. Den Feind sollte man doch umkommen lassen, anstatt ihn zu versorgen? Doch so tiefempfunden meine moralischen Skrupel auch waren, selbst kleine Hilfen von unserem ehemaligen Feind anzunehmen – sie hielten mich nicht davon ab, möglichst als erste in der Schlange zu stehen und meine Kelle voll kaltem Kakao dankbar anzunehmen.

Die allergrößte Freude, die ich an dieser Schule erlebte, war meine neue Freundin, Marie-Luise Friedrichs. Seit wir vor mehr als zwei Jahren Mahlsdorf verlassen hatten, war dies meine erste wirkliche Freundschaft – von Udo abgesehen. Marie-Luise hatte strahlend blaue Augen, ein heiteres Lachen und wohnte gerade um die Ecke. Wir gingen zusammen zur Schule, machten Schularbeiten, und wenn noch Zeit übrig blieb, spielten wir zusammen. Da Fräulein Buchholz ein wahrer Drachen im Aufgeben von Hausaufgaben war, blieben solche Spielstunden eine seltene Freude.

Während dieser Zeit war meine Mutter ständig mit dem Problem beschäftigt, wie sie Udo und meine Großeltern aus der russischen Zone herüberholen konnte. Noch immer gab es weder Post- noch Telefonverbindung zwischen den zwei Besatzungszonen, daher hatten wir seit Ende Mai, als wir Tangerhütte verließen, bis Anfang September kein Lebenszeichen von ihnen erhalten, ebensowenig wie sie von uns. Als Sekretärin des Kommandanten der Besatzungsarmee saß Mutti täglich im Vorzimmer der Macht, so nahe, wie es einer Deutschen nur möglich war. Zwar waren ihr Vorgesetzter und die anderen Offiziere meiner Mutter außerordentlich freundlich gesinnt, aber selbst sie konnten uns nicht helfen. Mutti ging sogar zur russischen Vertretung in Recklinghausen und versuchte alles, vom schriftlichen Antrag bis zur Bestechung, um ihre Hilfe zu gewinnen, aber umsonst. Sie musste feststellen, dass es im Vertrag von Jalta, der zwischen den westlichen und östlichen Mächten geschlossen worden war, eine strenge Klausel gab, die besagte, dass die Einwohner der aufgeteilten Gebiete dort bleiben mussten, wo sie sich zur Zeit der Teilung befanden. Weitere Bevölkerungsbewegung war völlig ausgeschlossen. Keine Seite wollte Feindseligkeit riskieren durch Nichtbeachtung dieser Bedingung. Es war daher ausgeschlossen, Udo und meine Großeltern rechtmäßig über die Grenze zu bringen.

Um diese Zeit kam es meiner Mutter zu Ohren, dass ein Nachbar, Herr Drenhaus, die gleiche Sorge um seine Familie litt wie wir. Er war ein Lehrer, dessen Frau und Sohn in Ostberlin zurückgeblieben waren. Er hatte erkannt, dass es nur eine Erfolg versprechende Möglichkeit bestand, sie herauszuholen: die Selbsthilfe. Für diese traf er nun sorgfältige Vorbereitungen. Seine Absicht war, unbemerkt in die russische Zone einzudringen und die beiden zurück über die Grenze zu schmuggeln.

Meine Mutter wandte sich an ihn und bat ihn, mit unseren Dreien in Tangerhütte Kontakt aufzunehmen – es würde kaum einen Umweg für ihn bedeuten. Möglicherweise könnte er sie sogar mitbringen. Sie bot ihm all ihre Wertsachen und Geld als Belohnung an. Herr Drenhaus versprach, sich die größte Mühe zu geben, lehnte aber jede Belohnung ab, jetzt oder später, egal, ob er sie mitbrachte oder nicht.

Zu diesem Zeitpunkt war uns, wie auch Millionen anderer Deutscher bewusst, dass wir die Teilung Deutschlands als endgültig annehmen mussten. Keiner von uns hegte viel Hoffnung, dass das Unternehmen von Herrn Drenhaus erfolgreich sein würde. Als er abreiste, zweifelten wir ernstlich daran, ihn oder seine Familie je wiederzusehen – und noch weniger unsere eigene.

KAPITEL 14

Mit der Niederlage fertig werden

In diesen Tagen ging mir die Sorge um die Zurückgelassenen nicht mehr aus dem Kopf. Aber ich trug eine weitere Besorgnis ständig in mir. Wir hatten den Krieg verloren und lebten unter feindlicher Besatzung. Das war demütigend. Ich wollte aber an meiner Selbstachtung festhalten. Sie zu bewahren war mir sehr wichtig. Doch wie sollte ich das anstellen? Was sollte ich denken, und wie sollte ich mich verhalten?

In vielerlei Hinsicht hatte sich die Niederlage als weniger schrecklich erwiesen, als ich erwartet hatte. Die schlimmste Vorstellung – nämlich, dass wir alle umgebracht werden würden – hatte sich nicht realisiert. Die Besatzungstruppen, die ich bisher gesehen hatte, benahmen sich tadellos. Zwar hatten wir wenig zu essen, aber die Eisenbahnen fuhren, die Müllabfuhr funktionierte, und in den Schulen wurde wieder unterrichtet. Bis auf ein paar Ausnahmen, wie etwa das Verschwinden der Nazipropaganda von den Straßen – und, was ebenfalls nicht unwichtig war, aus den Privathäusern – war das Leben in Recklinghausen wahrscheinlich nicht viel anders, als es vor Kriegsbeginn und in den ersten Kriegsjahren gewesen war.

Die ersten amerikanischen Soldaten, die wir erlebten, benahmen sich weder triumphierend noch herablassend uns gegenüber. Sie waren gut gelaunt und unbekümmert und lächelten uns ohne jede Feindseligkeit an. Von ihnen erobert worden zu sein verwirrte uns zuerst, aber wir konnten uns daran gewöhnen.

Zu der Zeit, als wir ins Ruhrgebiet kamen und der Plan, Deutschland in klare Besatzungszonen aufzuteilen, beschlossen wurde, verschwanden die Amerikaner plötzlich aus Recklinghausen. An ihre Stelle rückten britische Soldaten, und ihr Verhalten entsprach mehr dem, was wir von einer Besatzung erwartet hatten. Sie waren verschlossen und kurz angebunden, und es kam uns so vor, als ob sie sich Mühe geben mussten, ihre Verbitterung uns gegenüber im Zaum zu halten. In mancher Hinsicht waren sie noch eigenartiger als die Amis. Zum Beispiel ihre Paraden im Zentrum von Recklinghausen, die man beim besten Willen nicht als ehrfurchtgebietende Demonstrationen ansehen konnte: die Hauptkolonne der Soldaten trug Röcke, die Kapelle war mit neandertal-ähnlichen Tierhäuten bekleidet, und vorneweg schritt ein Offizier, der mit einem Stock wirbelte, nicht furchterregender als ein Zirkusdirektor. Wie konnte unsere zackige Wehrmacht von solch grotesk aussehenden Himbeerheinis besiegt worden sein? Es war ihnen anscheinend nicht einmal peinlich, sich in dieser unmännlichen Aufmachung vor uns sehen zu lassen. Im Gegenteil, sie stellten sich auch noch öffentlich zur Schau. Wie verrückt mussten sie sein!

Obwohl mich der Stil des britischen Militärs so sehr verblüffte, sagte ich mir, dass die Soldaten Qualitäten haben mussten, die für uns nicht auf den ersten Blick erkennbar waren. Bestimmt waren nicht alle böse Menschen. Ihnen hatten wir schließlich die Schulsuppenküche zu verdanken. Das einzige Mitglied dieser Truppen, das ich persönlich kennengelernt hatte, ein gewisser Captain Chapman, der einem Kommandotrupp angehörte, war ein reizender Mensch, wenn auch reserviert und schüchtern. Trotz seiner außergewöhnlichen dunkelgrünen Baskenmütze, an der so etwas wie ein Rasierpinsel befestigt war, sah der 24-jährige Chapman recht gut aus. Er war bereits vor dem Krieg in Deutschland auf einer Radtour gewesen. Als er meine Mutter bei ihrer Arbeit kennenlernte, bat er sie, ihn mit einer Familie bekannt zu machen, bei der er sein Deutsch verbessern könne. Da Mutti kaum eine Familie kannte, lud sie ihn zu uns ein, um mit uns und Tante Kätchen, so lange sie in Recklinghausen war, zu üben. Als er sah, wie wir lebten, war er sehr besorgt über den Vitaminmangel in meiner Ernährung. Jedesmal, wenn er von seinen Englandaufenthalten zurückkam, brachte er mir eine Flasche Ribena mit.

Allerdings quälte mich jetzt eine neue Sorge. Da die Engländer anscheinend anständige Menschen waren – ein wenig seltsam vielleicht, aber doch keine Unmenschen – warum hatten wir eigentlich gegen sie gekämpft? Konnte der ganze Krieg etwa ein Irrtum gewesen sein? Unser Kreuzzug, um Deutschlands überlegene Kultur in ganz Europa zu verbreiten – war dieses ganze Unternehmen Unsinn gewesen?

Ich war ganz erschrocken über meine rebellischen Gedanken. Natürlich musste es doch gute Gründe gegeben haben, weshalb wir ganz Europa hatten erobern wollen, Gründe, die zu verstehen ich zu jung war, die aber meinem Papa und seinesgleichen bekannt gewesen sein mussten. Aber warum hatte uns in diesem Fall das vielbeschworene „Schicksal“ nicht den versprochenen Sieg erbracht?

Und war ich nun ein Verräter, weil ich unsere früheren Kriegsgegner gern mochte? Hatte ich meine „deutsche Treue“ an den Feind verkauft? Ich wusste nicht, wie ich mit diesen Fragen fertig werden sollte.

Die Entscheidung, die ich in Süppling zum Zeitpunkt der Niederlage getroffen hatte, nämlich mich nach außen hin den neuen Herrschern zu beugen, jedoch innerlich weiterhin meine eigenen (Nazi)Gedanken zu denken, war durchaus hilfreich, allerdings nur bis zu einem gewissen Punkt. Es bewahrte mich vor der totalen Erniedrigung, bot mir aber keinerlei praktische Handlungsanweisung für das tägliche Leben unter feindlicher Besatzung.

Ich war bestimmt nicht das einzige Kind in Deutschland, welches sich mit solchen Gedanken auseinandersetzen musste, aber sie wurden niemals laut ausgesprochen. Kein einziges Mal hörte ich jemanden das Thema erwähnen. Meine Mutter um Rat zu bitten wäre nutzlos gewesen. Sie war eine Pragmatikerin, wie sie im Buche stand. Ihr Denken war ganz anders als meins. Ich brütete dauernd über Recht und Unrecht. Sie hingegen ging ganz praktisch durchs Leben und gestaltete es, so gut sie konnte.

Ich wünschte, ich könnte meine Sorgen einfach loslassen, oder sie würden schlichtweg von selbst verschwinden. Doch stattdessen musste ich mich von Tag zu Tag aufs Neue mit ihnen auseinandersetzen. Dass wir zum Beispiel in einer komfortablen Wohnung lebten, hatten wir der Großzügigkeit der Militärregierung zu verdanken, und aus derselben Quelle floss das Gehalt meiner Mutter. Mir wurde das tägliche Brot in überreichlichem Maße von Leuten serviert, die ich nach wie vor als meine Feinde bezeichnen zu müssen glaubte, auch wenn dies meinen Gefühlen überhaupt nicht entsprach.

Als meine Mutter sich um ihre Anstellung bewarb, hatte sie dem britischen Kommandanten fast die ganze Wahrheit erzählt. Lediglich eine einzige Unwahrheit hatte sie sich erlaubt, weil sie die Stelle so dringend brauchte. Ihre letzte Zusammenkunft mit Papa zum Beispiel, die drei Wochen zuvor stattgefunden hatte, gab sie als „vor drei Jahren“ an. Sie behauptete, er sei in Russland als vermisst erklärt worden.

Sie schärfte mir ein, ich müsse ebenfalls diese Geschichte erzählen, so als ob sie tatsächlich der Fall gewesen wäre. Und ich sollte niemandem vom WE-Lager erzählen, oder von Papas Verbindung zur NSDAP und seiner Tätigkeit in der Hitlerjugend. Auch Muttis Arbeit für den Rundfunk sowie meine Beteiligung daran sollte ich niemals erwähnen.

Ich bin davon überzeugt, in den ersten chaotischen Nachkriegswochen wäre es ihrem Chef sowieso unmöglich gewesen, Muttis Angaben zu überprüfen, selbst wenn er es gewollt hätte. Denn jeder log, was seine Vergangenheit betraf, und der Chef meiner Mutter wird froh gewesen sein, eine intelligente, zweisprachige und attraktive Sekretärin und Dolmetscherin gefunden zu haben, die ihm half, einen großen Teil Deutschlands zu verwalten, der überwiegend in Trümmern lag. Damit war er so beschäftigt, dass er es sich gar nicht leisten konnte, genauer nachzubohren. Das wusste meine Mutter damals jedoch nicht. Sie fürchtete, ihre Stellung und ihr Heim zu riskieren und wegen Kollaboration mit den Nazis festgenommen zu werden, wenn die Wahrheit herauskäme. Außerdem hatte mein Vater ihr nie viel von seinen Kriegsaktivitäten mitgeteilt. Sie fürchtete, es könnte etwas wirklich Schlimmes gewesen sein. Warum waren sie sonst so eifrig auf der Suche nach ihm? Was es auch war, meine Mutter wollte, dass wir uns von seiner Arbeit distanzierten und damit auch von meinem Vater selbst. Diese Mitverantwortung für unser Schicksal und die Angst, es könnte mir einmal aus Versehen die Wahrheit entschlüpfen, lastete schwer auf mir.

Wir waren natürlich damals nicht die einzigen Deutschen, die Vergangenes unter den Tisch fallen lassen mussten. Jeder nutzte diese Zeit, um sich eine neue Identität zu erfinden. Es war merkwürdig, wie in einem Volk, welches bis vor kurzem fast einstimmig Hitler und den Nationalsozialismus in Wort und Tat gebilligt hatte – jedenfalls war es mir so vorgekommen, als ich in Deutschland aufwuchs – plötzlich weit und breit kein einziger früherer Nazi zu finden war. Die waren einfach verschwunden. Hatten sie all die Jahre lang gelogen, oder logen sie jetzt?

Abgesehen von den großen Prozessen in Nürnberg, bei denen die Welt beobachtete, wie einige der verantwortlichen Männer des Dritten Reiches zur Rechenschaft gezogen und bestraft wurden, war das offizielle Verfahren, die wichtigsten und fanatischsten Nazis – soweit sie nicht nach Südamerika entkommen waren – festzunehmen und für eine Weile ins Gefängnis zu stecken. Die Strenge der Strafe entsprach ihrem Rang in der Partei und der Beurteilung ihrer Untaten. Viele erfuhren auch nach der Entlassung aus dem Gefängnis Diskriminierung und finanzielle Benachteiligung, bis sie von einem besonderen Entnazifizierungsausschuss überprüft worden waren. Dies war bestimmt gut für sie, denn so waren sie gezwungen, objektiv über ihr vergangenes Leben nachzudenken und sich eine weniger national geprägte Weltanschauung anzueignen. Es wird ihnen geholfen haben, sich der neuen Ordnung anzupassen.

Aber was war mit uns anderen? Zum Beispiel mit mir? Niemand half uns zu verstehen, wieso alles, was man uns zu glauben gelehrt hatte, auf einmal falsch sein sollte, und warum über Nacht Männer und Frauen, die eben noch „brave Bürger“ gewesen waren, nun auf einmal verachtenswerte „Bösewichter“ sein sollten.

Ja, mir hätte etwas Entnazifizierung gut getan, aber mir wurde keine angeboten. Von Hitler und vom Nationalsozialismus zu sprechen war tabu. Auch in der Schule wurden diese Dinge nie erwähnt. Ich beschloss, festzuhalten an dem, was ich mir in Süppling vorgenommen hatte, nämlich nicht aufzufallen, aber innerlich mir einstweilen treu zu bleiben. Wenngleich ich einsah, dass manche Revisionen notwendig sein würden.

Nur Papa hätte mich befreien können. Seine Autorität in der Familie hatte uns den Nationalsozialismus auferlegt. Udo hatte ihn abgelehnt, und dadurch litt das Verhältnis zu seinem Vater. Ich hatte alles bereitwillig aufgenommen, und infolgedessen war das Verhältnis zu meinem Vater perfekt. Aber was ich von ihm übernommen hatte, würde in irgendeiner Form in mir sitzen bleiben, bis er mir erlaubte, es über Bord zu werfen.

Eines Tages machten Marie-Luise und ich ein paar Besorgungen für unsere Mütter, und wir gingen zusammen zur Post. Als wir herauskamen, bemerkten wir ein entsetzlich aussehendes Bild an der Tür. Es zeigte einen Haufen abgemagerter Körper, mit Köpfen, die wie mit Haut überzogene Totenköpfe aussahen, mit Löchern, wo Augen sein sollten. Wie konnte jemand ein so abstoßendes Bild öffentlich zeigen? Dann lasen wir den Text, der darunterstand. Es wurde behauptet, die Alliierten hätten das Abgebildete in einem Lager entdeckt, wo Juden gefangengehalten worden waren, wo sie hungerten und dann vergast wurden. Auf dem Plakat stand geschrieben, mehrere Millionen seien auf diese Weise umgekommen.

Ich dachte nach. Was wusste ich über Juden? Der einzige, den ich je persönlich gekannt hatte, war Udos Freund Günter in Mahlsdorf – ein netter, bescheidener Junge. Udo hatte ihn lieber gemocht als die anderen Kinder auf dem Hof, und hatte nie wieder einen so sympathischen Freund gefunden. Außer Günter hatte ich in Berlin von Zeit zu Zeit Leute gesehen, die einen gelben Stern auf ihrer Kleidung aufgenäht trugen. Meistens sahen sie zerlumpt aus und schienen herumzuschleichen, als ob sie nicht die Aufmerksamkeit anderer auf sich ziehen wollten. Aber ich hatte nie viel darüber nachgedacht; mit mir hatten sie ja nichts zu tun. Ich wusste, Juden waren „schlechte Leute“, die ich nicht mögen sollte, aber ich verstand nicht warum, und als Papa uns dieses scheußliche Buch mitbrachte, was es uns klarmachen sollte, hatte ich es nicht einmal zu Ende angeschaut.

Nichts, was ich von Juden gehört hatte, bereitete mich auf das vor, was diese Plakate zeigten, und ich suchte verzweifelt nach einer anderen Erklärung der Bilder.

Waren unsere Eroberer, die so mild und freundlich zu sein schienen, vielleicht viel arglistiger, als wir glaubten? Hatten sie solche Szenen veröffentlicht, um unsere Moral zu brechen und uns zu zwingen, uns selbst zu hassen? Damit die übrige Welt uns auch hasste?

Das schien mir nicht sehr überzeugend. Die Bilder waren Fotografien. Sie zeigten wirkliche Leichen, keine Schauspieler. Aber ich konnte keine bessere Erklärung finden. Irgendwo hatte irgendjemand diese Menschen so misshandelt. Wer könnte das möglicherweise gewesen sein?

KAPITEL 15

Wieder vereint

Ich kam eines Tages Ende September den Elper Weg herauf, nachdem ich den Nachmittag bei der Familie Kleine verbracht hatte. Ich war dabei, Hüpfen auf dem dafür bestens geeigneten Gehweg zu spielen, als ich eine kleine Gruppe Menschen mit schäbigem Gepäck, unsicher umherblickend, vor unserem Haus stehen sah. Selbst für jene Zeit, in der es so viel Armut gab, kamen sie mir recht elend und heruntergekommen vor. Hoffentlich haben die nichts mit uns zu tun, dachte ich. Dann plötzlich erkannte ich sie: Es waren Udo, Oma und Opa! Ich lief so schnell ich konnte die Straße hinauf, umarmte und küsste sie. Herr Drenhaus war mit Frau und Sohn heimgekommen und hatte sie mitgebracht!

Ich führte sie in die Wohnung. Mutti würde bald vom Dienst heimkommen. Sie wusste nichts von der Ankunft der Familie, bis Udo die Straße hinunter raste, um sie zu begrüßen. Wir feierten unsere Wiedervereinigung bis spät in die Nacht. Sie hatten uns so viel zu erzählen von der sorgenvollen Zeit, die kurz nach unserer Abfahrt aus Süppling begonnen hatte. Später kam auch Herr Drenhaus vorbei und stellte uns seine Frau und den kleinen Sohn vor. Er hatte mehrere blaue Flecken und eine tiefe Wunde im Gesicht – Folgen eines Schlages, den ein russischer Soldat ihm versetzt hatte, bei einem ihrer vielen vergeblichen Versuche, die Zonengrenze zu überschreiten. Aber nichts konnte seine Freude verbergen. Wie schon zuvor lehnte Herr Drenhaus jede Belohnung, die wir ihm anboten, ab.

Während dieser Nacht schliefen Udo und ich in einem Bett. Wir fochten und stupsten einander die halbe Nacht, aber wie groß war die Freude, wieder zusammen zu sein und zanken zu können! Am nächsten Tag holte ich die „Männekins“ hervor, und mit ihnen ahmten wir im Spiel manche Abenteuer nach, die wir beide während unserer Trennung erlebt hatten. Verglichen mit

Udo und ich in Recklinghausen

Udos Erlebnissen war mein Leben schrecklich zahm verlaufen.

Die kleine Wohnung, erzählte Udo, die Mutti für die drei in Tangerhütte kurz vor unserer Abreise gemietet hatte, war hübsch und ziemlich modern für eine so abgelegene Gegend. Sie hatten sich dort bald eingelebt. Und nur wenige Tage nach ihrem Einzug erreichte sie zu ihrem großen Erstaunen ein Brief von Papa. Sie hatten keine Ahnung, wie er ihre Adresse aufgespürt hatte. Er war aus dem Krankenhaus des amerikanischen Kriegsgefangenenlagers in Wolmirstedt[38] abgeschickt worden, ungefähr vierzig Kilometer von ihnen entfernt. Papa bat uns alle, ihn dort zu besuchen. Weder wusste er, dass meine Mutter und ich von Süppling fortgefahren, noch dass meine Großeltern dort angekommen waren. Jedenfalls war es klar, dass Udo hingehen sollte.

Es gab nur eine Möglichkeit, nach Wolmirstedt zu gelangen: nämlich mit einem behelfsmäßigen Transport auf einem Traktor, der zwischen einigen Ortschaften hin- und herfuhr.

Ein paar Tage später stieg Udo, mit ein paar Butterbroten in der Tasche und einem Brief von Oma und Opa, auf dieses Gefährt. Die Sitze waren primitiv, und die holprige Fahrt dauerte stundenlang. Es gelang ihm, Papa im Krankenhaus zu finden, und er verbrachte einen Teil des Tages mit ihm.

„Es war ein seltsames Zusammensein", erinnerte sich Udo in den neunziger Jahren, als er auf meine Anregung hin seine Memoiren auf Tonband diktierte. „Papa lag nicht im Bett. Er hatte einen großen Verband ums Bein. Er hatte keine Ahnung, was für ein Leben ihm bevorstand. Er war nicht mehr so furchterregend, und ich fühlte mich ihm eng verbunden. Er gab mir die Adresse von einigen Deutschen in Milwaukee, Wisconsin, die er kennengelernt hatte, für den Fall, dass wir den Kontakt miteinander verloren, und das Treffen bei Tante Kätchen nicht klappte. Auch einen Brief für Oma und Opa gab er mir." An weiteres konnte Udo sich nicht erinnern.

38 Bei Magdeburg

Auf dem Rückweg nach Tangerhütte wurde der Traktor von einem deutschen Polizisten auf einem Motorrad verfolgt. Kurz nachdem Udo daheim angekommen war, klopfte jemand an die Tür, und genau derselbe Polizist trat ein, zusammen mit einigen anderen.

Sie wollten wissen, wo er gewesen wäre und ob er wüsste, wo Oberstleutnant Thiele sich befände. Mit welcher Lüge er sie abspeiste, weiß Udo nicht mehr, aber Papas Aufenthalt verriet er nicht, und es gelang ihm, Papas Brief an Oma und Opa – ungelesen – in die Toilette zu werfen. Sie hatten alle große Angst, als ihnen klar wurde, dass sie beobachtet wurden, besonders weil sie keine Ahnung hatten, warum. Es machte doch keinen Sinn, dass die deutsche Polizei, unter der Ägide der amerikanischen Besatzung, nach Papa suchte, wo er doch schon seit einem Monat in der Gefangenschaft der Amerikaner war.

Am nächsten Tag wurden die Ereignisse noch rätselhafter. Oma, Opa und Udo hatten einen Pferdewagen mitsamt Kutscher gemietet, um ihre restlichen Sachen von Süppling zu holen. Dort fanden sie alles so vor, wie sie es zurückgelassen hatten, „aber die Atmosphäre in Süppling war eigenartig“, erinnert sich Udo. „Niemand wollte mit uns sprechen. Alle sahen uns argwöhnisch an. Etwas Unheilvolles lag in der Luft. Ich verstand nicht, was es war, aber vergessen habe ich das Gefühl nie.“

Auf dem Weg nach Hause folgte ihnen ein anderer Polizist auf dem Motorrad:

„Das Pferd zog uns derart langsam vorwärts, klipp-klopp, klipp-klopp gingen seine Hufe, dass der Polizist die ganze Zeit Schlangenlinien fahren musste, um hinter uns zu bleiben. Irgendetwas war im Gange, und wir waren sehr besorgt. In Tangerhütte angekommen, befahl er uns, sogleich mit zur Polizeistation zu kommen. Dort beschlagnahmten sie unser ganzes Gepäck, mit der Erklärung, es untersuchen zu müssen. Glücklicherweise hatten wir Muttis Fälschungsmaterial schon weggeworfen.

Am Tag darauf kamen drei Polizisten, angeführt von einem widerlichen Kerl in Zivil namens Koch – ich habe den Namen nie vergessen. Er musste wohl ein Geheimpolizist gewesen sein.

Sie befragten uns wieder über Papas Aufenthalt. Nach wie vor antworteten wir einfach, wir wüssten es nicht, aber plötzlich verhafteten sie Opa und nahmen ihn mit ins Gefängnis. Wir hatten keine Ahnung, warum, und du kannst dir vorstellen, welche Angst Oma und ich jetzt hatten.

Dann kam dieser Herr Koch zurück und sagte, wir müssten die Wohnung verlassen, gegenüber wäre eine Unterkunft für uns. Als wir die sahen, waren wir vollkommen entmutigt, denn sie bestand gerade mal aus einem winzigen Zimmer, halb so groß wie ein normales Schlafzimmer, mit einem schmalen Bett, einem kleinen Tisch mit Stuhl und einem zierlichen Sofa mit hochgebogenen Armlehnen im viktorianischen Stil, auf dem gerade mal zwei Püppchen hätten sitzen können. Oma protestierte: ‚Wo soll ich denn für meinen Enkel kochen?' Herr Koch führte uns über den Hof und deutete auf eine Waschküche, in der ein enormer Kübel stand, unter dem ein Holzfeuer entfacht werden konnte. Der Kübel war groß genug, um ein Regiment Soldaten zu bekochen. Auf den wies er – und das war alles. Wir fühlten uns machtlos."

Sie zogen also in dieses Zimmer, welches – wie sich herausstellte – zu einer Wohnung gehörte, deren Besitzer alles andere als erfreut über die ihnen aufgezwungenen Mitbewohner waren.

„Es war sehr unangenehm, dort zu leben", erzählte Udo. „Es war ein primitives altes Haus ohne Innentoilette und ohne fließendes Wasser. Auf dem Außenklo diente ein Exemplar von Hitlers ‚Mein Kampf' als Toilettenpapier. Die ganze Zeit, mehr als drei Monate lang, schlief ich zusammengekrümmt auf dem kleinen Sofa. Solange wir dort wohnten, wechselten wir kein einziges Wort mit den Besitzern."

Oma hatte das Glück, eine nette Familie kennenzulernen, die ganz in der Nähe wohnte. Im unteren Stockwerk lebte ein älteres Paar, und in der Etage darüber deren Tochter mit zwei Kindern. Ihren Mann hatte sie im Krieg verloren.

Sie kochten zusammen in der Küche der Eltern, und erlaubten Oma, die obere Küche der Tochter zu benutzen. Welche Übereinkunft zwischen ihnen getroffen wurde, ob Oma ihnen etwas dafür zahlte oder Waren eintauschte, wusste Udo nicht mehr. Jedenfalls gingen sie täglich dort hin, um ihre Mahlzeiten zu bereiten, und weil alle guten Willens waren, lief das Arrangement recht gut.

Udo erfuhr später, dass Oma in dieser Zeit, in der sie nichts von Opa hörten, der Verzweiflung so nahe war, dass sie Selbstmordpläne schmiedete. Sie würde Udo irgendwie zu Tante Kätchen schicken und sich dann im Fluss ertränken. Doch bevor sie Gelegenheit hatte, diesen Plan auszuführen, klopfte es eines Tages an das Fenster ihres kleinen Zimmers. Sie blickten auf und waren unsagbar beglückt, als sie Opa erkannten. Er sah viel dünner aus. Udo weiß nicht genau, wie lange er gefangen gewesen war, aber er glaubt, es müssen ungefähr sechs Wochen gewesen sein.

Opa wusste immer noch nicht, warum er mitgenommen und im Gefängnis von Stendal, der Nachbarstadt von Tangerhütte, eingesperrt worden war.

Es hieß, er solle der Polizei helfen, seinen Schwiegersohn ausfindig zu machen. Doch der eigenartigste Moment der ganzen Angelegenheit war, als Opa während seines Aufenthaltes eines Tages auf dem Exerzierplatz auf Papa stieß. Wenn ich versuche, mir diese Begegnung im Geist vor Augen zu führen, scheint mir lautes Auflachen die einzig mögliche Reaktion zu sein. Aber zu der Zeit waren die beiden wohl so erschrocken, dem anderen unter diesen Umständen zu begegnen, dass sie sich so benahmen, als ob sie einander nicht kannten. Den Grund für diesen komischen Vorfall haben Oma und Opa nie herausgefunden. Es dauerte noch achtundvierzig Jahre, bevor ich, während meiner Nachforschungen für dieses Buch, eine mögliche Erklärung fand.

Nachdem Opa aus dem Gefängnis von Stendal entlassen war, wurde das Leben in Tangerhütte viel besser. Opa begann, Udo Englisch beizubringen. Jeden Tag hielten sie zwei Stunden Unterricht. Irgendwie hatte Opa ein englischsprachiges Buch in die Hand bekommen, mit dem Titel *The Island Realm* von Francis Webster. Es war die Geschichte eines deutschen Jungen in einem englischen Internat, wo er englischen Sport kennenlernte und in den Ferien von Schulkameraden in ihr Heim eingeladen wurde. Udo und Opa studierten den Text, Wort für Wort, immer wieder. Udo erinnert sich:

„Schließlich kannte ich das Buch auswendig. Dann dachte sich Opa eine Geschichte aus, in der ein Junge namens Percy als Schiffsjunge durch die ganze Welt reiste und viele Abenteuer erlebte. Die Reise begann in Hamburg, dann legte das Schiff zuerst in London an, dann in Gibraltar, Brindisi, Alexandria und anderen Mittelmeerhäfen. Er besuchte nebenbei die Pyramiden und andere Sehenswürdigkeiten. Opa erzählte dies alles natürlich auf englisch, und ich musste es aufschreiben. Oma brachte mir englische Lieder und Gedichte bei."

Da meine Großeltern ebenfalls miteinander nur englisch sprachen, gab es für Udo keine bessere Gelegenheit, als die Sprache durch eine Mischung von ständigem halbbewussten Zuhören und intensivem Unterricht zu lernen. Nach mehreren Wochen konnte er ziemlich gut englisch sprechen.

Zweifellos waren die Abenteuer, die Percy durchlebte, inspiriert von *Treasure Island* und anderen Büchern her, die Oma und Opa mit meiner Mutter zusammen in Köpenick gelesen hatten. Aber Opa war schon immer ein Bücherwurm gewesen, und er verstand es, in seinen Erzählungen, die er sich für Udo ausdachte, eigene Erlebnisse und Gelesenes zu vermischen.

Jahre später bereiste Udo als Medizinstudent das Mittelmeer auf einem Frachtdampfer, der zufälligerweise ebenfalls von Brindisi ablegte. Er erzählte, wie unglaublich genau Opas Beschreibungen gewesen seien. Er habe Orte aus Opas Schilderungen wiedererkannt, obgleich dieser selbst von Berlin nie weiter entfernt gewesen war als bis zum Fuße des Matterhorns.

Da sie keine Ahnung hatten, wann sie etwas von Mutti hören würden, trafen sie Vorbereitungen für einen längeren Aufenthalt. Sie würden Brennholz brauchen. Also kaufte Opa große Holzklötze, die er mit Udo auf dem Hof der befreundeten Familie zersägte und dann mit einer Axt spaltete. Es war Sitte in jener Gegend, das Brennholz in einer bestimmten Weise durch den Winter zu bringen, nämlich indem man es auf dem Hof zu einem großen, runden Stapel anordnete. Opa und Udo gelang es, eine solche Konstruktion zu errichten.

„Jeden Tag verbrachten wir ein paar Stunden mit unserem Holz", erzählte Udo. „Wir legten zuerst die Holzstücke in einen Kreis, in der Mitte anfangend, der allmählich immer größer wurde und schließlich einen Durchmesser von drei Metern hatte. Dann stapelten wir kreisförmig in die Höhe, immer kleiner im Umfang, bis der Stapel drei Meter hoch war. Damit konnte das Regenwasser problemlos ablaufen. Die Arbeit machte mir großen Spaß."

Die befreundete Familie erlaubte ihnen auch, auf dem großen Grundstück Gemüse und sogar Tabak anzubauen. Sie hatten gerade begonnen, sich den Umständen anzupassen und nicht allzu deprimiert zu sein, als sie eines Tages durch großen Lärm geweckt wurden: Truppen marschierten, Panzer fuhren vorbei, und überall hingen rote Fahnen. Während der Nacht, ohne Warnung, waren die Amerikaner abgezogen und die Russen einmarschiert. Es muss wohl der Tag gewesen sein, an dem der Jalta-Vertrag, worin die Präsidenten Roosevelt, Churchill und Stalin Europa neu aufgeteilt hatten, in Kraft trat. Ohne Rücksicht darauf, wer zuerst diesen Teil Deutschlands besetzt hatte, war bestimmt worden, dass er unter russische Obrigkeit fallen sollte. Wenn man dies den Einwohnern vorher bekannt gemacht hätte, wären wohl viele in Panik geraten und in den Westen geflohen. Das war der Grund, warum der Wechsel heimlich vollzogen wurde.

Es war ein enormer Schock für sie, plötzlich russische Soldaten auf der Straße zu sehen, die sich jedoch anständig benahmen. „Man sah sie herumgehen, aber sie haben niemanden belästigt", erinnerte sich Udo. „Der Unterschied zwischen diesen Russen und denen, die Oma und Opa im Keller von Onkel Max in Berlin erlebt hatten, ist ganz einfach zu erklären. Als die Invasion und Eroberung Deutschlands ihren Höhepunkt erreichte, wurde der Roten Armee, die sonst zu den diszipliniertesten der Welt zählt, die offizielle Erlaubnis zu Ausschreitungen jeder Art gegeben, einschließlich Plünderungen und Vergewaltigungen. Mit dem Ende des Krieges wurde Disziplin wieder zur Normalität. Ein Soldat, der eines strafbaren Vergehens schuldig wurde, zum Beispiel wegen Vergewaltigung von Frauen, konnte erschossen werden."

Eine der ersten Aktivitäten der Russen in Tangerhütte – wie in anderen Städten auch – war die Errichtung vieler Denkmäler für gefallene Kameraden. Auf jedem wurde ein einzelner Name eingraviert, und daneben wurde ein roter Stern angebracht. Dies war das erste Mal, dass Russen in der Gegend gewesen waren, die Denkmäler waren also eher ein Symbol russischer Macht als eine Ehrenbezeigung für die Gefallenen. „Die Stadt sah lächerlich aus: überall rote Fahnen mit Hammer und Sichel, und dazu noch diese Denkmäler", sagte Udo.

Plötzlich unter der Kontrolle von Russen zu sein, war für Oma, Opa und Udo insofern beängstigend, weil sie nun in einer anderen militärischen Zone waren als Mutti und ich. Wir waren durch die neue Grenze – die bald Teil des Eisernen Vorhangs werden sollte – voneinander getrennt, und allen Menschen war es strengstens verboten, sie zu überschreiten. Auch Gütertransport und Postverbindungen waren vollkommen abgeschnitten.

Meine Großeltern waren darüber schrecklich besorgt. Udo dagegen, gerade zwölf geworden, konnte sich später nicht mehr daran erinnern, besonders besorgt oder unglücklich gewesen zu sein, sondern hatte sich vielmehr darauf eingestellt, den Winter dort zu verbringen.

Nach einer Weile begannen sie, täglich zur Polizeistation zu gehen, in der Hoffnung, ihr beschlagnahmtes Gepäck wiederzuerlangen. Endlich händigte man ihnen den größten Teil davon aus, aber das Päckchen, auf welches Udo sich am meisten gefreut hatte, war nicht da, nämlich die Büchse harter Schokolade, die ihm ein deutscher Soldat aus seiner eisernen Ration geschenkt hatte.

Das Leben ging ruhig weiter. Sie setzten den englischen Unterricht fort, machten Spaziergänge im Wald und beschäftigten sich täglich mit dem Brennholz. Eines Tages wurde das städtische Schwimmbad geöffnet, und da sie seit mehreren Monaten kein richtiges Bad hatten nehmen können, wuschen sie sich dort gründlich: „Ein wunderbares Gefühl!"

Sie hatten gerade genug zu essen. Udo erinnert sich nicht daran, hungrig gewesen zu sein. Aber es gab eigenartige Mahlzeiten, wie zum Beispiel „Himmel und Erde", ein Mischmasch aus Kartoffelbrei und Apfelsoße. Einmal bekamen sie ein großes Stück Schweinefleisch, welches im Schlachthaus für unbrauchbar erklärt worden war. Zum Kochen, sagte man ihnen, sei es noch genießbar. Sie luden also die nette Nachbarsfamilie, das alte Ehepaar und die Tochter mit ihren Kindern, zu einem festlichen Essen ein. Sie aßen zusammen im oberen

Esszimmer. Oma hatte die Mahlzeit nach englischer Art zubereitet, mit allem, was dazugehört – also mit Apfelmus, gerösteten Kartoffeln und Bratensoße. Unbrauchbares Fleisch oder nicht – alle genossen es und haben es überlebt.

Dann, eines Tages im September, klopfte es an der Tür; es war Herr Drenhaus. Er überreichte ihnen einen Brief von Mutti und sagte, er wolle ihnen helfen, über die Grenze zu gelangen.

Er würde anschließend nach Berlin gehen, um seine Frau und seinen Sohn abzuholen, und würde sich dann in der Stadt Neuhaldensleben mit ihnen treffen. Dort sei es ziemlich einfach, durch unbebautes Land und Wälder über die Grenze zu gehen, es seien nicht viele Russen in der Gegend. Er nannte ihnen ein Datum für seine geplante Rückkehr von Berlin, so dass ihnen eine Woche blieb, um sich für die Reise vorzubereiten. Natürlich waren alle drei überglücklich.

Sie schenkten der Familie, die so gut zu ihnen gewesen war, alles, was sie nicht mitnehmen konnten, darunter die Lebensmittel und das ganze Brennholz. Der Großvater erhielt Opas wertvollen Tabakvorrat, der zum Teil bereits getrocknet, geschnitten und fertig zum Rauchen war. Dann tauschten sie die drei Fahrräder der Familie Thiele – ich habe keine Ahnung, wie sie je nach Tangerhütte gelangt waren – gegen Rucksäcke ein, und den Handwagen, den Oma und Opa von Berlin hinter sich hergezogen hatten, gegen Fleischkonserven. Die Rucksäcke packten sie so voll, wie es nur ging, mit den Dosen und anderen Lebensmitteln. Die Kleidung wurde in einen Koffer gepackt, den Opa und Udo gemeinsam tragen sollten, mit Hilfe eines durch den Griff geschobenen Stockes.

Am verabredeten Tag sagten sie ihren Freunden Lebwohl und fuhren mit dem Zug – die Eisenbahn verkehrte wieder – nach Magdeburg, und von dort mit einer kleineren Bahn nach Neuhaldensleben. Als sie abends dort ankamen, fanden sie heraus, dass eine noch kleinere Bahn zu einer Haltestelle namens „Zuckerfabrik" fuhr – wo tatsächlich eine Zuckerfabrik stand – die ganz in der Nähe der britischen Zone lag, wo schon viele, so hieß es, hinübergelangt seien. Ihrer Verabredung gemäß begaben sie sich zu dem Haus, in welchem die Tante von Herrn Drenhaus wohnte. Er war aber noch nicht angekommen. Sie hinterließen bei der Tante einen Brief für ihn, worin sie ihm mitteilten, dass sie versuchen wollten, allein über die Grenze zu gehen. Dann fuhren sie per Eisenbahn mit ihrem Koffer und den Rucksäcken zur Haltestelle Zuckerfabrik.

Die Szenerie, die sie erblickten, als der Zug anhielt, war ominös, denn viele andere stiegen ebenfalls aus. Sie hatten gehofft, allein und unbemerkt im Dunkeln der Nacht über die Grenze zu schleichen. Aber sehr viele andere hatten den gleichen Plan. Im Verlauf der folgenden Jahre gingen mehrere Millionen Deutsche heimlich in den Westen, mehrere Hunderte wurden bei dem Unternehmen erschossen. An diesem Abend stieg eine große Zahl Menschen aus dem Zug. Alle waren Flüchtlinge mit Rucksäcken, Beuteln und Bündeln, darunter eine Gruppe entlassener deutscher Kriegsgefangener. Udo erinnert sich: „Sie müssen wohl aus Russland gekommen sein, denn sie sahen so schrecklich abgemagert aus, fast wie Gerippe. Auch mehrere Jugendliche waren dabei, die so aussahen, als kämen sie aus einem Konzentrationslager. Ein furchtbarer Anblick."

Als es dunkel wurde, liefen die drei los, in westlicher Richtung über Felder und dann an den Eisenbahnschienen entlang. Sie wussten nicht, wie weit sie gehen mussten. Plötzlich erschien ein Schatten hinter einem Gebüsch. Es war ein russischer Soldat mit Gewehr, der „Stoi!" rief (Halt!), und sie zurückwies in die Richtung, aus der sie gekommen waren.

„Ich dachte, wir hätten fast die Grenze erreicht", fuhr Udo in seiner Erzählung fort, „und ich sagte dummerweise zu Opa: ‚Gib ihm doch deine Uhr!'. Der Russe muss das Wort ‚Uhr' gehört haben, denn er verlangte jetzt ‚Uhr! Uhr!' Es war das bei den Russen beliebteste deutsche Wort. Opa hatte zwei goldene Uhren bei sich – Familienerbstücke. Er gab eine dem Soldaten – nun, es blieb ihm jetzt nichts anderes übrig. Er hoffte auch, der Russe würde uns nun über die Grenze gehen lassen. Er ließ uns auch weitergehen, aber ein paar Schritte weiter schrie uns ein anderer Soldat an, und der befahl uns ebenfalls, umzukehren."

Sie versuchten noch mehrmals in jener Nacht, über die Grenze zu gelangen, aber sie hatten kein Glück. Schließlich gaben sie es auf und verbrachten die Nacht in einem kleinen Schutzraum der Eisenbahnstation. Es war kalt, und sie waren umgeben von diesen verhungert aussehenden, aus der Gefangenschaft entlassenen jungen Männern. „Wir waren sehr deprimiert", sagte Udo. „Außerdem machte ich mir dauernd größte Vorwürfe wegen der Uhr. Dieser Vorfall machte solchen Eindruck auf mich, dass ich mein ganzes Leben lang mit Bedauern daran zurückgedacht habe. Aber von Opa kam nie auch nur der leiseste Vorwurf. Das zeigt, was für ein großzügiger Mensch er war."

Am nächsten Morgen fuhren sie, in recht niedergeschlagener Stimmung, mit der Eisenbahn nach Neuhaldensleben zurück und suchten wieder die Tante von Herrn Drenhaus auf. Sie war sehr gut zu ihnen, gab ihnen zu essen und bot ihnen an, dort zu schlafen.

Im Laufe des Tages kam Herr Drenhaus mit seiner Frau und dem kleinen Sohn; sechs Personen beherbergte die Tante nun in ihrer kleinen Wohnung, und alle verpflegte sie mit ihrer eigenen schmalen Lebensmittelration. Oma und Opa gaben aus ihren Vorräten her, was sie entbehren konnten.

Am folgenden Tag unternahmen sie, unter der Führung von Herrn Drenhaus, einen weiteren Versuch. Diesmal wollten sie den Koffer zurücklassen, und packten ihre Sachen so um, dass sie alles, was sie brauchten, auf dem Rücken tragen konnten.

Noch einmal zum Bahnhof und in den kleinen Zug, aber diesmal fuhren sie eine Station weiter als nur bis zur Zuckerfabrik. Im Zug waren Hunderte von Flüchtlingen, die am selben Bahnhof ausstiegen wie sie. Das war beunruhigend, und was sie befürchtet hatten, trat ein. Udo erzählte weiter:

„Als wir den Bahnhof verließen und in westlicher Richtung liefen, bergauf über Felder, erschienen russische Soldaten und trieben uns alle zurück. Einer hatte einen Stock in der Hand und fing an, auf die Leute einzuschlagen. Er traf Herrn Drenhaus direkt auf den Mund, und wir sahen Blut fließen. Oma, Opa und ich rannten davon, quer über das Feld, nur fort von all den Menschen und den Soldaten, und – wer weiß warum – niemand verfolgte uns. Vielleicht hielten sie es für wichtiger, die große Menge zurückzutreiben, als sich um uns drei zu kümmern. Jedenfalls entkamen wir und gingen, beladen mit unseren Rucksäcken, bergauf über ein gepflügtes Feld. Als wir einen kleinen Wald erreichten – typisch deutsch, alle Bäume von der gleichen Sorte in geraden Reihen – waren wir erschöpft und warfen uns auf die Erde, um uns zu erholen. Opa kämpfte um Atem, und ich fing an zu weinen, weil ich dachte, er würde sterben. Er hatte einen so kurzen Atem und keuchte fürchterlich.

Allmählich wurde sein Atem wieder normal, und wir blieben eine Weile geräuschlos liegen; dann aßen wir etwas, und nachdem wir uns erholt hatten, liefen wir weiter in westlicher Richtung. Als wir eine Lichtung erreichten, trafen wir ein paar Leute, die sagten: ‚Sie sind beinahe drüben.' Dann kamen wir zu einem Steinbruch mit einem Zaun drumherum, in dem Zaun war ein Loch. Einige Menschen kletterten hindurch und behaupteten: ‚Auf der anderen Seite ist England.' Alle nannten die britische Zone ‚England'. Wir kletterten also durch den Zaun, aber auf der anderen Seite war nicht England.

Wir befanden uns mitten in einer Gruppe, die wieder einmal von russischen Soldaten in die Richtung getrieben wurde, aus der wir gekommen waren.

Die Russen schoben uns auf eine Landstraße, wo noch mehr Flüchtlinge und weitere Soldaten warteten. Ein paar hundert Menschen waren dort versammelt, und zwei oder drei Soldaten zwangen uns, ostwärts zu marschieren. Wir drei waren die Schwächsten der Gruppe – zwei alte Leute und ein Junge – und wir bildeten den Schluss der Kolonne. Wir waren ganz besessen von dem Gedanken, von hier wegzukommen. Es bestand keine Verständigung zwischen uns dreien, wie wir das erreichen sollten.

Das Nächste, woran ich mich erinnere, ist, dass der Soldat hinter mir mit einem anderen Soldaten, der aus der entgegengesetzten Richtung gekommen war, in eifrigem Gespräch war. Ohne nachzudenken, warf ich mich seitwärts aus der Menschenkolonne heraus in den engen Graben, der neben der Straße verlief und dicht mit Farnkräutern bewachsen war. Oma und Opa bemerkten das natürlich und folgten mir. Erstaunlicherweise waren wir die Einzigen von all diesen Menschen, die auf diese Weise freikamen. Es war unglaublich. Die Kolonne der Flüchtlinge wurde vorwärts getrieben, aber wir waren entkommen.

Wir warteten im Graben, bis niemand mehr zu sehen war, dann gingen wir zurück in den Wald und setzten uns ein Weilchen hin, um auszuruhen und ein paar Bissen zu essen.

Plötzlich sahen wir einen Mann, der mit Tirolerhut sorglos pfeifend auf uns zukam. Er grüßte uns und fragte: ‚Bin ich in Russland?' Wir bejahten. Er sei gerade aus der britischen Zone gekommen, und wir fragten ihn, wie er das fertig gebracht hatte. ‚Ach, ganz leicht', antwortete er. ‚In dieser Richtung ist eine Stelle, die von Farnen bewachsen ist. Hohen Farnen. Dazwischen sind kleine Tierpfade, die westlich führen. Die gehen Sie entlang. Ganz einfach.' Wir dankten ihm und fanden die Stelle mit den hohen Farnen. Die müssen fast zwei Meter hoch gewesen sein.

Mittendurch führte ein kleiner Pfad, so einen halben Meter breit, sich unregelmäßig windend, zweifellos von Tieren geschaffen. Und er führte westwärts. Wir gingen im Gänsemarsch, ich voran, Oma und Opa hinter mir.

Schließlich erreichten wir das Ende des Farnwalds und befanden uns am Rand eines ausgetrockneten Flusses, nur ein kleines Wassergerinnsel verlief in der Mitte, dichte Farnkräuter wuchsen an beiden Ufern. Wir gingen also am Flussufer entlang. ‚Wo sind wir nur?', fragten wir uns. Um mehr sehen zu können, kletterte ich die Flussböschung hinauf, und voller Staunen sah ich mich auf einmal einem Schild gegenüber. Er bestand aus zwei blau gestrichenen Stangen mit einem Brett dazwischen, darauf stand geschrieben:

SIE BETRETEN JETZT DIE BRITISCHE ZONE

Wir waren nahezu ekstatisch vor Freude.

Um auch wirklich absolut sicher zu sein, dass wir die britische Zone betraten, gingen wir einzeln unter dem Brett und zwischen den beiden Stangen hindurch. Auf der anderen Seite setzten wir uns hin, um auszuruhen. Ein Mann, der Brennholz sammelte, kam mit seinem kleinen Pferdewagen zu uns herüber. ‚Kommt ihr von Russland?' fragte er.

Als wir bejahten, warnte er uns: ‚Manchmal kommen die Russen rüber und nehmen Leute wie euch wieder mit.' Wir gingen also eiligst weiter, bis wir eine Landstraße erreichten. Dort sahen wir einen Jeep mit englischen Soldaten. Oma rief ihnen zu und sprach sie auf englisch an. Sie freuten sich sehr, uns zu sehen, gaben uns Kaugummi und Schokolade und nahmen uns mit zum nächsten Dorf namens Grasleben. Von dort fuhren wir mit einer kleinen Eisenbahn nach Helmstedt, und dann mit einer anderen nach Braunschweig.

Da an diesem Tag kein Zug mehr nach Recklinghausen fuhr, verbrachten wir die Nacht im Wartesaal des Bahnhofs, zusammen mit vielen anderen. Das Gebäude war bombengeschädigt und nur noch ein Gerippe ohne Dach.

Ich saß die ganze Nacht auf meinem Rucksack. Ich trug eine alte Luftwaffenmütze. Mir war so kalt, so windig war es, dass ich den Schirm in die Halsöffnung meiner Jacke hineinschob, so schützte sie ein bisschen.

In der Frühe des nächsten Morgens gingen wir auf den Bahnsteig. Hunderte von Menschen waren schon da. Plötzlich schrie eine Frau neben uns: ‚Mein Kind ist tot! Mein Kind ist tot!' – und die Frau hielt ihr totes Kind hoch. Es war schrecklich, so etwas zu sehen; sie war mit einem alten Mann zusammen, der Opa etwas ähnlich sah. Er war sehr bestürzt, dieser alte Mann. Diesen Moment werde ich nie vergessen, solange ich lebe. Das Kind muss wohl an Unterernährung gestorben sein.

Wir standen noch immer wartend da, als wir überraschend Herrn Drenhaus und seine Familie erblickten. Sie hatten es also auch geschafft. Wir freuten uns sehr darüber, und er schien sich ebenso zu freuen, uns zu sehen. Auf seinem Gesicht waren Spuren der Schläge, die er erlitten hatte, aber die Wunden waren nicht so schlimm, wie ich erwartet hatte. Dann fuhr der Zug ein. Ich hatte Erfahrung im Besteigen von Eisenbahnzügen. Wie gewöhnlich war ich als erster im Wagen und reservierte Sitzplätze.

Es war ein veralteter Bummelzug ohne Korridore. Wir fuhren den ganzen Tag lang, mindestens acht Stunden, nach Recklinghausen. Am Nachmittag musste ich dringend pinkeln, aber wohin? Als der Zug nach einem Halt wieder anfuhr, sagte ein Mann zu mir: ‚Na, mach schon, ich halte die Tür auf, bevor der Zug zu schnell wird.' Also pinkelte ich aus dem fahrenden Zug – das tat gut. Am späten Nachmittag kamen wir endlich in Recklinghausen an, und Herr Drenhaus führte uns zum Elper Weg. Wir standen nur kurz vor dem Haus, als wir dich auf der Straße uns entgegenspringen sahen."

KAPITEL 16

Oma neu geboren

Oma und Opa in Recklinghausen, kurz nach ihrer Flucht aus der russischen Zone (Herbst 1945)

Der Herbst 1945 war eine schwere Zeit für Deutschland, und Recklinghausen machte keine Ausnahme. Familien trauerten um die im Krieg Verlorenen. Zwei Millionen Soldaten waren gefallen oder vermisst. Staat und Wirtschaft waren zusammengebrochen; und der Marshall-Plan war noch nicht in Kraft getreten. Außer den Lebensmittelrationen, die jetzt noch geringer waren als im Krieg, gab es nichts in den Läden. Zum ersten Mal im Leben ging ich hungrig zu Bett und schlecht gekleidet zur Schule. Meine Mutter suchte vergebens nach abgelegten Kleidungsstücken, aus denen sie mir etwas Tragbares nähen konnte. Aus einer alten Hakenkreuzfahne machte sie mir ein Dirndlkleid. Das Wetter hatte die Farbe über die Jahre dunkel gemacht – wie eingetrocknetes Blut – und der Stoff kratzte. Ich fand das Kleid grässlich, musste es aber tragen, weil ich aus allem anderen herausgewachsen war.

Abgesehen von den materiellen Schwierigkeiten und den persönlichen Tragödien, welche die Überlebenden des Krieges durchzumachen hatten, waren viele durch die Verwirrung der Zeit seelisch tief verwundet. Mit ungläubiger Bestürzung sahen sie zu, wie ihr Vaterland zerstückelt wurde. Es waren Tage der Hoffnungslosigkeit. Nach dem Chaos und der Depression der zwanziger

Jahre hatte Hitler ihnen geholfen, ihr Land wieder aufzubauen und damit ihre Selbstachtung und Hoffnung wiederzuerlangen. Fast zehn Jahre hatte seine Propaganda ihnen den Glauben eingehämmert, sie seien überlegen, und es sei ihre Pflicht, sogar ihr Schicksal, den Krieg zu gewinnen. Die Wirklichkeit, die jetzige Niederlage, war unfassbar für alle Deutschen. Sie zogen sich in sich selbst zurück, und der einzige Maßstab ihres Handels war roher Selbsterhaltungstrieb.

Lange vernachlässigte Verwandte auf dem Land waren auf einmal sehr beliebt. Wer auch nur ein bisschen Land hatte, konnte unversehens in die Situation geraten, ein kleines, privates Flüchtlingslager zu betreiben. Manche Stadtbewohner verkrochen sich, deprimiert und schweigsam. Andere blickten aufmerksam umher, in der Erkenntnis, dass sie jetzt all ihre Klugheit einsetzen mussten, um zu überleben. Sie entwickelten diejenigen Fähigkeiten, die ihnen den größten Vorteil brachten, nämlich Geschicklichkeit beim Tauschhandel und auf dem Schwarzmarkt. Es war eine Zeit der stummen Verzweiflung.

Aber während ringsum die allgemeine Moral am Boden lag, war in unserem Haus im Elper Weg eine deutliche Euphorie zu spüren. Ich bemerkte, wie die drei Erwachsenen meiner Familie, allen voran Oma, sichtlich aufblühten.

Wenige Tage nach ihrer Ankunft verschwand um Oma und Opa alles Greisenhafte, das gehetzte Aussehen und die Zerbrochenheit. Aus ihnen war ein lebhaftes Seniorenpaar geworden, das in einer permanenten Begeisterung zu sein schien. Mutti hatte ebenfalls ihr angespanntes, ruheloses Aussehen der letzten paar Monate abgeworfen. Ihre Schultern hatten sich verbreitert, sie ging aufrecht und sah fast ein paar Zentimeter größer aus. Ihr Verhalten war selbstsicherer, fröhlicher und freier, als ich sie je erlebt hatte.

Was hatte wohl bewirkt, dass die drei wie neugeboren erschienen? Bei Oma und Opa war es nicht lediglich deshalb, weil sie den Russen zum zweiten Mal entkommen waren. Es war auch die Freude, sich unerwartet in einem englischen Milieu zu befinden, Kontakt zu haben mit ihren englischen Wurzeln; Gelegenheit zu haben, verständigen Zuhörern von ihrer englischen Vergangenheit zu erzählen, und somit die Periode in ihrem Leben, die sie als ihre „goldenen Jahre" bezeichnen konnten, wiederaufleben zu lassen. Nach sechs Jahren ohne Postverbindung konnten sie wieder die Fäden nach England aufnehmen.

Vor unserer Wiedervereinigung in Recklinghausen kannte ich meine Großmutter nur von dem Leben in Mahlsdorf. Dort hatte sie dieselben Bombenangriffe und Knappheiten wie alle anderen durchlitten, und sich eingefügt, so gut sie konnte. Das ging sogar so weit, dass sie den Krieg gegen ihre eigenen Landsleute ausdrücklich befürwortete. Auch wenn diese Einstellung sie davor schützte, als Ausländerin verfolgt zu werden, half es ihr keineswegs, als gleichberechtigt angesehen und ernst genommen zu werden. Bei der Mahlsdorfer Nachbarschaft hatte sie als ein etwas schräger Vogel gegolten, ein wenig kauzig, aber dennoch liebenswürdig. Sie war jemand, den man aus reiner Herzensgüte duldete, und nicht etwa, weil sie das Recht gehabt hätte, anders zu sein. In Nazideutschland hatte man sehr schnell Verdacht erregt, wenn man vom „Normalen" abwich.

Jetzt, zwei Jahre später, musste ich meinen früheren Eindruck von Oma revidieren. Aus der lächelnd geduldeten Frau war nach wenigen Tagen hier in Recklinghausen eine selbstsichere, gutgelaunte Weltbürgerin geworden, die von einem großen Kreis neuer Freunde Respekt und sogar höchste Bewunderung empfing. Sie waren eine seltsame Mischung, diese Verehrer, die nur zweierlei gemeinsam hatten: sie gehörten zur Besatzungstruppe, und sie waren britisch.

Es war typisch für Oma, dass sie, als erstes nach ihrer Ankunft in Recklinghausen, ihr vernachlässigtes Äußeres in Ordnung brachte. Sie ließ sich von Opa frisieren und ihre Fingernägel maniküren, und was sie noch an Kleidung besaß, wurde mit Muttis Hilfe erneuert. Bald hätte niemand mehr glauben können, dass diese elegante 65-jährige Dame noch vor wenigen Tagen von russischen Soldaten gejagt worden war, als sie, rucksackbeladen, über Feld und Wiesen durch das Niemandsland in den Westen lief.

Sie übernahm den Haushalt, während meine Mutter ihrer Arbeit nachging, und sie sprühte voller Energie, Optimismus und Humor. Dies war das erste Mal nach Muttis Heirat vor vierzehn Jahren, dass sie mit ihren Eltern wieder unter einem Dach wohnte. Mühelos glitten die drei in das frühere intime Zusammenleben im Exil zurück, so wie am Ende des Ersten Weltkrieges, als sie aus England deportiert worden waren und sich in Köpenick niedergelassen hatten. Damals waren sie gesellschaftlich immer etwas isoliert gewesen, weil sie miteinander nur englisch sprachen und sich selbst als im Ausland lebende Engländer ansahen. Aber diesmal waren sie überhaupt nicht isoliert.

Die Wohnung, in der wir jetzt lebten, war von der Militärregierung „aus politischen Gründen" beschlagnahmt worden. Wir haben nie herausgefunden, wer die früheren Besitzer waren, und wessen schöne Möbel und gute Haushaltsgeräte wir benutzten. Ebensowenig wussten wir, wer im Moment in unserem Haushalt in Mahlsdorf wohnte. Wem auch immer unsere jetzige

Wohnung gehörte, er hätte sich wahrlich keine dankbareren Gäste wünschen können. Hätten wir nicht eine so schöne Wohnung bewohnen dürfen, wäre das folgende Jahr keineswegs so fruchtbar ausgefallen – für jeden von uns auf andere Art.

Meine Mutter war nun zur Privatassistentin des Militärgouverneurs befördert worden, eines kanadischen Majors, dem die Besatzung der Recklinghausener Gegend unterstand. Sie war damit also die Hauptperson in der Kommunikation zwischen der deutschen Bevölkerung und der Besatzungsarmee. Im Vorraum der Verwaltung sitzend, behandelte sie Gesuche, Anliegen und Klagen, die dem Major vorgelegt wurden. Sie schrieb für ihn Berichte und Briefe in der jeweiligen Sprache und war seine persönliche Dolmetscherin in Verhandlungen, die zwischen ihm und Vertretern der Zivilbevölkerung stattfanden.

Durch ihre Stellung kam sie in Kontakt mit allerlei Militärpersonen. Fraternisieren mit den Deutschen war ihnen in jenen Tagen nicht erlaubt, aber viele machten keinen Hehl daraus, dass sie sich auf den Tag freuten, an dem sie endlich mit den Deutschen, besonders mit englisch sprechenden Deutschen, zusammenkommen durften. Mutti wollte ihnen gerne helfen, aber sie kannte niemanden, mit denen sich die Einsamen mal unterhalten konnten, außer ihrer eigenen Familie. So war es nur natürlich, den einen oder anderen nach Hause einzuladen. Selbst dies war eigentlich problematisch, denn wenn auch Mutti eine wichtige Rolle in der Militärregierung spielte, war sie doch Deutsche, wie wir anderen in der Familie auch. Der Versuch, hier erfolgreich eine Demarkationslinie zu ziehen, hätte selbst manchen deutschen Bürokraten überfordert. Mit typisch britischem Pragmatismus sah die britische Obrigkeit darüber hinweg, dass ein rasch anschwellender Strom von Besuchern – englische Kollegen und Bekannte meiner Mutter – regelmäßig die Schwelle von Omas „Salon“ überschritten. Der Umstand, dass solche Besuche eigentlich verboten waren, verlieh dem Ganzen ein Hauch von Verschwörung, was anscheinend alles noch interessanter machte.

Die Besucher, an die ich mich am besten erinnere, waren der Major selbst und sein rothaariger Assistent, Major Gadd mit vollem Schnurrbart und rundlicher Figur, ebenso Sergeant Pedley, der aus dem „Black Country“[39] in der Mitte Englands stammte. Um seiner Heimat Ehre zu tun, hatte er die schwärzesten Augen, die man sich vorstellen konnte, und ebenso schwarze,

39 So benannt nach dem reichen Kohlevorkommen, das im Tagebau gefördert wurde.

dichte Augenbrauen. Es kamen auch zwei robuste Damen, Miss Green und Miss Brown, die der Heilsarmee angehörten und welche die Recklinghauser NAAFI[40] in ihrer Obhut hatten.

Ich war sehr traurig, als unser erster englischer Freund, Captain Chapman, der einzige, der ein bisschen deutsch sprach, bald demobilisiert wurde. Er blieb trotzdem mit uns in Kontakt, wurde Lehrer und schickte mir mein allererstes „richtiges" englisches Buch, das heute noch in meinem Besitz ist.

Wir konnten unseren Gästen nichts zu essen oder zu trinken anbieten, es sei denn, sie brachten ihre Verpflegung mit. Selbst wenn wir genügend gehabt hätten, um mit ihnen teilen zu können, würden sie uns wohl kaum für unser hartes Brot dankbar gewesen sein, ebensowenig für die wässrige Marmelade und den tränentreibend bitteren „Ersatzkaffee". Bei uns zu essen konnte in der Tat peinlich sein, wie Captain Chapman mir Jahre später gestand. Da er häufig etwas mitbrachte, wurde er von Mutti zum Essen eingeladen. Als höflicher junger Mann bot er an, beim Tischdecken zu helfen. Mutti bat ihn, eine Schüssel Kartoffeln aus der Küche auf den Esstisch zu tragen, aber sowie er sich anschickte, das Hauptgericht zu holen, fiel ihm auf, dass er das soeben wohl schon getan haben musste. In dem Moment beschloss er, bei seiner nächsten Rückkehr aus England für mich eine Flasche Ribena-Johannisbeersaft mitzubringen, und für Mutti ein Kochbuch mit Rezepten für gesunde Suppen, die man aus alltäglichen Kräutern wie Nesseln und Löwenzahnblättern zubereiten konnte; das war vor kurzem in England von der WRVS[41], den freiwilligen Kriegshelferinnen, herausgebracht worden.

Unsere Besucher kamen um der Gesellschaft willen, und sie waren sichtlich erstaunt, als ihnen bei ihrem ersten Besuch die Tür von einer kleinen, grauhaarigen, typisch englischen Dame geöffnet wurde, die ebensogut ihre Mutter oder ihre Tante hätte sein können. Omas lebhafte Persönlichkeit, ihr Witz und ihr Talent, ihre Erlebnisse mit Humor zu beschreiben, waren unwiderstehlich. Fünfundzwanzig Jahre lang war sie als eine Art Kuriosität angesehen worden; nun wurde sie um ihrer selbst willen respektiert und verehrt. Sie genoss das.

40 Navy, Army and Air Force Institutes: eine Organisation, die britischen Streitkräften und ihren Familien im In- und Ausland Erholungseinrichtungen bietet und sie mit Waren des täglichen Bedarfs versorgt.

41 Der „Women's Voluntary Service" war bereits 1938 gegründet worden, um eine Notversorgung im Falle eines Krieges zu gewährleisten.

Es begannen heitere Abende mit Kartenspielen, die weder Udo noch ich kannten. Zuweilen unterhielt Mutti unsere neuen Freunde am Klavier. Da ich immer noch kein Englisch sprach, konnte ich meistens nicht verstehen, worüber sie sich unterhielten. Jedenfalls war kein Zweifel, dass die allgemeine Stimmung stets fröhlich war.

Hin und wieder luden die Freunde Oma zu einem Ausflug ein, einmal zu einem Amphitheater, wo ein großer Zapfenstreich stattfand, mit Paraden und Marschmusik. In ihrer Jugend hatte Oma in London die berühmten musikalischen Theatervorstellungen geliebt, wie zum Beispiel das Musical *Chu Chin Chow*. Seit diesen Tagen hatte sie nie wieder etwas so Großartiges erlebt. Sie war begeistert, als sie von dem Zapfenstreich nach Hause kam, und beschrieb Udo und mir mit Worten und Gebärden die wundervollen Darbietungen, die sie gesehen hatte.

Ihre größte Stunde kam jedoch, als sie einmal im Krankenhaus liegen musste: „Ich saß aufrecht im Bett“, erzählte sie uns später, „als ich plötzlich Blasmusik hörte. Eine Kapelle spielte englische Melodien, *Greensleeves* und *The Lord Is My Shepherd*. Ich guckte aus dem Fenster und sah Opa mit Captain Crainer und seiner Kapelle von der Heilsarmee die Auffahrt entlangkommen. Opa war mitgekommen, um ihnen zu zeigen, wo mein Fenster war. Direkt darunter standen die Musiker dann im Kreis und spielten eine halbe Stunde lang für mich allein. Alle Fenster wurden geöffnet, denn keiner verstand, was da los war. Captain Crainer winkte mit der Hand zu mir herauf. Als letztes spielten sie dann *Abide With Me*. Es war wunderschön.“

Oma war außer sich vor Freude. Es war wohl das einzige Mal in ihrem Leben, dass sie persönlich derart gefeiert wurde.

Opa organisierte auch schnell ein angenehmes Leben für sich. Eines Tages hing an unserer Haustür ein Messingschild mit der Aufschrift „Herr Richard Druhm, Englischlehrer“. Die Recklinghausener Einwohner waren hoch interessiert daran, Englisch zu lernen, und bald hatte er so viele Schüler, wie es seine Zeit nur zuließ; auch ein paar wenige englische Soldaten wollten ein bisschen Deutsch lernen, um in Erwartung der Fraternisierungserlaubnis mit Deutschen verkehren zu können. Ich selbst konnte immer noch nicht sonderlich viel englisch sprechen, außer ein paar Höflichkeitsworten, ich fühlte mich aber recht überlegen, als ich eines Tages einem deutschen Schüler die Tür öffnete, der mich mit einem fröhlichen „Goodbye!“ begrüßte.

Opas nächste Idee war, ein kleines Grundstück zu mieten. Es machte die Gartennachbarn neugierig zu beobachten, als er eine Pflanze züchtete, die sie vorher noch nie gesehen hatten. Sie hatten ja nicht vier Jahre lang im Ersten Weltkrieg die harte Schule eines englischen Internierungslagers durchgemacht. Dort hatte Opa seine Kenntnisse über das Züchten, Trocknen, Rollen und Schneiden von Tabakblättern erworben und noch einige andere geheimnisvolle Fähigkeiten, zum Beispiel, wie man mit Hilfe einer Bierflaschenscherbe eine Rasierklinge so schärft, dass sie nahezu ewig hält.

Es gab bis jetzt keine Postverbindung zwischen Deutschland und dem früheren Gegner, und Militärpersonen war es strengstens untersagt, Briefe von deutschen Zivilisten nach England zu befördern. Miss Green, unsere Freundin von der Heilsarmee, schenkte dieser Regelung keine Beachtung und bot an, für Oma Briefe mitzunehmen und in England in den Briefkasten zu werfen. Somit konnte Oma erfahren, wie es ihren Verwandten und Bekannten in den langen Kriegsjahren ergangen war.

Die erste Nachricht, die Oma erreichte, war die Mitteilung, dass im ersten Kriegsjahr ihre Mutter im Alter von 84 Jahren gestorben war. Oma verbrachte nun viele Stunden mit Briefeschreiben an ihre Schwestern und an ihre englischen Friseurfreunde. Es kamen immer dicke Umschläge mit ungewöhnlicher, schräger Handschrift. Wir hatten schon viel von Auntie Hopey gehört, und ihre Briefe erkannten wir bereits am Äußeren, denn sie schrieb immer mit grüner Tinte – ein Zeichen höchster Dekadenz, wie Udo und ich dachten.

Da ich nicht viel Englisch verstand, hatte ich wenig zu tun mit dieser neuen Geselligkeit in der Familie. Udo jedoch war sehr beliebt. Nur seinen Vornamen mochten die Engländer nicht. Eines Tages verkündeten Sergeant Pedley und ein paar seiner Kameraden frei heraus, „Udo“ klinge so absolut teutonisch und fremdartig, dass sie ihn von nun an „Jack“ nennen würden. Das taten sie auch, und der Name blieb hängen.

Für mich gab es keinen regelmäßigen Englischunterricht. Mutti dachte, da ich dauernd nur Englisch um mich herum sprechen hörte, würde ich es einfach aufnehmen. Das passierte aber keineswegs. Nicht etwa, weil ich mich dagegen gesträubt hätte. Ich war einfach zu sehr von meinem eigenen Leben in Anspruch genommen: von der Schule zum Beispiel, denn Fräulein Buchholz verteilte stapelweise Hausaufgaben, von den Klavierstunden, mit denen ich vor kurzem begonnen hatte, von meinen Freunden, wie etwa der Familie Kleine, von Marie-Louise und – vor kurzem hinzugekommen – von meinem Füchslein. Ich hatte mich mit dem Tierwärter im Stadtpark angefreundet, der mich beim Füttern der Tiere helfen ließ. Neuerdings durfte ich jeden Nachmittag mit einem kleinen Fuchs an der Leine spazieren gehen. Welch große

Verantwortung! Dies alles erfüllte mein Leben, und all das Englische, das jetzt in der Familie eine Rolle spielte, hatte nichts mit mir zu tun. Bei uns drehte sich alles meist um die drei Erwachsenen.

Nur als Miss Brown einmal ein Monopoly-Spiel von der NAAFI mitbrachte, wollte ich mich unbedingt der englischen Gruppe anschließen, denn ich hatte entdeckt, dass ich nicht viel englisch sprechen brauchte, um mitzuspielen. Ich war auch nicht zu stolz, um meine Freude zu zeigen angesichts der NAAFI-Leckerbissen, die Miss Brown und Miss Green zuweilen mitbrachten. Wir hatten ja lange Zeit Süßigkeiten jeder Art entbehren müssen. Ein Teller voller Doughnuts oder weiches Weißbrot mit Sirup kam uns wie ein großer Luxus vor. Ob man diese Dinge ernstlich als Nahrungsmittel bezeichnen konnte, war eine andere Sache. Sie waren klebrig, und man brauchte nicht zu kauen. Wir fanden sie unwiderstehlich, sahen es aber nicht als „Lebensmittel" an. Die anderen Dinge, welche die Besucher von Oma, Opa und Mutti mitbrachten und von ihnen mit Begeisterung angenommen wurden, wie englische Bücher, Zeitschriften und Teepakete, interessierten mich nicht im geringsten. Daher musste die Familie meinetwegen zweisprachig bleiben.

Von den fünf Personen, aus denen unsere Familie jetzt bestand, war es ohne Zweifel meine Mutter, die am meisten unter den neuen Umständen gedieh. Sie schien Talente in sich entdeckt zu haben, die weder sie noch andere in ihr vermutet hätten. Sie strahlte Selbstvertrauen und eine Leichtigkeit aus, die ich nie bei ihr wahrgenommen hatte. Sie sah schöner aus denn je, und ich bemerkte oft, wie unsere neuen Freunde mit bewundernden Blicken an ihr hingen.

Zum ersten Mal, seit wir Berlin verlassen hatten, besaß sie ein Klavier, auf dem sie ausdrucksvoller als je zuvor spielte. Auch der Drang zu malen kehrte bei ihr wieder. Es war nicht einfach, die dafür benötigten Materialien zu bekommen, aber irgendwie gelang es ihr, und im Verlauf dieses Jahres schuf sie mehrere Aquarelle, ihre besten bisher, sowie eine sehr zutreffende Kohlezeichnung von Opa.

Wenn ich jetzt über diese Zeit nachdenke, wird mir sofort klar, warum meine Mutter so aufblühte. Zum ersten Mal im Leben stand sie vollends auf eigenen Füßen. Bis zu ihrem einundzwanzigsten Lebensjahr hatte sie zu Hause bei ihren Eltern gelebt. Sie war immer die brave Tochter gewesen, die ihren Eltern sehr nahestand, und niemals hatte sie dagegen aufbegehrt. Durch ihre Heirat war sie in der von Männern dominierten Welt nicht gerade unabhängiger geworden, besonders nicht mit einem Ehemann wie meinem Vater, der eine sehr konventionelle Meinung hegte, was die Stellung der Frau in der Familie anbelangt. Obgleich er während eines großen Teils ihrer Ehe abwesend war, blieb seine Autorität unbestritten. Selbst wenn er sich Hunderte von Kilometern entfernt befand, wäre es meiner Mutter nicht eingefallen, etwas Wichtiges ohne vorherige Beratung mit ihm zu entscheiden. Die einzige Gelegenheit, bei der sie sich frei entfalten konnte, war ihre Arbeit beim Rundfunk gewesen, und selbst diese Anstellung hatte Papa ihr verschafft. Jetzt war kein Ehemann da, von dem sie abhängig war und der sie anweisen konnte. Sie allein war für unser aller Leben verantwortlich, und diese Rolle stand ihr gut.

Ihre Stellung als hochmotivierte, zweisprachige Sekretärin – die Arbeit, von der sie als Teenager geträumt hatte, bevor Onkel Arno ihr eingeredet hatte, sich auf die Kunst zu konzentrieren – forderte alle ihre Fähigkeiten. Sie musste nicht lediglich übersetzen, sondern Verbindung und Verständigung zwischen zwei Kulturen herstellen.

Dank ihrer persönlichen Disposition als deutsch-englisches „Zwischending" war sie besonders geeignet dafür. Ihren Job erledigte sie derart brillant, dass sie von allen Seiten höchste Bewunderung erfuhr.

Ein weiteres Unternehmen war, dass sie aus den drei Generationen, die wir vertraten, eine erweiterte Familie schuf, über die sie die Führung hatte. In jenen Tagen vor der Emanzipation der Frauen blickte man eher mitleidig herab auf eine Frau, die das Haupt einer Familie sein musste. Nur ein Missgeschick konnte ihr eine solche Rolle einbringen, aber selbst wählen würde sie diese nicht. Meine Mutter lehnte diese stereotype Sichtweise vollkommen ab und nahm die Verantwortung für uns vier auf sich, als sei es die selbstverständlichste Sache der Welt. Für unseren Lebensunterhalt, für unser Heim sorgte sie. Und dies zu schaffen, beglückte sie.

Dagegen war der Stern eines anderen Familienmitgliedes am Sinken, und zwar der meines Vaters. Während Muttis Person an Wichtigkeit wuchs, nahm Papa an Bedeutung ab. Es schien überhaupt keinen Platz mehr für ihn in der Familie zu geben. Die anderen erwähnten ihn kaum, und wenn ich von ihm sprach, lenkten die anderen immer vom Thema ab.

Es gab natürlich gute Gründe, warum wir in der Gegenwart anderer nicht von ihm sprechen konnten. Der einzige Schatten, der fortwährend über unserem Leben in Recklinghausen lag, war der Glaube, dass wir unser glückliches Dasein einer Unehrlichkeit verdankten – der Lüge, dass Papa in Russland vermisst sei. Wenn seine Nazitätigkeit bekannt würde und Udos Treffen mit ihm, das stattgefunden hatte, nachdem meine Mutter schon bei der

Militärregierung angestellt war, wäre ihre sofortige Entlassung zu erwarten, davon waren wir überzeugt. Und damit würden wir auch unsere Wohnung verlieren. Noch größer war jedoch unsere Furcht, Mutti würde vielleicht selbst angeklagt werden, nicht nur, weil sie gelogen hatte, was ihren Ehemann betraf, sondern wegen ihrer eigenen Vergangenheit.

Ihre Arbeit für den propagandistischen Deutschen Kurzwellensender machte ihr jetzt Sorgen, obwohl ihre Beiträge unpolitisch gewesen waren. Sie hatte gehört, dass „Lord Haw-Haw“[42] wegen Hochverrats hingerichtet worden war. Mutti hatte in derselben Abteilung wie er gearbeitet, und er hatte sie sogar einmal zum Tee eingeladen. „Eine komplette Nullität“, war ihr Eindruck von ihm gewesen. „Seine Frau hatte viel mehr Persönlichkeit.“

Rückblickend sehe ich unsere damaligen Sorgen als übertrieben an. Fast alle Deutschen hatten irgendetwas zu verbergen. Wenn die Besatzungsregierung alle Nazis hätte bestrafen wollen, so hätte sie den größten Teil der Bevölkerung anklagen müssen. Damals konnten wir aber dessen nicht so sicher sein, und wir waren uns einig in dem Vorsatz, alles, was aus unserer Vergangenheit uns potenziell in Gefahr bringen konnte, geheimzuhalten. Die allergrößte Gefahr war natürlich – Papa selbst.

Ich verstand das alles und war bereit mitzumachen. Was ich jedoch nicht verstehen konnte, war die Notwendigkeit, uns so zu benehmen, als ob Papa nicht existierte, auch dann, wenn wir unter uns waren. Da ich ihn unlängst am Leben und in recht guter Gesundheit gesehen hatte, nahm ich es als selbstverständlich an, dass es nur eine Frage der Zeit wäre, bis wir alle wieder beisammen sein könnten. Immer wieder jedoch, wenn ich meine Mutter fragte, wo er sich wohl im Moment aufhielt, wann wir wohl von ihm hören würden etc., gab sie mir nur karge, nichtssagende Antworten, sogar verschleierte Andeutungen, dass er vielleicht überhaupt nicht wiederkommen würde. Meinte sie etwa, er wäre hingerichtet worden, weil er etwas Schreckliches getan hatte? Anders konnte ich mir ihre Anspielungen nicht erklären. Und obwohl mir niemand beigebracht hatte zu beten, sprach ich, getrieben von meiner Sorge,

42 „Lord Haw-Haw“ war der Spitzname für den Sprecher des deutschen Radio-Propagandaprogramms, das in englischer Sprache für Zuhörer in Großbritannien, Irland und den USA ausgestrahlt wurde. Der lautmalerische Spitzname betrifft den affektierten, elitären Akzent, dessen sich der jeweilige Sprecher bediente. Der prominenteste von ihnen, William Joyce, wurde am 3. Januar 1946 hingerichtet.

jeden Abend beim Zubettgehen ein inniges Gebet für Papas Sicherheit und für seine baldige Rückkehr zur Familie.

Aber ich täuschte mich selbst. Hätte ich die Situation realistisch eingeschätzt, wäre mir klar gewesen, dass in unserer Familie, so wie sie jetzt war, für Papa einfach kein Platz mehr war. Mutti war die Hauptfigur geworden. Die Verantwortung stand ihr gut, und sie gedieh mit dieser Aufgabe. Aus ihr wieder Papas kleine Ehefrau zu machen, hätte bedeutet, ihrem Leben jeden Sinn zu nehmen. Dass Papa sich ändern könnte und mit ihr Verantwortung und Beschlussfassung teilen würde, war undenkbar. So etwas würde er nie fertig bringen. Und was meine Großeltern anbelangte, so hatte Mutti die Verantwortung für die beiden gänzlich auf sich genommen. Im Laufe unseres gemeinsamen Jahres in Recklinghausen hatte Opa seinen achtundsechzigsten Geburtstag gefeiert, Oma war sechsundsechzig. Es war schwierig, sich eine Zukunft vorzustellen, in der Papa einen Platz hatte und Mutti trotzdem weiterhin für unser aller Wohlergehen sorgen konnte.

Dies hätte ich einsehen können, wenn ich gewollt hätte. Aber ich konnte es nicht ertragen, den naheliegenden Schluss zu ziehen. Ich wollte die Wahrheit nicht sehen. Lieber schob ich meine Zweifel zur Seite und erträumte mir eine unbestimmte Zukunft mit Papa als Teil der Familie in der Stellung, die ihm rechtmäßig zukam.

KAPITEL 17

Nach England

Ich kann mich nicht genau erinnern, wann ich zuerst von der Möglichkeit hörte, dass wir eventuell nach England ziehen würden. In jenen Tagen war es nicht üblich, dass Erwachsene ihre Kinder in die Besprechung ernster Pläne mit einbezogen. Auch konnte ich, da sie meistens miteinander englisch sprachen, ihren Unterhaltungen häufig nicht folgen. Die Idee mochte bereits eine ganze Weile im Raum geschwebt haben, ehe ich davon Kenntnis bekam. Am Ende des Sommers 1946 wurde das Thema noch eher im Sinne von „Wäre es nicht wunderbar, wenn...?" erwähnt, so viel verstand ich, aber es war noch kein fester Plan. Wir hatten kurz zuvor eine Familie kennengelernt, die davon träumte, nach Argentinien auszuwandern. Im Scherz schlugen sie uns vor, an diesem Unternehmen teilzunehmen. Diese ganze „Komm-wir-ziehen-nach-England"-Idee schien mir genauso unrealistisch zu sein. Ich nahm sie nicht ernst.

Unser Leben in Recklinghausen war mittlerweile arbeitsreich und fröhlich. Meine Mutter schien Recklinghausen und Umgebung ganz alleine zu verwalten. Gleichzeitig dolmetschte sie bei Konferenzen und gesetzgebenden Verhandlungen, bei denen eine neue demokratische Regierung für Deutschland vorbereitet wurde, die später die Militärregierung ablösen sollte. Mutti dolmetschte die Reden hoffnungsvoller deutscher Politiker der neuen Ordnung, wie zum Beispiel Konrad Adenauer, der nun seine von den Nazis unterbrochene politische Karriere wieder aufnahm. Bekanntlich sollte er 1949 der erste Nachkriegskanzler Deutschlands werden.

Udo ging jetzt mit Freude auf ein Jungengymnasium und hatte einen besten Freund. Opa war erfolgreich mit seinem Englischunterricht sowie mit seinem Tabak, und zu Hause war ein geselliges, deutsch-englisches Leben im Gange.

Im September 1946, als ich zehn Jahre alt war, verließ ich die Grundschule, in der Fräulein Buchholz meine Lehrerin gewesen war, und wurde in die Sexta des Mädchengymnasiums versetzt, zusammen mit Marie-Louise und einigen anderen Mitschülerinnen meines Jahrgangs. Hier herrschte eine ganz andere Atmosphäre. Wir waren nun 35 oder 36 Mädchen in der Klasse – es gab keine Rutenschläge mehr – und wir hatten mehrere neue Lehrfächer, einschließlich Englisch. Es war erstaunlich, wie sehr ein paar formelle Schulstunden mir halfen, mein bisschen Englisch, das fast nur aus Alltagsvokabeln bestand, anzuwenden. Ich machte rapide Fortschritte, und bald hatte ich die Courage, Miss Green und andere Besucher auf Englisch anzusprechen. „Oxford English", war Sergeant Pedleys unmittelbare Reaktion, als er meine ersten englischen Worte hörte. Ich hatte keine Ahnung, was er meinte.

Im Laufe des Jahres war die Ernährung der Bevölkerung keineswegs besser geworden. Jeden Tag brachte Mutti aus der Kantine den größten Teil ihres Mittagessens, um es mit uns zu teilen. Lebensmittelkarten aus diesen Tagen zeigen, dass einem Erwachsenen pro Woche ein Kilo Brot, 100 Gramm Fleisch und Mehl sowie 62,5 Gramm Fett zugeteilt wurden. Alle zwei Wochen gab es Marken für ein halbes Pfund Zucker und 62,5 Gramm Käse. Die Zuteilung des Ersatzkaffees betrug 200 Gramm für einen ganzen Monat. Regelmäßige Zuteilung von Eiern gab es nicht, und eine ganze Weile lang bekamen wir nur alle drei Monate ein Ei pro Person. Ich erinnere mich an endlose Besprechungen am Esstisch, wie jeder von uns sein nächstes Ei zubereitet haben wollte: gekocht, gebraten, als Rührei oder roh aufgeschlagen in einem Getränk? Oder würde einer von uns heldenhaft sein Geburtsrecht opfern, indem er sein Ei für einen Familienkuchen stiftete?

Die Idee, ein Gesuch einzureichen, um als „Heimkehrende" in England aufgenommen zu werden, stammte von Muttis Arbeitskollegen. Sie fanden es ungerecht, dass eine nette Engländerin tagsüber mit ihnen arbeitete, und um sechs Uhr abends ins deutsche Zivilleben mit seinen vielen Entbehrungen zurückkehren musste, wie Aschenputtel des Mitternachts vom Ball. Sie erzählten ihr, dass die britische Regierung diesmal, im Gegensatz zur Vorgehensweise nach dem Ersten Weltkrieg, Heimkehrende mit Wohlwollen empfing. Schon der geringste Anspruch auf britische Nationalität genügte, um als „Heimkehrender" angenommen zu werden. Es gab nur eine Bedingung: man brauchte einen heimischen Befürworter.

Mutti benötigte keine große Überredung für ihren Entschluss, den Antrag zu stellen, Oma und Opa auch nicht. Ihrer Ansicht nach war die Geschichte dabei, sich zu wiederholen. Wie nach dem Ersten Weltkrieg stand Deutschland mindestens ein Jahrzehnt Armut und Entbehrung bevor. Aber diesmal begann der Aufbau nach einer viel schlimmeren Niederlage. Deutschland war zertrümmert worden. Während des Krieges 1914–18 hatten weder Bombenangriffe noch Kämpfe auf deutschem Boden stattgefunden, nur gesellschaftliche Unruhen und Vandalismus. Mutti und Oma hatten ja in den zwanziger Jahren England besucht, und sie erinnerten sich noch sehr gut daran, wie unterschiedlich der Lebensstandard in den beiden Ländern war. Sie glaubten, es wäre widersinnig, die Heimkehr nach England nicht in die Wege zu leiten, wenn eine Möglichkeit bestand. Aber ich glaube, die drei hatten auch andere Gründe, die noch zwingender waren.

Millionen betrogener und angewiderter Deutsche träumten davon, nach Australien, Kanada, Argentinien oder sonst wohin auswandern zu können, um ein neues Leben zu beginnen und so zu tun, als ob die letzten zwölf Jahre nie gewesen wären. Meine Mutter und meine Großeltern hatten sicherlich dasselbe Gefühl.

Was sie jetzt darüber dachten, all die Jahre an Hitler geglaubt zu haben, wusste ich nicht, darüber sprachen sie nicht. Sicherlich waren sie zu schockiert und entsetzt, als sie erfuhren, was alles in dieser Zeit passiert war, um objektiv darüber nachdenken zu können. Meine Großeltern waren noch immer voller Freude und Dankbarkeit, den Krieg überhaupt überlebt zu haben und mit uns vereint zu sein, als sich mit möglichen Gedanken zu diesem Thema zu quälen. Was blieb jetzt noch darüber zu sagen? Dass sie Nazis gewesen waren, dass der Beistand von Leuten wie ihnen es Hitler ermöglicht hatte, den Völkermord an den Juden durchzuführen, ganze Länder und Völker zu verwüsten und zahllose Deutsche durch den Krieg ums Leben zu bringen? Hätten sie im voraus wissen können, dass der Mann, der in so wunderbarer Weise die Arbeitslosigkeit zu überwinden vermochte, die Läden mit Gütern füllte, die Eisenbahnen pünktlich fahren ließ und, nach all den Jahren der Hoffnungslosigkeit, die deutschen Menschen wieder stolz machte, deutsch zu sein – dass er dieses Unheil über sie bringen würde? Historiker und politisch Denkende hätten vielleicht voraussagen können, wohin Hitlers Nationalsozialismus führen würde, aber Mutti, Oma und Opa waren keine politisch Denkenden. Für sie, wie für Millionen von früheren Nazis, würde ein Weiterleben nur dann möglich sein, wenn sie ihre Erinnerung daran auslöschten. Deutschland zu verlassen schien der beste Weg.

Nach allem, was Oma und Opa durchgemacht hatten, bereitete ihnen der erneuerte Kontakt mit England große Freude. Er verlieh ihnen Hoffnung, einen neuen Optimismus und auch ein bisschen Nostalgie nach dem Land, in dem sie vor dem Ersten Weltkrieg ihre glücklichsten Jahre verlebt hatten, ehe der hysterische Deutschenhass ihr Leben zerrissen hatte. Es war ihre goldene Zeit gewesen.

Meine Mutter hatte einen anderen dringenden Grund, nach England zu ziehen. Ich wusste damals nicht genau, warum es so war, aber ich ahnte, dass es etwas mit Papa zu tun haben musste. Sie war immer verschlossener geworden, je öfter ich dieselben alten Fragen stellte: Wo war er? Wann würden wir ihn wiedersehen? Täglich hörten wir von anderen Vätern, die aus dem Krieg heimkamen oder schrieben. Die einzigen, von denen man nichts erfuhr, waren die Männer, die in Russland gefangen waren. Und wir wussten ja, dass Papa nicht dort war. Tante Kätchen, unsere Familienvermittlerin, kam ein weiteres Mal zu Besuch, aber auch sie hatte nichts von ihm gehört. Warum kein Lebenszeichen? Ich konnte es einfach nicht verstehen.

Die anderen Familienmitglieder teilten meine andauernde Besorgnis um Papa nicht. Er wurde nur dann erwähnt, wenn erörtert wurde, wie wichtig es sei, die unwahre Geschichte, er sei in Russland verschollen, aufrecht zu erhalten. Mir wurde klar, dass ihnen meine Fragen unangenehm waren und ich besser daran täte, das Thema nicht aufzubringen. Muttis Haltung beunruhigte mich, aber ich hatte solches Vertrauen zu ihr, dass es mir nicht in den Sinn gekommen wäre, die Richtigkeit ihres Benehmens zu bezweifeln. Sie musste einen guten Grund haben, sie konnte ihn mir lediglich nicht mitteilen.

Was ich einfach nicht anerkennen konnte, war der Konflikt, der unserer Familie deutlich bevorstand, nämlich zwischen zwei Alternativen für unsere Zukunft zu wählen, die einander rigoros ausschlossen. Unsere Wahl war simpel: England oder Papa. Wenn wir uns für England entschieden, gab es für Papa in der Familie keinen Platz mehr – für alle Zukunft. Wenn wir weiter auf ihn warteten und damit seine Noch-Existenz anerkannten, war der England-Plan ausgeschlossen. Eine dritte Möglichkeit gab es nicht.

Es war mir klar, dass die drei Erwachsenen in der Familie sich entschieden hatten. Ihnen gefiel der Gedanke, in ihr Heimatland zurückzukehren, und Udo teilte instinktiv ihre Ansicht. Sein ganzes bisheriges Leben lang hatte Papa Druck auf ihn ausgeübt, etwas sein zu müssen, was er von Natur aus nicht war. Infolgedessen kam er sich minderwertig vor. Während der letzten anderthalb Jahre ohne Papas Einfluss war der ruhige, weise alte Opa sein Mentor geworden, der ihn niemals drangsalierte oder anbrüllte, sondern immer nur ermutigte und ihm die Dinge erklärte. Udo fühlte sich von einer ihm auferlegten

Pflicht befreit, und er blühte auf. Als jetzt die Mehrheit der Familie eindeutig den England-Plan favorisierte, schwand jede Möglichkeit für ein Leben zusammen mit Papa dahin.

Doch nur weil er meiner Mutter und den anderen gleichgültig geworden war, musste ich nicht notwendigerweise ebenso gesinnt sein, ganz im Gegenteil. Je mehr Papa in der Familie an Bedeutung verlor, umso fester wurde meine Treue zu ihm. Wenn sie ihn aufgaben, wurde es umso mehr meine Verpflichtung, ihn in Erinnerung zu behalten. Nicht nur, weil ich ihn liebte, sondern weil ich treu sein wollte. Treue war einer der Grundsätze, die mein Führer und die ganze Nazipropaganda mir so effektvoll eingepaukt hatten. Mit meinem in Süppling gefassten Entschluss, insgeheim ein Nazi zu bleiben, hatte ich mir, ohne mir dessen bewusst zu sein, eine extrem anstrengende Verhaltensnorm aufgebürdet. Wie würde ich sie jemals wieder aufgeben können?

Als der Plan, nach England überzusiedeln, greifbarer wurde, fanden viele Gespräche zwischen den Erwachsenen statt, und es begann eine intensive schriftliche Korrespondenz mit England. Da es kaum zu erwarten war, dass jemand uns alle fünf aufnehmen würde, wurde verabredet, Mutti solle zuerst mit uns Kindern gehen, und meine Großeltern würden folgen, sobald wir ein Heim gefunden hätten. Das erste Problem war, jemanden ausfindig zu machen, der für uns drei als Bürge dienen würde. Die liebste Freundin unserer Familie, Auntie Hopey, kam leider nicht in Frage, da sie eine Frau war und dazu noch unverheiratet.

Schließlich kam Mitte Oktober 1946 der wichtige, lang erwartete Brief an. Omas Schwester Gertie und ihr Mann Harry hatten die offizielle Bürgschaft unterschrieben und zugesagt, uns in ihrem Heim in Eastbourne aufzunehmen. Mutti schickte den Brief zusammen mit ihrem Antrag ab, und in weniger als einem Monat kam die Antwort: wir drei wurden als „britisch“ genug angesehen, um nach Großbritannien heimkehren zu können. Was als bloße Fantasie begonnen hatte, war mittlerweile zu einem konkreten Plan geworden, der schon sehr bald verwirklicht werden sollte. Wir standen auf der Warteliste für den Eisenbahntransport nach Calais und der Überfahrt auf der Fähre, so hieß es, und wir sollten bereit sein, in zwei bis drei Wochen abzufahren. Wir mussten uns vorbereiten, denn wenn wir unsere Reisepapiere erhielten, würden uns nur noch ein paar Tage verbleiben.

Mit jeder Hürde, die überwunden wurde, stieg die Aufregung in der Familie. Wenn man mich während dieser Zeit gefragt hätte, was ich von dem Umzug dachte und ob ich mich auf England freute, wäre es mir sehr schwer gefallen zu antworten. Ich hatte nie darüber nachgedacht, was ich mochte und was nicht. Ich war auch nicht daran gewöhnt, eigene Entscheidungen zu treffen oder eigene Meinungen zu äußern, das alles gehörte nicht zu meiner Erziehung. Ich hatte nur das zu tun, was die Erwachsenen von mir erwarteten. Als ich aber erfuhr, wie bald unsere Abreise vonstatten gehen würde, ließ ich mich von der Aufregung um mich herum mitreißen. Ich erzählte meinen Freundinnen und meiner Lehrerin, was uns bevorstand. Letztere war sehr beeindruckt und machte eine formelle Ankündigung vor der ganzen Klasse. Alle drehten sich um und glotzten mich an. Sie hatten noch nie ein Kind getroffen, das ins Ausland reiste – ich selbst auch nicht. In den anderthalb Jahren, die wir in Recklinghausen verbracht hatten, war ich kaum weiter als ein paar Straßen entfernt vom Elper Weg gewesen, gerade mal bis zur Familie Kleine.

Oma begann, ab und zu mit Udo und mir darüber zu plaudern, wie wir uns in England benehmen sollten. Der wichtigste Punkt war ihre Warnung, niemanden wissen zu lassen, dass wir Deutsche waren. Wenn wir diesem Grundsatz nicht folgten, sagte sie, würden wir möglicherweise feindselig, ja sogar brutal behandelt werden. Das leuchtete mir vollkommen ein. Es war normal, dass Sieger ihre Unterlegenen schlecht behandelten. Das schien mir natürlicher als das Benehmen der Besatzungstruppen hier in Recklinghausen uns gegenüber. Sie waren so nett zu uns – ganz unnatürlich. Es fiel mir also nicht schwer, Omas Warnung zu akzeptieren, mit der sie uns auf das Leben in England vorbereitete.

In Erinnerung an ihre eigenen Erlebnisse im Ersten Weltkrieg vertrat Oma die Ansicht, es wäre ratsam, wenn wir Namen trügen, die nicht den Verdacht erregten, dass wir Deutsche seien. Es wäre daher notwendig, entweder neue Namen anzunehmen oder unsere wirklichen Namen zu anglisieren. Wir nahmen kritisch sämtliche Möglichkeiten unter die Lupe. Oma und Opa waren sich einig, dass „Thiele" auf keinen Fall in Frage kam. Er war ganz ungeeignet, anglisiert zu werden. Der einzige englische Name in der Familie, Omas Mädchenname „Norris", hatte ihr im Ersten Weltkrieg gute Dienste geleistet, viel bessere als „Droome", der englischen Version von „Druhm". Deswegen wurde beschlossen, dass wir ebenfalls „Norris" als Nachnamen benutzen würden.

Was den Rufnamen anbetraf, hatte Udo es leichter als ich. Er hatte seinen Vornamen nie gerne gemocht, und „Jack", wie Sergeant Pedley ihn genannt hatte, war hängengeblieben. Selbst innerhalb der Familie benutzten wir den Namen, wenn englisch gesprochen wurde. In dieser Hinsicht gab es also kein

Problem. Seine weiteren Vornamen Fritz und Konrad klangen viel zu teutonisch, um annehmbar zu sein, aber sein vierter, harmloser Name Richard, der ihm zu Ehren Opas gegeben worden war, blieb ihm.

Meine Namen machten uns mehr Sorgen. „Katrin" war zu der Zeit in Deutschland kaum mehr verbreitet als in England. Mir war er nirgendwo sonst begegnet. Trotzdem wollte ich ihn gerne beibehalten. Oma dachte auch an „Kathleen" und „Katherine", aber schließlich ließ sie „Katrin" gelten. Solange ich ihn durch das Anhängen eines „e" anglisierte und „Katrine" daraus machte, würde es schon reichen. Von meinen anderen Vornamen wurde „Olga" gestrichen, aber „Ethel" durfte bleiben.

Des weiteren instruierte uns Oma in Sachen Manieren. Sie wies uns an, alle Verhaltensweisen, die in Deutschland als unerlässlich für gutes Benehmen galten, für immer aufzugeben, wie zum Beispiel, sich verbeugen oder knicksen, wenn man jemandem die Hand gab, egal ob es sich um Freunde, Bekannte, Verwandte oder gar um die eigenen Familienmitglieder handelte. Beim Essen sollten wir nicht die Hände während der Mahlzeit auf dem Tisch neben dem Teller ruhen lassen, so wie in Deutschland. Oma sagte, dies werde in England als unmanierlich angesehen. Schließlich erzählte sie uns von der königlichen Familie und brachte uns die Nationalhymne, *God Save The King*, bei.

Während Oma an unserer englischen Erziehung arbeitete, dachte Mutti über unsere Kleidung nach. Udos Garderobe bereitete die größten Sorgen. Die schäbige Luftwaffenjacke, mit der er im vergangenen Jahr aus der russischen Zone hergekommen war, diente ihm nach wie vor als Mantel. Er besaß nur eine Hose, typisch deutsche „Shorts", die sehr viel kürzer waren als diejenigen, welche die Jungen seines Alters damals in England trugen. Sie waren ihm seit Monaten zu klein. Hier musste Mutti zugeben, dass sie nichts machen konnte, denn selbst wenn sie Stoff gehabt hätte, fehlte ihr doch das fachmännische Wissen, wie man einen Anzug für einen 13-Jährigen näht. Wenigstens mich, so hoffte sie, würde sie angemessen einkleiden können. Mit Begeisterung machte sie sich daran, mir einen Mantel zu nähen. Vielleicht dachte sie daran, wie Auntie Hopey ihr nach dem Ersten Weltkrieg, vor fast dreißig Jahren, einen wunderschönen neuen Mantel geschenkt hatte, der sie auf ihrer ersten Reise nach Deutschland gewärmt hatte. Damals war sie etwa im gleichen Alter wie ich gewesen, nur dass ich jetzt kurz davor stand, in die entgegengesetzte Richtung zu reisen.

Mutti entwarf einen Mantel, der des prachtvollen Stoffes, den sie von ich-weiß-nicht-woher organisiert hatte, würdig war. Es war eine dicke,

Unser letzter Abend auf deutschem Boden, bevor meine Mutter, Udo und ich nach England „heimkehrten“

beigefarbene, ziemlich raue Wolldecke und dazu ein farblich passendes Stück Schafsfell. Der Mantel sollte einen glockenförmig abstehenden Rock haben, der wie die Ärmel aus der Wolldecke bestand. Das Oberteil war aus Fell, ebenso der kecke Hut im Kosakenstil, und ein mit Fell garnierter Muff brachte etwas Exotisches in das Ensemble. Das Ergebnis war sehr ungewöhnlich und hübsch, und als ich es anprobierte, waren alle der Ansicht, es müsse für die Nachwelt fotografisch festgehalten werden. Wir baten einen Nachbarn, der einen Fotoapparat besaß, uns alle fünf – zum letzten Mal zusammen auf deutschem Boden – aufzunehmen. Zuerst machte er ein Bild von mir in meinem neuen Mantel mit Hut und Muff. Dann ein Gruppenbild, wie wir fünf nebeneinander auf dem Sofa saßen. Ich bemerkte, wie er erst Oma ansah, dann Mutti, dann mich und schließlich wieder Oma. Er zuckte die Achseln und sagte: „Drei Frauen, ein Gesicht.“ Dass wir uns sehr ähnlich sähen, hatte man uns ja schon öfters gesagt.

Als der November zu Ende ging, war alles gepackt und reisefertig. Wir warteten nur noch auf unsere Fahrkarten und das Datum der Abreise. Am ersten Dezember kamen sie an, mit der Anweisung, dass wir am Sechsten abreisen würden.

Erst am letzten Abend, nachdem wir unseren Freunden und Bekannten Lebewohl gesagt hatten, wurde mir schlagartig die volle Bedeutung des Geschehens bewusst. Oma, Opa und Udo unterhielten sich lebhaft. Mutti spielte zum letzten Mal fortissimo auf dem Klavier. Auf einmal hatte ich das Gefühl, eine Bombe wäre in meinem Kopf explodiert. Was war denn im Gange? Was bedeutete dies alles? Würde ich Marie-Louise tatsächlich nie mehr sehen, meine Schule, die Familie Kleine, oder meinen Freund, den Zoowärter, und all die Tiere, die ich so liebte? Und was würde aus Papa werden? Was würde er anfangen, wenn er aus der Gefangenschaft kam, und wir waren nicht mehr hier? Er würde den Verstand verlieren. Es würde ihn umbringen, und mich auch. Ich liebte Deutschland, und es hatte mir immer gefallen, deutsch zu sein, auch jetzt noch. Ich war gerne Katrin Thiele; wie könnte ich mein ganzes weiteres

Leben behaupten, ich sei jemand anderes? Wie würde ich die ganze Zeit lügen und alles, was ich bisher erlebt und größtenteils durchaus genossen hatte, verleugnen können, so als ob mein bisheriges Leben gar nicht stattgefunden hätte? Wenn ich mein Leben in England mit einer solchen Täuschung begann, würde ich die Unwahrheit jemals abwerfen können, um wieder mein wirkliches Ich entdecken zu können, das Ich, das ich jetzt war und das ich gerne war?

Solche Gedanken rasten mir durch den Kopf. Plötzlich verstand ich vollends, was sich abspielte, und gleichzeitig wurde mir klar, dass ich es einfach nicht verhindern konnte. Tränen stiegen in mir auf, und ich schluchzte – schluchzte – schluchzte. Ich konnte einfach nicht anders. Die anderen waren erstaunt. Warum weinte ich so herzzerbrechend an dem Tag, welcher der glücklichste meines Lebens sein sollte? Für die anderen war es offensichtlich so. Alle blickten mich mitleidig an, als ob sie dachten: „Arme Kleine; es ist alles zu viel Aufregung für sie." Ich konnte nicht aufhören zu weinen, im Gegenteil, ich wurde beinahe hysterisch. Mutti kam selbst ganz aus der Fassung, aber sie vermochte mich nicht zu trösten. Doch wie konnte sie auch die richtigen Worte finden, wenn weder sie noch die anderen auch nur die geringste Ahnung davon hatten, was mir alles durch den Kopf ging? Gewiss verdarb ich ihre Freude. Als ich endlich mit rotem, geschwollenen Gesicht zu Bett ging, konnte ich noch immer nicht sprechen.

Früh am nächsten Morgen fuhr ein Militärwagen vor, der uns zum Bahnhof bringen sollte. Der Fahrer trug unser Gepäck, und wir zogen unsere Mäntel an. Meine Kosaken-Kreation war auf jeden Fall ziemlich auffällig. Auch in Eastbourne würde wahrscheinlich nichts Vergleichbares zu sehen sein, von Deutschland ganz zu schweigen. Oma half mir beim Anziehen, und als sie die Pelzknöpfe zumachte, sagte sie: „Ach, wie hübsch du aussiehst, Liebchen!" Dann fügte sie leise hinzu: „Vergiss nicht: wenn man dich fragt, wo du geboren wurdest, sag London. Du bist geborene Londonerin, wie deine Mutter. Dann wird alles gutgehen." Ich umarmte sie und Opa. Nachdem sie mir den Kosakenhut mit einem letzten Kniff richtig aufgesetzt und mir den Muff gereicht hatte, stieg ich mechanisch in den Wagen. Die erste Etappe unserer Reise nach England hatte begonnen.

TEIL II

ENGLAND

KAPITEL 18

Eastbourne

Unsere sogenannte „Heimkehr“ nach England im Dezember 1946 begann katastrophal. Meine Mutter hatte ihr Geburtsland zuletzt in den zwanziger Jahren, bei Ferienreisen als Teenager, erlebt, eine Erfahrung von wenig Nutzen. Nun stand sie da, mit zwei vorpubertierenden Kindern im Schlepptau. Die Verwandten, auf die sie ihre ganze Hoffnung gesetzt hatte, warfen nur einen einzigen Blick auf uns und waren fassungslos.

Die eigentliche Reise in der Offiziersklasse eines Militärzuges war durchaus stilvoll gewesen. Aber wir waren vollkommen mittellos. Das deutsche Nachkriegsgeld hatte innerhalb Deutschlands nur wenig Wert, und im Ausland überhaupt keinen, so dass wir unsere paar Mark nicht in Sterling umwechseln konnten. Im Zug von Dover nach London unterhielt sich meine Mutter mit einer Majorin der britischen Armee. Sie war so entsetzt über unsere Situation, dass sie, als wir im Londoner Bahnhof Victoria einfuhren, ihrer Schultertasche eine Zehn-Schilling-Note entnahm und sie meiner Mutter aufdrängte. Das war unser ganzes verfügbares Kapital, mit dem wir, erschöpft und noch immer benommen von der überaus stürmischen Kanalüberfahrt, um Mitternacht in Eastbourne ankamen.

Die ältere Schwester meiner Großmutter, meine Großtante Gertie und ihr Mann Harry, waren zum Bahnhof gekommen, um uns abzuholen. Tante Gertie hatte uns zuletzt 1939 gesehen, als sie in Mahlsdorf zu Besuch gewesen war. Damals war ich drei und Udo sechs Jahre alt gewesen. Ich hatte Fotos von diesem Besuch gesehen und erkannte sie sofort, als sie, an der Schranke stehend, die aussteigenden Fahrgäste forschend musterte. Sie war klein und plump, mit blassem, feistem Gesicht, ein ganz anderer Typ als unsere schlanke, zierlich gebaute Großmutter. Ihr dunkelblauer Stoffhut mit militärischem Schirm hätte keine Chance auf einen Platz in der Garderobe unserer modebewussten Oma gehabt.

Tante Gertie und Onkel Harry (ca. 1946)

Plötzlich entdeckte sie uns, Udo in seinen zu kurzen, hautengen Shorts und seiner Bomberjacke, und mich in meinem Kosakenmantel. Es war sofort zu sehen, dass irgendwas nicht in Ordnung war. Ihr Gesicht bewegte sich in eigenartiger Weise, offenbar im Versuch, mit einander widerstrebenden Gefühlen fertig zu werden, unter denen Freude offensichtlich fehlte. Kein Anzeichen eines Lächelns hieß uns willkommen.

Die Bestürzung unserer Großtante hatte tiefere Ursachen als unser unverkennbar deutsches Aussehen. Ihre ganze Jugend hindurch hatte zwischen den zwei Schwestern eine stürmische Hassliebe geherrscht, möglicherweise angefacht durch Tante Gerties Neid auf Omas hübscheres Aussehen und ihre überlegenen Talente. Doch wenn sie gerade einmal nicht am Zanken waren, müssen sie sich wohl zeitweise recht gut vertragen und sogar recht lieb gehabt haben, denn sie halfen sich gegenseitig und unternahmen viel gemeinsam. Nach ihrer jeweiligen Heirat waren sogar ihre beiden Männer gute Freunde geworden. Das alles endete plötzlich, als Gertie und Harry vor dem Ersten Weltkrieg vom Deutschenhass angesteckt wurden.

Nur ein einziges Mal hatten Tante Gertie und Onkel Harry meinen Großeltern während dieser Zeit geholfen: als mein Opa interniert wurde und meine Oma den Friseurladen und ihr Heim abgeben musste, bat sie Harry um Rat, der ihr als Makler und Auktionator half, alles zu verkaufen. In den achtundzwanzig Jahren, seitdem die Familie nach Deutschland umgesiedelt war, hatten sich die Schwestern nur zweimal getroffen – einmal im Jahre 1928, als Oma ihren einzigen Besuch in England machte, und 1939, als Tante Gertie, gefährlicherweise, zu Besuch nach Berlin kam.

Mitte der zwanziger Jahre war Tante Gerties und Onkel Harrys einzige Tochter Betty gestorben – an Diabetes, im Alter von nur dreizehn Jahren. Diese Tragödie hatten die Eltern nie überwunden. Meine Oma erzählte uns oft, wie Tante Gertie ein spiritistisches Medium zu besuchen pflegte, um mit Betty in Verbindung zu kommen. Bettys auffallend schöne rote Locken waren der ganze Stolz ihrer Mutter gewesen. Noch immer, nach mehr als zwanzig Jahren, waren sie präsent im Schlafzimmer der Eltern. In Silber gerahmt, erinnerten diese Locken in unheimlicher Weise an einen indianischen Skalp. In jedem Zimmer des Hauses hing mindestens ein verblasstes Sepia-Bild von der Kleinen. So war es verständlich, dass es Tante Gertie nicht leicht fiel, ihre Nichte und deren Kinder bei sich aufzunehmen – ganz zu schweigen davon, dass es Deutsche waren. Auf diesen Umstand konzentrierte unsere Großtante ihre ganze Missbilligung.

Wenn wir mit ihm allein waren, war Onkel Harry, groß und silberhaarig, reizend zu uns. Er plauderte dann ohne Hemmungen, oft sehr humorvoll, erzählte uns von seinen Radtouren mit unserem Großvater, als sie beide jung gewesen waren, und von seiner Reise mit ihm nach Deutschland, wo ihm drei Sätze auf deutsch genügt hätten: „Ein Glas Lager, bitte", „Zwei Glas Lager, bitte" und „Drei Glas Lager, bitte". Mein Englisch reichte nicht aus, um viel von Tante Gerties Äußerungen zu verstehen, aber soviel war unverkennbar: Sie setzte ihre ganze Energie daran, uns davon zu überzeugen, dass alles Deutsche verabscheuungswürdig sei, inklusive wir selbst. Wir müssten doch einsehen, welches Glück wir hätten, solche Verwandte wie Onkel Harry und sie zu haben, deren lächerliche Sentimentalität es uns ermöglichte, ein neues Leben als Briten zu beginnen. Onkel Harry wusste, dass es keine gute Idee war, seine Frau in ihrem Eifer zu zügeln.

Onkel Harry

Ihre Haltung erstaunte uns überhaupt nicht. Sie entsprach genau dem, was unsere Großmutter vermutet hatte, weshalb sie uns so ans Herz gelegt hatte, unsere wahre Herkunft zu verleugnen.

Gerne hätten Udo und ich der Tante unsere Nähe erspart, aber wir fanden dies recht schwer. Uns fehlte vollkommen der Mut, allein auszugehen und unsere neue Umgebung zu erkunden, und das Haus bot wenig Gelegenheit, um sich zu verkriechen.

Bisher waren wir meistens in Großstadtwohnungen zu Hause gewesen. Der Kontrast zu unserer ersten englischen Unterkunft hätte nicht größer sein können. Das Haus lag an einer sich windenden Dorfstraße, am Rand der „Sussex Downs", herrlich grünen Kalksteinbergen, die das Dorf Willingdon vom Meeresstrand trennten. Das Haus selbst war ziemlich neu, im nachgemachten Tudorstil – einer Art Fachwerk – mit bleiumrahmten kleinen Fensterscheiben und einer nagelverzierten Eichentür. Von außen sah es reizend aus, wie ein Märchenhaus. Aber warum musste es drinnen so unbequem sein, alles so verschachtelt und unübersichtlich? Überall waren Windungen und Ecken, die Treppe war schmal und gekrümmt, hier und da gingen kleine Korridore seitwärts ab, aber wo führten sie eigentlich hin?

Meine größte Enttäuschung waren die Kamine. Auf den Bildern in meinen alten englischen Kinderbüchern – wie dem *Playbox*-Jahresalbum von 1919 – brannte überall ein lebhaftes Feuer. Kein Bild zeigte einen leeren Kamin. Auch hier gab es in jedem Zimmer einen Kamin, aber sie waren leer und kalt. Obgleich es der berüchtigte, besonders kalte Winter 1946/47 war, zündete Tante Gertie erst spät am Nachmittag in nur einem Kamin ein Feuer an, und das Zimmer wurde erst dann gemütlich, wenn es Zeit war, zu Bett zu gehen. Wie konnte ich wissen, dass der Grund für ihre Sparsamkeit die Kohleknappheit der Nachkriegszeit war, von der das ganze Land den Winter über hart getroffen war? Nie zuvor im Leben hatte ich ein so kaltes Heim erlebt. Nicht einmal in den schlimmsten Zeiten des Krieges hatte ich in einem ungeheizten Zimmer geschlafen oder mich in einem kalten Badezimmer gewaschen. Hier fror ich andauernd, und ich drängte mich stets so nahe an den Kamin, wie es möglich war, ohne selbst in Brand zu geraten. Einmal ergriff ich das Schüreisen und versuchte, durch Stochern das Feuer etwas anzufachen, aber Tante Gertie hielt mich sofort zurück mit der Mahnung, es sei in England unziemlich, sich mit dem Feuer eines anderen zu beschäftigen. So vieles, was mir natürlich vorkam, tat man in England nicht. Etikette in Bezug auf Kamine war ein wichtiges Thema, welches Oma in ihrer Einführungslehre leider vergessen hatte. Tante Gertie jedenfalls konnte mir mein schlechtes Benehmen einfach nicht verzeihen.

Von allen Fenstern und Türen im Haus passte keine richtig in den Rahmen. In unserem eiskalten Schlafzimmer herrschte selbst bei geschlossenen Türen und Fenstern ein solcher Luftzug, dass Gardinen und Bettvorhänge flatterten. Endlich verstanden wir, wie die Ausdrücke „auf englische Art" und „englischrum" – mit anderen Worten: „verbaut" und „schief" – Eingang in die deutsche Sprache gefunden hatten.

Udo und ich verbrachten den größten Teil des Tages in unseren Mänteln oben in unserem Schlafzimmer und spielten Karten. Obgleich wir jetzt dreizehn und zehn Jahre alt waren, packten wir ein paarmal die Männekins aus und stellten sie auf für das Spiel, das wir, so lange wir uns erinnern konnten, gespielt hatten. Aus irgend einem Grund blieben sie absolut leblos. Wir konnten es nicht verstehen. Schließlich sagten wir uns, die Männekins seien eben deutsch, und wir packten sie wieder ein, für immer.

Unserer Tante war es sicherlich lästig, wenn wir den ganzen Tag über im Haus herumsaßen. Hin und wieder schickte sie uns, trotz unserer mangelnden Sprachkenntnisse, auf Besorgungen zum Dorfladen oder zur Post, womöglich in der Hoffnung, wir würden spazieren gehen, auf die Berge laufen und uns verirren. Aber das fiel uns überhaupt nicht ein: wir trauten uns nicht, von der einzigen Straße abzuweichen, die uns bekannt war, und sobald wir den Auftrag ausgeführt hatten, eilten wir zurück und warteten, bis uns eine andere Besorgungspflicht zugeteilt wurde.

An einem windigen Nachmittag fuhr Onkel Harry mit uns nach Eastbourne zu einem Kino, wo der Disney-Film „Pinocchio" gezeigt wurde. Ich konnte nur wenig verstehen, und die Szene, in der die schurkischen Schauspieler den kleinen Jungen verleiteten und ihm die Nase so überlang wuchs, das fand ich unwahrscheinlich und beängstigend. Es war nicht der Film, der mir den Ausflug denkwürdig machte, noch das Spazierengehen auf der Promenade, mit dem Blick auf das Meer mit seinen vielen aufgepeitschten weißen Schaumwellen. Nein, es war der Kauf unserer allerersten Eistüte und die Frage, wie wir sie am besten teilen könnten. Nach einer kleinen Auseinandersetzung einigten wir uns darauf, abwechselnd daran zu lecken.

Meine Mutter war ebenso verwirrt wie Udo und ich. Ihr erster Besuch bei „Sainsbury's", damals noch ein gewöhnliches Lebensmittelgeschäft, mit Regalen voller Waren, die wir seit Jahren nicht gesehen hatten, raubte ihr fast das Gleichgewicht.

Bei unserer Abreise aus Deutschland hatte sie nur ein unklares Bild von der Zukunft, die uns drei in England erwartete. Da ihre Tante und ihr Onkel offiziell die Bürgschaft für unsere „Heimkehr" auf sich genommen hatten, hielt meine Mutter es für selbstverständlich, dass sie uns anfangs helfen würden. Aber die beiden – oder vielmehr Tante Gertie, die in der Familie alles bestimmte – sahen ihre Rolle in einem anderen Licht. Ihrer Meinung nach war es schon ziemlich ungebührlich, nahezu unpatriotisch, dass sie es uns durch ihre Bürgschaft ermöglicht hatten, überhaupt einzureisen; danach uns das Leben noch mehr zu erleichtern, würde praktisch an Hochverrat grenzen. Ihr einziger praktischer Rat war, Mutti solle sich eine Stelle suchen, mit der sie eine

Unterkunft für sich und uns finanzieren könne, am besten in London, gleich nach Weihnachten. Das war in zwei Wochen.

Tante Gertie und Onkel Harry verbrachten das Weihnachtsfest immer mit Muttis Cousine Ethel, der Tochter der dritten Schwester Nellie, der in Australien lebenden Bigamistin. Tante Gertie und Ethel wechselten sich alljährlich ab, Gastgeberin zu sein. In diesem Jahr waren Ethel und ihre Familie an der Reihe, und sie lud uns ein, das Weihnachtsfest in ihrem Heim in Uxbridge[43] mitzufeiern. Was hätte sie auch anderes tun sollen?

Onkel und Tante gaben sich große Mühe, uns auf unser erstes Weihnachtsfest in England und auf unsere Begegnung mit unserem Vetter Roland vorzubereiten. Er war ein paar Jahre älter als Udo, und nach Meinung von Tante und Onkel ein Jüngling, wie er nicht perfekter sein könnte. Zwei Umstände begründeten ihre hohe Einschätzung: erstens besuchte er „Sevenoaks“[44], ein wohlbekanntes privates Internat, und zweitens konnte er gut Cricket spielen. Diese Qualitäten bedeuteten uns natürlich gar nichts. Alles, was uns auffiel, als uns ein Bild von ihm gezeigt wurde, war die Größe seiner abstehenden Ohren.

Meine Vorstellung von einem englischen Weihnachtsfest („Die Bruin Boys“ aus dem *Playbox*-Jahrbuch von 1919)

Auch was Weihnachten anging, stammten meine Kenntnisse lediglich aus meinem *Playbox*-Jahresalbum, mit den Erlebnissen der Bruin Boys. Der erstaunlich große Weihnachtspudding, in den immer ein Stechpalmenzweig hineingesteckt werden musste, die Knallbonbons, die komischen Papierhüte und die Gesellschaftsspiele am zweiten Feiertag, dem „Boxing Day“ – dies alles, wenn auch ganz anders, nämlich fröhlich und ausgelassen, schien mir ebenso viel Vergnügen zu versprechen wie die innigen, stimmungsvollen Weihnachtsfeste, die ich in Deutschland erlebt hatte. Jetzt, als Onkel Harry

43 Ein westlicher Vorort von London
44 Älteste allgemeinbildende Schule Englands (1432 gegründet)

uns in seinem Wolsey-Auto nach Uxbridge fuhr, versorgte uns Tante Gertie mit weiteren wichtigen Informationen, zum Beispiel über die Ansprache des Königs[45] im Radio und die Notwendigkeit, aufzustehen, wenn im Anschluss daran die Nationalhymne gespielt wurde. Als wir den Bungalow von Tante Ethel an einem Nebenfluss der Themse erreichten, war ich recht gespannt auf alles Neue, das uns bevorstand.

Als Kinder hatten sich Ethel und unsere Mutter gut gekannt. Während des Ersten Weltkrieges, als sie aus verschiedenen Gründen nicht bei ihren eigenen Müttern wohnen konnten, hatten sie beide mindestens ein Jahr lang bei ihrer Großmutter Bessie in London gelebt. Wenn die beiden Cousinen jemals Freundschaft füreinander empfunden hatten, so war diese längst verschwunden. Ethels Empfang war merklich unterkühlt. Auch Roland war eine Enttäuschung. Obgleich wir uns darauf gefreut hatten, jemanden aus unserer Generation kennenzulernen – besonders so einen Musterknaben wie unseren Vetter – beruhte die Vorfreude offenbar nicht auf Gegenseitigkeit. Für den größten Teil des Weihnachtsfestes blieb er außer Sicht in seinem Zimmer, ohne uns je hereinzubitten. Wenn er nicht anders konnte, als sich im selben Zimmer wie wir aufzuhalten, ignorierte er uns. Es dauerte nicht lange – vielleicht fünf Minuten – bis wir kapiert hatten, dass wir Deutsche selbst an Weihnachten nichts tun konnten, um uns reinzuwaschen.

Was Weihnachtspudding, Knallbonbons und Papierhüte anbelangte – alles war so, wie ich es erwartet hatte. Weil jedoch all dieses, in keinem der Anwesenden, die geringste Spur von Heiterkeit oder Stimmung erzeugte, fragte ich mich dauernd, was der Sinn des Ganzen sei. Der künstliche Weihnachtsbaum mit den grauenhaften, elektrischen Kerzen erregte in mir Sehnsucht nach dem Duft eines natürlichen Tannenbaums mit richtigen Kerzen. Die Ansprache des Königs war auch kein Trost. Ich verstand kein Wort, und die Verwandten sahen uns vorwurfsvoll an. Als die Nationalhymne gespielt wurde, sprangen sie sofort auf und befahlen uns mit ihren Blicken, das Gleiche zu tun.

Endlich war Weihnachten vorüber, und wir bereiteten uns auf die Rückfahrt vor. Es war geplant gewesen, dass Onkel Harry mit dem Auto einen kleinen Abstecher machen sollte, um uns bei Elsie Hope abzuliefern, die nur fünfzehn Kilometer entfernt in Staines wohnte. Von dort aus sollte meine Mutter nach einer Stellung mit Wohnmöglichkeit für uns drei suchen. Im

45 George VI., der von 1936–1952 regierte.

letzten Moment boten Tante Gertie und Onkel Harry meiner Mutter an, dass sie Udo doch noch eine Weile bei sich in Eastbourne wohnen lassen könnten, was meine Mutter dankbar akzeptierte. Sie setzten Mutti und mich also neben dem eleganten Wohnblock ab, in dem Auntie Hopey wohnte, und fuhren mit Udo Richtung Südküste.

Wenn ich heute zurückblicke, verblüfft mich das Verhalten unserer Verwandten während dieses Winters 1946 noch immer. Es bleibt rätselhaft, warum sie gegen ihre innere Überzeugung die Bürgschaft für uns übernommen hatten. Damals empfand ich ihr Benehmen uns gegenüber so, wie ich es erwartet hatte. Es war nicht gegen uns persönlich gerichtet, und ich ließ mich nicht aus der Fassung bringen. Genauso wäre es ja gewesen, dachte ich, wenn es umgekehrt gekommen wäre, hätte Deutschland den Krieg gewonnen, und englische Ankömmlinge wären als dreiste Bittsteller in ein siegreiches Deutschland gezogen.

Was ich aber wirklich erstaunlich fand, war die Tatsache, dass niemand sonst in den kommenden Wochen und Monaten uns im entferntesten ähnlich negativ entgegentrat. Alle waren mitfühlend und hilfsbereit. Wir konnten es nicht verstehen. Auf solche Gegensätze hatte Oma uns nicht vorbereitet, und so war ich recht verwirrt.

Zum Teil entsprang dieses Phänomen, das uns so beglückte, der freundlicheren Umgangsform zwischen den Menschen in England, verglichen mit Deutschland während des Krieges und unmittelbar danach. In Deutschland waren Beamte und öffentliche Angestellte gegenüber dem Publikum, besonders Kindern, normalerweise grob, unhöflich und herrisch gewesen, sei es im Postamt, bei der Eisenbahn, sogar in Geschäften. Ich hatte immer angenommen, ihre Stellungen verlangten solch ein Benehmen. Aber im Dorf Willingdon staunten wir darüber, wie die Verkäufer und ihre Kunden sich anlächelten und sich freundlich unterhielten, als wären sie Gleichgestellte. Die Dame in der Post war besonders eifrig zu helfen, selbst wenn es sich um Kinder mit einem starken fremdländischen Akzent handelte.

Nach Weihnachten, als wir mit anderen Leuten, die in Recklinghausen zu unserem englischen Bekanntenkreis gezählt hatten, oder mit früheren Bekannten unserer Großeltern zusammenkamen, waren alle erfreut, dass wir in England waren, und luden uns in ihr Heim ein. Die Familie von Miss Brown, eine unserer ersten Freundinnen von der Heilsarmee in Recklinghausen, lud uns zu ihrer Hochzeit ein, und ihre Eltern trieben für uns einen besonderen Aufwand. Auch Captain Chapman, der jetzt Referendar fürs Lehramt war, kam nach Willingdon zu Besuch. Entweder hatten sie alle vergessen, dass wir Deutsche waren, oder es kümmerte sie nicht.

Obgleich ihre Freundschaft und ihre Teilnahme an unserer Situation sehr ermutigend für uns war, hatte niemand eine Lösung für unser dringendstes Problem: ein Heim und einen Lebensunterhalt zu finden. Die engste Freundin der Familie, Auntie Hopey, Muttis zweite Mutter, lebte in einer kleinen Junggesellenwohnung; Miss Connell, einst Omas Lehrling im Friseursalon in Hampstead und nun unsere Auntie Kath, lebte in einem übervollen, kleinen Reihenhaus, zusammen mit mehreren ihrer kürzlich aus dem Militär entlassenen Söhne, samt deren Frauen und Babys. Man konnte sich darauf verlassen, im Notfall ein Sofa oder eine Matratze auf dem Fußboden angeboten zu bekommen, aber ohne Zweifel wäre man eine Belastung gewesen.

Die einzigen, die eine geräumige Unterkunft zur Verfügung hatten, waren unsere Verwandten. Aber nach dem Weihnachtsfest luden sie uns nie wieder ein, weder in das nachgeahmte Tudor-Häuschen nahe der Sussex Downs, noch in den Bungalow am Flussufer in Uxbridge.

KAPITEL 19

London

Einem Menschen wie Auntie Hopey war ich bisher noch nicht begegnet. Ihr Aussehen, ihre Persönlichkeit und ihr Lebensstil – alles war eigenartig. Sie war um die Mitte fünfzig, nicht sehr schlank, und ihr bebrilltes Gesicht war nicht gerade ansprechend. Was mir jedoch sofort auffiel, war ihre Eleganz, die so überwältigend war, das es mich beinahe eingeschüchtert hätte. Doch ein Blick in die zwinkernden Augen hinter der dicken Brille verriet so viel Wärme und Humor, dass man diesen Menschen sofort liebhaben musste. In allen praktischen Dingen erwies sich Auntie Hopey als Perfektionistin: Ihre Wohnung, ihre Kleidung, ihre Frisur, ihr ganzes Aussehen waren makellos. Kein Wunder, denn sie hielt sich morgens eine Stunde lang im Badezimmer auf, und selbst bei ihrer Hausarbeit trug sie ein schickes Kostüm. Allein lebend, brauchte sie auf niemanden Rücksicht zu nehmen. Ihre Tage, ihre Wochen, ja ihre Jahre waren so vollkommen geregelt wie ein Uhrwerk. Trotz ihrer Selbstdisziplin, die sie mühelos praktizierte, war ihr Wesen sanft und umgänglich, und es gab immer viel zu lachen mit ihr.

Auntie Hopey in der Staines High Street

Hopeys Friseursalon in Mayfair muss wohl erfolgreich gewesen sein, denn als wir drei in England ankamen, hatte sie es schon vor Jahren verkauft und sich zur Ruhe gesetzt. Sie war in einen kleinen, 1930 gebauten Wohnblock gezogen, ein paar hundert Meter von der Themse entfernt, mit einer ländlichen Aussicht auf die

Heide von Staines. Ihr Heim entsprach dem Grundsatz von Mrs. Beeton, Englands Guru für bequemes Wohnen: *Ein Platz für alles, und alles an seinem Platz.*

Die kleine Wohnung war ideal eingerichtet für ihre äußerst individuelle Lebensweise. Es muss für sie große Umstände bedeutet haben, meine Mutter und mich über einen Monat lang aufzunehmen, aber sie erwähnte mit keiner Silbe, dass es ihr unangenehm sei, uns als Hausbesetzer zu haben.

Bis wir bei Hopey einzogen, hatte mein Englisch keine großen Fortschritte gemacht. Es hatte sich nicht viel Gelegenheit zum Üben geboten. Wir drei untereinander sprachen noch immer Deutsch, und die Verwandten zeigten wenig Lust, sich mit mir zu unterhalten. Nun wurde alles anders. Hopey und meine Mutter hatten sich viel zu erzählen, und sie plauderten und lachten ununterbrochen. Wann immer es möglich war, bezogen sie mich in ihr Gespräch mit ein. Auntie Hopey zeigte mir, wie man ihr Radio einstellte, und machte mich mit der Kindersendung „Children's Hour" bekannt. Die gefiel mir außerordentlich, und ich entdeckte andere Sendungen, die ich teilweise sogar verstehen konnte. Obgleich ich oft lange allein in der Wohnung verblieb, wuchsen meine Englischkenntnisse zu dieser Zeit schnell, dank der BBC.

Schon nach ein paar Tagen hatte meine Mutter eine Stellung in London gefunden, an der Ecke der Euston Road, im Büro eines Lagers für Klempnermaterial. Sie begann zu pendeln. Offiziell war Hopey nicht mehr berufstätig, aber ihre Zeit war dadurch in Anspruch genommen, dass sie noch Hausbesuche bei einigen langjährigen Kundinnen machte. Aber sie fand auch viel Zeit für mich, und wir machten oft kleine Ausflüge. Ich begleitete sie bei ihren unerlässlichen täglichen Spaziergängen an der Themse und bei Bekanntenbesuchen. Am liebsten war es mir, wenn wir zu meiner Unterhaltung besondere Sehenswürdigkeiten aufsuchten, wie zum Beispiel die Kew Gardens oder das wunderbare Puppenhaus der Königin Mary im Schloss Windsor. Ich betrachtete es lange und mit besonderer Aufmerksamkeit. Schließlich musste ich zugeben, dass es vielleicht, beinahe, fast so schön war wie meins, das ich vor genau zwei Jahren in Schlesien hatte zurücklassen müssen.

Mit ihrer Arbeit war meine Mutter nicht glücklich. Jeden Morgen eine komplizierte Reise von Staines nach King's Cross, noch dazu im Dunkeln, mit stundenlangen Wartezeiten auf windigen, eiskalten Bahnsteigen – das war abscheulich. Mit ihren Kollegen hatte sie nichts gemeinsam, besonders was deren Humor betraf. Ihr Vorgesetzter muss sehr enttäuscht gewesen sein, dass sie, trotz ihres perfekten Englischs, mit dem Transport seiner Waren,

Schwimmerhähne und Toilettensitze, nicht umzugehen verstand. Nach kurzer Zeit trennten sie sich einvernehmlich.

Während sie dort arbeitete, hatte meine Mutter, dem Rat Onkel Harrys folgend, weiter nach einer Stellung mit Wohnmöglichkeit gesucht. Ende Januar wurde ihr eine solche angeboten, im Harrington Hall Hotel im vornehmen South Kensington. Sie wurde Assistentin des Direktors und konnte dort mit einem Kind bei voller Verpflegung wohnen. Anscheinend hatte das Hotel eine Personalkrise, denn wir sollten sofort einziehen. Es wurde uns ein Zimmer im Dachgeschoss zugeteilt, wo das Personal untergebracht war. Unsere Mahlzeiten sollten wir im Speisesaal einnehmen, zusammen mit den Gästen. Das Foyer des Hotels mit seinen dicken Teppichen, Kronleuchtern und goldumrahmten Spiegeln kam mir sehr luxuriös vor. Ich durfte mich überall in den öffentlichen Räumen aufhalten, und jede Freiheit war mir erlaubt.

Viele, die dort wohnten, waren Dauergäste, und zwischen ihnen und den Angestellten herrschte ein freundliches Verhältnis. Ein alter Herr war ein leidenschaftlicher Liebhaber von Pantomimen, die zur Weihnachtszeit in England in vielen Theatern aufgeführt wurden. Allerdings war es ihm peinlich, allein zu solchen Kindervorstellungen zu gehen. Da ich das einzige Kind im ganzen Hotel war, fragte er meine Mutter, ob ich ihn, in der Rolle einer Art „Anstandsdame", begleiten dürfe. Wir gingen nicht nur zu einer, sondern zu fünf Theatervorstellungen im West End. Jedesmal hatten wir Sitzplätze in einer der vordersten Reihen, nur ein paar Meter von bekannten Schauspielern wie Bud Flanagan und Ted Ray entfernt. Während der alte Knabe sich vor Lachen krümmte, war ich damit beschäftigt zu verstehen, was die verrückten Engländer aus den bekannten Märchen, auf welchen die Pantomimen beruhten, gemacht hatten. Wenn das Stück „Rotkäppchen" hieß, erwartete ich natürlich eine textgetreue Darstellung der Erzählung, wie sie in Deutschland vorgeführt worden wäre, mit naturgetreuen Waldszenen und Tiernachahmungen. Als Pantomime jedoch waren die bekannten Märchen kaum wiederzuerkennen. Die glanzvolle Vorführung mit Tortenschmeißen, Pyrotechnik, Transvestiten und fliegendem Ballett fand ich schon blendend, aber auch beunruhigend. Indem die Theatermacher die Stücke unterhaltsam inszenierten, verletzten sie eine fundamentale Regel meiner deutschen Erziehung: vor allem Texttreue und Genauigkeit. So sehr mich das Ergebnis entzückte, konnte ich es doch nicht ganz billigen.

Sobald wir ins Hotel gezogen waren, meldete meine Mutter mich in einer nahegelegenen Grundschule an. Ich konnte jetzt schon ganz schön viel verstehen, aber mein gesprochenes Englisch war noch immer nicht sehr gut, und das Schulhalbjahr hatte schon vor mehreren Wochen begonnen. All dies war geeignet, die allgemeine Aufmerksamkeit auf mich zu lenken, was ich gern vermieden hätte. Aber als ich meiner neuen Klasse und dem Lehrer als Deutsche vorgestellt wurde, überraschte mich die allseitige Freundlichkeit und besondere Hilfsbereitschaft. Anstelle der feindseligen Beschimpfungen, die ich erwartet hatte, schien die Tatsache, dass ich aus Deutschland kam, Mitleid und Anteilnahme zu erregen. Als ich zum Mittagessen ins Hotel heimkam, hatte ich das Gefühl, mein Vormittag sei erstaunlich erfolgreich gewesen.

Meine Mutter wollte natürlich wissen, wie es in der Schule gewesen war. Ich berichtete, das Klassenzimmer sei übervoll gewesen, die Kinder meistens schmutzig und nach Urin riechend; während des Unterrichts waren sie herumgelaufen und hatten miteinander geschwatzt. Als dem Lehrer der Lärm zuviel geworden war, hatte er die Kinder angeschrien, sie sollten die Hände auf den Kopf legen. Das hatten sie zwar getan, aber alles andere ging genauso weiter. Der Grammatikunterricht war inhaltlich ähnlich dem, was ich vor drei Jahren bei Fräulein Vogt in Luckenwalde gelernt hatte, und das Rechnen mit Dezimalbrüchen hatte ich vor mehr als einem Jahr bei Fräulein Buchholz gelernt. Ich beklagte mich nicht, ich beschrieb lediglich die Schule. Tatsächlich war ich von der Disziplinlosigkeit recht betroffen. Meine Mutter mag wohl meine Verstörtheit gespürt haben. Oder vielleicht war es nur aus Gründen des Lernfortschritts, dass sie beschloss, ich solle nicht weiter auf diese Schule gehen. Als ich am Nachmittag nicht zum Unterricht erschien, rief die Direktorin besorgt im Hotel an, um sich zu überzeugen, dass ich gut heimgekommen sei. Sowas wäre in meinen deutschen Schulen nicht passiert.

An diesem Abend muss meine Mutter emsig Erkundigungen eingezogen haben, denn am nächsten Morgen verließ sie mit mir zusammen das Hotel und führte mich in eine andere Schule in der entgegengesetzten Richtung. Diesmal war es die katholische Schule „Virgo Fidelis“ an der Ecke Brompton Road und The Boltons. Hatte sie sich daran erinnert, wie die Nonnen ihr im Ersten Weltkrieg zu Hilfe gekommen waren? Wenn dies der Fall war, wurde sie auch diesmal nicht enttäuscht. Die Mutter Oberin begrüßte uns mit ausgesuchter Liebenswürdigkeit. Sie führte mich zu einem Klassenraum, in dem acht Mädchen saßen, alle in grüne Schuluniformen gekleidet, und sie stellte mich jeder einzelnen persönlich vor. Alle trugen vornehme Namen, die ich noch nie gehört hatte: Auriol, Vanessa und Annabel etwa. Die Oberin deutete auf ein Mädchen namens Marianne und teilte mir flüsternd mit, sie sei die Tochter von Odette[46], der französischen Widerstandsheldin. Sie schien anzunehmen, ich würde mich diesem Mädchen besonders verbunden fühlen. Dies brachte mich in große Verlegenheit, und meine Verwirrung darüber, wie ich die Reaktion auf mein Deutschsein deuten sollte, wurde nicht geringer.

Es war der denkwürdige, ungewöhnlich kalte Winter 1946/47, und am Rand der Bürgersteige lagen riesige Schneehaufen, wie ich es auch aus Deutschland kannte, aber später niemals mehr in England erlebt habe. Mir machte es Freude, auf dem Weg zur Schule und nachmittags auf dem Nachhauseweg durch die eleganten Straßen und über die großen, von prächtigen Häusern umgebenden Plätze von Kensington zu gehen. Meine Mutter und ich hatten keine Ahnung, dass ich zufällig in eine der exklusivsten Schulen im elegantesten Stadtteil Londons geraten war. Die Nonnen wollten keine Bezahlung annehmen.

Die Klasse, der ich angehörte, hatte gerade begonnen, ein ABC der katholischen Kirche zusammenzustellen. Die Lehrerin nannte nacheinander die Buchstaben des Alphabets, und für jeden sollten wir entsprechende Begriffe finden, die einen Bezug zur katholischen Kirche hatten. Diese sollten dann beschrieben und womöglich skizziert werden. Da mir Begriffe wie A für Abendmahlskelch oder H für Hostie nicht mal auf deutsch begegnet waren, konnte ich zu diesem Unternehmen kaum etwas beitragen.

Ein paar Tage nach meiner Einschulung war vorgesehen, dass die ganze Schule eine Theater-Matinée mit einem Shakespeare-Drama besuchen sollte. Mir wurde aufgetragen, ich solle meine Mutter um Erlaubnis bitten, mitgehen zu dürfen. Als ich im Hotel ankam, hatte ich vergessen, wie das Schauspiel hieß. Ich dachte nach. So ein Wort wie Speck, sagte ich. Meine Mutter lachte und meinte, dass müsse dann wohl „Hamlet" sein! Sie versuchte, mich auf das Erlebnis vorzubereiten, warnte aber, ich würde eventuell nicht viel verstehen. (Sie erinnerte sich an ihren eigenen ersten Schultheaterbesuch in Deutschland im Jahre 1919, als sie noch kein Deutsch verstand. Die Aufführung war auf französisch gewesen.) Sie hatte recht. Als der große Tag kam und wir Schülerinnen voller Spannung im Theater saßen, konnte ich nur einer Szene folgen,

46 Odette Sansom (1912–1995) war eine in England lebende französische Agentin, die ab 1942 die Résistance unterstützte. Sie wurde von einem Doppelagenten 1943 an die deutschen Besatzer verraten und von der Gestapo gefoltert, ohne jedoch weitere Namen preiszugeben. 1944 wurde sie im KZ Ravensbrück inhaftiert, konnte aber kurz vor der Befreiung durch die Rote Armee fliehen.

nämlich dem Gebärdenspiel innerhalb des Stücks, das die Ermordung von Hamlets Vater pantomimisch nachahmt.

Musik war das Fach, das mir in der Klosterschule am besten gefiel. Der wunderbare Chor der Nonnen machte die obligatorischen Gottesdienste ein wenig erträglicher, und ich lernte viele schöne Lieder, einige davon waren Sonette von Shakespeare oder Gedichte aus seinen Dramen, wie zum Beispiel *It was a Lover and His Lass* und *Where the Bee sucks there suck I.* Am liebsten war mir das Lied *God Be In My Head*[47]. Auch wenn es wohl ein Lied für Erwachsene war und einen ernsten Sinn hatte, waren die Worte so einfach, dass ich sie verstehen konnte:

God be in my head, and in my understanding;
God be in mine eyes, and in my looking;
God be in my mouth, and in my speaking;
God be in my heart, and in my thinking;
God be at mine end, and at my departing...[48]

Während meines ganzen ersten Halbjahres in „Virgo Fidelis" schloss ich keinerlei Freundschaften, weder mit meinen Mitschülerinnen noch mit einer Lehrerin. Ich war dankbar dafür, dass alle so nett zu mir waren, denn ich war mir immer Omas unheilvoller Warnungen bewusst. Unaufhörlich bemühte ich mich, mein „neues Ich" aufrecht zu erhalten, bloß nicht aus der Rolle zu fallen und mich immer der gegebenen Situation anzupassen. Nicht dass ich noch fürchtete, einen großen Fehler zu machen, wie etwa von Papa zu erzählen oder von meinen Kriegserlebnissen. Aber weil sich in meiner Umgebung so vieles abspielte, das ich nicht verstand, drohte die Gefahr, dass ich eine Frage stellen könnte, die mein Umfeld aufhorchen ließe, dass ich nicht die war, die zu sein ich vorgab. Immer diese Vorsicht mit sich herumzutragen war nicht gerade hilfreich, um Freundschaften zu schließen.

Von Oma und Mutti hatte ich den Glauben übernommen, wenn ich nur lange genug die Rolle des in London geborenen und aufgewachsenen Mädchens spielte, dann würde ich schließlich ein solches werden, und meine peinliche

47 Der Text stammt aus dem „Sarum Primer", einer Sammlung von Gebeten und Hymnen, die während des 13. Jhr. in Salisbury angelegt wurde.

48 Gott sei in meinem Kopf und in meinem Verstehen / Gott sei in meinen Augen und in meinem Schauen / Gott sei in meinem Mund und in meinem Sprechen / Gott sei in meinem Herzen und in meinem Denken / Gott sei an meinem Ende und meinem Dahinscheiden.

deutsche Identität würde verblassen. Gewiss würde einmal der Tag kommen, an dem die letzte Spur meines deutschen Akzentes verschwunden sein würde, so dass es mir keine Mühe mehr bereiten würde, ein Doppelleben zu führen. Diesen Tag konnte ich kaum abwarten, und in der Hoffnung, sein Kommen zu beschleunigen, führte ich Omas Anweisungen bis ins Einzelne aus.

Ich war viel zu sehr mit den Anforderungen des täglichen Lebens beschäftigt und viel zu gehorsam, um Omas Plan für meine Metamorphose in Frage zu stellen. Es kam mir nicht in den Sinn, darüber nachzudenken, ob ich wirklich auf die Dauer jemand anderes werden wollte, und ob das überhaupt möglich wäre.

Ein Problem bezüglich dieses Plans ragte jedoch über alle anderen hinaus: Papa. Noch immer dachte ich täglich an ihn, noch immer betete ich um seine Sicherheit und um den Tag, an dem unsere Familie wieder vereint sein würde. Wenn ich mir den Traum bildlich vorzustellen versuchte, war da entweder eine große Leere, oder wir waren wieder in Mahlsdorf.

Eines Tages während dieser Zeit kam meine Mutter mit der Mitteilung, sie habe von Papa gehört. Ihre Stimme klang vollkommen gefühllos. Ich wusste es! Natürlich war er nicht tot! Selbstverständlich würde er wiederkommen!

„Wirklich? Wann? Wo? Wie? Wo war er die ganze Zeit? Wann werden wir ihn wiedersehen?“ Ich war überglücklich, und obwohl ich die Reserviertheit meiner Mutter spürte, konnte ich meine Freude nicht verbergen. Ich glaubte ja, sie wäre innerlich ebenso erleichtert wie ich, und sie täte nur so gleichgültig, wegen der praktischen Schwierigkeiten, die Papas Rückkehr mit sich bringen würde. „Wir werden nicht wieder zusammenkommen“, sagte Mutti langsam und nachdrücklich, mit einer Stimme, die so klang, als gehörte sie einer anderen Person. „Wegen seiner Vergangenheit kann er nicht nach England kommen, und wir ziehen nicht nach Deutschland zurück. Das Land ist ruiniert, es hat keine Zukunft. Es ist besser für uns, hierzubleiben, und für euch Kinder ein Leben in England aufzubauen.

“Ich war entsetzt, diese Worte aus ihrem Munde zu hören, aber weil ich sie liebte, und weil ich wusste, dass sie in diesen Tagen immer der Verzweiflung nahe war, hielt ich mich mit Einwänden zurück. Ich hatte vollkommenes Vertrauen in ihre Urteilskraft und ihrem Grundsatz, das Wohl von uns Kindern ihrem eigenen voranzustellen. Ich sagte mir also: „Sie würde sicherlich lieber mit Papa zusammenleben. Aber sie opfert ihre eigenen Wünsche zu unserem Wohl.“

Meine Mutter erzählte mir noch, dass Papa die ganze Zeit über in britischer Kriegsgefangenschaft gewesen war. Sie hatte keine Ahnung, wie es dazu gekommen war, denn sie selbst hatte ihn ja den Amerikanern ausgeliefert.

„Es geht ihm gut. Nach seiner Entlassung ist er zu Tante Kätchen gegangen, um uns zu suchen. Er wohnt noch dort. – Es ist sehr wichtig, dass wir uns sofort scheiden lassen", fügte sie hinzu, „denn sonst leben wir gesetzeswidrig hier in England. Papa versteht nicht, was das für ein Risiko für uns ist, so lange wir verheiratet sind. Er will es nicht einsehen. Wir korrespondieren über Oma und Opa. Er hat unsere Adresse nicht. Ich habe ihm sagen müssen, er könne dir nicht schreiben, bis wir geschieden sind." Trotz dieser Drohung reichte sie mir einen Gruß in Papas unverkennbarer Handschrift.

Sie muss sich des Schreckens und der Trauer, die ihre Worte in mir hervorriefen, bewusst gewesen sein, aber ihre Stimme verriet, mit welch unbedingter Entschlossenheit sie ihren Plan durchzuführen gedachte.

Ich versuchte mir vorzustellen, wie Papa in Tante Kätchens Haus in Lautenthal lebte, aber wieder versagte meine Vorstellungskraft. Es war ein nettes Haus, aber es war das Heim einer anderen Familie, nicht seines. Meines Vaters Liebe und seine Hingabe an meine Mutter, an Udo und mich waren total gewesen. Nur für den Führer und für sein Vaterland hatte er ähnlich starke Gefühle empfunden. Jetzt waren alle seine Ideale vernichtet und alle Menschen, die er liebte, verschwunden. Welchen Sinn konnte jetzt noch das Leben für ihn haben? Ich konnte mir die Person, die er jetzt war, überhaupt nicht vorstellen, nur seinen Seelenzustand – und mein Herz blutete für ihn.

KAPITEL 20

Cornwall

Als die Osterferien näherrückten, hatte Auntie Hopey eine glänzende Idee. Sie wollte Ostern mit ihren Cousinen in Kettering verleben, mit der Familie, bei der meine Mutter als Kind oft zu Besuch gewesen war. Nun fragte sie, ob sie mich mitnehmen dürfe, um so die erfreuliche, dreißig Jahre alte Tradition weiterzuführen. Hopey schlug weiter vor, Udo könne während der Zeit von Eastbourne kommen und anstatt meiner im Hotel wohnen. In den ersten paar Ferientagen vor unserer Abreise würde Udo bei Hopey wohnen, und wir beiden würden uns täglich in der Stadt treffen. Dieser Plan gefiel uns allen gut.

Udo erschien im Hotel in derselben Kleidung, die er bei seiner Ankunft aus Deutschland getragen hatte: noch immer die extrem kurzen Shorts, die jetzt sogar noch kleiner aussahen. Er hatte noch immer nur eine einzige Unterhose, die meine Mutter ihm in Deutschland aus irgendeinem Rest genäht hatte, als seine alte auseinanderfiel. In der Zwischenzeit war er in Eastbourne auf eine Realschule gegangen. Obgleich er auf dem Schulhof unter mehreren Hunderten von Jünglingen, alle in identischen grauen Hosen, ein sensationeller Anblick gewesen sein muss, berichtete er, dass auch er von den anderen Schülern viel Freundlichkeit erlebt hatte. Sie wetteiferten miteinander, ihm all das beizubringen, was ein richtiger englischer Junge wissen und können sollte, unter anderem auch Cricket. Onkel Harry und er waren gute Freunde geworden, und im allgemeinen war seine Zeit bei den Verwandten lange nicht so schlimm, wie man hätte befürchten können.

Jetzt mit uns in London kam Udos langersehnte Stunde. Meine Mutter kaufte ihm neue Kleidung, einschließlich seiner ersten langen Hose[49]. Seitdem Mutti und ich im Hotel wohnten, hatten wir den größten Teil unserer Freizeit bei Hopey und anderen Bekannten verbracht, die meist in weit entfernten Vororten wohnten. Wir hatten viele Stunden in Straßenbahnen, Autobussen und U-Bahnen verbracht. Udo war mehr daran interessiert, die Londoner Sehenswürdigkeiten zu besichtigen, und wir verbrachten ein paar glückliche Tage, während derer wir zusammen die Hauptstadt entdeckten. Durch unser beliebtes Monopoly-Spiel waren uns bereits viele Straßen und Ortsnamen bekannt, so dass wir uns kaum wie Fremde vorkamen. Am Leicester Square entdeckten wir etwas sehr Aufregendes: ein Cartoon-Kino namens „The Cameo". Wir kannten natürlich Mickey Mouse und Donald Duck, aber im Film hatten wir sie noch nie gesehen, und Figuren wie Goofy oder Dumbo waren uns ganz neu. Wir wurden förmlich süchtig danach, und wir hätten am liebsten den ganzen Tag über im Cameo-Kino gesessen. Wenn ein Film zu Ende war, wären wir gerne sitzengeblieben, aber es kam uns nicht in den Sinn, einer Vorstellung mehr als einmal beizuwohnen, ohne noch einmal zu bezahlen. Dauervorstellungskinos wie das Cameo waren für uns etwas ganz Neues. Wir waren schockiert, als wir entdeckten, wie einfach es war zu betrügen. Eine andere Absurdität waren die Kartons der Zeitungsverkäufer: unbewacht standen sie auf den Bürgersteigen herum, und die Passanten warfen einfach ein paar Münzen hinein und nahmen sich dafür eine Zeitung mit. Wie konnten die Händler es ihren Kunden so leicht machen, sie zu betrügen oder zu berauben? Die einzige Erklärung dafür, wie auch für so vieles andere in England, war: verrückt!

Die Reise mit Auntie Hopey nach Kettering erweiterte meinen kulturellen Horizont um ein neues Element. Ganz in der Nähe ihres Elternhauses wohnten Dot und Freda, welche vor dreißig Jahren Spielkameradinnen meiner Mutter gewesen waren. Mittlerweile hatten sie eigene Familien. Ihre Kinder waren etwas älter als ich, aber sie nahmen mich ebenso freundlich auf, wie die vorhergehende Generation meine Mutter aufgenommen hatte. Dot zeigte mir Fotos aus der Zeit des Ersten Weltkrieges, auf denen sie alle im Obstgarten

49 Zu der Zeit trugen Jungen bis zum 12. oder 13. Lebensjahr im Sommer meistens kurze Hosen und im Winter lange Flanellhosen.

spielend abgebildet waren, und auch ihre Hochzeitsbilder aus dem Jahre 1923, wo Hopey als junge Frau und meine Mutter als Dreizehnjährige unter den Hochzeitsgästen zu sehen waren.

In der Zwischenzeit hatte Dot eine Theater- und Rhetorikschule in Kettering eröffnet. Hopey und ich kamen genau zu der Zeit an, als die Schüler ihre Semester-Schlussvorstellung vorbereiteten, zu der wir eingeladen waren. Die Schauspieler waren meist Erwachsene, und am besten erinnere ich mich an die kurzen Theaterszenen, die allesamt aus bekannten Dramen und Romanen stammten. An diesem Nachmittag wurde ich mit mehreren der berühmtesten Charaktere aus der englischen Literatur bekannt gemacht, wie zum Beispiel Lady Catherine de Burgh[50], Eliza Doolittle[51] und Heathcliff[52].

Als ich von Kettering zurückkehrte, war ich erstaunt, Udo noch im Hotel anzutreffen. Meiner Mutter war es ja gestattet, nur ein Kind bei sich zu haben. Warum war er also nicht nach Eastbourne zurückgefahren? Wie sich herausstellte, war, kurz nachdem ich London verlassen hatte, ein kleines Paket für Udo angekommen mit all seinen Sachen und einem Briefchen von Tante Gertie, in welchem sie schrieb, er solle nicht zurückkommen.

Es folgten ein paar chaotische Tage, in denen Udo und ich abwechselnd im Hotel wohnten, und der jeweils andere bei Freunden und Bekannten - wer immer ein Bett frei hatte.

Meine Mutter hielt nach wie vor an ihrer Gewohnheit fest, ihre Sorgen nicht mit uns zu teilen, aber es war uns klar, dass sie verzweifelt war. Bisher hatte sie immer positiv in die Zukunft geblickt und war allen Situationen gewachsen gewesen. Jetzt war ich furchtbar besorgt, sie gebückt am Tisch zu sehen, ohne Appetit und manchmal heimlich weinend. Sie deutete niemals an, dass es etwa besser gewesen wäre, wenn wir in Recklinghausen geblieben wären. Im Gegenteil, immer wieder betonte sie, was für ein Glück wir hatten, nach England gekommen zu sein. Sie beschäftigte sich viel mit offiziellen Dokumenten, die mit unserer Staatsangehörigkeit zu tun hatten, und mit ihrem Antrag, Oma und Opa zu uns nach England zu holen.

Wie schon oft hatte Hopey auch diesmal wieder eine rettende Idee. Das dringendste Problem im Moment war, Udo unterzubringen. Wäre die Lösung nicht, eine Internatsschule für ihn zu finden? Sie würde die Bezahlung übernehmen,

50 aus *Stolz und Vorurteil* (Originaltitel: *Pride And Prejudice*) von Jane Austen
51 aus *Pygmalion* von George Bernhard Shaw
52 aus *Sturmhöhe* (Originaltitel: *Wuthering Heigths*) von Emily Brontë

so lange es nötig sei. Außerdem schlug sie auch gleich eine passende Schule vor. Sie war nicht nur außerordentlich billig, sondern auch direkt in Staines gelegen, wo Hopey ein wachsames Auge auf ihn haben konnte. Udo war einverstanden und wurde in dem etwas klapprig aussehenden Internat namens „Staines Grammar School" angemeldet. Damit war eine weitere Krise überwunden.

Jedoch war das keine Lösung auf Dauer. Es war meiner Mutter klar, dass sie das Internat mit ihrer schlecht dotierten Hotelanstellung nie würde bezahlen können. Außerdem wusste sie nicht, wohin mit ihm in den Schulferien. Aufs Neue machte sie sich auf die Suche nach einer besser bezahlten Arbeit, bei der sie möglicherweise auch ihre Sprachkenntnisse einsetzen konnte. Ja, solche Stellen gab es zuhauf, aber leider nicht in England. Sie hätte nach Deutschland zurückkehren müssen, um bei der Kontrollkommission, die die britische Zone verwaltete, zu arbeiten, was natürlich nicht in Frage kam.

Dann, endlich, wurde ihr eine Stellung angeboten, die beinahe zu gut klang, um wahr zu sein. Ein älterer Hotelgast, mit dem wir uns mehrmals im Speisesaal unterhalten hatten, wollte sein Geschäft in London aufgeben und sich in seinem Haus in Cornwall, der südwestlichsten Grafschaft Englands, zur Ruhe setzen. Er fragte meine Mutter, ob sie seine persönliche Assistentin sein wolle. Er bot ihr ein gutes Gehalt an, und, was noch wichtiger war: eine Privatwohnung für die ganze Familie.

Es war Anfang Mai des Jahres 1947, als wir das Hotel verließen und per Nachtzug nach Penzance fuhren, um wieder ein neues Leben zu beginnen. Meine Mutter, der es leid tat, dass ich dauernd von einem Ort zum anderen gezerrt wurde, wollte mir eine Freude machen und kaufte mir kurzentschlossen vor der Abfahrt ein Geschenk, das mich, wie sie wusste, auf immer glücklich machen würde: ein kleines Hündchen, das mir ganz alleine gehören sollte. Ich war auch tatsächlich glückselig, aber in der Situation, in der wir uns befanden, war ein Hündchen nicht besonders praktisch. Es war noch nicht einmal stubenrein; im Zug pinkelte es in alle Ecken, und es winselte und bellte ununterbrochen, was uns und die anderen Passagiere vom Schlafen abhielt.

Muttis erste Aufgabe war es, das Haus ihres neuen Arbeitgebers für seinen Einzug vorzubereiten. Dabei stellte sich heraus, dass sie während der ersten paar Wochen oft nach London würde fahren müssen[53]. Wo sollte ich dann während ihrer Abwesenheit bleiben? Sie fragte mich, ob ich bereit wäre, für

53 Die Strecke London–Penzance beträgt fast 500 Kilometer.

den Rest des Sommerhalbjahres, so wie Udo, eine Internatsschule zu besuchen? Sie hatte eine Schule in der Nähe gefunden, die bereit war, mich mitten im Halbjahr als Wohnschülerin aufzunehmen, und die ich später als Tagesschülerin weiter besuchen könnte. Sogar für mein Hündchen war gesorgt: einer der Gärtner war bereit, es bei sich aufzunehmen – und bei ihm blieb es dann auch noch, nachdem ich die Schule verlassen hatte.

Die Idee imponierte mir ungeheuer. Tante Ethel hatte mir zu Weihnachten ein Buch von Enid Blyton[54] geschenkt, *The Twins At St. Clare's*. Zuerst fand ich es schwer zu lesen, aber nun hatte ich, mit viel Mühe, das Ende erreicht, und meine Anstrengung hatte sich gelohnt. Kinderbücher waren in der Nachkriegszeit sehr knapp. Bevor wir nach England kamen, hatte ich nicht mehr als fünf oder sechs Bücher gelesen, fast alles Märchenbücher. Mein Lieblingsbuch war „Heidi" von Johanna Spyri gewesen, ich hatte es mindestens fünfmal gelesen. Ein Buch, das von Mädchen meines Alters handelte, und noch dazu mit einem Internat als Schauplatz, hatte mich kolossal fasziniert. Ich konnte mir kein schöneres Leben vorstellen als das der Zwillinge. Und jetzt wollte meine Mutter mich in genau so eine Schule schicken, die wundersamerweise auch noch St. Clare's hieß! Ich war begeistert, als ich zum ersten Mal das hübsche Steingebäude erblickte, das umgeben war von zahllosen blühenden Rhododendronbüschen, Tennisplätzen und ausgedehnten Rasenflächen. Das war noch schöner als ich es erwartet hatte!

Von meinem ersten Schulhalbjahr in St. Clare's kann ich mich nur noch an weniges erinnern, weder an die Namen noch an das Aussehen der Schülerinnen oder der Lehrerinnen. Vielleicht weil ich in einem Dauerzustand totaler Verwirrung war und ich die ganze Zeit damit beschäftigt war, den Sinn des überspannten, fast hysterischen Benehmens der Mädchen außerhalb des Klassenzimmers zu verstehen. In meiner schlecht passenden, gebraucht gekauften Schuluniform, mit meinem unverkennbar deutschen Akzent und meinem permanent verständnislosen Gesichtsausdruck muss ich eine komische Figur abgegeben haben. Wenn ich gefragt wurde, wo ich herkam, was anfangs öfter geschah, folgte ich strikt meinen Anweisungen. Offenbar glaubten sie mir nicht, wenn ich angab, Londonerin zu sein, aber das kümmerte mich nicht, solange sie mich nicht weiter mit ihrer Neugierde plagten.

54 Enid Blyton (1897–1968) war mit über 700 Büchern eine der produktivsten und erfolgreichsten Kinderbuchautorinnen der Welt.

Ich war mir ganz sicher, dass es mir gelungen sei, meine Herkunft zu verbergen, als das Unheil geschah. Es war in einer Erdkunde-Stunde, und die Lehrerin wollte der Klasse den Begriff *native* (eingeboren) klarmachen. Als die Schülerinnen nicht zu verstehen schienen, deutete sie auf mich und nannte mich das typische Beispiel einer deutschen Eingeborenen. Wie konnte sie mir das antun, nachdem ich so geflissentlich meine Anweisungen befolgt hatte? Mir graute vor dem Ende der Stunde – aber nichts geschah. Vielleicht warteten die Mädchen einfach nur ab und würden mich aus einem Hinterhalt überfallen, wenn ich nicht damit rechnete? Ich konnte nicht glauben, dass es ihnen egal war, ob ich Deutsche war oder nicht, und dass sie schlicht ihr Interesse an mir verloren hatten, nachdem ich ihre Versuche, sich mit mir anzufreunden, abgewiesen hatte.

Obgleich ich mich an so wenig erinnere, ist eines sicher: die Zeit, die ich als Schülerin in St. Clare's verlebte, machte mir weniger Spaß als den Zwillingen in meinem Buch. Ich vermisste meine Mutter ganz schrecklich, aber ich war entschlossen, dies nicht zu zeigen.

Seit meinen ersten Tagen in England war mir die stramme Erziehung meiner frühen Kindheit eine große Hilfe gewesen. Mir war eingeprägt worden, ich müsse alles, was von mir erwartet wurde, ohne Frage und ohne zu klagen mit meiner ganzen Energie ausführen. Diese Konditionierung half mir, jede schwierige Situation zu überstehen. Die Schulzeit war keine Ausnahme.

Im Korridor vor dem Schlafsaal waren Regale voller Bücher, einschließlich Dutzender von Enid Blyton, die zu meiner Lieblingsautorin jener Zeit geworden war. Die meisten waren für jüngere Kinder geschrieben und viel leichter für mich zu lesen als das Buch über die Zwillinge. Mein Englisch war jetzt so gut, dass ich die Abenteuer von Noddy, Big Ears und anderen Fantasiegestalten für Kleinkinder sehr rasch durchlesen konnte. Ich entdeckte auch *Winnie The Pooh* und *Alice in Wonderland*, welches, obgleich es so dumm war, mich bezauberte.

Meine größte Stunde kam, als ich ungefähr sechs oder acht Wochen in der Schule gewesen war und die Examen stattfanden, mit denen das Schuljahr endete. Ich hatte keine Ahnung, was das bedeutete, denn bisher hatte ich nichts dergleichen erlebt. Der einzige Hinweis auf das, was mir bevorstand, war der blanke Schrecken, der allen Schülerinnen im Gesicht stand, sobald das Thema auch nur erwähnt wurde. Doch als ich meinen ersten Fragebogen erhielt, kam mir blitzschnell die Erkenntnis, dass Fräulein Vogt, Fräulein Buchholz und meine anderen deutschen Lehrerinnen mich auf diesen Moment vorbereitet hatten, als sie mich so streng und erbarmungslos in Rechnen, Buchstabieren und Grammatik gedrillt hatten. Die meisten Prüfungsaufgaben kamen mir kinderleicht vor, besonders englische Grammatik, die mir recht einfach erschien, verglichen mit der deutschen. Bisher waren meine Schulleistungen nie hervorragend gewesen, wenigstens nicht in einer richtigen Schule – Dorfschulen wie jene in Podewilshausen und Wilkau in Schlesien zählten ja nicht. Jetzt war ich auf einmal Erste meiner Klasse in mehreren Fächern, einschließlich Rechnen und Englische Grammatik, das ich zu 87 Prozent und mit Auszeichnung bestanden hatte. Fächer jedoch, die faktisches Wissen erforderten, in denen ich niemals den elementarsten Unterricht erhalten hatte, wie zum Beispiel Naturkunde, ließen mich im Stich. Eine Examensaufgabe lautete, einen Pilz zu zeichnen. Ich malte nicht nur einen, sondern eine ganze Plantage roter Pilze mit weißen Punkten, umgeben von einem Wald, in dem eine Kaninchenfamilie lebte. Ein paar Vögel waren auch zu sehen. Meiner Ansicht nach war es ein hübsches Bild. Ich konnte nicht verstehen, warum es überhaupt keine Zensur verdiente, während meine anderen Prüfungsarbeiten so gelobt wurden.

Durch meine phänomenalen Examensresultate gewann ich in der Schule den Ruf, besonders klug zu sein. Das machte keinen großen Eindruck auf mich, denn ich wusste nur zu gut, dass ich einen unlauteren Vorteil genossen hatte. Mir war klar geworden, dass englische und deutsche Schulen völlig verschiedene Ziele anstrebten. In englischen Schulen sollte man zuerst einmal herausfinden, wofür man sich überhaupt interessierte. Man las Erzählungen und Gedichte, besprach deren tiefere Bedeutung, und fand dabei heraus, in welchen Fächern man sich gern spezialisieren wollte. Man wurde sogar ermutigt, Fantasie zu entwickeln und neue Gedankengänge zu erproben – Tätigkeiten, die in allen deutschen Schulen, die ich gekannt hatte, schwer verpönt gewesen waren. Dort war nach meiner Erfahrung der Hauptzweck Pauken, Auswendiglernen und Gedrilltwerden, bis die ganze Klasse das vorgeschriebene Lernprogramm erfasst hatte, nicht mehr und nicht weniger. In England schien der Stoff, der in Deutschland unterrichtet wurde, beinahe nur eine Nebensache zu sein, während man sich mit anderen Themen beschäftigte. Der große Wert, der den Examina zugeschrieben wurde, war unlogisch (und daher typisch englisch), da sie Leistungen prüften, die ansonsten als nicht besonders bedeutungsvoll angesehen wurden. Jedenfalls schien mir meine für alle deutschen Kinder selbstverständliche Art zu lernen in England Erfolg zu bringen. Aus irgendeinem Grund hatte ich das Gefühl, ich hätte geschwindelt. Meine Klassenlehrerin dachte wohl ähnlich, denn ihre Bemerkung in meinem Jahreszeugnis lautete: „Extrem fleißig".

In England ein Vorwurf.

Eines Spätnachmittags kam meine Mutter unangemeldet zur Schule. Sie sah sehr beunruhigt aus, was nicht erstaunlich war, nach allem, was sie am Vormittag erlebt hatte.

Sie hatte gerade mit ihrem Chef in seinem neuen Büro gearbeitet, als plötzlich mehrere Polizisten eindrangen. Da meine Mutter damals in einem dauernden Angstzustand war, nahm sie sofort an, sie wären ihretwegen gekommen. Es musste etwas mit ihren Papieren nicht in Ordnung sein, oder hatte es mit Papa zu tun? Zu ihrer Überraschung wurde jedoch ihr Arbeitgeber abgeführt, der, wie sie später erfuhr, ein berüchtigter Schwindler war, unter falschem Namen lebte und schon längst von der Polizei gesucht worden war.

In dem Moment kam ihr die Einsicht, dass sie den Kampf, uns zu unterhalten und ein Heim für uns in England zu finden, nicht gewinnen konnte. Bis dahin hatte sie sich dagegen gesträubt, nach Deutschland zurückzukehren, wo sie mit ihrer Zweisprachigkeit gut verdienen konnte. Jetzt sah sie dies als den einzigen Weg an, aus dieser hoffnungslosen Situation herauszukommen. Sie hatte alles andere versucht, aber nichts war ihr gelungen.

An diesem Nachmittag war sie zur Schule gekommen, um der Direktorin die Lage zu erklären und ihr mitzuteilen, dass ich nach den Sommerferien nicht wiederkommen könnte. Miss Johns bat sie flehentlich, mich in der Schule zu lassen. Sie bot mir sogar ein Stipendium an, was meine Mutter total erstaunte. Die Gründe für diese überraschende Geste würde ich zu gern wissen. Ich habe keine Ahnung, was meine Mutter der Direktorin von meiner Herkunft erzählt hatte, als sie mich an der Schule anmeldete. Sie muss wohl meinen deutschen Akzent irgendwie erklärt haben, denn ich bezweifle, dass man je etwas Ähnliches in den Korridoren von St. Clare's gehört hatte. Rückblickend vermute ich, dass mich die Direktorin als ein in Not geratenes Flüchtlingskind ansah, eine „gute" Deutsche, der zu helfen man moralisch verpflichtet war.

Der nächste Plan meiner Mutter war, nach London zu fahren und bei der Kontrollkommission für Deutschland ein Stellungsgesuch als Dolmetscherin einzureichen. Es konnte mehrere Monate dauern, bis sie ihr erstes Gehalt bekäme. Sie durfte also keine Zeit verlieren. Bis dahin würde sie eine provisorische Arbeit suchen, die ihr gleichzeitig Unterkunft bot.

Als sie ihre Sachen zusammengepackt und ihre verwaiste Arbeitsstelle aufgeräumt und abgeschlossen hatte, war es zu spät für den letzten Zug nach London. Sie suchte also nach einer Pension für die Nacht. An einem kleinen, weißen Bungalow am Stadtrand der berühmten Künstlerstadt St. Ives sah sie ein Namensschild hängen mit den Worten „Bed and Breakfast". Die

Eigentümerin, eine gewisse Mrs. Hyne, war eine rüstige, ältere Witwe mit weißen Locken und einer extrovertierten, leicht skurrilen Persönlichkeit. An diesem Abend setzte sie meiner Mutter ein schmackhaftes Abendbrot vor und am nächsten Morgen das größte Frühstück, das sie je gesehen hatte. Währenddessen erzählte Mrs. Hyne in unterhaltsamer Weise von den örtlichen Ereignissen. Meine Mutter merkte, dass ihre Erzählungen immer wieder auf ein bestimmtes Thema zurückkamen, nämlich ihren Beitrag während des Krieges. Sie hatte damals vier Mädchen als Evakuierte aus Ost-London aufgenommen und betreut, ihre „Little Women". Nun waren die Kinder schon längst wieder bei ihren Eltern, und Mrs. Hyne war seitdem nie wieder so glücklich gewesen wie damals. Sie hatten ihr so gute Gesellschaft geleistet, und nun lebte sie wieder allein, das gefiel ihr gar nicht. Bevor meine Mutter wusste, was sie tat, hörte sie sich selbst eine Frage stellen:

„Mrs. Hyne, würden Sie gern noch einmal ein Mädchen betreuen?"

Von da ab war meine Mutter überzeugt, ihr Schutzengel habe sie an jenem Abend an die Tür des hübschen, weißen Bungalows geführt.

Kapitel 21

Mrs. Hynes „Gesellschaft“

Kurz bevor mein erstes Schulhalbjahr in St. Clare's endete, arrangierte meine Mutter für mich einen Besuch bei Mrs. Hyne in ihrem Bungalow, damit ich sie kennenlernen konnte. Dann überließ sie mir die Entscheidung: wollte ich wie bisher in St. Clare's bleiben, oder bei Mrs. Hyne wohnen und St. Clare's als Tagesschülerin besuchen? Ich entschied mich für das Letztere.

Die oberste Priorität für meine Mutter in England war das Ordnen unserer Papiere, um sicherzustellen, dass wir nicht deportiert werden konnten, wie es der Familie 1919 ergangen war. Deshalb beantragte sie die Bestätigung ihrer britischen Nationalität für sich und uns Kinder. Außerdem beantragte sie, dass wir alle drei den einzigen englischen Namen, auf den wir einen entfernten Anspruch hatten, offiziell tragen durften: Norris, der Mädchenname unserer Großmutter. Zu ihrem Glück war eine aus dem Ersten Weltkrieg stammende Klausel im Gesetz zur Regelung der Staatsangehörigkeit noch immer in Kraft. Diese Klausel war formuliert worden, um es englischen Ehefrauen von Männern, die „einem Staat angehörten, der sich mit Seiner Majestät im Kriegszustand befand“, zu ermöglichen, ihre britische Staatsbürgerschaft zurückzufordern und sich schnellstens scheiden zu lassen. Da meine Mutter sich von ihrem Mann trennen wollte, der einem ebensolchen Staat angehörte, hatte sie sofort Erfolg mit ihrem Antrag und kurz danach mit ihrer Scheidung.

Im Laufe unseres ersten Sommers in England kamen unsere Einbürgerungsdokumente an. Das war gerade die Zeit, in der meine Mutter bemerkte, dass die letzten Spuren meines deutschen Akzentes verschwunden waren. Sie behauptete, nun sei meine Metamorphose von einem deutschen zu einem englischen Mädchen geglückt. Katrin Thiele konnte jetzt aufhören zu existieren, und Katrine Norris – bald „Kay“ genannt – an ihre Stelle treten.

Als meine Mutter ihrer „Bed and Breakfast"-Wirtin anbot, mich als Pflegekind anzunehmen, muss sie ihr wohl etwas über unseren deutschen Hintergrund erzählt haben, aber die beiden verabredeten wohl miteinander, die Tatsachen nicht in der Nachbarschaft bekannt werden zu lassen. Daher war das Mädchen, das bei Mrs. Hyne in St. Ives ankam, um das Winterhalbjahr als Tagesschülerin in St. Clare's zu beginnen, Kay Norris, und, wie die früheren „Little Women" von Mrs. Hyne, eine Londonerin. Unter dieser Tarnung stellte mich „Auntie", wie ich sie nennen sollte, ihren Verwandten und Freunden vor, und als solche wurde ich in der Nachbarschaft aufgenommen. Möglicherweise fanden sie es ein wenig verwunderlich, dass ich niemals etwas von meiner Vergangenheit oder von meinem Vater erzählte, aber während meiner ganzen Zeit in St. Ives stellte niemand, schon gar nicht „Auntie", irgendwelche unbequemen Fragen.

In dem liebenswerten Umfeld von Mrs. Hyne war es nicht schwierig, die Rolle des Mädchens zu spielen, das ich vorgab zu sein. Doch hatte ich mich, bis auf ein paar Stunden hier und da, noch kaum in einem englischen Heim aufgehalten, und ich wusste immer noch so gut wie nichts über alltägliche und nationale Einrichtungen. Ich hatte keine Ahnung, wer oder was Guy Fawkes[55] war, von Halloween, Gedenktag und von den zwei Minuten des Schweigens[56] hatte ich nie gehört. Der Eierkuchentag[57], Wimbledon, der Ruderwettkampf[58], der *Cup Final*, der *August Bankfeiertag*[59], das *Trooping the Colour*[60] waren mir unbekannt. Ich kannte nicht die Namen der gewöhnlichsten Speisen und Gerichte, Marken, Küchengeräte, Bäume und Blumen, Redensarten, Sprichwörter, Witze, bekannte Lieder und Weihnachtslieder oder die Bedeutung des Weihnachtsstrumpfes – alles unbekannt. Ich war elf Jahre alt und konnte keine Tasse Tee zubereiten.

Um meine Unkenntnis zu verbergen, gewöhnte ich mir an, so zu tun, als hörte ich nicht. Oder ich verdrückte mich und horchte und beobachtete, bis ich so ungefähr verstand.

55 Guy Fawkes (1570–1606): katholischer Offizier, der 1605 ein (gescheitertes) Sprengstoffattentat auf König Jakob I. unternahm.

56 Gedenktag (*Remembrance Day*) am 11. November, der an die Gefallenen des Ersten Weltkrieges erinnern sollte (*Armistice*). An diesem Tag findet auch die *Two-minute Silence* statt.

57 Eierkuchentag (*Pancake Day*): Englische Entsprechung des Fastnachtsdienstages.

58 Ruderwettkampf (*Boat Race*): Ruderregatta zwischen Cambridge und Oxford, die jährlich auf der Themse ausgetragen wird.

59 Ein Feiertag im August.

60 *Trooping the Colour* („das Zeigen der Fahne"): Militärparade am zweiten Samstag im Juni.

Heute bin ich mir bewusst, dass Mrs. Hyne meine Verlegenheit bemerkte und mir durch Wiederholungen und Erklärungen half.

Es wäre einfach gewesen, mich bloßzustellen, aber niemand schien sich um meinen Hintergrund zu kümmern. Ihr einziges Interesse für mich war meine Rolle als Mrs. Hynes „Gesellschaft". Wenn ich mein Umfeld in dieser Hinsicht zufriedenstellte – und anscheinend gelang mir das – hatte niemand etwas an mir auszusetzen. Es war keine sonderlich anstrengende Aufgabe. Alles, was von mir verlangt wurde, war, der Mittelpunkt des Haushalts zu sein, mich unglaublich verwöhnen zu lassen und gut zu essen – eigentlich zu gut, denn zum ersten Mal im Leben wurde ich recht pummelig.

Für diese Fürsorge erhielt Mrs. Hyne von meiner Mutter ein Pfund in der Woche und die offizielle „Family Allowance" (Familienunterstützung), was für Mutti kein großes Opfer bedeutete, denn sie hatte bisher nicht einmal gewusst, dass so etwas existierte. Mrs. Hyne war in dieser Beziehung höchst erfahren und ging mit großer Energie daran, die Hilfe für mich zu beantragen.

Es muss ungefähr Mitte August 1947 gewesen sein, als ich nach St. Ives zog und mein neues Leben begann. Ich hatte die ersten Ferientage mit meiner Mutter verbracht, die wieder eine zeitweilige Anstellung angenommen hatte, während sie auf die Nachricht der Kontrollkommission in Deutschland wartete. Zuerst war sie Betreuerin der Kinder des damaligen Lord Lucan, dessen ältester Sohn, damals ungefähr zwölf Jahre alt, später notorische Berühmtheit erwarb, als er des Mordes am Kindermädchen seiner eigenen Kinder verdächtigt wurde und seitdem verschwunden war.[61] Ihre nächste Stelle – wiederum vorübergehend – war als Hausmutter in einem Ferienheim für Kinder, deren Eltern in einer der Kolonien lebten und die deswegen in den Schulferien kein Zuhause hatten. Das Heim hatte ein kleines elisabethanisches Schloss am Rande von Exmoor übernommen, und ich durfte zeitweilig dort mit meiner Mutter wohnen. Dem Gerücht nach lastete auf dem Haus ein Fluch, der die Ursache einer nicht endenden Kette von Tragödien sei, weswegen der adelige Besitzer schließlich ausgezogen war und das Haus in ein Ferienheim umgewandelt hatte. Einige der berüchtigten Gespenster schlichen noch herum, und beim Frühstück waren nächtliche Sichtungen von Geistern ein lebhaftes Gesprächsthema des Personals. Auch meine Mutter behauptete, eines Nachts

61 Richard John Bingham (geb. 1934) war ein britischer Adliger, der im November 1974 verschwand, nachdem sein Kindermädchen Sandra Rivett ermordet aufgefunden worden war. Er wurde 1992 für verschollen und schließlich im Jahr 1999 für tot erklärt.

einen Soldaten in einer mittelalterlichen Rüstung dabei beobachtet zu haben, wie er heimlich in einen Alkoven lugte. Die ganze Zeit befürchtete ich, einem Gespenst zu begegnen, jedoch das Schlimmste, was ich erlebte, war eine Fledermaus, die sich in unser Schlafzimmer verirrt hatte und versuchte, sich in meinen Haaren zu verkriechen. Danach sagte ich mir, wenn ich die Wahl hätte zwischen einem Gespenst und einer Fledermaus, würde ich jederzeit das Gespenst bevorzugen.

Reg Hyne

Am Ende meines Aufenthaltes in Exmoor standen meine Mutter und ich in der Morgendämmerung auf, um zum letzten Mal im Exmoor zu wandern. Auf einmal überraschten wir – oder vielmehr überraschte uns – ein prächtiger Hirsch, ganz in unserer Nähe. Diese Wanderung ist mir noch in sehr guter Erinnerung: wie wir den stillen, nebligen Morgen im Wald genossen, in dem Bewusstsein, dass uns wieder einmal eine Trennung bevorstand, und diesmal eine noch längere als die letzte.

Ein paar Tage danach fuhren wir zum Bahnhof in Taunton, und ich bestieg allein den mir mittlerweile gut bekannten Zug nach Penzance. In St. Erth stieg ich um und nahm den Küstenzug nach St. Ives. Ich glaubte, Mrs. Hyne würde mich vom Bahnhof abholen, aber sie war nirgends zu sehen. Dann kam ein gutaussehender junger Mann auf mich zu und fragte, ob ich „Kay“ sei? Er selbst stellte sich vor als Reg, der Sohn von Mrs. Hyne. Reg führte mich durch die engen, sich windenden Straßen von „Downalong“ und dann ein paar Stufen hinauf zum Busbahnhof von „Upalong“, dem neueren Teil der Stadt, der sich die Hügel hinauf erstreckte, weg von dem alten Fischerdorf und der See.

Reg war Student in London und verbrachte die Ferien bei seiner Mutter. Ich erkannte in ihm sogleich einen Individualisten, so selbstsicher, mit solcher natürlichen Autorität, doch gleichzeitig so bescheiden, gelassen und bequem gekleidet! Nach meiner bisherigen Erfahrung fand man diese Eigenschaften nicht oft in ein und derselben Person.

Während der folgenden Tage entdeckte ich, dass er vielfach talentiert war. Wenn ich ein Gemälde oder ein Stück Keramik im Haus bewunderte, murmelte Auntie immer: „Das hat Reg gemacht.“ In allem, was er unternahm, zeichnete er sich aus, sei es Klavierspielen, Töpfern, Malen, Schreinern und sogar Kochen.

Mrs. Hyne mit ihrer „Gesellschaft". Im Hintergrund sieht man „Ni-krow", Regs ausgeklügeltes Studio und Wohn-Schlafzimmer in einem

Aber das Allerbeste an ihm war, dass er mir fabelhafte Gesellschaft leistete. Reg lebte als einziges von Mrs. Hynes drei Kindern noch zu Hause. Sie liebten einander sehr, obwohl sie so verschieden waren. Er war kultiviert und klug, und sie war durch und durch Landfrau. Im Laufe der folgenden Monate hörte ich von Mrs. Hyne so manche Erzählung aus ihrer Jugendzeit. Sie stammte von einem einsam gelegenen Teil Cornwalls, der Lizard-Halbinsel, wo ihr Vater in einer Zinngrube arbeitete. Die Familie war so arm, dass sie schon als Zehnjährige von der Schule abgehen musste, um als Milchmädchen zu arbeiten. Sie hatte einen weiten Weg über die Felder zur Arbeit zu gehen. Im Winter war es morgens noch dunkel, und sie hatte oft Angst.

Später diente sie als Hausmädchen und lernte ihren Mann Tom kennen, der Küstenwärter war. In den über dreißig Jahren ihrer Ehe wohnten sie in Wärterhäuschen auf Küstenfelsen, meilenweit von der Zivilisation entfernt. Toms letzter Posten war auf Gurnand's Head zwischen „Land's End", dem südwestlichsten Zipfel Englands, und St. Ives. Als er aus Gesundheitsgründen pensioniert wurde, kaufte Mrs. Hyne einen Bungalow mit dem Namen „Chy-and-Mor" – ein Wort aus der verlorenen kornischen Sprache –, und die Familie zog in das weniger abgelegene „Upalong" von St. Ives. Nachdem Tom 1942 gestorben war, fühlte Auntie sich sehr einsam. Die vier Mädchen aus London, die sie betreuen sollte, kamen für sie zur rechten Zeit.

Obgleich Mrs. Hyne zu dem Zeitpunkt, als ich sie kennenlernte, schon fast zehn Jahre lang in der Zivilisation gelebt hatte, blieb sie der vorindustriellen, ländlichen Lebensart, die ihr sechzig Jahre lang gut gedient hatte, weiterhin treu. Bis sie nach St. Ives zog, hatte sie niemals in einem Haus mit Elektrizität gewohnt. Noch immer war es ihre Angewohnheit, am Ende des Tages in der Küche eine Öllampe anzuzünden, das elektrische Licht im Bungalow auszuschalten, und mit der Öllampe in der Hand die zwei Meter den Flur entlang zum Schlafzimmer zu gehen. Ihre Wäsche machte sie in einem kleinen Anbau des Bungalows, wo sich ein antiquierter Kupferkessel, Zinkfässer und eine Wäschemangel befanden. Wenn sie bügelte – so perfekt, wie ich es nur je gesehen habe –, benutzte sie zwei Plätteisen, die abwechselnd auf dem Gasring oder auf einem Paraffinofen geheizt wurden.

Es war herzzerreißend, sie erzählen zu hören, wie sehr sie als Mutter von Reg darunter litt, dass sie nicht in der Lage war, seine ungewöhnliche Begabung zu fördern. Was sollte denn eine isoliert auf der einsamsten Kliffküste Cornwalls lebende Frau mit einem künstlerisch begabten Kind anfangen? Sobald er alt genug war, einen Stock oder ein Stück Kohle in der Hand zu halten, dienten ihm Felsabhänge, Steine und der Strand als Malgrund.

Schließlich fand Mrs. Hyne ein Architekturbüro in Penzance, wo er als Lehrling anfangen konnte. Als er gerade sein Talent zu entfalten begann, brach der Krieg aus. Er wurde zur Marine eingezogen, bald zum Offizier befördert, und am 6. Juni 1944, dem Tag der Normandie-Invasion, steuerte er an der Spitze der britischen Flotte, als Navigator an Bord des Minensuchers HMS „Boston“, über den Kanal. Nach Kriegsende hatte er die Gelegenheit, in London Architektur zu studieren und sein Diplom mit Auszeichnung zu erwerben.

Der erste von Reg ausgeführte Entwurf stand im Garten von Mrs. Hyne: ein ins Auge fallendes sechseckiges Sommerhäuschen mit Schindeln auf dem Pagodendach, das Reg gleichzeitig als Schlafzimmer und Studio diente. Es hatte neben eingebauten Schränken, Schubladen und einem Bett ein großes, transportables Reißbrett, das perfekt über alle anderen Einrichtungsgegenstände passte, wenn er arbeiten wollte. Über der Eingangstür des kleinen Baus, der im ganzen wenig größer als eine Telefonzelle war – etwa vier Quadratmeter – stand das Wort NIKROW („Work-In“ rückwärts gelesen).

Vom Tag meiner Ankunft an verhielten sich Reg und Mrs. Hyne so, als ob ich immer zur Familie gehört hätte. Ihr Heim war mein Heim. Ich nahm diese mir zugedachte Rolle bereitwillig an. Auntie Hyne teilte mir eine Ecke ihres Schlafzimmers als mein Reich zu. Normalerweise hätte ich gezögert, so eng mit jemandem zusammenzuleben, den ich erst vor kurzer Zeit kennengelernt hatte, aber in dieser Familie kam es mir ganz natürlich vor. Reg wurde mein zweiter großer Bruder, den ich bald über alles liebte. Wenn er nach den Ferien wieder nach London abreisen musste, war das immer ein trauriger Tag.

Auf ihre Art war Mrs. Hyne eine ebenso bemerkenswerte Persönlichkeit wie ihr Sohn. Sie war in praktischen Dingen sehr geschickt, einfallsreich und voller Unternehmungsgeist, jedoch entfalteten sich ihre Talente nur dann, wenn sie jemanden betreuen konnte, oder, wie sie es nannte, „to do for". An dieser Stelle kam ich ins Spiel. Durch den Mangel, den ich jahrelang erlitten hatte, war ich die ideale Person, über der sie die ganze Fülle ihrer Fürsorglichkeit ausschütten konnte.

Ihre erste Initiative bestand darin, eine Klavierlehrerin für mich zu engagieren. Dies war ihre Freundin Miss Haydon, eine überaus kurzsichtige, ehemalige Lehrerin in den achtziger Jahren, die ein kleines gemietetes Zimmer in der Nähe bewohnte. Meine musikalische Ausbildung wurde jetzt die Hauptaufgabe in Miss Haydons Leben, und die Klavierstunden mit ihr machten mir viel Freude. Mrs. Hyne gab mir zu verstehen, dass ich die Hälfte meines wöchentlichen Taschengeldes, das einen Schilling betrug, für den Unterricht bezahlen müsse.

Noch bemerkenswerter war Mrs. Hynes Leistung, eine passende Freundin für mich zu finden – meine erste in England. Sie brauchte meine Ankunft nur in der Nachbarschaft bekannt zu machen, und schon erschien an unserer Haustür ein großes, freundlich lächelndes Mädchen namens Mary Edwards, die mich zum Tee einlud.

Mary war beinahe zwei Jahre älter als ich, und sie besuchte das Gymnasium in Penzance. Sie hatte eine ruhige und selbstsichere Persönlichkeit und war entsetzlich intelligent und kenntnisreich bei jedem Thema. Sie ging mit mir schwimmen, an der Küste spazieren oder zum öffentlichen Sportplatz, wo jeder, der Lust hatte, an einem offenbar ewig andauernden Cricket-Spiel teilnehmen konnte. Ich war überglücklich über meine neue Freundin, aber ich fragte mich, warum sie, die ihr ganzes Leben lang hier gewohnt hatte, sich anscheinend ebenso freute, mich gefunden zu haben? Als das Winterhalbjahr begann und ich mich einer Gruppe uniformierter Schulkinder anschloss, die an der Straßenecke auf den Schulbus nach Penzance warteten, wurde mir der Grund klar: Mary war das einzige Mädchen.

Die fünfundvierzigminütigen Fahrten zusammen zur Schule und zurück im Doppeldeckerbus wurden jetzt meine Lieblingsstunden des Tages. Wir saßen schwatzend nebeneinander in der oberen Etage und spielten und scherzten mit den anderen Schülern. Ich war die einzige, die nicht aufs Gymnasium ging, und ich merkte, wie anders diese Kinder waren, verglichen mit denen, die ich in Deutschland gekannt hatte, auch völlig verschieden von den kichernden, versnobten Mädchen von St. Clare's. Sie benahmen sich so selbstbewusst, waren voller Witze und Scherze, und in Bezug auf Autorität erschreckend respektlos. Mit zweien der schelmischsten Jungen, Tommy und Barry, waren wir besonders befreundet. Eines Tages nach Schulschluss bestiegen sie mit einem Reagenzglas bewaffnet den Schulbus. Auch hatten sie chemische Substanzen und Streichhölzer in ihrem Schulranzen und erklärten, sie wollten eine Stinkbombe herstellen. Natürlich glaubte ihnen niemand von uns, aber die folgende Explosion war derart wirksam, dass die Decke über unserem Lieblingsplatz noch monatelang von ihrem Erfolg kündete. Ihre Waghalsigkeit imponierte mir enorm.

Die anderen hatten natürlich nicht die geringste Ahnung, dass sie mit einer Deutschen befreundet waren. Das war ein Segen, denn Deutsche waren die Zielscheibe ihres Spottes und die Opfer ihrer komischsten Nachahmungen. Tommys Kopie eines deutschen Offiziers hatte eine unheimliche Ähnlichkeit mit Papa – das musste ich zugeben. Ich wollte zur gleichen Zeit lachen und weinen.

Obgleich mir das Leben in St. Ives erstaunlich gut gefiel, war es derart verschieden von allem, was ich bisher erlebt hatte, als wäre ich auf einem anderen Planeten. Dann aber, als die Winterabende einsetzten, geschah etwas, das sich mit meinem früheren Leben, meinem wirklichen Leben, verband. Ich entdeckte, dass meine neuen Freunde genauso begeisterte Monopoly-Spieler waren wie ich. Während des ersten Winters in St. Ives war mein größtes Glück, vor dem Kaminfeuer zusammen mit Mary, Tommy und Barry Monopoly zu spielen.

Ich hatte jetzt ein Dreivierteljahr in England verbracht. Aber in meinem Denken war die davor liegende Vergangenheit ein absoluter Wirrwarr, in dem die Tage, Wochen und Monate völlig chaotisch durcheinanderwirbelten. Wie anders war mein heutiges Leben, in dem alles genau der Folge der Jahreszeiten entsprach und Ordnung und Regelmäßigkeit herrschten!

Während des Semesters, wenn Reg in London lebte, war für Mrs. Hyne das Hauptereignis jeder Woche die Ankunft des Postpakets mit seiner Wäsche am Dienstag. Am Nachmittag desselben Tages ging der Karton nach London zurück, mit Regs gewaschenen und gebügelten Sachen der vorigen Woche, einem langen Brief, einem Rosinenkuchen und einem besonders großen „Cornish pasty“, einem traditionellen Gebäck Cornwalls, mit Fleisch, Kartoffeln und Zwiebeln in Pastetenteig gewickelt, das in alten Zeiten für die Zinngrubenarbeiter eine komplette, tragbare Mahlzeit war. Aunties Waschtag, Bügeltag, Backtag, der Tag für das Briefeschreiben und das Abholen der Altersrente vom Postamt im ziemlich weit entfernten „Downalong“ – alles richtete sich strikt nach diesem festen Termin am Dienstag, dem Höhepunkt der Woche. Doch unser Leben wurde von einer noch größeren Kraft kontrolliert, die mir als Großstadtkind vorher völlig unbekannt gewesen war: dem Wechsel der Jahreszeiten, der das Leben auf dem Lande schon immer geregelt hatte.

Ich war Ende August in St. Ives angekommen, gerade als Auntie ihr Spätsommerritual unternahm, das mir das liebste wurde. An einem Morgen, den sie für günstig hielt, brachen wir früh vom Bungalow auf, bewaffnet mit Eimern, Kannen und ein paar „Pasties", und fuhren mit dem ländlichen Bus nach Zennor, einem Dorf an der Nordküste in der Nähe von Gurnard's Head.

An einer einsamen Haltestelle inmitten der Felder stiegen wir aus. Auntie kannte eine gewisse Stelle aus der Zeit, als sie auf diesen Küstenfelsen gelebt hatte, die ausgezeichnet für Brombeeren war. Tatsächlich wuchsen sie hier in Hülle und Fülle, und in ein paar Stunden hatten wir so viele gepflückt, dass unsere Eimer und Kannen voll waren. Wir aßen unsere Pasties und tranken Wasser aus einem Bach. Weil wir noch Zeit hatten, bis unser Bus zurückfuhr, besuchten wir eine frühere Nachbarin von Auntie auf deren Farm. Sie freute sich, uns zu sehen, setzte uns eine enorme Teemahlzeit vor, und während die beiden sich in einem lebhaften Schwatz vertieften, schickten sie mich zur Besichtigung der Farm. Das war in jeder Hinsicht ein schöner Ausflug. In den nächsten paar Tagen wurden Brombeeren eingemacht, Marmelade gekocht und Obsttörtchen für uns und für die Nachbarn gebacken.

Über die Osterferien des folgenden Jahres, 1948, kam Udo zu Besuch, was fortan für ihn zur jährlichen Gewohnheit wurde. Gemeinsam machten wir Bekanntschaft mit einem anderen Jagd-und-Sammelritual. Dieses Unternehmen war Regs Steckenpferd, und unter seiner Führung gingen wir drei wieder Richtung Gurnard's Head, zu einer kleinen, unter einer Landspitze gelegenen Meeresbucht, die der Familie Hyne wohlbekannt war. Es galt, eine gewisse Sorte Seegras zu sammeln. Und obgleich wir es kaum von den anderen unterscheiden konnten, war es sehr wichtig, dass wir genau die richtige Sorte sammelten. Es wuchs an den steilen Felswänden und war matschig und glitschig. Wir pflückten die gummiartigen, durchsichtigen Streifen von den Felswänden und quetschten große Haufen davon in Einkaufsbeutel. Als wir sie zu Hause aus den Beuteln schüttelten, entknüllten sie sich zu einem riesigen Haufen von Gumminudeln. Sie wurden gründlich in einer Zinnwanne mit frischem Wasser gespült, und wenn kein einziges Sandkörnchen mehr zu finden war, wurde die ganze Masse in einen Kessel mit Essig geschoben und so lange gekocht, bis nur noch ein schwarzer, teerähnlicher Brei übrig blieb. In Schmalz gebraten, wurde es in Cornwall als Leckerei angesehen und zum Frühstück auf Toast gegessen, eine begehrte Delikatesse. Das Sammeln und Kochen hatte mir zwar großen Spaß gemacht, aber das Resultat roch meiner Ansicht nach so widerlich, dass ich es nicht über mich bringen konnte, davon zu essen, trotzdem die anderen alle begeistert waren.

Im Frühling und im Sommer konzentrierte Mrs. Hyne ihre Energie auf ihre Pensionsgäste. Ende September wurde die „Bed and Breakfast“-Tafel aus dem Vorgarten entfernt; die Saison war zu Ende. Sie rechnete aus, wieviel sie dieses Jahr als Wirtin verdient hatte, und machte dann Pläne, welche Haushaltsreparaturen und Erneuerungen sie sich diesmal erlauben konnte. Sie flickte die Bettwäsche, bereitete den Garten für die kommende Winterruhe vor und hängte schwere Velourgardinen an die Fenster, wo im Sommer helle Baumwollgardinen waren. Um diese Zeit, nachdem ich mehrere Wochen bei ihr gewohnt hatte, fragte sie mich plötzlich, wie viele Weihnachtsgeschenke ich herzustellen gedachte. Bitte? Was meinte sie denn nur? Sie trug mir auf, eine Liste meiner Familie und Freunde zu erstellen, und dann half sie mir bei der Entscheidung, was für ein Geschenk für jeden gebastelt werden sollte. Das einzige, was außer Frage stand, war die Bedingung, dass alles handgemacht und pünktlich zu Weihnachten fertig sein musste. Den größten Teil des Herbstes saßen wir spätabends zusammen am Kamin in der Küche, hörten Radio und beschäftigten uns mit unseren Näharbeiten.

Mrs. Hyne nahm im Winter Strickaufträge für eine Exportfirma an, und während ihre Nadeln emsig hin- und herflogen, bewegten sich meine mühevoll bei der Herstellung von Pantoffeln für Opa, einen glänzend ausgedachten Einkaufsbeutel für Oma, den man zusammenrollen und in die Tasche stecken konnte, und einen Kissenüberzug für Mutti, den ich aus einem derben Scheuertuch herstellte und mit bunten Wollresten bestickte. Udo sollte eine ausgestopfte Donald-Duck-Figur bekommen. Meinem Mangel an Talent zum Trotz wurde ich im Laufe von drei Jahren durch diese Routine immens geschickt in Handarbeit.

Glücklicherweise nahm Mrs. Hynes geregelter Tagesablauf nicht ihre ganze Zeit in Anspruch. Es half ihr lediglich, jede Stunde vollkommen auszunutzen und noch Zeit für ihr Hauptinteresse übrig zu haben: die Geselligkeit. Sie ging nicht viel aus, aber sie empfing ständig interessante Besucher, eine buntgemischte Gesellschaft, bestehend aus Familie und Nachbarn, Pensionsgästen, die noch gelegentlich dazukamen, und ihrem „Künstlerkreis“, für den ich keine andere Benennung finden kann.

Ihr engster Freundeskreis bestand aus Nachbarinnen, die ebenfalls Pensionsgäste aufnahmen. Ihr „Küchen-Kabinett“ tagte mindestens einmal am Tag, und ihr Gesprächsthema – im Dialekt von Cornwall, der nur halbwegs für andere verständlich ist – war immer das Übernachtungsgeschäft und der Erfolg oder die Enttäuschung der letzten Sommersaison. Sie hatten eine geschäftliche Ausdrucksweise, die nur diesen Damen eigen war, eine Art Vermietungsjargon. „Do 'er do?“ bedeutete „Nimmt sie Gäste auf?“ und „'Ers got three in“ bedeutete „Sie hat im Moment drei Gäste.“

Außerdem besuchten uns ab und zu die Bauernfamilien aus Zennor, von denen ich eine beim Brombeerpflücken kennengelernt hatte; und hin und wieder kamen auch Gäste, die alljährlich ihre Ferien bei Mrs. Hyne verbrachten, und daher als alte Freunde galten. Sie waren sich bestimmt ihres Glückes bewusst, eine Wirtin gefunden zu haben, die sie nicht nur wunderbar verpflegte, sondern dazu noch so echt die Tradition Cornwalls personifizierte, mit Erzählungen von Schmugglern, Schiffbrüchen und Rettungen, die sie persönlich erlebt hatte. Auntie stellte in der Tat eine so typische Frau Cornwalls dar, dass ihr der Bürgermeister von St. Ives eine besondere Ehre gewährte. Es war Brauch, dass alle fünf Jahre zwei Witwen einen Blumentanz um „Knill's Monument“[62] herum ausführten, wobei sie von sieben weiß gekleideten Mädchen begleitet wurden. Im Jahr 1946, als diese Sitte wieder einmal stattfand, wurde Auntie als eine der zwei Tänzerinnen ausgewählt.

Die künstlerischen Personen, die öfter im Bungalow ein- und ausgingen, hatte wohl Reg in die Familie eingeführt. Als ich in St. Ives ankam, waren sie schon längst ein Teil von Aunties Freundeskreis geworden. Manche schauten nur kurz herein, um Guten Morgen zu sagen, andere kamen auf ein oder zwei Wochen. Eine Freundin von Reg blieb den ganzen Winter über, während eine Baufirma ihr neues Heim in „Downalong“ St. Ives fertig baute, das früher ein Raum für das Einsalzen von Fischen gewesen war. Reg hatte daraus ein unerhört schönes und originelles Haus entworfen. Die Frauen in dieser Gruppe pflegten Sandalen zu tragen, haufenweise bunte Halsketten, Schals und handgewebte Röcke, einen Viertelmeter länger, als es zu der Zeit Mode war. Das

62 Das Monument ist ein spitzkegeliges Grabmal, das sich John Knill (1733–1811), ein exzentrischer Bürgermeister von St. Ives, für sich errichten ließ. Die von ihm erdachte Zeremonie wird alle fünf Jahre am St.-James-Day im Juli ausgeführt.
Es ist nicht ausgeschlossen, dass es sich bei John Knill um einen Schmuggler handelte und das Monument in Wirklichkeit eine navigatorische Landmarke bildete, die den Schmugglern auf See die Einfahrt in den Hafen erleichterte.

Haar trugen sie meist lang und glatt, mit langen, dicken Ponys, die sie halb blind gemacht haben mussten. Ihr ganzes Aussehen bestand aus dem, war zur Zeit nicht der Mode entsprach. Oma wäre entsetzt gewesen.

Meine frühere Erziehung, die auf Gleichförmigkeit gerichtet war, machte es mir unmöglich, diese interessanten Leute zu verstehen. Warum machten sie sich so lächerlich, fragte ich mich immer wieder. Sich so auffallend zu kleiden, war doch nicht notwendig. Sie waren ja alle so nette Menschen. Solche Exzentrizität war in meinen Augen einfach „verrückt“. Hinter ihrem Rücken musste ich über sie lachen, und ich nahm an, dass Auntie und Reg sowie alle anderen das auch taten, aber zu höflich waren, dies zu zeigen.

Eine zuverlässige Quelle für Mrs. Hynes Übernachtungsgeschäft war die weltberühmte Leach-Töpferei, die dem Bungalow direkt gegenüber lag. Es war für mich ein alltäglicher Anblick, Bernard Leach[63] bei seiner Arbeit zu sehen. Das Töpfern war Regs größte Leidenschaft, und er war seit vielen Jahren ein Schüler und Freund der Familie Leach. So ergab es sich ganz natürlich, dass Mrs. Hyne als offizielle Pensionswirtin der Töpferei galt und oft gebeten wurde, ihren Besuchern, darunter vielen ausländischen Studenten, Unterkunft zu gewähren. Ich erinnere mich besonders an einen Jamaikaner namens Cecil Baugh, den ersten schwarzen Gast, den Mrs. Hyne je gehabt hatte. Er war der friedlichste Mensch, den man sich vorstellen konnte, aber sie wollte kein Risiko eingehen, und so lange er bei uns wohnte, schloss sie nachts immer ihre Schlafzimmertür ab. Er wurde später nicht nur der bekannteste Töpfer seiner Insel, sondern sogar weltberühmt.

Zu Weihnachten luden Reg und seine Mutter immer viele Freunde aus der Nachbarschaft, die inzwischen auch meine Freunde geworden waren, zu einer rauschenden Party ein. Die Familie aus Zennor, meine Klavierlehrerin Miss Haydon, die Künstlergruppe, Mary, Tommy und Barry, alle waren eingeladen. Damals war ich mir noch nicht bewusst, wie ungewöhnlich eine gesellschaftliche Mischung dieser Art in England war, damals wie heute. In Deutschland wäre sie ganz normal gewesen. Mir kam die Aufgabe zu, das Haus zu schmücken, während Auntie kochte und backte, und Reg sorgte für die Unterhaltung: Gesellschaftsspiele, Quiz, Scharaden und Vorführungen. Die Sensation

63 Bernard Leach (1887–1979) war einer der bedeutendsten Töpfermeister des 20. Jhrs. In St. Ives errichtete er den ersten Brennofen Europas nach asiatischer Bauweise.

war immer Mr. Vibert, der Geschäftsführer der Leach-Töpferei, ein ausgezeichneter Zauberkünstler und Mitglied des Magischen Zirkels. Verglichen mit meinem grässlichen ersten Weihnachtsfest in England war dieses zweite so lustig wie das der Bruin Boys aus meinem *Playbox*-Jahrbuch. Um dies vollkommen zu machen, bat ich Reg, auch noch das Gesellschaftsspiel „Blind Man's Buff" zu organisieren, bei dem einer mit verbundenen Augen einen der umhertanzenden Mitspieler festhalten und seine Identität erraten muss. Eine weitere große Freude war das Weihnachtsgeschenk, das ich von Mrs. Hyne erhielt, *Little Women*[64] von Louisa Alcott, ihr Lieblingsbuch.

Eines Abends erschien Kitty, die Tochter einer der Bauernfamilien aus Zennor, und fragte, ob sie ihr Fahrrad ein paar Tage bei uns lassen dürfe. Sie wolle in die Stadt zum Tanzen und erwartete, dass jemand sie gewiss heimfahren würde. Ich hatte mich nicht am Radfahren versucht, seit ich Berlin verlassen hatte, und der Anblick des Fahrrades, das tagelang an der Hausmauer lehnte, war für mich eine unwiderstehliche Verlockung. Auntie wollte nichts davon hören, dass ich damit herumradelte, aber am letzten Ferientag wurde die Versuchung so groß, dass ich es mir ohne Erlaubnis ausborgte.

Mein Ungehorsam wurde schwer bestraft, denn sobald ich auf dem Sattel saß, wurde mir der Unterschied zwischen englischen und deutschen Rädern erschreckend bewusst. Meine ganze Erfahrung im Radfahren hatte ich bisher im norddeutschen Flachland auf Rädern erworben, die eine Rücktrittbremse hatten. Der Bungalow „Chy-an-Mor" lag am höchsten Punkt eines ziemlich steilen Hügels, von wo aus eine gewundene Straße hinunter in die Stadt führte. Und da ich zu Beginn das Fahrrad Richtung Stadt gesteuert hatte, sauste ich mit schnell zunehmender Geschwindigkeit bergab, noch ehe meine Füße die Pedale berührt hatten. Da ich nur an Fußbremsen gewöhnt war, strampelte ich entsetzt rückwärts, aber das Fahrrad fuhr immer schneller abwärts. Ich versuchte die Handbremse, aber das bewirkte gar nichts. In dem Moment ergriff mich Panik, und ich erinnere mich nicht daran, was weiter geschah.

Das Nächste, dessen ich gewahr wurde, war eine harte Oberfläche, auf der ich lag, in einem dunklen Zimmer mit einem grellen, auf mich gerichteten Scheinwerfer. Dieser hing direkt über mir, und er spiegelte einen grausigen Anblick wider, eine Mischung aus Blut und Dreck. Was konnte das nur sein?

64 Die *Little Women*-Bücher gehörten zu den erfolgreichsten Jugendbüchern der englischsprachigen Literatur. Sie wurden in 27 Sprachen übersetzt und bis heute ununterbrochen neu aufgelegt.

Dann roch ich wieder diesen abstoßenden Äthergeruch, aber nur eine Sekunde lang. Ich verlor wieder das Bewusstsein.

Das spielte sich im kleinen städtischen Hospital von St. Ives ab, wo mein Knie, mein Gesicht und andere Körperteile genäht wurden. Ich empfand keinen Schmerz, denn einige Nerven waren zerrissen, die erst nach Jahren wieder heilten.

Ein Lebensmittellieferant hatte mich und Kittys zerschmettertes Rad in einer Nebenstraße gesehen. Er räumte seine Ware aus, holte Wolldecken und Kissen von einem Haus in der Nähe und fuhr mit mir zum Hospital. Irgendjemand musste mich erkannt haben, Gott weiß wie, denn es war schon Abend, als ich wieder zu mir kam. Mrs. Hyne hatte Reg eilig von London gerufen, und die beiden warteten schon stundenlang im Hospital.

Ich werde die Erleichterung auf ihren Gesichtern nie vergessen, als sie an mein Bett geführt wurden und sich selbst davon überzeugen konnten, dass ich nicht nur am Leben war, sondern auch noch repariert werden konnte. Bis dahin hatten sie es nicht fertigbringen können, meine Mutter zu benachrichtigen.

Ein paar Tage später, auf dem Weg nach London, kam Reg schnell noch einmal vorbei, um mich zu besuchen. Mein Bein war jetzt umwickelt mit einem monströsen Gummiverband. An einem Wasserhahn war ein Gewirr von Schläuchen und Rohren befestigt, die kreisende Wasserstrahlen über meine scheußlich aussehende, jedoch nicht lebensgefährliche Wunde ausgossen. Der Arzt sagte mir, diese Heilmethode habe er im Krieg gelernt, als er bei der Luftwaffe verwundete Flieger behandelte.

Ich war der Meinung, Reg musste diese bemerkenswerte Sache unbedingt sehen. Also hob ich die Bettdecke an und bat ihn, zu schauen. In dem Moment donnerte eine Stimme von der Tür her: „Was denken Sie sich dabei, das Bett zu untersuchen?“ Es war die Oberin. Reg floh vor Schreck, das einzige Mal, dass ich ihn je nach Worten suchen gesehen habe. Nachher erkundigte sich die Oberin eingehend nach der Identität dieses gammeligen jungen Mannes, der sich solch ein fragwürdiges Benehmen in ihrem Krankenzimmer erlaubt hatte.

Ich blieb drei Wochen lang dort, und mein Aufenthalt war gar nicht einmal so unerfreulich. Weil ich der einzige Kinderpatient war, wurde viel Aufhebens um mich gemacht. Es kamen zahllose Besucher und brachten Blumen, Briefe und Geschenke mit. Sogar Kitty besuchte mich, und anstatt mich auszuschimpfen, wie ich erwartet hatte, entschuldigte sie sich wegen des schlechten Zustandes ihrer Fahrradbremsen.

Eines Tages, nicht lange, nachdem ich wieder zur Schule gehen konnte, sagte Mrs. Hyne, ich solle am nächsten Morgen nicht mit dem Schulbus nach Penzance fahren. Stattdessen solle ich in die Grundschule von St. Ives gehen, wo sie mich für eine besondere Prüfung angemeldet hatte.

Das tat ich, und da Prüfungen jetzt meine Lieblingstätigkeit geworden waren, verbrachte ich einen glücklichen Tag beim Durcharbeiten von mehreren Fragebögen in Englisch und Mathematik. Ein paar Wochen später kam eine Postkarte an; ich hätte das „Eleven plus"-Examen bestanden. Dies bedeutete, dass ich nach den Sommerferien am staatlichen Gymnasium aufgenommen würde; Auntie Hyne erklärte, ich solle meine Mutter in meinem nächsten Brief darüber informieren. Während des Krieges hatte eine der „Little Women" dieses Examen ebenfalls bestanden, und Mrs. Hyne hatte die Irrwege kennengelernt, wie man ein Kind für das „Eleven plus"-Examen anmeldet. Als sie in mir einen geeigneten Kandidaten vermutete, setzte sie ihre Erfahrungen für mich ein.

Ich war sehr erfreut, dass ich in Zukunft mit Mary und den anderen auf das Gymnasium würde gehen können. Ich war ja die einzige Schülerin von St. Clare's in unserem Teil von St. Ives, und war überhaupt in der Schule eine absolute Einzelgängerin geblieben. Im Auftrag von Auntie Hyne ging ich zur Schulleiterin Miss Johns, um ihr mitzuteilen, dass ich am Ende des Schuljahres abgehen würde. Ihr Gesicht wurde dunkelrot vor Missbilligung. Sie schien zu glauben, meine Mutter wäre verpflichtet, mich bis zum Ende meiner Schulzeit in ihrer Schule zu lassen. Ich musste ihr erklären, dass meine Mutter nichts von dieser Entwicklung wusste. Mrs. Hyne hätte alles allein in die Wege geleitet. Miss Johns resignierte. Sie war vernünftig genug einzusehen, dass das Spiel verloren war.

KAPITEL 22

Mein geheimes Leben

Das angeblich in London geborene und aufgewachsene Mädchen, als welches ich mich ausgab, fügte sich schnell als Pflegekind in das Alltagsleben von Chy-an-Mor ein. Jedoch: das wirkliche „Ich" war mit anderen Gedanken beschäftigt. Während der ersten paar Monate in England war es recht anstrengend gewesen, mit meiner neuen Identität zu leben. Aber in den idealen Lebensverhältnissen von St. Ives brauchte ich nur kurze Zeit, um meine Rolle zu perfektionieren.

Ich hatte mich nach dem Tag gesehnt, an dem meine Metamorphose vollkommen sein würde. Meine Großmutter und meine Mutter hatten mir oft genug versichert, sobald ich *äußerlich* ein typisch englisches Schulmädchen geworden sei, würde ich mich auch *innerlich* so fühlen, und wieder entspannt ich selbst sein können – wenn auch ein anderes Selbst. Doch als ich bemerkte, wie ich manchmal unbewusst von Deutschen als Feinden sprach – oder sogar dachte – entdeckte ich, dass sich in mir nichts geändert hatte. Ich war dieselbe Katrin Thiele wie immer. Meine Maskerade mochte mir wohl zur zweiten Natur geworden sein, aber sie blieb eine Maskerade.

Ich hätte mir einreden können, meine jetzige Rolle sei die richtige, ich sei wirklich ein englisches Mädchen, und meine deutsche Episode sei nur ein bedauerlicher Irrtum gewesen. Dieser Ausweg kam mir aber nicht in den Sinn. Das wäre „untreu" gewesen, eine Lösung, die mir viel schlimmer vorkam als jene zwei anderen, die sich boten: die Weiterführung meines Doppellebens, oder meine Entlarvung als Deutsche.

Alle Willenskraft, die ich bisher hatte einsetzen müssen, um meine „Kay Norris"-Identität aufrecht zu erhalten, brauchte ich jetzt, um Katrin Thiele am Leben zu halten. Sie gehörte einer anderen Welt an, einer Welt, die nicht mehr existierte, aber um nicht verrückt zu werden, musste ich an ihr festhalten.

Bei meinem allabendlichen Ritual richtete ich meine Gedanken auf meinen Vater, in dem sicheren Glauben, dass er, wo er auch sein mochte, auch an mich dachte. Ich versuchte mir vorzustellen, was er gerade machte und was er fühlte. Manchmal empfand ich seine Verluste und seine Enttäuschungen so tief, als ob es mich beträfe. Ich versuchte ihn mir als Kriegsgefangenen vorzustellen, der er zwei Jahre lang gewesen war, oder als Arbeitslosen, der aller Autorität und Selbstsicherheit beraubt war – jener Merkmale, die den Kern seiner Persönlichkeit ausmachten. Wie konnte die geringste Spur von Hoffnung und Selbstachtung in ihm weiterleben? Solche Gedanken brachten mich der Verzweiflung nahe, und ich weigerte mich, die Ehescheidung, von der meine Mutter so resolut gesprochen hatte, zu akzeptieren.

Gleichzeitig war ich dabei, in allem, was mit dem Krieg zu tun hatte, einen Sinn zu suchen, besonders in der Nazi-Weltanschauung, in die zuerst alle Menschen leidenschaftlich mit eingestimmt hatten und von der sie jetzt nichts gewusst haben wollten. Zu denen wollte ich nicht gehören. Ein Verräter würde ich keinesfalls sein. Zwar klammerte ich mich nach wie vor an meine Nazi-Ethik, aber diese nahm allmählich eine revisionistische Gestalt an.

Zu dieser Zeit passierte es nur selten, dass mein inneres und mein äußeres Leben sich trafen. Das geschah, wenn etwas mit Deutschland, Hitler oder dem Nationalsozialismus in der Schule oder im Radio vorkam. Ich hörte dann immer besonders aufmerksam zu und empfand stets einen Schock, wenn wieder einmal Tatsachen widersprochen wurde, die für mich unbezweifelbar waren. Zum Beispiel hatte ich mein Leben lang geglaubt, dass ein kriegshetzerisches England dem friedliebenden Deutschland den Krieg erklärt hätte. Als ich zum ersten Mal erfuhr, dass England dies nur deswegen getan hatte, um andere kleine Nationen, die von Deutschland überfallen worden waren, zu schützen, war ich sprachlos. Noch Schlimmeres stand mir bevor.

Wie damals, als ich im Recklinghausener Postamt zum ersten Mal Bilder von Konzentrationslagern sah, war meine erste Reaktion die Hoffnung, dies sei lediglich antideutsche Propaganda. Gräueltaten solchen Ausmaßes waren unmöglich. Wenn sie Tatsache gewesen wären, hätten wir davon gewusst, aber das hatten wir nicht, keiner von uns. Ich weigerte mich zu akzeptieren, dass normale, idealistische Nazis solche verabscheuungswürdige Unmenschen gewesen sein sollten, wie sie hier dargestellt wurden. Aber wenn diese Verbrechen stattgefunden hatten – was ich schließlich akzeptierte – wer hatte sie ausgeführt? Ich kam zu dem Schluss, dass eine geheime militärische Clique dafür verantwortlich gewesen war, ohne dass andere davon wussten. Ohne

Zweifel war mein Vater nicht darin verwickelt. Nichts würde meine gute Meinung über ihn ändern. Aber trotzdem war ich schrecklich verwirrt.

Obgleich ich schließlich den nicht zu widerlegenden englischen Blickwinkel auf den Zweiten Weltkrieg annahm, gelang es mir doch, mit erheblicher geistiger Akrobatik herkulischen Ausmaßes, gleichzeitig an bedeutenden Brocken meiner deutschen Kriegsideologie festzuhalten. Nur so konnte ich mit meinen widersprüchlichen Gefühlen fertig werden: Entsetzen, Abscheu und der diffusen Ahnung von Mitschuld an Deutschlands Kriegsverbrechen. Dem gegenüber standen Liebe und Achtung für meine Familie und Freunde, und nicht zuletzt das Bedürfnis, meine eigene Integrität zu bewahren.

Die fürchterlichen Geschehnisse zu verdammen, hieß aber nicht, alles zu verdammen, was ich in Deutschland erlebt hatte. Mit ein paar kleinen Anpassungen hier und da fand ich die Nazi-Ethik, mit der ich aufgewachsen war, so vorbildlich wie immer. An dem Prinzip beispielsweise, dass das Wohl des Volkes über das eigene zu stellen sei, fand ich nichts auszusetzen. Zugegeben, während des Krieges war der Begriff „Volk“, für welches wir uns durch die Ausübung all dieser Tugenden aufopfern sollten, mit dem Begriff „Vaterland“ gleichbedeutend gewesen, und nur Deutsche waren inbegriffen. Dies gab der ganzen Naziphilosophie jenen aggressiven Ton gegenüber anderen Ländern und Rassen. In meiner revidierten Version war der nationalistische Aspekt abgeschafft, so dass alle Nationalitäten, Gemeinschaften und Rassen mit eingeschlossen waren, wo sie auch lebten – sogar in St. Ives. Bestimmte Tugenden wie zum Beispiel Gehorsam, Opferbereitschaft, Tapferkeit und Mut konnte ich noch immer gutheißen. Was hingegen „Ehre“ betraf – eine andere beliebte Nazitugend – war ich mir weniger sicher. Welchen Zweck hatte sie? Wem half sie? Auch der Nazibegriff „Schicksal“ schien mir ganz und gar sinnlos zu sein. Nach allem, was wir während des Krieges davon gehört hatten: Was war denn aus Deutschlands berühmtem Schicksal geworden? Gleichwohl gefielen mir nach wie vor „Treue“ und „Willen“. Wenn man die besaß, würde man seine Pläne bis zum Letzten durchführen und nicht aufgeben, wenn Schwierigkeiten kämen.

Obwohl meine Revision Hitler vermutlich dazu veranlasst hätte, sich im Grabe herumzudrehen – meinen Eifer hätte er womöglich geschätzt. Es machte mich unglücklich, dass niemand in England einzusehen schien, dass der Nationalsozialismus eine neue Weltordnung hatte etablieren wollen, auf der Grundlage von durchaus noblen Werten, die ich nach wie vor sehr befriedigend fand. Denn ich hatte sehr bald verstanden, dass die englische Definition von „Nazi" auf einen einzigen Begriff reduziert werden konnte: „Juden-Vergaser". Das war ein schlimmer Missgriff. In der Tat hatte man uns zwar beigebracht, Juden zu verachten, aber was die Engländer offenbar nicht verstanden, war, dass man durchaus ein Nazi hatte sein können, ohne jemals einen Juden gesehen zu haben. Für mich hatte das ganze Judenthema eine geringe Rolle gespielt.

Zu jener Zeit, als ich versuchte, meinem früheren Leben einen Sinn zu geben, hatte ich keinen Menschen, mit dem ich über meine Verwirrung sprechen konnte. Inkognito lebend in St. Ives, musste das Thema unter meinen vielen neuen Freunden tabu bleiben, und wenn ich mit meiner Familie zusammenkam, was selten genug der Fall war, wurde mir baldigst klar, dass sie ebenfalls nicht davon sprechen wollten.

Bill Jater, der bald mein Stiefvater werden sollte

In den folgenden Osterferien kam Udo wieder zu Besuch, diesmal mit unserer Mutter zusammen. Meine Mutter brachte Bill mit, einen Freund und Kollegen von der Kontrollkommission in Hamburg, wo sie mittlerweile ihre Arbeit aufgenommen hatte. Es herrschte das für Cornwall typische Aprilwetter – sonnig und windig. Wir wanderten auf den Felsen und am Strand, unternahmen Ausflüge zu pittoresken Fischerdörfern und Sehenswürdigkeiten. Bill war Witwer, sah sehr jugendlich aus und war geschickt in allem, was mit Spielen und Sport zu tun hatte. Udo und ich genossen sehr seinen Beitrag zu der erfreulichen Ferienreise.

Meine Mutter und mein Bruder hatten sich mit ganzem Herzen in ihr neues Leben gestürzt. Zumindest äußerlich schienen sie sich mit größerem Erfolg integriert zu haben als ich. Ähnliches hätten sie von mir denken können, denn wir sind nie dazu gekommen, die Strategien zu vergleichen, mit denen jeder von uns mit unserer peinlichen Vergangenheit fertig wurde.

Udo, der sich, wie ich, in deutschen Schulen nie ausgezeichnet hatte, schien sich viel besser an das Milieu in der Staines Grammar School angepasst zu haben, als man hätte erwarten können. Er verlebte meist einen Teil des

Wochenendes bei Auntie Hopey, und zwischen ihnen hatte sich ein inniges Band der Freundschaft gebildet. Ausgerechnet im Fach Sport war er jetzt ausgezeichnet – dank des Trainings für das Hitlerjugend-Sportabzeichen? Allem Anschein nach hatte er mit seiner deutschen Vergangenheit schmerzlos abgeschlossen und war ganz in der Gegenwart gelandet.

Meine Mutter hatte die stärksten Gründe, ihr bisheriges Leben zu vergessen. Nicht nur, weil sie jeden Kontakt zu Papa abschneiden wollte. Sie war sich dauernd der Gefahr bewusst, ihre Stellung, von der unser aller Leben abhing, zu verlieren, wenn herauskam, dass sie einmal aktiv die Nazis unterstützt hatte. Sie blockte alles ab, was unser früheres Leben betraf. Darüber zu sprechen war nicht nur das Letzte, was sie selbst wollte, sie glaubte auch, es wäre in unserem Interesse, die ganze Episode zu vergessen und nahm an, dies wäre am schnellsten zu erreichen, indem wir nicht davon sprachen.

Einmal kam ich direkt heraus mit meinen Fragen, aber ihre Antwort half mir keineswegs: „Natürlich wussten wir nichts von den Gaskammern. Man hörte ab und zu Gerüchte, dass die Juden in Lager gesteckt und schlecht behandelt würden, ich hörte jedenfalls davon von Papa. Es ist möglich, dass andere nichts davon erfuhren. Dein Vater hasste ja Juden und befürwortete, dass sie verfolgt wurden. Du fragst, warum haben Leute wie ich nichts dagegen getan? Was konnten wir denn tun? Es war ja damals in Deutschland nicht möglich, Fragen zu stellen oder zu protestieren, so wie man es hier tun kann. Wen konnte man denn fragen? Das tat man damals einfach nicht. Wenn jemand nur andeutete, mit irgendeiner Regierungsmaßnahme nicht einverstanden zu sein, wurde er als untreu, als moralisch fragwürdiges Element und als Staatsfeind angesehen. Um als anständiger und patriotischer Bürger zu gelten, war man verpflichtet, mit den Naziidealen in Übereinstimmung zu leben und nicht für Unruhe zu sorgen."

Dieses Credo mit seinem Imperativ für Gehorsam, Pflicht und Selbstlosigkeit muss eine unglaubliche Macht ausgeübt haben, denn auf mich hatte es einen unauslöschlichen Eindruck gemacht. Selbst hier in St. Ives, Jahre nach dem Untergang des Dritten Reichs, in einer Umgebung, in der alles dazu angetan war, meine Ideologie aufzugeben, hielt ich noch immer an Spuren von ihr fest. Denn ich wusste, wenn ich jetzt alles fahren ließe, würde ich nicht in Frieden mit mir selbst leben können.

KAPITEL 23

Druiden als Retter in der Not

Es war kaum zu erwarten, dass es in St. Ives jemanden gab, mit dem ich über meine Nazivergangenheit sprechen konnte, aber noch nicht einmal zwei Reisen nach Deutschland, auf Besuch bei meiner Mutter, boten hierzu eine Gelegenheit. Angesichts meiner dringenden Not war sogar ein Wochenende mit meinem Vater vollkommen nutzlos.

Mein erster Deutschlandbesuch war in den Sommerferien 1948, als ich zwölf war und mir ein Schulwechsel bevorstand. Es war auch meine erste Fahrt nach London, seit dem Umzug nach Cornwall über ein Jahr zuvor. Ich erinnere mich, wie ich aufgeregt im Zug saß und was ich alles bemerkte: Den Hafen der Kriegsmarine in Plymouth, die zwei Sandsteindamen in Krinolinen, die unter den roten Felsen von Dawlish im Meer standen (leider sind sie inzwischen von den Wellen zerstört worden), dann die weißen Pferde von Wiltshire, die auf drei Hügelseiten, von weitem sichtbar, in den Kalkboden eingemeißelt sind – heute noch so schön wie damals. Aber am meisten freute ich mich auf meine Großeltern, die mich in London von der Bahn abholen sollten.

Im Herbst 1947, ein Jahr nach unserer Ankunft und fast dreißig Jahre nach ihrer Deportation aus England, hatte meine Mutter ihre Heimkehr organisiert, und sie war genehmigt worden. Nach unserer Abreise aus Recklinghausen waren meine Großeltern genötigt worden, in eine andere Wohnung zu ziehen; die Lebensumstände in Deutschland hatten sich kontinuierlich verschlechtert, und sie waren immer stärker auf ihre englischen Freunde angewiesen.

Die Bürgschaft hatten Kathleen Connell, Omas früherer Lehrling, und ihr Mann übernommen, nach monatelangem bürokratischen Hin und Her. Die Überfahrt nach England wurde, so wie die Deportation im Jahr 1919, vom Roten Kreuz organisiert. Ihr Dokument trug das Datum 7. November, dem

Tag, an dem meine Mutter den Befehl erhielt, ihre lang erwartete Anstellung bei der Kontrollkommission in Deutschland aufzunehmen. Sie haben später ausgerechnet, dass ihre Schiffe im Ärmelkanal in entgegengesetzter Richtung aneinander vorbeigefahren sein müssen.

Im Vergleich mit den sämtlich übergewichtigen Leuten von St. Ives sahen meine Großeltern, als sie auf dem Bahnsteig stehend eifrig nach mir ausschauten, erschreckend klein und geschrumpft aus. Aber sie waren in ausgezeichneter Stimmung. Es beglückte sie, endlich wieder in England zu sein, nur englisch zu hören und zu sprechen, Tee zu trinken, auf doppelstöckigen Autobussen und mit der U-Bahn herumzufahren, englische Zeitungen zu lesen, BBC zu hören, ins Kino oder in die Bibliothek zu gehen, und vor allem Udo und ihre alten englischen Freunde wiederzusehen. Ihre einzige Enttäuschung war, meine Mutter verpasst zu haben.

Sie waren aufs höchste erstaunt über die Toleranz und das Wohlwollen, das man ihnen entgegenbrachte. Nicht nur wurden sie in England wiederaufgenommen, sie erhielten auch Lebensmittelmarken und eine einmalige Subvention zum Ansiedeln. Als sie Auntie Gertie von diesem Glück erzählten, schüttelte diese verzweifelt den Kopf und meinte: „Sind wir nicht töricht?"

Anscheinend stimmten meine Großeltern dieser Bemerkung zu, denn trotz ihres Alters – siebzig und siebenundsechzig Jahre – weigerten sie sich, vom Staat abhängig zu bleiben und fanden eine gemeinsame Anstellung in der Küche eines Altersheims im Osten Londons, wo sie auch wohnen konnten. Dorthin nahmen sie mich für ein paar Nächte mit.

Ihre Wohnung lag im Dachgeschoss eines bedrückend aussehenden viktorianischen Gebäudes. Doch Oma hatte es fertig gebracht, selbst dieses wenig versprechende Quartier gemütlich und heimelig auszustatten, so wie es ihrem Wesen entsprach. Wir hatten uns alle drei eine Menge zu erzählen, und die Stunden gingen viel zu schnell vorbei.

Meine Großeltern hatten herausgefunden, dass einige ihrer besten Vorkriegsfreunde inzwischen gestorben waren, aber sie wurden aufs herzlichste von denen begrüßt, die noch am Leben waren.

Nur die Rossells, Mr. George und seine Familie, wollten nichts mehr mit ihnen zu tun haben. Sie konnten meinen Großeltern nicht verzeihen, Nazis gewesen zu sein. Ihrer Natur gemäß, aus jeder Situation das Beste zu machen, äußerte sich Oma niemals zu dieser Abweisung, aber die Regelmäßigkeit, mit der sie seinen Namen erwähnte, zeigte mir, wie sehr sie den Verlust ihrer Freundschaft mit Mr. George bedauerte.

Auntie Hopey selbst war politisch nicht interessiert, aber die Tradition ihrer Familie als radikale Sozialisten hätte ebenfalls dazu führen können, dass sie jede Verbindung mit meiner Familie abschnitt, als unsere eifrige Unterstützung Hitlers ans Licht kam. Wie großzügig war es von ihr, dass sie in ihrer Liebe zu meiner Mutter und meinen Großeltern ihren Abscheu vor deren Nazi-Vergangenheit überwand, und sie mit allen Kräften unterstützte, so wie sie es schon während des Ersten Weltkrieges getan hatte.

Sogar die Rossells schienen ihr Urteil über die ältere Generation nicht auf die Kinder übertragen zu haben. Mehrmals, wenn Hopey sie besuchte, nahm sie Udo mit, oder sie hatte ihn bei sich, wenn die Rossells zu Besuch kamen. Mr. George entdeckte Udos Vorliebe für Geschichte, und er begann, wirkliches Interesse für ihn zu entwickeln und schenkte ihm Bücher. Dann, kurz nach meinem Fahrradunfall in St. Ives, brachte Hopey, als sie mich im Krankenhaus besuchte, eine große Dose Salbe mit, die Mr. George nach seinem eigenen Rezept für mich hergestellt hatte. Als man ihm erzählte, dass ich nach dem Unfall Schrammen im Gesicht hätte, schickte er mir die Salbe mit der Anweisung, sie täglich morgens und abends aufzutragen, dann würden sie verschwinden. Ich tat wie vorgeschrieben, und allmählich verschwanden sie fast vollständig.

Neben dem geselligen Verkehr mit alten und neuen Freunden führte meine Großmutter stets einen lebhaften Briefwechsel. Nachdem die Kriegswirren in Deutschland sich etwas gelegt hatten, gelang es ihr, mit einer Anzahl Verwandter und Freunde in Verbindung zu kommen, einschließlich Onkel Arno, Onkel Max und Herrn Freyer aus Köpenick.

Sie spürte auch die Adresse ihrer Freundin Annie auf, die Witwe eines Freundes, der mit Opa zusammen interniert worden war. Sie lebte allein und isoliert im russischen Sektor von Berlin. Aber andere Mitglieder des früheren englisch-deutschen Kreises, die dreißig Jahre lang ihre besten Freunde gewesen waren, fand sie niemals wieder.

Am Ende meines kurzen Aufenthaltes im Altersheim begleiteten Oma und Opa mich zum Bahnhof Liverpool Street, wo wir Udo trafen und wir beide uns einer Gruppe Schulkinder anschlossen, welche alle über die Sommerferien zu ihren Eltern fuhren, die für die Besatzung arbeiteten.

Wenn ich geglaubt hatte, dass meine Deutschlandreise eine Rückkehr zu meinen Wurzeln sein würde, dann hatte ich mich getäuscht. Mutti wohnte in einem recht luxuriösen Offiziersquartier mit ungefähr einem Dutzend anderer Angestellten der Kontrollkommission, einschließlich Bill, in einem wohlhabenden Hamburger Vorort. Alle Hausangestellten waren Deutsche, und obwohl nur deutsche Gerichte auf den Tisch kamen, erinnerten sie mich nur minimal an das, was wir in der Kriegs- und Nachkriegszeit zu essen bekommen hatten.

Meine Mutter in der Uniform der Kontrollkommission für Deutschland (Hamburg, 1947)

Meine Mutter war die persönliche Dolmetscherin für Richter O'Hanlon in der Justizabteilung der Kontrollkommission. Dessen Aufgabe war es, Prozesse zu führen, die mit der Besatzung zu tun hatten und deshalb der britischen Gerichtsbarkeit unterstanden.

An einem Vormittag durften wir unserer Mutter bei der Arbeit zusehen. Wir fanden, sie sah ausgesprochen imponierend aus. In ihrer marineblauen, eng geschneiderten, recht vorteilhaften Uniform saß sie auf einem Podium, ungefähr einen Meter vom Richter entfernt. Ohne das geringste Zögern übersetzte sie jedes Wort in jeder Sprache und von jedem, der am Prozess beteiligt war. Selbst für jemanden mit ihren Sprachkenntnissen war es eine gewaltige Herausforderung. Sie fand die Arbeit erschöpfend, aber auch stimulierend. Zeitweilig wurden ihr besondere Dolmetscherarbeiten zugeteilt, wie zum Beispiel beim Besuch von Mrs. Middleton, einer Parlamentsabgeordneten der Labour-Partei, die nach Hamburg gekommen war, um bei einer Konferenz der weiblichen Sozialisten zu sprechen. Bei dieser Gelegenheit beging meine Mutter den schlimmsten Missgriff des Dolmetscherberufs: sie wich von ihrem Text ab und äußerte eine eigene Meinung. „Die Teilnehmer benahmen sich dermaßen ungesittet und unhöflich", schrieb sie mir später. „Sie beschuldigten die Briten, dass sie Hitler nicht schon früher aufgehalten hätten, und unterbrachen die Rednerin dauernd mit unverschämten Zwischenrufen. Der Raum war voller Rauch, und Mrs. Middleton gelang es kaum, sich Gehör zu verschaffen. Ich konnte es einfach nicht mehr aushalten. Ich wandte mich an die versammelten Frauen und forderte sie auf, sich besser zu benehmen."

Wenn meine Mutter und Bill Freizeit hatten, machten wir zusammen Ausflüge an die Ostsee oder in die Umgebung von Hamburg. Wir besuchten auch

Konzerte des Hamburger Sinfonieorchesters, welches der junge Sergiu Celibidache dirigierte.

Einmal waren wir auf der Eisbahn, wo meine Mutter uns ihre Schlittschuhlaufkunst vorführte, die sie als junges Mädchen in Köpenick gelernt hatte. Wenn Udo und ich allein waren, hielten wir uns im „Englischen Klub" auf, spielten Tennis oder gingen schwimmen, schauten Zeichentrickfilme oder unternahmen Ausflüge mit anderen englischen Kindern.

Am 18. Juni 1948, nur kurz, bevor wir dort ankamen, hatte Deutschland das wichtigste wirtschaftliche Ereignis der nächsten vierzig Jahre erlebt: die Währungsreform. Über Nacht waren die fast leeren, trostlosen Geschäfte mit Luxusartikeln gefüllt, welche die Deutschen seit vielen Jahren – wenn überhaupt – nicht gesehen hatten. Obgleich ich keineswegs unzufrieden mit meinen Ferien war, hatte das Deutschland jenes Sommers keine Ähnlichkeit mit dem Land, das mir bekannt war und für welches ich noch immer starke Zugehörigkeit empfand, das aber einfach nicht mehr existierte.

Ich kehrte nach St. Ives zurück, einige Tage, bevor die Schule wieder begann. So konnte ich mit Mary noch einige Ausflüge zum Strand unternehmen und mit Auntie Hyne zum heißgeliebten alljährlichen Brombeerpflücken gehen. Auf meine neue Schule freute ich mich sehr und wurde nicht enttäuscht. Von meinen vielen Schulen – diese war die dreizehnte – ist die Penzance County School stets meine liebste gewesen. Sie war viel größer als St. Clare's, die Klassen waren doppelt so groß, aber alles war tadellos organisiert. Ich empfand ihre ruhige, gezügelte Arbeitsethik lange nicht so anstrengend wie die laxe, von ständigem Gekicher begleitete Atmosphäre in St. Clare's. Alle besonderen Ereignisse wie Konzerte, Schulversammlungen und sogar Weihnachtsfeiern wurden bis ins Kleinste geprobt und einwandfrei ausgeführt.

Wegen meines Alters, in dem ich die „Eleven Plus"-Prüfung bestanden hatte, wurde ich gleich in die zweite Klasse gesteckt und hatte zum ersten Mal Lateinunterricht. Als Expertin in deutscher Grammatik kam mir Latein lächerlich leicht vor, und es wurde bald mein Lieblingsfach.

In der Schule ging es mir glänzend, aber im folgenden Jahr 1949 bekam mein Leben in St. Ives einen herben Dämpfer. Ich hatte immer gewusst, dass Dr. Kleines Operation nur für eine gewisse Zeit halten würde, und dass, wenn ich älter würde, meine beiden Füße einer drastischeren Behandlung unterzogen werden müssten, einschließlich eines Knochentransplantats. Nun war die Zeit gekommen, und ich musste das ganze Sommerhalbjahr im Krankenhaus von Truro liegen. Und ausgerechnet während meiner Gefangenschaft fiel es der Familie von Mary ein, ohne auch nur im geringsten auf meine Gefühle Rücksicht zu nehmen, von „Upalong" St. Ives nach Carbis Bay umzuziehen. Das Schlimmste an der Sache war, dass Marys neues Zuhause, mehrere Meilen von „Upalong" entfernt, an einer anderen Schulbuslinie lag. Nachdem ich aus dem Krankenhaus entlassen worden war, sah ich meine geliebte Freundin nur noch selten, und ich vermisste sie schrecklich. Wesentlich verschlimmert wurde die Situation dadurch, dass Tommy und Barry, unsere früheren Monopoly-Spielpartner, in ein kritisches Stadium ihrer Pubertät gekommen waren und sich weigerten, irgend etwas mit Mädchen zu tun zu haben. Ich fühlte mich gänzlich isoliert. Mrs. Hyne war wie immer eine heitere Gesellschaft, aber mit ihr konnte ich nicht, wie mit Mary, alles besprechen. Nicht nur, was ich gerade in der Schule lernte, sondern – viel wichtiger – was ich alles *nicht* in der Schule lernte, aber dringend wissen wollte, Themen wie Politik, Religion und Sex. Mary, fast zwei Jahre älter als ich und unglaublich gescheit, hatte immer hervorragende Antworten auf alle meine Fragen, und war mein allwissender „Guru" geworden.

Das war ein herber Schlag für unsere Freundschaft, da wir beide weder Telefon noch Autos hatten. Außer in der Schule sahen wir uns nur noch ganz selten.

Mit der unablässigen Tagesroutine von Chy-an-Mor hatte ich genug zu tun, aber anstatt wie früher in meiner Freizeit mit meinen Freunden zu spielen, begann ich, lange, einsame Wanderungen auf die Küstenabhänge oder über die Moorheide hinter St. Ives zu unternehmen – und sie wurden immer länger und immer häufiger.

Ich war ganz versessen auf das Alleinsein und auf stundenlanges, ungestörtes Denken. Ich brütete nicht nur über universale Themen, über den Sinn des Lebens, Gott und die Welt, sondern auch über Konkreteres, wie Papa und seinen Nationalsozialismus. Mein geheimes Leben drohte mich gänzlich zu beherrschen, als von einer ganz unerwarteten Seite Hilfe kam: von Mrs. Boon, einem Mitglied von Mrs. Hynes täglichem Klatschbasenfreundinnenkreis.

Wie alle Frauen in der Nachbarschaft war sie ein kleines, rundes Plappermäulchen, aber während die Gedanken der übrigen selten über häusliche Themen hinausgingen, war Mrs. Boon von einer großen Passion besessen: Cornwall und der kornische Nationalismus. Sie behauptete, sie könne fließend Altkornisch sprechen, was unmöglich nachzuprüfen war, da die Sprache seit mehreren Jahrhunderten nicht mehr gesprochen wird. Zugegeben, sie kannte die Bedeutung mehrerer Ortsnamen in der Umgebung. Chy-an-Mor zum Beispiel bedeute „Haus bei der Heide". Mrs. Boon spielte auch ein Musikinstrument, ähnlich einer Zither, von dem sie behauptete, es wäre in der altkornischen Kultur ein beliebtes Instrument gewesen. Von dem Tag, an dem sie in das gegenüberliegende Häuschen einzog, war sie eine tägliche Besucherin, und wenn sie einmal in Fahrt war mit ihrem geliebten Thema, kam niemand anderes mehr zu Wort. Meistens war ich zu sehr mit meinen eigenen Gedanken beschäftigt, um ihr zuzuhören, bis ich eines Tages das Wort „Druiden" vernahm.

Ich spitzte die Ohren. Sie erzählte, dass diese großen, mysteriös aussehenden Granitfelsbrocken, an denen ich fast täglich auf meinen Wanderungen vorbeiging und auf die ich mich manchmal sogar, nach einer besonders anstrengenden Periode der Introspektion, zum Ausruhen hinsetzte, früher Altäre gewesen seien: Vor Tausenden von Jahren, ehe das Christentum kam, seien sie für Menschenopfer benutzt worden. Ich war wie gebannt.

„Und bist du dir bewusst", fragte sie weiter, „dass du zweimal täglich in deinem Schulbus an Chycauster[65] vorbeifährst, der ältesten Wohnstätte von Menschen, die man bisher in ganz Großbritannien gefunden hat?" In diesem Moment eröffnete sich ein ganz neuer Blickwinkel auf die Welt und meinen Platz darin.

Ohne Zweifel war es die Erhabenheit der Küstenlinie Cornwalls sowie die geheimnisvolle Schönheit ihres verlassenen Hinterlandes mit seinen verstreut liegenden Felsbrocken, die mich auf meinen einsamen Wanderungen anzog, aber es war noch etwas anderes. Wie unzählige andere vor mir, die vom Anblick der kornischen Küste bezaubert waren, verspürte ich oft ein unerklärliches Gefühl von Zeitlosigkeit und mystischer Gegenwart. Während ich Mrs. Boon zuhörte, wurde mir vieles plötzlich glasklar. Die mysteriöse Präsenz, die ich wahrnahm, war die der uralten keltischen Druiden, die vor Tausenden von Jahren an dieser Küste gelebt hatten. Bei meiner nächsten Wanderung konnte ich sie beinahe sehen: bärtig, in weiße Gewänder gehüllt und mit Lorbeerkränzen auf dem Kopf. Sie spielten auf ihren Zithern und führten zwischen den Granitsäulen ihre rituellen Handlungen aus. Auf irgendeine Weise hatte Mrs. Boons lebhaftes Heraufbeschwören der entfernten Vergangenheit mir geholfen, meinen eigenen problematischen Lebenslauf etwas zu relativieren und neuen Abstand zu gewinnen.

65 Eisenzeitliche Siedlung, die von 100 v. Chr. bis zum 3. Jahrhundert n. Chr. bewohnt wurde.

Meine persönlichen Sorgen schienen auf einmal ganz belanglos zu sein; selbst Hitler verlor an Bedeutung. Endlich war ich mir der Tiefsinnigkeit dessen bewusst, was Reg so oft murmelte, wenn er vor einem unlösbaren Problem stand:

„Ach, warum sich ärgern, in hundert Jahren wird alles genau so sein."

Kommunikation mit den Druiden
auf den Klippen über St. Ives

KAPITEL 24

Ein Blick auf meine Wurzeln

Während meines dritten Herbstes in St. Ives wurden meine Eltern geschieden, und ich erhielt einen Brief von meinem Vater. Obwohl Mutti mich gewarnt hatte, sie würde ihm meine Adresse geben, sobald die Scheidung vollzogen sei, war der Anblick des Briefes ein Schock für mich. Ich erkannte seine Handschrift sofort: selbstbewusst und charaktervoll, und auch die dunkelblaue Tinte, die er nach wie vor benutzte. Vor viereinhalb Jahren, als ich ihn zum letzten Mal gesehen hatte, konnte ich noch keine Erwachsenenhandschrift lesen. Jetzt konnte ich es, aber diesen Brief zu lesen fiel mir doch schwer – und nicht nur wegen der Handschrift.

Papas Brief war liebevoll, aber vorsichtig. Er schrieb, er sei gesund und lebe in Lautenthal bei Tante Kätchen. Ihr Vater habe sich zur Ruhe gesetzt und ihm, Papa, die Führung seines Elektrizitätswerkes überlassen. Er fragte nach meiner Schule und nach meinen Füßen, erwähnte aber nichts von der Vergangenheit oder aus unserem früheren gemeinsamen Leben. In meiner Antwort beschränkte ich mich auf ähnlich praktische Themen, aber sogar das war eine Herausforderung. Seit zweieinhalb Jahren hatte ich Deutsch weder gehört, gesprochen noch geschrieben, und abgesehen vom Einmaleins, das ich mir beim Kopfrechnen mechanisch noch auf deutsch aufsagte, hatte ich schon längst aufgegeben, auf Deutsch zu denken. Ich war ganz schockiert, als ich entdeckte, wie schwer es mir fiel, einen deutschen Brief zu schreiben. Jedoch war die Sprache, verglichen mit den anderen Schwierigkeiten, die eine Korrespondenz mit meinem Vater mit sich brachte, längst nicht das größte Problem.

Wie konnte ich Papa je mein Leben in Chy-an-Mor verständlich machen? Und wie sollte ich bloß mit der Tatsache umgehen, dass ich plötzlich wieder einen Vater hatte? Was würde ich Auntie Hyne sagen, wenn sie für den ungewöhnlich aussehenden Brief mit der fremden Briefmarke Interesse zeigte?

Wenn ich die Wahrheit sagte, würde ich die Lüge, die meine Mutter über den Tod meines Vaters an der russischen Front erfunden hatte, enthüllen; jede andere Erklärung musste eine weitere Lüge verursachen. Ich hatte ja seit langem geglaubt, wenn ich nur wieder mit meinem Vater in Kontakt kommen könnte, würden meine Sorgen zu Ende sein. Nun war das Ziel erreicht, aber mir wurde klar, dass damit ein Haufen neuer Schwierigkeiten entstand.

Kurz nach Papas Brief kam die Nachricht von meiner Mutter, sie hätte Bill geheiratet. Diese Tatsache akzeptierte ich widerspruchslos. Sie hatte ein Foto beigelegt, das die beiden Arm in Arm aus der Kirche kommend zeigte. Meine Mutter trug ein auffallend modernes Kostüm im „New Look“-Style und einen Florentiner Hut. Die beiden waren umgeben von ihren Freunden, von denen ich mehrere von meinem Ferienaufenthalt in Hamburg wiedererkannte. Sie lachten und warfen Konfetti über das Paar. Udo und ich mochten Bill gut leiden. Er hatte so ein gutmütiges, frohes Temperament, ganz im Gegensatz zu Papa, aber trotzdem erkannten wir die solide Zuverlässigkeit dahinter. Von uns fast unbemerkt war er ein Teil unserer Familie geworden, und nun, da er offiziell dazugehörte, bestand die Gefahr, dass wir ihn als zu selbstverständlich hinnahmen. Der Umstand, dass ich an meinem Stiefvater nichts auszusetzen hatte, befreite mich nicht von meiner alten Wunschfantasie, dass meine deutsche Familie eines Tages wieder vereint sein würde.

Über Weihnachten 1949 waren Udo und ich wieder nach Hamburg eingeladen. Dieses Mal war verabredet worden, dass wir das letzte Ferienwochenende mit unserem Vater in Lautenthal verbringen sollten.

Wir würden im selben Haus wohnen, in dem ich damals Tante Kätchen besucht hatte, als ich, vierjährig, zur Genesung nach meinem Keuchhusten-Anfall mit meiner Mutter in den Harz gefahren war. Wir würden mit meinem Papa und Tante Kätchen – jahrelang Muttis beste Freundin – und ihren Söhnen Dieter und Klaus, meinen damaligen Spielkameraden, zusammen sein. Für Udo, der sich schon lange gefühlsmäßig von seinem Vater und seinem deutschen Vorleben getrennt hatte, war es ein Pflichtbesuch; für mich war es ein Ereignis, nach dem ich mich jahrelang gesehnt hatte, das mich zurück zu meinen Wurzeln bringen würde, näher als ich es je wieder erleben könnte.

Tante Kätchen hatte sich überhaupt nicht verändert, weder im Benehmen noch im Aussehen. Sie war ausgelassen und sah ebenso reizend wie früher aus, wieder in einem neuen, selbstgenähten Dirndlkleid, welches ihr hervorragend stand. Weder von meinem Vater noch von mir konnte man Derartiges behaupten. Mit weniger Haaren und mehr Runzeln, dicker geworden und in

Zivilkleidung sah Papa ganz anders aus, als ich ihn in Erinnerung hatte. Und ich war aus einem zierlichen kleinen Mädchen von knapp neun Jahren zu einem pummeligen, dreizehneinhalbjährigen Teenager geworden. Dazu kam der Schrecken, dass ich kaum noch Deutsch sprechen konnte. Das Problem war nicht, dass ich meine früheren Deutschkenntnisse verloren hätte, sondern dass ich Tausende von neuen Begriffen, die mir in den letzten drei Jahren begegnet waren, nur auf Englisch gelernt hatte. Ich brauchte sie, um meine Gedanken auszudrücken, aber wenn ich meine Lippen bewegen wollte, um Papa etwas ganz Einfaches zu erzählen, verstummte ich auf einmal und suchte nach Worten. Die kamen aber nicht. Ich merkte bald, dass die Unterhaltung tadellos lief, solange sie nichts Anspruchsvolleres als Kinderthemen in Kindersprache berührte.

Unverzagt von diesen Hindernissen glitten Papa und ich mit Leichtigkeit in unser altes Verhältnis. Vielleicht war es gerade dank meiner sprachlichen Regression in die Kindheit, dass wir unsere Beziehung zueinander dort wieder aufnehmen konnten, wo sie aufgehört hatte. Auf alle Fälle machten unsere sprachlichen Probleme uns klar, dass unser Verhältnis nie sehr viel weiter kommen würde als „Papa und sein kleines Mädchen".

Das Wochenende hatte einige märchenhafte Momente. Wie bei meinem ersten Aufenthalt in Lautenthal sah die kleine, überwiegend aus Fachwerkhäusern bestehende Stadt, umgeben von bergigen Kiefernwäldern, unter einer Schneedecke bezaubernd aus. Gott, wie gut es war, die frostige Luft einzuatmen und die von der Kälte prickelnden Wangen zu fühlen! Wie hatte ich im milden, feuchten Cornwall den belebenden Effekt eines guten Schneefalles vermisst! Wir stapften durch den Schnee zum Hotel „Waldkater", wo wir vor neun Jahren gewohnt hatten und wo ich in die Freuden und Gefahren des Schlitten- und Skifahrens in den Bergen eingeführt worden war. Als wir Hand in Hand den steilen Weg bergauf stiegen, erzählte mir Papa von den zwei Jahren, die er in Kriegsgefangenschaft in Fallingbostel verbracht hatte – eine harte, demütigende Erfahrung. Die ganze Zeit über sei er hungrig und krank gewesen. Als er entlassen wurde, hatte er weniger als fünfundvierzig Kilo gewogen. Er war sofort nach Lautenthal gegangen, wo wir verabredungsgemäß Kontakt aufnehmen wollten, und hatte dort von unserer Übersiedlung nach England erfahren. Das hatte bei ihm zu einem körperlichen und geistigen Zusammenbruch geführt, aber Tante Kätchen hatte ihn gepflegt, bis er wieder gesund war, und ihm danach die Stellung im Elektrizitätswerk ihres Vaters besorgt. Es stellte sich heraus, dass Herr Beume und mein Vater ihr

Ingenieurdiplom an derselben Technischen Hochschule in Neustrelitz – freilich zu verschiedenen Zeiten – erworben hatten. Herr Beume freute sich, dass er jemanden gefunden hatte, dem er seine Verantwortung übergeben konnte, und Papa hatte Freude an seiner Aufgabe.

Er erzählte mir auch, was aus unseren anderen Verwandten geworden war: Sein jüngerer Bruder, Onkel Jochen, ein ehemaliger Offizier bei der Waffen-SS, war mit seiner Frau zu Verwandten meiner Großmutter Olga, der Pastorentochter, nach Waldeck in Nordhessen gelangt, und die beiden waren jetzt dabei, sich dort ein neues Leben aufzubauen. Anders war es Papas Schwester, meiner Tante Kiki, ergangen: Wie so viele Frauen hatte sie, wahnsinnig vor Angst vor der Brutalität und den Vergewaltigungen der immer näher rückenden russischen Soldaten, sich das Leben genommen und auch ihre drei Söhne vergiftet. Mein kleiner Vetter Klaus, damals etwa fünf Jahre alt, übergab sich und war deshalb der Einzige, der überlebte. Er wohnte zur Zeit mit seinem Vater irgendwo in Süddeutschland.

Später am Tag nahm Tante Kätchen mich beiseite und eröffnete mir ihre Version der Geschehnisse. Sie erzählte mir von ihrer einzigen Begegnung mit Papa während des Krieges, bevor Mutti und er getrennt waren, aber dieses eine Treffen habe ihr genügt, um sich in ihn zu „verknallen".

Bei ihren Besuchen in Recklinghausen habe sie dann gesehen, wie dringend meine Mutter von ihm weg und nach England übersiedeln wollte. Daher habe sie, als mein Vater sie erstmals aus dem Kriegsgefangenenlager kontaktiert und nach Muttis Aufenthalt gefragt hatte, beschlossen, weder meiner Mutter noch ihm den Aufenthalt des jeweils anderen zu verraten. Sie rechtfertigte ihre Handlungsweise damit, dass das plötzliche Erscheinen meines Vaters in Recklinghausen uns alle in Gefahr hätte bringen können, und die Aussicht, nach England zu ziehen, völlig zunichte gemacht hätte. Tante Kätchen fasste also den Entschluss, meinem Vater so lange nichts von Muttis Plan, ihn zu verlassen, mitzuteilen, bis wir in England und in Sicherheit waren.

Sie schien noch immer überzeugt davon zu sein, richtig gehandelt zu haben, und vertraute mir die Hoffnung an, dass sie und Papa immer zusammenbleiben würden. War dies nicht genau das, was ich schon als fünfjähriges Kind befürchtet hatte, als ich zum ersten Mal den Begriff „Ehescheidung" hörte?

Meine seit langem gepflegte Vorstellung, mein Vater sei ein gebrochener, verzweifelter Mann, dessen Leben keinen Sinn mehr habe, musste ich gründlich ändern. Er hatte sich wohl stark verändert, aber gebrochen war er bestimmt nicht. Im Gegenteil, er war vollkommen lebensbejahend, übte eine verantwortungsvolle Beschäftigung aus und lebte in einer wunderschönen Umgebung bei einer reizenden Frau, die ihn über alles liebte. Er hatte sich aufgerichtet, den Staub abgebürstet und war augenscheinlich ein erfolgreicher Zivilist im neuen Westdeutschland geworden.

Mehr als all dies jedoch interessierte mich, was eigentlich aus seinem fanatischen Nationalsozialismus geworden war. Jetzt war kein Anzeichen mehr dafür da. Es fiel mir sehr schwer, einsehen zu müssen, dass er, wie alle anderen in Deutschland, seinen Glauben einfach abgeworfen hatte, sobald er unpraktisch geworden war – mit anderen Worten, dass er doch „untreu" geworden war. Vielleicht hielt er ihn im Herzen verschlossen und fürchtete sich davor, sie jemandem zu offenbaren – schon gar nicht seinen „englischen" Kindern?

Weitere Möglichkeiten waren, dass er tatsächlich in seinem Lager „umerzogen" worden war, oder er hatte, so wie ich, selbst alles gründlich überdacht und erkannt, was an dieser Weltanschauung, neben dem scheinbar Vernünftigen, einfach verrückt war. Wenn er sich auch damit abgefunden hatte, so musste doch die ganze Nazi-Episode irgendwo in seiner Seele eine tiefe Wunde hinterlassen haben. Aber keinerlei Zeichen war davon zu bemerken. Obgleich ich dringend wissen musste, wie er sich mit seiner Vergangenheit abgefunden hatte, brachte ich es nicht fertig, das Thema selbst zu erwähnen. In jedem Fall musste es für ihn extrem schmerzhaft sein, über die Vergangenheit zu reden, und ich spürte, dass hier bei meinem Vater dasselbe Tabu wie überall in Deutschland wirkte. Die Folge meiner Feigheit war, dass ich so die einzige Gelegenheit verpasste, von meiner Verpflichtung, meiner Erziehung treu zu bleiben, befreit zu werden.

An unserem letzten Nachmittag ging Tante Kätchen in ihren Keller hinunter und holte einen alten Filmprojektor und einige ebenso alt aussehende Filmrollen hervor. Es waren Stummfilme, die, der Kleidung nach, um die Jahrhundertwende in England gedreht worden waren. Zuerst kam ein Krimi-Stummfilm mit Lord Peter Wimsey als Detektiv[66], dann ein paar komödiantische Kurzfilme, am Strand von Brighton aufgenommen, deren ganze Handlung aus einer Verfolgungsjagd bestand, in der die Schauspieler in urkomischen Badeanzügen sich in Zelte und Strandkabinen jagten, bis sie ins Wasser fielen. Wir

66 Bei Lord Peter Wimsey handelt es sich um eine fiktive Figur, nicht um einen Schauspieler. Der adelige Detektiv wurde 1923 von der Krimiautorin Dorothy Leigh Sayers erfunden.

wälzten uns alle vor Lachen, bis uns die Tränen kamen und wir vor Schmerzen nicht mehr zusehen konnten. Dann ließ Tante Kätchen die Rolle rückwärts laufen, und wir wurden immer hysterischer. Schließlich tat uns alles weh, und wir konnten kaum aufstehen.

Nach einem letzten, festlichen Abendessen machten wir uns fertig für die Rückfahrt nach Hamburg. Papa begleitete uns zum Bahnhof, und plötzlich änderte sich sein Gebaren merklich. Während des ganzen Wochenendes war er so gelassen und fröhlich gewesen, jetzt begann er, ernst und aufgewühlt zu sprechen. Er würde nie verstehen, sagte er mir, warum Mutti ihn verlassen habe. Ihre dreizehn Jahre zusammen seien perfekt gewesen. Wenn sie von Deutschland weg wollte, und er könnte nicht nach England gehen, hätten wir alle auswandern können und uns in einem neuen Land treffen, zum Beispiel Australien oder Kanada. Er sagte, er liebe Mutti noch und er würde sie immer lieben. Jetzt war er den Tränen nahe – und ich auch.

Als wir spät am Abend Hamburg erreichten, war ich vom Stapfen durch den Schnee, vom Deutschsprechen, vom vielen Essen, dem Lachen, dem Weinen und der Reise total erschöpft. Mutti kam in mein Zimmer, um mir gute Nacht zu sagen, und das genügte, um einen meiner mittlerweile berüchtigten Heulkrämpfe auszulösen. Wieder einmal tat meine Mutter ihr Möglichstes herauszufinden, warum ich so außer Fassung war. Sie versuchte mich zu beruhigen und wurde selbst dabei ziemlich besorgt. Wieder einmal konnte ich ihr den Grund nicht sagen, denn ich wusste ihn selbst nicht. Das einzig Sichere war, dass jedes Mal, wenn ich versuchte, mich zusammenzunehmen, ich sofort wieder in unkontrolliertes Schluchzen ausbrach, das immer hysterischer wurde.

Dann erinnerte ich mich an das vorige Mal, an dem ich mich auf diese Weise blamiert hatte: Es war in Recklinghausen, am Abend, bevor wir nach England abreisen sollten, vor genau drei Jahren. Ich konnte mich an meine Gefühle von damals genau erinnern; zerrissen zwischen der Aufregung, ein neues Leben in England zu beginnen, und der tiefen Traurigkeit, mein altes Leben zu verlassen. Ich konnte mich der Furcht vor einer Zukunft entsinnen, ich der ich dauernd würde verbergen müssen, wer ich wirklich war, und vorgeben müsste, jemand anderes zu sein, ein andauerndes Doppelleben! So vieles war in den drei Jahren geschehen: Ich hatte einen neuen Namen angenommen, eine neue Nationalität, eine neue Sprache; ich hatte einen Stiefvater bekommen, sogar ein Paar neue Füße! Jedoch während dieses Wochenendes mit meinem Vater war ich genau dieselbe Katrin Thiele gewesen wie früher. Wie exakt hatte ich mein Dilemma vorausgesehen!

Dann stellte ich mir vor, wie es gewesen wäre, wenn ich nicht nach England umgezogen wäre, wenn ich nicht gezwungen gewesen wäre, Englisch zu lernen und andere – jedenfalls meiner Erfahrung nach – recht undeutsche Tätigkeiten auszuüben, wie zum Beispiel selbst zu denken und meine Fantasie einzusetzen; wenn ich die Aunties Hopey und Hyne, Reg und Mary, Tommy und Barry, nie kennengelernt hätte, nicht Cornwall, Mrs. Boon, die alten Kelten und meine englischen Schulen, wenn ich nicht alles gelernt hätte, was ich jetzt wusste. Es war unmöglich – und vergeblich – es mir vorzustellen. Mein Leben war jetzt in England, das war eine Tatsache. Für die Gegenwart jedenfalls. Es gab nur den einen Lebensweg, und ich musste mich dareinfinden. Schließlich gelang es mir, mein Weinen zu stoppen und mich aufs Kofferpacken zu konzentrieren.

Am nächsten Morgen hielt ein offizieller Wagen von der Kontrollkommission vor dem Haus, um Udo und mich mitsamt unserem Gepäck zum Bahnhof zu befördern und uns der Gruppe anzuschließen.

Hatte ich das alles nicht schon einmal erlebt?

Es war die Wiederholung des 6. Dezembers 1946.

KAPITEL 25

Politik britischer Art

Zum ersten Mal in meinem Leben erhielt ich am Ende des folgenden Schulhalbjahres ein schlechtes Zeugnis. Ich war tief getroffen, denn ich war mir nicht bewusst, gebummelt zu haben. Vielleicht hatte ich mich zu sehr auf mein inneres Leben konzentriert. Außerdem hatte die Parlamentswahl vom Februar 1950 zu viel von meiner Aufmerksamkeit in Anspruch genommen und mich von der Schule abgelenkt: Mr. Vibert, der Zauberkünstler und Manager von Leach's Töpferei, und dessen Frau waren politisch sehr engagiert und wollten keine Wahlkampfversammlung versäumen. Sie dachten, so etwas könnte mich auch interessieren, und luden mich ein, mitzugehen. Die Versammlungen fanden im größten Kino von St. Ives statt, und jedesmal war es bis auf den letzten Platz besetzt. Den formellen Reden folgte jeweils eine mit Zwischenrufen und hitzigen Debatten angereicherte Diskussion. Dem zuzuhören machte mir riesigen Spaß.

Die Labour-Partei war in Cornwall wenig vertreten, und besonders jetzt, als Attlees Labour-Regierung der Nachkriegszeit an Schwung verlor, hatte sie überhaupt keine Chance. Dennoch hatten sie einen glänzenden Kandidaten, den 25-jährigen Peter Shore. Er war der jüngste Kandidat im Land und verkündete, er werde im Falle seiner Wahl ins Unterhaus einzuziehen, im selben Alter, in dem Winston Churchill seine politische Karriere begonnen hatte.[67]

Ich fand, dass ich immer gerade mit dem Redner übereinstimmte, den ich zuletzt gehört hatte, aber als der Wahlkampf zu Ende war, sagte ich mir, wenn ich wahlberechtigt wäre, dann würden die „Tories" meine Stimme haben.

67 Dies gelang ihm erst im dritten Anlauf im Jahre 1964. Später wurde er ein prominenter Kabinettsminister.

Meine Entscheidung war schwierig zu begründen. Möglicherweise sagte mir die Betonung von Gesetzlichkeit und Respekt vor Autorität zu.

Komischerweise kam ich nie darauf, die Politik in St. Ives mit der Politik, die ich aus Deutschland kannte, in Zusammenhang zu setzen. Mir erschienen sie als völlig verschiedene Phänomene. In England ging es darum, dass die Menschen die Partei mit dem Programm wählten, das sie am vorteilhaftesten für das Volk hielten. Bei der Nazipolitik in meiner Erinnerung handelte es sich weder um die Wünsche des Volkes noch um eine besondere Politik, noch darum, was die Regierung für das Wohl des Volkes tun sollte. Im Gegenteil, es war klar, dass die Regierung dem Volk vorschrieb, was zu seinem Vorteil war und was jeder Einzelne zu tun hatte, um dieses Ziel zu erreichen. Die Auffassungen der beiden politischen Systeme waren derart verschieden, dass ich erst nach Jahren erkannte, dass das, was ich in Deutschland erlebt hatte, auch Politik gewesen war.

Als Udo diesmal über die Osterferien nach St. Ives kam, erhielten wir aufregende Nachrichten von meiner Mutter und Bill. Sie schrieben, sie hätten genug Geld gespart, um endgültig heimzukommen. Sie hätten sich entschieden, irgendwo im Südwesten ein Geschäft zu kaufen. Es galt jetzt nur noch, das richtige zu finden. Wir sollten uns bis zum Ende des Schuljahres gedulden, uns aber darauf vorbereiten, jederzeit zu ihnen zu ziehen.

Kurz danach bekam ich auch von Opa einen reizenden Brief zu meinem vierzehnten Geburtstag. Er schrieb nicht allzu oft; sein Ansporn, mir zu schreiben, kam wohl aus seiner Erinnerung an seinen eigenen vierzehnten Geburtstag. Zu seiner Zeit hatte man mit diesem Alter seine Lehre begonnen, also muss dieser Geburtstag wohl etwas Besonderes gewesen sein – vergleichbar mit der Volljährigkeit.

„Glaub mir, das Leben vergeht so schnell, es kommt mir so vor, als ob ich selbst erst vor einer kurzen Zeit vierzehn geworden wäre", schrieb Opa. „Ich kam mir vor wie ein Prinz, so viele Geschenke erhielt ich, und so viele Glückwünsche." Er erwähnte auch den bevorstehenden Umzug, der auch Oma und ihn betreffen würde, und war begeistert von der Vorstellung, dass wir bald wieder zusammen sein würden.

Diese Nachricht gab mir einen derartigen Aufschwung, dass ich, anstatt mich weiter zu verschlechtern, das Schuljahr mit Glanz und Gloria beendete.

Ohne Zweifel trug meine berühmte Begabung, Prüfungen mit Leichtigkeit zu bestehen, dazu bei, dass ich die Schule, an der ich so glücklich gewesen war, mit positiver Anerkennung verließ. In meinem Abgangszeugnis schrieb meine

Klassenlehrerin sogar, es täte allen leid, mich zu verlieren, denn ich wäre eine Schülerin mit viel Gemeinsinn gewesen.

Die Aussicht, endlich zu meiner Familie zurückzukehren, versetzte mich in gewaltige Hochstimmung, aber für Mrs. Hyne war es schlimm. Sie weinte und warf mir vor, ich sei kein bisschen traurig, sie zu verlassen. Ich wünschte, ich wäre eine bessere Schauspielerin gewesen, aber es war mir unmöglich, meine Freude zu verbergen. Ich versuchte, sie zu trösten mit dem Versprechen, ihr zu schreiben, sie so oft wie möglich zu besuchen und sie zu uns einzuladen, aber sie war untröstlich. Glücklicherweise war es gerade „Bed and Breakfast"-Saison, und ihr Geschäft blühte. Aber ich wusste, im Winter würde sie schrecklich einsam sein, wenn sie niemanden zu betreuen hatte.

Wenn ich auch kein Bedauern zeigen konnte, so war mir doch bewusst, wie viel ich ihr zu verdanken hatte. Sie hatte mir ermöglicht, meine Identitätsumwandlung zu überleben, zu meistern und sogar in meinem neuen Leben erfolgreich zu werden.

Es war ein Leben, auf das ich weder durch Geburt, noch Umstände, noch Überzeugung ein Anrecht hatte, aber in welches das Schicksal mich katapultiert hatte und das meine einzige Chance war. Es war das Leben einer Person, die ich in Wahrheit nie wirklich sein könnte: ein typisches englisches Schulmädchen.

KAPITEL 26

Reise zwischen zwei Leben

Es war ein schöner Julitag im Jahr 1950. Ich saß allein in einem Abteil des Bummelzuges von Plymouth nach Exeter, die letzte Etappe einer Reise, die ich am frühen Morgen in St. Ives begonnen hatte. Neben mir auf dem Boden stand ein mit Schnur umwickelter und mit Löchern versehener „Heinz Baked Beans"-Karton, aus dem hin und wieder das Näschen und die Schnurrbarthaare meiner Katze Flip zu sehen waren, die Mrs. Hyne eines Tages zugelaufen war und die sie mir geschenkt hatte. Über mir auf dem Gepäcknetz lag ein verbeulter alter Koffer, der meine ganze übrige Habe enthielt.

Es war ein wunderschöner Tag, und der kleine Dampfzug zuckelte durch eine Landschaft, die zu den schönsten von ganz England zählt. In der Ferne waren die Umrisse von Dartmoor zu sehen. Die Zwischenstopps hatten so reizvolle Namen wie Cornwood, Bittaford und Ivybridge. Diese Reise wäre immer schön gewesen, aber heute, als ich die grüne Landschaft von Devonshire vorbeirollen sah, war ich fast ekstatisch vor Glück.

Ich sollte in Totnes aussteigen, einer kleinen Stadt, von der ich nie gehört hatte.[68] Dort, so hatte man mir mitgeteilt, würde meine ganze Familie – wenn auch etwas anders zusammengesetzt – in ihrem eigenen Haus vereint leben, in unserem ersten Eigenheim seit Mahlsdorf, sieben Jahre zuvor. In der Zwischenzeit hatten wir, zusammengerechnet, in fast dreißig verschiedenen Häusern gelebt; Udo und ich hatten zwei Dutzend Schulen besucht, und meine Großeltern und meine Mutter zusammen zwölf Arbeitsstellen gehabt. Ich wagte kaum, dem Brief zu glauben, der mich zu diesem Treffen aufforderte.

68 Nach einer lokalen Legende war Totnes der Ort, an dem Brutus von Troy, der mythische Gründer von Großbritannien, die Insel betrat.

Durfte ich wirklich glauben, dass meine Mutter und mein neuer Stiefvater im Begriff waren, ein Haus zu kaufen, in dem wir alle zusammen wohnen würden? Dass ich, zum ersten Mal im Leben, ein eigenes Zimmer haben würde?

Mutti würde mich vom Bahnhof abholen. In den letzten drei Jahren hatte ich sie nur ein- oder zweimal jährlich in den Schulferien gesehen, das letzte Mal zu Weihnachten. Von der Vernunft her begriff ich, warum wir so lange getrennt sein mussten, aber im Herzen hatte ich sie jede Minute vermisst. Ich wusste auch, dass diese Trennung für sie ebenso schmerzlich war. Sie sagte mir einmal, sie hätte während der ganzen drei Jahre, in denen sie von uns getrennt in Deutschland arbeitete, einen Kloß im Hals verspürt, der erst dann verschwand, als wir wieder zusammen waren.

Trotz der Freude des Wiedersehens wäre es falsch zu vermuten, dass die drei Jahre bei Mrs. Hyne als ihre fünfte „Little Woman" für mich eine unglückliche Zeit gewesen wären. Im Gegenteil, bis auf einen Punkt war sie idyllisch gewesen, eine gelassene, friedliche und Sicherheit bietende Periode meines Erwachsenwerdens, während der ich mir meine neue englische Identität zu eigen machen konnte. Es waren meine fruchtbarsten Lehrjahre.

Der Grund, dass sie nicht perfekt waren, war weniger die Trennung von meiner Familie – damit hatte ich umzugehen gelernt – es war die Notwendigkeit, als ein Betrüger zu leben. Ich hatte immer das Gefühl, ich wäre nicht die, deren Leben ich spielte. Ich kam mir vor wie eine Verbannte oder eine Schauspielerin, die gezwungen ist, auf einer Bühne ein niemals endendes Schauspiel aufzuführen. Wenn mich jedoch jemand gefragt hätte, wo oder was mein wirkliches Leben war, hätte ich keine Antwort geben können. Ich war an keinem existierenden Ort oder Kontext verankert, nicht in Deutschland, nicht in England, weder bei meiner Mutter noch meinem Vater. Es war ein alles umfassendes, stürmisches Durcheinander in mir, das ich geheim halten musste, das aber stets in meinem Bewusstsein saß.

Wenn ich auf diese Zeit zurückblicke, wird mir klar, dass mir nichts Schlimmes passiert wäre, wenn ich mich zufällig enttarnt hätte oder meine Situation von Anfang an ganz offen bekannt hätte. Doch allein bei dem Gedanken daran überfiel mich ein schreckliches Grauen. Infolgedessen kam mir mein Leben als lebhaftes gesittetes Pflegekind wie eine Maskerade vor. Mein wirkliches Leben war geheim. Dieses innere Leben war die Quelle von vielen Sorgen und Zweifeln, doch zugleich erwuchs mir daraus alle Stärke, die ich brauchte, um den Anforderungen der äußeren Welt zu begegnen.

Jetzt konnte ich mein geheimes Leben hinter mir lassen. Ich war unterwegs nach Totnes, nach Hause – was machte es aus, dass es eine Stadt war, von der ich nie gehört hatte? Das Wichtige war, dass ich endlich aufhören konnte, eine Rolle zu spielen und wieder eins mit mir sein würde – so dachte ich jedenfalls.

KAPITEL 27

Endlich im eigenen Heim

Der Zug rollte in den Bahnhof von Totnes ein, und meine Mutter war gekommen, mich abzuholen. Sie war ebenso glücklich und aufgeregt wie ich. Während ich mich um den unruhig werdenden Inhalt des Kartons kümmerte, nahm sie meinen ramponierten Koffer und zog mich mit flottem Schritt in die kleine Stadt. Eine schmale Gasse führte bergauf, durch das hochgewölbte Stadttor einer mittelalterlichen Stadtmauer. Von dort ging es weiter an einer kleinen, echt normannischen, von einem Burggraben umgebenen Burgruine vorbei, die hoch über der Stadt thronte und die Umgebung überblickte. Die Gasse führte in eine schmale, krumme Hauptstraße, die in einen Platz mündete. In einer Ecke, als Endhaus einer Häuserreihe, stand ein merkwürdig proportioniertes Gebäude. Es hatte drei Stockwerke und schien sich unglaublich weit nach hinten hinaus zu erstrecken, während die Vorderfront kaum drei Meter breit war. Außerdem sah es so aus, als ob es bald zusammenbrechen würde. Dies also war „Waterloo House“, unser neues Heim.

Totnes, fand ich bald heraus, war unglaublich alt und hatte vor tausend Jahren Stadtrechte mit seiner eigenen Münze erhalten. Nun war die Gemeinde mit den Vorbereitungen zur Feier dieses Jubiläums beschäftigt, zu dem auch ein Festspiel auf dem Burghof aufgeführt werden sollte. Die Stadt war im angelsächsischen Stil gewachsen, wie ein Fischgrätenmuster, mit der Hauptstraße in der Mitte, von der kleine Gassen und Landstreifen seitwärts abgingen. Dieser Entwurf brachte es mit sich, dass die Häuser auf solchen Landstreifen, deren Vorderfront auf die Hauptstraße ging, überaus schmal waren und einen ebenso schmalen, aber dafür umso längeren Garten hinter dem Haus hatten. „Waterloo House“ gehörte dazu, daher rührte seine seltsame Gestalt. Es lag an der Flanke eines Hügels und war aus Stein gebaut – leider haben wir niemals herausgefunden, wann. Die Mauern waren mindestens sechzig Zentimeter dick.

Bis vor kurzem war der hintere Teil des Hauses als Wäscherei genutzt worden. Ein Zeichen dafür waren die große Waschküche und die darüber liegenden Trockenböden. Diese waren durch Stufen miteinander verbunden, welche in einem Pfad mündeten, der zum Garten führte. Während das Hintergebäude mit seinen steinernen Becken und Trockengestellen reichlich mit fließendem Wasser versorgt war, hatte das Wohnhaus mit dem eindrucksvollen Namen nur einen einzigen Kaltwasserhahn, und die Toilette war draußen. Es gab auch keine Elektrizität, aber in jedem Zimmer im Erdgeschoss gab es ein paar kupferne Gaslampen, die mit kupfernen Haltern an die Wände geklammert waren. Die Lampen verströmten ein silbernes Licht, das recht angenehm und unaufdringlich war. Eine weitere Eigentümlichkeit des Hauses bestand darin, dass das Treppenhaus infolge eines Klopfkäfer-Angriffs stellenweise eingestürzt war. In allen vier Schlafzimmern hingen die Decken herab wie eine Hängematte, in die sich jemand – ein ziemlich schwerer Jemand – hineingelegt hatte. Uralte Flechtwerkstöckchen drückten sich aus dem brüchigen Putz.

Es war das schönste Haus, das ich je gesehen hatte, und mein zukünftiges Zimmer war einfach herrlich. Es hatte einen gusseisernen Kamin, und unter dem Fenster gab es ein Bänkchen, von dem aus man ungestört die Miniatur-Burg betrachten konnte. Für achthundert Pfund war das Haus zweifellos ein Schnäppchen. Bauarbeiter waren schon dabei, es zu restaurieren, und im Laufe des Sommers war es genügend hergerichtet für den Einzug der übrigen Familienmitglieder.

Zuerst kam Udo, außer sich vor Freude. Er war jetzt siebzehn und hatte gerade sein School-Certificate bestanden, die erforderliche Qualifikation für jede Art höherer Ausbildung. Nun war er entschlossen, sein Abitur zu machen, was zufällig erstmals in jenem Jahr am Technical College im naheliegenden Torquay möglich war.

Als letztes kamen Oma und Opa. Seit meinem letzten Besuch in London waren sie in verschiedenen Haushalten als Gehilfen angestellt gewesen, zuletzt in einer Familie, deren Garten an den berühmten Golfplatz von Wentworth in Surrey grenzte. Dies war bestimmt eine Verbesserung gegenüber der Küche im Altersheim. Mein Großvater sah merklich erschöpft und gealtert aus. Bei meiner Großmutter war es umgekehrt. Ihre neuen Lebensumstände hatten ihr einen Aufschwung gegeben, und sie sprühte vor Energie und bester Laune. Nun wurde sie zum Oberhaupt des Haushalts ernannt, eine Aufgabe, die sie mit Enthusiasmus übernahm.

Meine Mutter und Bill hatten einen Anteil an einer kleinen Firma gekauft. Dies war der Anlass gewesen, Totnes als Wohnsitz zu wählen. Als sie in Hamburg beschlossen hatten, in den Südwesten zu ziehen, waren sie sich nicht bewusst, dass es zu der Zeit die ärmste Gegend mit der größten Arbeitslosenzahl des Landes war. Die Geschäfte gingen nicht gut, und die sieben Jahre, die wir in Totnes lebten, waren von finanzieller Sorge überschattet. Trotz unserer drückenden Armut war unser Familienleben erstaunlich heiter und stabil. Das hatten wir Bill zu verdanken, der ruhig und sanft die Rolle des Familienoberhauptes übernommen hatte. Rücksichtsvoll und ohne Aufhebens nahm er die Verantwortung auf sich, so dass sich jeder von uns ermutigt, geschätzt und geborgen fühlte. Unsere ungewöhnlich zusammengesetzte Familie – zwei Teenager, zwei Senioren und zwei Jungvermählte – lebte sich schnell in der architektonischen Kuriosität mit dem imponierenden Namen ein.

Oma liebte es, ein Lied über unser Häuschen zu singen, das sie vor vielen Jahren in der Music Hall gehört hatte: *Ours Is A Nice House, Ours Is*. Eine Zeile in der Originalversion lautete „The front's at the front and the back's at the back", und Oma machte daraus:

> „Ours is a nice house, ours is,
> It's got no rats or mouses,
> The front's at the side, and the back's at the side,
> Ours is a nice house, ours is."[69]

Es war groß genug, dass jeder von uns seinen eigenen Raum zur Verfügung hatte. Der Mittelpunkt des Familienlebens war die gemütliche Küche mit bequemen Lehnstühlen, einer eingebauten Anrichte und einem Koksofen. Einer der kleinen Sessel nahe am Herd gehörte ganz offiziell Opa, der den größten Teil des Tages dort mit der Zeitung, seinen Reisebüchern und seinem

69 Im Original lautet der Text:

> *Our's is a nice 'ouse, our's is*
> *What a nice little 'ouse our's is*
> *The roofs on the top of this pretty little shack*
> *The front's at the front, and the back's at the back*
> *Our's is a nice 'ouse, our's is*
> *We've got no rats or mouses*
> *It's cheap, cheap, cheap, sweet, sweet, sweet*
> *Our's is a nice 'ouse, our's is.*

Fußball-Toto verbrachte. Er unternahm noch kleine Spaziergänge und hatte sogar im Garten mit einer neuen Tabakanpflanzung begonnen.

Es war immer eine fröhliche Stimmung im Haus, und es gab niemals Zwietracht oder Streit – mit einer einzigen Ausnahme, auf die ich später zurückkomme. Oma hielt die Familie zusammen mit ihren Liedern, ihrem Humor und Einfallsreichtum. Anstatt zu klagen, scherzte sie über die Schlaflosigkeit, an der sie seit über dreißig Jahren litt. Sie meinte, ihre Nerven seien im Ersten Weltkrieg so sehr geschädigt worden, dass sie seitdem keine gute Nacht mehr gehabt habe. Oft kamen wir am Morgen in die Küche und bemerkten, dass jemand in der Nacht einen Kuchen gebacken oder die Wäsche gewaschen hatte.

Oma und Opa, zurück in England, endlich im friedvollen Ruhestand

Obgleich die Jüngeren von uns, durch Schule und Arbeit, in einem gewissen Maße Anschluss an die Gemeinde von Totnes fanden, blieben meine Großeltern völlig isoliert. Ich habe nie bemerkt, dass sie ein Nachbarhaus betraten. Sie machten sich jedoch keine Gedanken darüber, und ich bin überzeugt, dass es ihnen nicht einmal auffiel.

Sie gingen gern ins Kino und fuhren manchmal mit dem Bus zu einem der nahegelegenen Badeorte wie Torquay oder Dartmouth, um am Meer zu spazieren und die Blumengärten zu genießen.

Sonst waren sie zufrieden, daheim zu bleiben, überglücklich, mit uns zusammen im eigenen Heim und vor allem in England zu leben.

Meine Großmutter führte wie immer eine lebhafte Korrespondenz mit ihren alten Freunden und Verwandten in beiden Ländern, und einige kamen zu uns auf Ferienbesuch, darunter Miss Green, die uns in Recklinghausen so beherzt geholfen hatte, die Aunties Hopey und Kathleen Connell, ihr ehemaliger

Lehrling, und sogar Auntie Gertie, die jetzt auch Witwe war, und Omas jüngste Schwester Nellie, die Bigamistin, die nach dem Tod ihres zweiten Mannes von Australien zurückgekehrt war. Als Gertie uns bei einem Weihnachtsbesuch wiedersah – es müssen fünf Jahre nach unserer ersten Begegnung gewesen sein – müssen wir ihr als zufriedenstellend anglisiert erschienen sein, denn als sie kurz danach starb, hinterließ sie jedem von uns eine kleine Erbschaft.

Mein Großvater lebte noch zwei Jahre und starb friedlich zu Hause im Alter von vierundsiebzig Jahren. Danach unternahm Oma manchmal noch Ausflüge nach London, um ihre noch lebende Schwester oder ihre treuen Freunde aus dem Ersten Weltkrieg zu besuchen. Eine andere Verbindung zu diesem Abschnitt ihres Lebens ergab sich an einer unserer jährlichen Schulfeiern.

Mein Bruder Udo als Medizinstudent an der Manchester University

Obwohl es in der Schule von Totnes, verglichen mit derjenigen in Penzance, wesentlich entspannter zuging, war der „School Speech Day“ jedes Jahr ein herausforderndes Ereignis. Unsere Musiklehrerin, Miss Pendlebury, hatte den Ehrgeiz, mit uns allen, also etwa dreihundert Schülerinnen, ein ambitioniertes Chorstück aufzuführen. Diese Lieder hat sie so gründlich mit uns einstudiert, dass ich einige davon noch heute singen kann. In diesem Jahr hatte sie ein äußerst ungewöhnliches Stück ausgesucht, eine überschwängliche Hymne auf den Gesang der Kinder. Es ging so:

> Come music-makers, lift up your song,
> To set the echoes ringing,
> A song of truth
> In the heart of youth
> A song for the joy of singing…

Nach der Aufführung sagte mir Oma, wie sehr ihr gerade dieses Werk gefallen habe. Dem Programmzettel zufolge war der Komponist ein gewisser Martin Shaw. Konnte dies der gleiche Shaw gewesen sein, der als Organist an der Kirche St. Mary's am Primrose Hill ihr Hausgast am Haverstock Hill gewesen war, als meine Mutter noch ein Baby war? Unsere Nachforschungen ergaben, dass dies tatsächlich zutraf.

Nach zweijährigem Studium an der Technischen Fachschule von Torquay zog Udo nach Manchester, um an der Universität Medizin zu studieren. Wir anderen vermissten ihn schmerzlich, vor allem ich. Wenn er in den Ferien heimkam, brachte er oft ausländische Studenten mit, die keine Bleibe über die Ferien hatten, exotische Menschen, die im verschlafenen Totnes großes Aufsehen erregten. Ein Gast aus Biafra freute sich über die Entdeckung, ganz England wäre nicht, wie er angenommen hatte, von einem Ende bis zum anderen verbaut, wie eine ununterbrochene Ausdehnung von Manchester.

Meine Großmutter hatte große Freude an den interessanten Besuchern, und diese waren anscheinend entzückt von ihren hemmungslosen Reaktionen über die Verschiedenheiten ihrer Rassen, Kulturen und Frisuren. Ein junger Mann namens Ajit Buthoo Singh aus Tansania erregte ganz besonders ihr fachliches Interesse, als er erklärte, warum er einen Turban trüge. Als ein Sikh und Schüler des Gurus Nanak sei es ihm verboten, sein Haar schneiden zu lassen. Es blieb also in seiner natürlichen Länge unter dem imposanten Turban.

So etwas hatte Oma in mehr als vierzig Jahren als Friseurin nicht erlebt, und sie machte sich Gedanken, wie jemand technisch mit so einer Situation fertigwerden könne, was er ihr gern zeigte. Er brachte ihr auch bei, einen anderthalb Meter langen Turban aus Musselin zu waschen und zu stärken.

Da ich direkt in der Stadt zur Schule ging, hatte ich von allen die beste Gelegenheit, in der Gegend Wurzeln zu fassen. Verglichen mit St. Ives, wo es durch die weiten Entfernungen unmöglich war, abends oder am Wochenende eine Schulkameradin zu treffen, war es hier einfach, sich anzufreunden. Eine Nachbarin lud mich zu den „Rangers“ ein, Pfadfinderinnen eines älteren Jahrgangs. Dieser Kontakt brachte nicht nur so interessante Erfahrungen wie Lokalgeschichte, Zelten auf Dartmoor, Wandern und im Freien schlafen mit sich, sondern bot mir einen festen Platz in der Gemeinschaft von Totnes.

An einem Wochenende fand ein Zusammentreffen unserer „Rangers“ mit einer anderen Devonshire-Gruppe statt. Wir wurden untereinander bunt gemischt, und ich sollte das Zelt mit einem robust aussehenden rothaarigen Mädchen aus Plymouth teilen.

Ich erinnere mich nicht mehr, wie sie auf das Thema gekommen war, jedenfalls erzählte sie mir, während wir unsere Schlafsäcke ausrollten, auf leidenschaftliche Weise, wie ihre ganze Familie im Krieg durch einen deutschen Luftangriff auf Plymouth umgekommen sei. Sie steigerte sich in einen Rausch hinein und schilderte mir in den blutigsten Details, was sie dem ersten Deutschen antun würde, dem sie begegnete. „Mord“ war noch ein viel zu harmloser Begriff für die von ihr beschriebene Szene. Trotzdem das Mädchen unmöglich die geringste Ahnung von meiner deutschen Herkunft haben konnte, hatte ich schreckliche Angst. In meinen Schlafsack eingerollt lag ich die ganze Nacht schweißbedeckt wach und fragte mich, wie ich mich wehren sollte, falls sie mitten in der Nacht aufsprang, um mir mit ihrem Pfadfindermesser die Kehle aufzuschlitzen.

Von diesem traumatischen Erlebnis muss ich mich gut erholt haben, denn es hinderte mich nicht daran, weitere Expeditionen mit den „Rangers“ zu unternehmen und mein neues Leben zu genießen in dieser kleinen alten Stadt, in der ich mich, wie nirgendwo, seit ich Mahlsdorf verlassen hatte, wirklich zu Hause fühlte.

KAPITEL 28

Verrückt

Unser Leben damals war insofern eigenartig, weil an dreihundertvierundsechzig Tagen im Jahr kein Besucher im „Waterloo House", nicht einmal eine Fliege an der Wand, geahnt hätte, dass ein einzelner von uns je in Deutschland gewesen war. Am dreihundertfünfundsechzigsten Tag hätte er gesehen, wie wir Weihnachten auf deutsche Art feierten – es gab keinen Weihnachtsstrumpf, keine Knallbonbons und keine lustigen Papierhüte. Das war nicht bewusst geplant, sondern automatisch passiert. Es waren weder deutsche Bücher noch Bilder oder Andenken zu sehen. Es wurde auch nicht nach deutscher Art gekocht. Nur im Notfall, wenn kein gleichbedeutendes englisches Wort existierte, wurde ein deutsches benutzt oder eine Erinnerung erwähnt. Wenn man bedenkt, dass wir sechs Menschen zusammengerechnet 127 Jahre in Deutschland gelebt hatten, ungefähr die Hälfte unserer gesamten 248 Lebensjahre, war das eine ziemliche Leistung.

Anfangs verbargen wir unsere deutsche Herkunft, um möglichen Feindseligkeiten zu entgehen, eine Strategie, mit der ich, insbesondere nach meiner Begegnung mit dem Plymouth Ranger, völlig einverstanden war. Aber es ging weiter bis zu einer Verheimlichung unserer Vergangenheit vor uns selbst und dem Blockieren der Wirklichkeit, als hätte die deutsche Periode in unserem Leben nie stattgefunden. Bei seltenen Gelegenheiten, wenn eine Erwähnung unvermeidlich war, wurden die Tatsachen verzerrt, um sie der Sichtweise einer normalen englischen Familie, wie wir sie spielten, anzupassen.

Die Uneinigkeit in der Familie, die ich schon angedeutet hatte, stammte von einer grundsätzlich verschiedenen Art und Weise, mit unserer Vergangenheit umzugehen. Ich wusste, dass ich sie lebendig halten musste, um eines Tages einen Sinn darin zu erkennen, ein Vorhaben, für das es nötig war, so viel von Deutschland zu sprechen und so viel Kontakt zu haben wie möglich.

Alle anderen, einschließlich Bill, dem meine Mutter bis ins einzelne alles erzählt hatte, waren fest entschlossen, die ganze Episode zu verbannen, nicht nur aus dem Lebenslauf, den sie außerhalb der Familie veröffentlichten, sondern auch aus ihrem Gedächtnis. Für sie war jeder Hinweis darauf nicht nur eine Gefährdung ihrer neuen Identität, sondern eine Bedrohung ihrer Sicherheit. Dies mag wieder kein bewusster Vorsatz gewesen sein, eher ein intuitiver Pakt, dem, abgesehen von mir, alle einstimmig folgten. Die Fronten waren abgesteckt, und mit einer Aufstellung von fünf gegen eins war der Konflikt unvermeidlich.

Der Anlass zur Zwietracht hatte ständig etwas mit meinem Vater zu tun. Obgleich er nie in die Nähe von Totnes kam, war seine Person dort deutlich fühlbar. Da ich die Verbindung mit ihm beibehielt, war ich der Störenfried. Die anderen konnten nicht verstehen, warum ich so schwierig sein wollte, sie fanden, dass ich aus dem Rahmen fiel, sie hielten mich, mit anderen Worten, für „verrückt".

Ich war so glücklich, wieder mit der Familie vereint zu sein, dass ich anfangs nicht merkte, was geschah. Als mein Vater und Tante Kätchen mir einen Gardinenstoff für mein neues Zimmer schickten – zur Zeit mein Hauptinteresse – erschien es mir rätselhaft, warum die anderen ihn nicht bewundern konnten. Allein die Ankunft des Pakets schien eine Beleidigung für sie zu sein. Von meiner Großmutter kamen mehrere äußerst abfällige Bemerkungen in Bezug auf den Absender, der, wenn ich mich nicht irrte, früher ihr guter Freund gewesen war.

Die erste, ernsthafte Verstimmung ereignete sich an unserem ersten gemeinsamen Weihnachtsfest in Totnes und rührte von der Ankunft eines weiteren Paketes von meinem Vater her. Ich legte es unter den Weihnachtsbaum, mit der Absicht, es am Heiligen Abend mit den anderen Geschenken zu öffnen.

Oma meinte, es gehöre nicht da hin. Es wäre besser, wenn ich es in mein Zimmer hinauftrüge und dort öffnete. Ich gehorchte ihr, aber auf dem Höhepunkt der Festlichkeit verließ ich den gemütlichen Familienkreis, um oben mein Paket zu öffnen. Ich kehrte in ausgefallener neuer Kleidung und billigem Schmuck zurück, ein typisch deutsches Stück Lebkuchen kauend. Die anderen konnten es nicht verkraften. Fünf Augenpaare schauten mich anklagend an, meine Mutter brach in Tränen aus, und es wurde mir klargemacht, dass ich ihnen Weihnachten verdorben hätte. Mir kam es so vor, sie verdarben meines! Warum sollte ich Papa schon wieder von meinem Weihnachten ausschließen, wie ich es seit vielen Jahren tun musste, wenn es nicht mehr nötig war?

Später rief meine Mutter mich in ihr Schlafzimmer. Sie hatte noch rote Augen, aber zum allerersten Mal sprach sie offen über die Probleme, die ich hervorriefe. Sie machte mir klar, dass sie beabsichtigt hatte, unsere Verbindung mit Deutschland ganz abzubrechen, als sie uns nach England brachte. Sie hatte geglaubt, ich würde meinen Vater vergessen und hundertprozentig englisch werden wollen. Stattdessen benahm ich mich in einer Weise, die den anderen das Leben unbequem machte. Sie gab zu, sie sähe jetzt ein, dass Kinder vielleicht doch Kontakt mit beiden Elternteilen brauchten, aber sie deutete an, sie hätte dies zu spät eingesehen, um in meinem Fall noch irgend etwas ändern zu können. Mir kam es vor, als ob sie mich bäte, für die Gefühle der anderen Verständnis zu haben und sie zu schonen.

Mit meiner eigenen Familie zu leben – etwas, nach dem ich mich stärker als alles andere gesehnt hatte – war die Gelegenheit, mein geheimes Leben aufzugeben. Es machte mir nichts aus, dass die anderen weniger an der deutschen Episode interessiert waren als ich, solange ich in einer Umgebung lebte, in der es toleriert wurde, wenn ich davon sprach.

Nun war es anders gekommen. Anstatt mir dabei zu helfen, mit meiner gespaltenen Identität umzugehen, waren die anderen mit ihren eigenen, viel schlimmeren inneren Wunden beschäftigt. Ich war während der Nazizeit so jung gewesen, dass ich zuversichtlich sein konnte, eines Tages meine Verwirrung zu klären. Aber sie, die älter waren und viel tiefer in die Ereignisse jener Tage verwickelt gewesen waren, würden das nicht können. Wie Millionen andere Deutsche mussten sie einen großen Teil ihrer früheren Erfahrungen, oft die dramatischste und bedeutendste Episode ihres Lebens, verwerfen und sich von Grund auf ein neues Leben und eine neue Identität aufbauen. Und dann kam ich und torpedierte selbst noch ihre verzweifelte Lösung.

Meine Großeltern hatten schon einmal Ähnliches durchmachen müssen, als sie aus England deportiert wurden. Sie hatten damals ihre Wunden und ihre Bitterkeit verinnerlicht, was bei ihnen zu einer Dämonisierung Englands führte. Jetzt verfuhren sie umgekehrt. Meine Großmutter, diejenige in der Familie, die ihre Meinung am freimütigsten aussprach, war nun voll leidenschaftlicher Verurteilung für alles, was mit Deutschland zu tun hatte, ein Land, das sie fünfundzwanzig Jahre lang als ihr Zuhause angesehen hatte.

Meine Mutter und mein Bruder verdrängten ebenfalls ihre Kriegserlebnisse. Aufgezwungene Erinnerungen an die Zeit empfanden sie extrem schmerzhaft, auch wenn sie nicht durch mich ausgelöst wurden. So passierte es, dass Dorli Winter, eine Spielgefährtin aus Mahlsdorf, einmal vor Udos Wohnung in

Manchester auftauchte. Sie war als Au-pair-Mädchen in England, und Tante Kätchen hatte ihr seine Adresse gegeben. Der sonst immer sanfte und vorsichtige Udo mit seinen tadellosen Manieren war der Situation nicht gewachsen. Panik überwältigte ihn bei dem Gedanken, sie könnte seinen Mitbewohnern seine wahre Identität preisgeben. Er schlug ihr einfach die Tür vor der Nase zu. Als Tante Kätchen einmal anrief und ich den Anruf entgegennahm, war das für Mutti auch zuviel, und sie ging nicht ans Telefon.

Dagegen hatte ich nichts zu vergessen oder zu bedauern. Ich genoss, was Experten heute für die perfekte Erziehung von Kindern halten: die doppelte Sicherheit einer liebevollen Familie und einer Umgebung, in der gemeinsame kulturelle und moralische Werte galten, die öffentlich und eindeutig ausgedrückt wurden. Meine Erfahrung, deutsch zu sein, war nur positiv gewesen. Ich litt, wenn ich sah, wie die anderen sich quälten, aber ich konnte sie nicht davon abhalten. Das geplante „Coming out" meines geheimen Lebens musste allerdings noch warten. Erst wenn ich mein Heim verließ und die anderen nicht mehr in Verlegenheit bringen konnte, würde ich einen weiteren Versuch unternehmen. Aber schon jetzt sah ich voraus, dass dies eine neue Barriere zwischen uns ziehen würde und damit wieder ein Doppelleben.

Ein paar Monate später klopfte meine Mutter an meine Tür und sagte, sie habe etwas für mich: es war mein Stammbaum. Er enthielt alle Dokumente, die ich je brauchen könnte, um meine Identität zu beweisen, darunter die Heiratsurkunde meiner leiblichen Eltern, meinen Geburtsschein und die Naturalisationsbescheinigung, auf der Udo und ich genannt waren und unser Namenswechsel erklärt war. Für Udo hatte sie das gleiche erstellen lassen. Ich war tief gerührt, denn das war ein deutliches Zeichen dafür, dass sie meine deutschen Wurzeln als einen wesentlichen Teil von mir, den ich nie abschütteln konnte, anerkannte. Dankbar umarmte ich meine Mutter.

Ende 1951 heirateten Papa und Tante Kätchen und entschieden sich, mit ihren Söhnen ein neues Leben in Kanada zu beginnen. In den folgenden Jahren lud mich mein Vater mehrmals nach Kanada ein, aber meine Mutter konnte dem nicht zustimmen. Angesichts des Besuchs in Lautenthal fürchtete sie, es würde mich wieder aus dem Gleichgewicht bringen, unglücklich machen und meine Schulleistungen beeinträchtigen. Zum Trost schickte sie mich, als ich achtzehn war, auf eine Besuchsreise nach Deutschland.

Obwohl dies wieder ein unheimliches Spiegelbild ihrer Ferienreise 1928 nach England, als sie achtzehn war, darstellte, war der Zufall unbeabsichtigt. Die Ähnlichkeit blieb unbemerkt, und sie ist mir selbst erst gerade aufgefallen.

Während meiner Deutschlandreise im Alter von 18 Jahren

Ich sollte bei Frau Krüger-Lorenzen wohnen, Muttis Partnerin in ihrem Radioprogramm während des Krieges. „Jane" und „Janet" hatten sich in Hamburg wiedergefunden, als meine Mutter zufällig auf der Straße mit Herrn Krüger-Lorenzen zusammenstieß, und sie hatten ihre Freundschaft erneuert. Herr Krülo hatte seine Arbeit im Radio wieder aufgenommen und wurde später eine bekannte Fernsehpersönlichkeit beim Südwestdeutschen Rundfunk.

Die Krülos wohnten in Bad Homburg, eine halbe Stunde mit der Straßenbahn von Frankfurt entfernt. Dort hatte meine Großmutter durch ihr eifriges Briefeschreiben ihren Schwager, meinen Großonkel Max, nach Kriegsende ausfindig gemacht. Nun schrieb sie ihm, dass ich in der Gegend sein würde, und als ich in Bad Homburg ankam, erwartete mich schon ein Brief von ihm. In altmodischer, reichverzierter Handschrift – ganz anders als Opas gestochen klare Schrift – und dazu passendem übertrieben literarischen Stil enthielt er die Einladung, einen Tag in Frankfurt „mit ihnen" zu verbringen. Ich wurde neugierig. „Ihnen"? Welche andere Person konnte damit gemeint sein?

Es stellte sich heraus, dass es sich um eine reizende Frau namens Tilla Kahlisch handelte, mit der Onkel Max bereits seit meinem Geburtsjahr 1936, also seit achtzehn Jahren, zusammen gewesen war. Onkel Max, der unbeugsame Junggeselle!

Sie hatten sich beim Berliner Postamt kennengelernt, wo sie beide arbeiteten, und waren 1945, kurz nach der langen Fußwanderung meiner Großeltern, ebenfalls zusammen in den Westen geflohen. Es gelang ihnen, in der Bundesrepublik ihre Karriere bei der Post fortzusetzen. Jetzt lebte Onkel Max, der noch genauso aussah, wie ich ihn in Erinnerung hatte, im Wohlstand und war pensioniert, während seine Lebensgefährtin Fräulein Kahlisch noch arbeitete.

Wir drei kamen noch mehrere Male zusammen, besuchten Freilichtkonzerte im Palmengarten, wobei wir große Portionen Kaffee und Kuchen genossen, und einmal erlebten wir eine Vorstellung von *La Bohème* im Opernhaus, das vor kurzem wiedereröffnet worden war.

Als ich dies alles zu Hause erzählte, waren sie sprachlos. Wie hatte Onkel Max dieses Verhältnis all die Jahre verborgen halten können? Warum hatte er Fräulein Kahlisch nie geheiratet? Und warum wohnten sie jetzt noch immer nicht zusammen, sondern in nebeneinander gelegenen Wohnungen? Sogar Oma, die sonst so erschreckend direkt sein konnte, wollte diese delikaten Fragen nicht in einem Brief stellen. Eine mögliche Erklärung ist mir erst jetzt eingefallen. War Fräulein Kahlisch vielleicht Jüdin, und Onkel Max, der die Vorsicht in Person war, fürchtete immer noch, dass es zu riskant sei, sie zu heiraten?

So wie meine Mutter eine schwierige Entscheidung zu fällen hatte, als sie 1928 von England nach Köpenick zurückkehrte, erging es mir nun auch, als ich sechsundzwanzig Jahre später wieder zu Hause ankam. Ein Brief von meinem Vater erwartete mich, in dem er mir vorschlug, ich solle doch nach Kanada kommen und dort auf die Universität gehen. Er schrieb, die „McMaster"-Universität in Hamilton, wo er und seine Familie wohnte, habe einen sehr guten Ruf. Ich könnte dort bei ihm und Tante Kätchen wohnen und die Gelegenheit wahrnehmen, uns nach der langen Trennung wieder neu kennen zu lernen. Es klang fabelhaft, und ein Teil von mir wollte unbedingt zustimmen. Jedoch hatte ich gerade von einem Studiengang gehört, für den mein Herz sofort entflammt war. Dies war der P.P.E.-Studiengang (Philosophie, Politik und Ökonomie), der damals exklusiv an der Universität von Oxford angeboten wurde. Ich hatte bisher keinen anderen gefunden, der meinen Interessen so vollkommen entsprach. In der Schule bereitete man mich schon für die Aufnahmeprüfung vor.

Endlich, nach langer Quälerei und dem Gefühl, egozentrisch und gemein zu sein, beschloss ich, die Reise nach Kanada aufzuschieben.

Ich absolvierte die Aufnahmeprüfung in Oxford und wurde ins St. Anne's College zu mehreren Interviews eingeladen. Die Dozentin für Philosophie war damals Iris Murdoch, die berühmte Schriftstellerin[70]. In meinem ersten Interview fragte sie mich, warum ich Philosophie studieren wollte. Das war so selbstverständlich für mich, dass ich nur eine Sekunde brauchte, um meine

70 Dame Iris Murdoch (1919–1999) war eine akademische Philosophin, geprägt von Sartres Existentialismus, und eine der herausragendsten Romanciers der englischen Sprache im 20. Jahrhundert.

Antwort zu geben: „Ich möchte weise werden“, erklärte ich ihr. Zu meiner Bestürzung brach Miss Murdoch in helles Gelächter aus. Ich wollte wissen, was daran so witzig sei und fühlte mich sehr verletzt, dass sie sich auf meine Kosten schieflachte. Doch als ein paar Tage später mit der Post das Angebot für einen Studienplatz kam, konnte ich mich dazu bringen, ihr zu vergeben.

KAPITEL 29

„Coming Out“

Als Studentin an der Oxford University

Im folgenden Oktober 1955 stellte ich mich im St. Anne's College vor, und damit begann mein Studienleben. Meine Familie hatte sich große Mühe gegeben, mir einen passenden Abschied zu bereiten: Mutti hatte mir Kleider genäht, Oma mein Haar frisiert, und Bill hatte mich in die Mysterien eines Bankkontos eingeweiht und mir erklärt, wie man einen Scheck ausstellt. Mein sicheres Zuhause zu verlassen und in die weite Welt zu gehen empfand ich gleichzeitig als Trennungsschmerz und Befreiung: Der lang ersehnte Moment, endlich mit dem Heucheln aufhören zu können, war gekommen.

Nur ein einziges Mal hatte ich die familiäre Regel, über unsere Vergangenheit zu schweigen, gebrochen, als ich meiner besten Schulfreundin alles erzählte. Ich konnte ihr vollkommen vertrauen, dass sie nichts davon ausplaudern würde, und mir war auch klar, dass ich eine Reaktion wie die ihre – „Das ist ja zum Schreien!“ – nicht überall erwarten durfte, wenn ich damit anfing, alles publik zu machen, so wie ich es jetzt vorhatte.

Mein großer Moment kam früher als erwartet, anlässlich einer spontanen Teeparty im Zimmer einer Kommilitonin. Mehrere Mädchen saßen auf dem Fußboden vor dem Gasfeuer und bereiteten Toast zu. Im Gespräch kamen wir, was eher ungewöhnlich war, auf das Thema Kriegserfahrungen und -erlebnisse. Das bei weitem Exotischste erzählte ein Mädchen, das nach Kanada verschickt worden war, um Hitlers Bomben zu entkommen. Als dann eine Lücke im Gespräch entstand, verkündete ich laut:

„Ich war den Krieg über in Deutschland."

Alle hielten erstaunt den Atem an. Eins der Mädchen wandte sich mir zu: „Ach du Arme", sagte sie mit vor Betroffenheit bebender Stimme, „das muss ja ganz schrecklich gewesen sein!"

„Ich hatte gar keine Ahnung, dass du Jüdin bist", fügte eine andere ebenso mitfühlend hinzu.

Hatte ich richtig gehört? Auf Feindseligkeit, Spott, Verlegenheit, Interesse, selbst Akzeptanz war ich vorbereitet gewesen. Aber Mitgefühl? Mich für jüdisch halten? Was war los?

Ich fuhr fort: „Nein, es war gar nicht schrecklich, und ich bin nicht jüdisch. Mein Vater war in der Wehrmacht. Mir ging es eigentlich ganz gut." Alle Augen waren jetzt auf mich gerichtet, und die Fragen kamen von allen Seiten:

„Du meinst, du warst nicht in einem KZ?"

„Hat dein Vater an der Stauffenberg-Verschwörung teilgenommen?"

„Kanntest du die Familie von Trott?"

Sie waren ebenso verblüfft von meinen Mitteilungen, wie ich von ihren erstaunlichen Fragen.

Eines war allerdings nicht zu bezweifeln: nämlich dass ich gerade dabei war, die Teeparty meiner neuen Freundin zu ruinieren. Die anderen konnten mit meinen Enthüllungen einfach nicht fertig werden. Und ich konnte nicht verstehen, warum ihnen mein Geständnis so unangenehm war und warum mein „Coming out" nicht dazu führte, dass ich mich besser fühlte. Doch jetzt kam es mir so vor, als ob ich die entgegengesetzte Wirkung erzielt hätte. Je mehr ich von meiner Vergangenheit erzählte, desto isolierter fühlte ich mich, und neue Barrieren schienen zu entstehen.

Es bedurfte mehrerer ähnlicher Vorfälle, bevor ich meine Strategie, mich überall rückhaltlos als Deutsche zu bekennen, aufgab. Erstens hatte sie nicht das ersehnte Ergebnis erreicht und sich zweitens auch noch als schlechtes Benehmen erwiesen. Vielleicht hatte meine Großmutter doch nicht so ganz unrecht mit mit ihrer Einstellung.

Allmählich verstand ich, dass die Deutschen von den Engländern in zwei scharf getrennte Kategorien eingeteilt wurden: Entweder waren sie Nazis gewesen, erbarmungslose Mörder mit Blut an den Händen, die nicht völlig menschlich waren und die man auf keinen Fall zu einer Tasse Tee einlud. Oder sie waren Opfer und Widerstandskämpfer, die alle unbeschreiblich gelitten hatten und denen man in jeder erdenklichen Weise helfen musste. Harmlos aussehende Wesen wie ich und meine Familie in Totnes passten überhaupt nicht in das Naziklischee, und es wurde mir erst jetzt klar, dass wir bisher automatisch als „Opfer" abgestempelt worden waren (eine gut gemeinte Reaktion, die mir selbst in den neunziger Jahren noch begegnet ist, wenn jemand zum ersten Mal von meiner deutschen Herkunft erfährt).

Dies erklärte natürlich die überwältigende Freundlichkeit, die uns begegnete, als wir 1946 nach England kamen. Es sollte noch ziemlich lange dauern, bis die Briten bereit waren einzusehen, dass die weitaus meisten Deutschen den Krieg zwar unterstützt hatten, aber über die Gräueltaten, die nach und nach enthüllt wurden, ebenso entsetzt waren wie das Ausland. Dass normale Leute wie wir etwa zu den „bösen Deutschen" hätten zählen können, schien den Briten, denen wir begegneten, unmöglich zu sein.

Alle Versuche, meine Erfahrungen mitzuteilen, wieviel komplizierter die Wirklichkeit war, als sie es sich vorstellten, verwirrte nur meine Zuhörer und störte die Denkweise, welche die britische Bevölkerung angenommen hatte, um weiter mit ihren früheren Kriegsgegnern leben zu können, die weiterhin ihre Nachbarn bleiben würden, ob sie nun besiegt waren oder nicht. Glücklicherweise hatte ich genügend von der englischen Lebensart aufgenommen, um einen Kompromiss schließen zu können: Von nun an würde es kein Heucheln oder gar Lügen mehr geben, aber auch keine Versuche, meine Seele zu entblößen und die Wahrheit nur um der Wahrheit willen zu meiner eigenen Selbstbefriedigung hinauszutrompeten, was offenbar nur zur Bestürzung aller anderen führte. In Zukunft würde ich so viel oder so wenig kundgeben, wie es für den gegebenen Umstand ratsam war.

Außerdem sah ich ein, dass ich keine andere Wahl hatte, als meine Doppelidentität zu akzeptieren. Ich würde wohl damit leben müssen, genauso wie mit allen anderen Aspekten meines Charakters. Ich müsste aufhören, mich darüber aufzuregen und mich darauf konzentrieren, etwas Positives aus meinem Leben zu machen. Es kam mir sogar flüchtig der Gedanke, eines Tages könnte alles gar kein Problem mehr sein, sondern ein Vorteil, ein extra Eisen im Feuer...

KAPITEL 30

Papa und sein kleines Mädchen

Im Juli 1956 reiste ich per Schiff nach Kanada, um meine ersten Semesterferien mit meinem Vater zu verbringen. Fast sieben Jahre waren seit dem Winterwochenende vergangen, an dem wir in Lautenthal zum letzten Mal beisammen gewesen waren, und elf Jahre seit dem Kriegsende und dem Zusammenbruch unserer Familie.

Inzwischen hatte Papa eine neue Ehefrau und zwei Stiefsöhne, und ich einen Stiefvater. Jeder von uns hatte eine neue Staatsangehörigkeit angenommen, wohnte in einem anderen Land, mit einer anderen Sprache und war mit einer Arbeit oder einem Studium beschäftigt, das für den anderen unverständlich war. Was hatten wir miteinander gemeinsam, wie konnten wir den sechs Wochen, die wir zusammen verbringen sollten, Bedeutung geben? Mit Sicherheit nichts von dem Hier und Heute.

Mein Vater holte mich in Toronto von der Bahn ab, die mich vom Hafen in Quebec dorthin gebracht hatte. Wir fielen uns in die Arme, und nach wenigen Minuten hatten wir den Faden wieder da aufgenommen, wo wir uns vor Jahren getrennt hatten. Wir waren wieder „Papa und sein kleines Mädchen", und im Laufe des Sommers verschwor sich alles, um unser Verhältnis auf diesem Niveau zu halten. Obwohl Papa mittlerweile fließend Englisch sprach (mit kanadischem Akzent), hatte unser Verhältnis für mich nur Sinn, wenn wir miteinander deutsch redeten, eine Sprache, in der ich auf der Stufe einer Zehnjährigen stehengeblieben war. Unsere erste Unterhaltung glich sehr der letzten in Lautenthal, bei der Papa so bewegt vom Verlust seiner geliebten Frau und seinen Kindern gesprochen hatte. In unserem nächsten Gespräch ging es um die Kriegszeit, und mein Vater bemerkte, dass er gerne Soldat gewesen sei, und dass die Militärzeit, als unsere Familie noch zusammen war, der Höhepunkt seines Lebens gewesen sei.

Äußerlich hatten er und Tante Kätchen sich mit Erfolg in der fleißigen, ehrgeizigen deutschen Emigrantengesellschaft eingelebt. Aber Papas Geständnis hinsichtlich seiner Gefühle für die Vergangenheit verstärkte mein lange gehegtes Mitleid mit ihm und meinen Entschluss, dass er, wie viel auch immer er verloren haben mochte, stets eine liebevolle Tochter haben würde. Diese Selbstverpflichtung konnte ich allerdings nur erfüllen in der Rolle eines ergebenen kleinen Mädchens. Also verbrachte ich den Sommer – recht angenehm – von meinem Oxford-Leben abgeschnitten und in die Kindheit zurückgefallen. Wieder einmal ein Doppelleben.

Keiner von uns hat jene Begebenheit dieses Sommers vergessen, als wir in einem Park am Ufer des Ontario-Sees saßen und uns einer ernsten, erwachsenen Diskussion annäherten. Es freute uns, ein Thema gefunden zu haben, das nichts mit der Vergangenheit zu tun hatte, das uns beide leidenschaftlich interessierte und über das wir gleich dachten. Beide waren wir der Meinung, wie wichtig es für ein Volk sei, eine erstklassige soziale Versorgung und einen verlässlichen öffentlichen Dienst zu haben. Dies war vielleicht die einzige Übereinstimmung zwischen dem demokratischen, sozialistisch inspirierten Wohlfahrtsstaat Großbritannien der fünfziger Jahre, und dem totalitären, unmündig machenden Nationalsozialismus des Dritten Reiches. Zweifellos haben wir dieses Gespräch nie vergessen, weil es das einzige dieser Art blieb.

Was aber mit keinem Wort zwischen uns erwähnt wurde, war die allgemeine Naziphilosophie, samt dem Ideal eines edlen, persönlichen Benehmens, das mir als Kind so eindringlich vorgehalten wurde. Ich hatte die revidierte Version, die ich mir während meiner Wanderungen über die Küstenfelsen von St. Ives zurechtgelegt hatte, nie aufgegeben. Mittlerweile war daraus eine ganz normale Ethik geworden, deren Ursprung ich mittlerweile vergessen hatte und welche sogar als konform mit englischen Wertvorstellungen gelten konnte. Aus den strengen Werten „Pflicht", „Treue", „Willen" und „dem Volke dienen" waren mildere Tugenden des Alltags geworden, wie Pflichtbewusstsein, Zuverlässigkeit, Durchhaltevermögen und ein Gefühl der persönlichen Verantwortung gegenüber der Welt. Was bei mir außergewöhnlich blieb, war die Unbeugsamkeit, mit der ich an meinen Idealen festhielt, als wäre ich getrieben von einer unsichtbaren höheren Autorität, der ich gehorchen musste.

Das gefiel Papa gar nicht, und er konnte mein Benehmen nicht verstehen. Er hatte sich den nordamerikanischen Werten und der Kultur total angepasst und warf mir andauernd vor, ich hätte keinen persönlichen Ehrgeiz für mein Leben und verlöre mich in träumerischem Idealismus. Obwohl ich jedoch längst nicht mehr mit den Idealen meiner Kindheit sympathisierte, hatten sie zweifellos zu der Person, die ich geworden bin, beigetragen; arbeitswütig und idealistisch, immer bereit, sich für eine gute Sache einzusetzen, aber unfähig, für einen Chef oder eine Organisation zu arbeiten, sondern nur für Ideen – je extremer und unpopulärer, desto besser. Obwohl Hitler alles, was ich unterstützte, gehasst hätte, mache ich ihn verantwortlich für dieses Ergebnis.

Dieses auf eine Art fossile Verhältnis, das in den ersten Ferien mit Papa begann, war das Muster für unser Zusammensein, bis er im Jahre 1979 starb. Ich vermute, es passte mir besser als ihm, denn er beklagte sich öfter darüber, dass ich niemals politische Themen mit ihm besprach, was er gern getan hätte. Ich hatte bald seine Nostalgie nach dem Dritten Reich gespürt, und seine Behauptungen gehört, dass die Berichte über den Holocaust stark übertrieben seien. Jede ehrliche, erwachsene Diskussion zwischen uns hätte nur zur Folge gehabt, dass wir uns zerstritten, und mit diesem Gedanken kam ich nicht zurecht.

Erst viele Jahre später wäre ich bereit gewesen, über die Vergangenheit mit meinem Vater auf Augenhöhe zwischen zwei Erwachsenen zu sprechen, nämlich als ich 1992 begann, meine Familiengeschichte aufzuarbeiten, aber da war er schon lange nicht mehr am Leben.

Ich war bei meinen Recherchen gerade bei der chaotischen Zeit am Kriegsende angelangt, im Frühling 1945, als wir in Süppling lebten. Ich bezweifle, dass es in den Tagen einen einzigen Deutschen gab, dessen Leben normal und verständlich weiterlief, unberührt vom Zusammenbruch der gewohnten Welt. In den folgenden Jahren waren meine eigenen Erinnerungen an die bizarren Vorgänge dieser Zeit immer wirrer geworden. Erst als ich damit begonnen hatte, die Geschehnisse in eine für mich sinnvolle Reihenfolge zu bringen und schriftlich niederzulegen, fiel mir die Bedeutung einer bestimmten Episode besonders auf. Es war die niemals aufgeklärte intensive militärische und polizeiliche Suche nach meinen Vater während der letzten Tage des Krieges. Ich verfluchte meine Feigheit, ihn nie gefragt zu haben, was da eigentlich los gewesen war. Doch ich beschloss, dass der Versuch einer Aufklärung noch nach fünfzig Jahren sich lohnen könnte.

Ich bat einen Vetter, der in der Nähe von Magdeburg wohnte, unweit von Weissewarte, in das Dorf zu fahren und die Erinnerung an die letzten Kriegstage bei den Leuten dort abzutasten, eine Zeit, an die sich wohl jeder, der noch lebte, entsinnen würde. Ich hoffte, die Erwähnung des WE-Lagers und von Oberleutnant Thiele würde genügen, um einen Funken in der Erinnerung einiger Zeitgenossen zu entfachen, und ich wurde nicht enttäuscht. Die elektrisierende

Antwort meines Vetters brachte mich auf eine Fährte, die ich über ein Jahr lang verfolgte, bis ich Beweise hatte. Es war das qualvollste Jahr meines Lebens.

Die erste Person, die mein Vetter in Weissewarte befragte, war zufällig der Ehemann von Marga, einer der beiden blonden Töchter des Förster-Landwirts. Sie war jetzt siebenundsechzig Jahre alt und wohnte im Dorf.

Süppling, so erfuhr mein Vetter, existierte nicht mehr. Das Haus und der Bauernhof waren von Einbrechern und Plünderern systematisch auseinandergerissen worden. Erst war eine große Anzahl früherer osteuropäischer Zwangsarbeiter und andere befreite Lagerinsassen gekommen, die beim Versuch, in ihre Heimat zurückzukehren, sich von dem ernähren mussten, was ihnen gerade in die Finger kam. Ein so abgelegener Ort wie Süppling war natürlich Plünderungen solchen Ausmaßes schutzlos ausgeliefert, und so verließ die Familie die Trümmer ihres Gutes und zog in ihr Haus im Dorf. In den Jahren danach wurde alles, was noch herumlag, von Leuten aus der Gegend gestohlen, besonders was an Baumaterial von Nutzen sein konnte, das in der DDR überaus knapp war. Selbst der Teich war verschwunden. Das Flüsschen, dessen Wasser den Teich gespeist hatte, war zugunsten der DDR-Industrie umgeleitet worden und dann gänzlich vertrocknet. Wenn man heutzutage durch den Wald ging, so erzählte man meinem Vetter, war keine Spur mehr von der früheren kleinen Siedlung zu sehen. Die Tochter des Försters zeigte ihm Fotografien vom früheren Süppling und erzählte, dass die Jahre, in denen die Familie dort gelebt hatte, die glücklichsten ihres Lebens gewesen seien.

Doch sowie der Name „Oberleutnant Thiele“ erwähnt wurde, kam ihm ein Schwall gröbster Schimpfworte entgegen, die er mir in seinem Brief so wortgetreu wie möglich wiedergab.

Offenbar hatte es mehrere hässliche Zusammenstöße zwischen unseren Vätern gegeben, angeheizt von ihren gegensätzlichen politischen Ansichten. Anscheinend hatte mein Vater den Förster bedroht und damit den Hass der Familie auf immer erregt. Als ich versuchte, die von Marga behaupteten Tatsachen von ihren Schmähungen zu trennen, stellten sich zwei schreckliche Beschuldigungen heraus.

Die erste betraf Papas militärisches Auftreten in den letzten Tagen des Krieges. Offensichtlich war er einer der Nazis gewesen, die bis zum bitteren Ende, allen Befehlen gehorchend, sinnlos weiterkämpften, die das Leben von Untergebenen riskierten wie auch die Vernichtung jedes Gebäudes, das noch stand, während die Vernunft gebot, die Waffen niederzulegen und zu desertieren. Anstatt die Jungen in seiner Obhut nach Hause zu schicken, hatte er dem

Befehl gehorcht, aus seinem Personal und den Jungen, die freiwillig kämpfen wollten, eine aktive Gruppe zu formen. Ungefähr die Hälfte der 16- und 17-Jährigen waren hierzu bereit und wurden als Militärangehörige vereidigt. Dann führte Papa sie in einen hoffnungslosen Kampf. Rasch wurden sie vom stärkeren Feind überwältigt, und ehe viel geschossen wurde, zerfiel die Gruppe; viele verloren ihr Leben, und Papa wurde verwundet.

Als ich das las, wurde mir übel. So dumm und böse er auch gehandelt haben mochte, es erklärte nicht, warum in den folgenden Tagen so viele Leute ausdauernd nach ihm suchten. Vom militärischen Standpunkt war seine Vorgehensweise, seinen Befehlen wortgetreu zu gehorchen, völlig korrekt gewesen. Margas Enthüllungen erklärten nicht, warum meine Mutter und Udo von der amerikanischen Militärpolizei verhört wurden, warum die deutsche Polizei meine Großeltern und Udo verfolgten, nachdem wir Süppling verlassen hatten, und warum Opa im Stendaler Gefängnis inhaftiert wurde. Ich las weiter.

Die zweite Beschuldigung, die die Süppling-Familie gegen Papa vorbrachte, stand in Verbindung mit einer Grausamkeit, die vierundzwanzig Stunden vor der Ankunft der Amerikaner in Gardelegen, einer Stadt fünfzig Kilometer nordwestlich von Weissewarte, begangen worden war. Marga erzählte meinem Vetter, sie hätten meinen Vater zum letzten Mal gesehen, als er eines Morgens in aller Frühe mit unserer ganzen Familie in die Richtung von Gardelegen losfuhr, um an der Untat teilzunehmen.

Ihre Erzählung war offensichtlich falsch. Jemand in Süppling musste wohl die schnelle Abfahrt meiner Eltern gesehen haben, als meine Mutter ihn in die Kriegsgefangenschaft brachte, und muss das Gesehene auf seine eigene Art interpretiert haben. Trotzdem musste es einen Grund geben, warum mein Vater mit den Geschehnissen in Gardelegen in Verbindung gebracht wurde, wo eine große Anzahl von Überlebenden aus Konzentrationslagern – meist polnische Juden – in einer Scheune eingeschlossen und verbrannt worden waren.

Ich ging zur Bibliothek des Goethe-Instituts in London, auf der Suche nach Büchern über den Holocaust, Bücher, die in die Hand zu nehmen ich bisher niemals den Mut gehabt hatte. Das Thema war zu schmerzerregend gewesen, und ich hatte es, um meines geistigen Überlebens willen, zur Sperrzone bestimmt. Das erste Buch, das ich öffnete, war Martin Gilberts *Atlas des Holocaust*[71], in welchem auf mehreren Landkarten Gardelegen als Ort verzeichnet

71 Martin Gilbert, *Atlas of the Holocaust* (London, Michael Joseph, 1992)

war, wo in den letzten Tagen des Krieges ein Massenmord stattgefunden hatte. 1016 Menschen waren umgekommen. Als ich weiterlas, umhüllte mich eine schwarze Wolke, die alle anderen Gedanken und Gefühle auslöschte. Monatelang ließ mich der Gedanke an Gardelegen nicht los. Ich konnte mit niemandem mein Grauen teilen, nicht einmal mit meinem Mann. Mir war, als wäre ich in das Massaker verwickelt, mitschuldig, unberührbar, unsauber, ausgestoßen – eine Aussätzige.

Ich konnte es nicht mehr vermeiden, tief in die Einzelheiten des Holocaust einzudringen und die Realität zu ermessen, die die Opfer und auch die Schuldigen erfahren hatten. Wie die meisten Deutschen hatte ich mich fünfzig Jahre lang erfolgreich bemüht, das Thema auszublenden. Ich begann, Bücher über den Holocaust zu lesen, historische Werke sowie Berichte der Überlebenden. Bisher war ich bei solchen Schriften nicht über die ersten paar Seiten hinausgekommen. Nun aber las ich in schneller Folge unter anderem Bruno Bettelheim, Primo Levi, Eli Wiesel, Janina David, Helen Fowler, George Clare und Louis Begley. Ich verbrachte einen Tag im Museum des Konzentrationslagers Mauthausen, einen Ort, den ich früher unter keinen Umständen betreten hätte. Das Buch, das mir am besten durch diese finsteren Wochen half, war *Hitler's Children*[72]. Gerhard Posner führt darin Interviews mit den sich nun im mittleren Alter befindenden Söhnen und Töchtern führender Nazikriegsverbrecher. Es lag ein gewisser Trost darin zu wissen, dass andere meiner Generation die gleiche schmerzhafte Mischung von Gefühlen durchmachten wie ich.

Ich ging regelmäßig zur Wiener-Bibliothek der Holocaust-Literatur in London[73], auf der Suche nach Erwähnungen des Vorfalles in Gardelegen. Ich musste mit absoluter Gewissheit herausfinden, was genau sich ereignet hatte, wer verantwortlich war und ob Papa tatsächlich daran beteiligt gewesen war.

Ich entdeckte, dass die Ermordeten auf einem der „Todesmärsche" gewesen waren: Insassen aus Konzentrationslagern, die in den letzten Kriegswochen gezwungen wurden, krank und verhungert wie sie waren, Hunderte von Kilometern von einem Lager zum anderen zu marschieren, damit sie nicht in die Hände der näherrückenden Alliierten fielen. Ich schämte mich, bisher nichts von diesen zahlreichen Märschen gewusst zu haben, die vielen Tausenden von Juden und anderen einen grausamen Tod brachten.

72 Gerald Posner, *Hitler's Children – Inside the Families of the Third Reich* (London, Heinemann, 1991)

73 Eine von Alfred Wiener (1885–1964) bereits 1933 gegründete Einrichtung zur Dokumentation der Judenverfolgung durch die Nazis.

Die Verantwortlichen für die Judenpolitik des Dritten Reiches konnten die Möglichkeit nicht dulden, dass noch lebende Juden schließlich den Triumph erleben sollten, von den siegreichen Feinden befreit zu werden; doch die Planung dieser Märsche war ebenso verwirrt wie die Befehle an Lagerkommandanten und SS-Kolonnenführer bezüglich ihrer Handlungsweise.

Folglich konnte eine Kolonne, die ostwärts geführt wurde, um den westwärts rückenden Feinden zu entgehen, leicht einer anderen begegnen, die in entgegengesetzte Richtung marschierte, um den Russen zu entkommen. Schließlich wussten die SS-Wachen nicht mehr, was sie mit ihren kranken und fast verhungerten Gefangenen anfangen sollten. Die in Gardelegen Angekommenen stammten aus Auschwitz; sie waren aber schon vorher zum Lager Dora-Mittelbau in der Mitte Deutschlands marschiert. Jetzt wurden sie in westliche Richtung nach Bergen-Belsen getrieben. Sie waren halbwegs dort angelangt, in der Nähe von Gardelegen, als die SS-Wache hörte, die britische Armee hätte Belsen bereits befreit. Sie wussten nicht, was sie tun sollten und suchten Hilfe beim SS-Hauptquartier in Gardelegen. Die Gräueltat in der Scheune war die Folge.

Ungefähr dreißig der 1050 Marschierenden retteten sich in den nahen Wald. Andere, denen es gelang, aus der brennenden Scheune zu flüchten, indem sie sich unter den Wänden durch die Erde wühlten, wurden sofort erschossen. In einem von mehreren Berichten der Überlebenden fand ich die Erwähnung, dass die SS-Männer, die die Marschierenden in die Scheune trieben, Jungen in Hitlerjugend-Uniform als Helfer bei sich hatten. Wenn mein Vater tatsächlich involviert war, wäre er wirklich dermaßen moralisch verdorben gewesen, die Jungen aus seinem Lager daran teilnehmen zu lassen? Diese Gedanken verfolgten mich tagtäglich – monatelang.

Die Berichte in der Wiener Bibliothekssammlung waren, was Gardelegen betraf, unvollständig. Aber aus dem Verzeichnis von Holocaust-Archiven in der ganzen Welt ging hervor, wo ich mehr Material finden könnte.

Die wichtigste Informationsquelle schien das Yad-Vashem-Archiv in Jerusalem zu sein, und ich schrieb dorthin, um weitere Informationen zu erlangen. Fast ein Jahr nach Beginn meiner Forschung erhielt ich Fotokopien von allen Unterlagen über das Massaker von Gardelegen.

Darunter waren persönliche Berichte von Überlebenden und von amerikanischen Soldaten, die als erste dort eintrafen, als die Scheune noch glimmte. Was mich am meisten interessierte, war ein Bericht von der Simon-Wiesenthal-Dokumentationszentrale in Wien vom Januar 1991. Er lautete wie folgt:

NS-Verbrechen in Gardelegen, (Ost)Deutschland

> 1016 Gefangene verloren ihr Leben in diesem Vorfall in Gardelegen. Am 13. April 1945 (24 Stunden, bevor die Amerikaner diese Gegend befreiten) trieben SS-Truppen unter dem Bezirkskommandanten von Gardelegen, Gerhard Thiele, Gefangene in eine Scheune und setzten sie in Brand.

Das Bulletin gibt weitere Einzelheiten dieser Grausamkeit, die ich bereits beschrieben habe, mit der folgenden weiteren Information:

> Die Amerikaner begannen sofort, das Verbrechen zu untersuchen. Einige Überlebende, die aus der Scheune ausgebrochen waren, identifizierten diejenigen, die auf sie geschossen hatten. Diese wurden sofort von den Amerikanern erschossen. Aber die Kommandanten, Thiele und ein anderer SS-Offizier, von dem nur bekannt ist, dass er Österreicher ist, entkamen.

Der Bericht endet mit der Bemerkung, das Wiesenthal-Büro würde derzeit eine neue Spur zum Aufenthalt des gesuchten Mannes Gerhard Thiele verfolgen.

Dieser Bericht erklärte vieles, aber nicht alles. Der Mann, der für den Massenmord verantwortlich war, hatte denselben Familiennamen wie mein Vater und den Vornamen Gerhard, der mit Eberhard leicht verwechselt werden konnte. Entweder beruhte die Verdächtigung Papas auf einer Namensverwechslung, oder er war tatsächlich schuldig, und die Wiesenthal-Zentrale hatte sich in einigen Details geirrt.

Ich bat den Bürgermeister von Gardelegen um weitere Informationen, und erfuhr von ihm, dass die kleine Stadt ein umfangreiches Archiv zum Gedenken an dieses Blutbad führe, mit einem eigenen Archivar, Herrn Heiko Bierstedt. Dieser bestätigte mir, dass Gerhard Thiele in der Tat der SS-Kommandant der Stadt Gardelegen gewesen war. Die Jungen in HJ-Uniform stammten aus dem Ort – wahrscheinlich waren sie zum Volkssturm einberufen worden, dem letzten Aufgebot an Jungen, Alten und Wehruntauglichen, das Hitlers Anordnung zufolge an jedem Ort zur letzten Verteidigung bereit stehen sollte. Der Archivar schrieb mir, er habe nie von meinem Vater oder vom Lager in Weissewarte gehört. Weitere Informationen kamen von meinem unermüdlichen Vetter, der auch Gardelegen besuchte. Gerhard Thiele war vor dem Krieg Lehrer in der Stadt und recht gut bekannt gewesen. Mein Vetter schickte mir sogar eine Fotografie von ihm, die in der Archivausstellung zu sehen war. In seiner SS-Uniform sah er gut aus, aber mit seinen dichten, glatten Haaren sah er Papa absolut nicht ähnlich.

Es ist mir mittlerweile klar geworden, dass die emsige Suche nach meinem Vater im April und Mai 1945 auf einer Namensverwechslung beruhte. Es wurde nach Gerhard Thiele gesucht, und anscheinend war ein anderer prominenter Nazi namens Eberhard Thiele, nur vierzig oder fünfzig Kilometer entfernt, ein zu großer Zufall, um ignoriert zu werden. Deshalb wurde mein Vater von zwei verschiedenen Seiten verdächtigt, erst von der amerikanischen Armee und dann von der deutschen Polizei.

Ich vermute, dass die Amerikaner nach Papas Festnahme Nachforschungen über ihn anstellten, die aber, was Gardelegen betraf, ins Leere liefen. Danach wurde er aus der amerikanischen Kriegsgefangenschaft in britische überstellt, aber ich habe nicht herausfinden können, wann oder warum das geschah.

Das Stendaler Gefängnis, wo er zufällig Opa begegnete, war vielleicht eine Art Austauschlager, aus dem er in die passende Strafinternierung übergeben wurde, die einem Nazi seines Ranges – kein großer Fisch bei der SS oder dem Militär, sondern ein langjähriger Parteiangestellter – angemessen war.

Das Interesse der deutschen Zivilpolizei an Papa hatte wahrscheinlich etwas mit der Süppling-Familie zu tun. Als sie hörten, dass ein Nazi namens Thiele nach dem Massenmord in Gardelegen verschwunden war, erinnerten sie sich daran, Papa gesehen zu haben, wie er eines Morgens heimlich aus dem Haus schlüpfte. Da sie Papas fanatischen Nationalsozialismus kannten, zogen sie den Schluss, die beiden Ereignisse hätten etwas miteinander zu tun. Die Mitglieder der Süppling-Familie waren in der Gegend wohlbekannte Sozialisten; sie gehörten zu denen, die den Krieg über versteckt und verschwiegen gelebt hatten und die jetzt von der neuen militärischen Regierung in verantwortungsvollen Posten eingesetzt wurden, zum Beispiel bei der Zivilpolizei. Das könnte eine Erklärung dafür sein, warum meine Großeltern und Udo beobachtet und verfolgt wurden, warum sie aus ihrer Wohnung vertrieben und Opa verhaftet wurde. Ebenfalls erklärt es die unheimliche Atmosphäre in Süppling, als sie zurückfuhren, um ihr Gepäck zu holen und dort keiner ein Wort mit ihnen wechselte.

In jenen chaotischen Tagen war es nicht erstaunlich, dass die Kommunikation zwischen dem amerikanischen Militär und der deutschen Polizei verwirrt war, und dass auf der Suche nach meinem Vater keinerlei Zusammenarbeit bestand. Deshalb hatten sie ihn beide zu verschiedenen Zeiten inhaftiert, ohne ihn eines spezifischen Verbrechens zu beschuldigen. Auch zeigte Papas

Verhalten in den folgenden Jahren weder Schuldbewusstsein noch Furcht vor der Entdeckung einer Untat. Also ist die Theorie von einer Verwechselung die beste Erklärung, warum so viele in jenem Frühjahr nach ihm suchten.

Er blieb zwei Jahre lang im Gefängnis, die meiste Zeit nicht als Kriegsgefangener, wie ich später herausfand, sondern als Zivilinternierter. Soweit ich erfuhr, war das die gewöhnliche Strafe für die zwölf Jahre, die er als Angestellter und Aktivist der Nazipartei verbracht hatte. Die Hälfte dieser Zeit war er meiner Ansicht nach kein einfacher Soldat gewesen, sondern war als Politoffizier eingesetzt worden, um die Truppen für die nationalsozialistische Idee anzufeuern. Dies würde auch sein häufiges Fernbleiben von der Front erklären, ebenfalls seinen plötzlichen Wechsel von der Wehrmacht zur Luftwaffe, von der er abgeworben wurde, um ein Wehrertüchtigungslager zu führen.

Es bedeutete für mich eine unbeschreibliche Erlösung zu wissen, dass mein Vater kein Massenmörder war, wie ich monatelang befürchtet hatte. Während dieser Zeit war ich jedoch ein ganz neuer Mensch geworden, und ich würde nicht wieder die sein wollen, die ich vorher war – zu feige, zu ängstlich und zu sehr von fruchtlosen Schuldgefühlen geplagt, um den Tatsachen des Holocaust ins Auge zu sehen und den Opfern des Holocaust nicht den Respekt zu zeigen, über ihre Verfolgung und ihr Leiden gut informiert zu sein. Ich bin zufrieden, dass ich nun nicht mehr zu zimperlich bin, um die schrecklichen, ehrfurchtgebietenden Bücher von Überlebenden zu lesen, oder die erschütternden Szenen und Interviews der am Leben Gebliebenen in Filmen zu sehen, wie zum Beispiel Claude Lanzmanns neunstündiges Meisterwerk *Shoah*[74].

Nachdem mir die rätselhaften Kriegstaten meines Vater bekannt geworden waren, konnte ich die besessene Wahrheitssuche, meine Familie betreffend, hinter mir lassen und mich mit tiefergehenden Fragen beschäftigen: zum Beispiel, was normale Bürger tun können, um Unrecht und Krieg zu vermeiden.

Am meisten bedauere ich, diesen Dingen nicht ins Auge gesehen zu haben, solange mein Vater noch lebte. Hätte ich meine persönliche Odyssee unternommen, ehe er starb, wäre es uns bestimmt möglich gewesen, viele Stunden mit ehrlichen Diskussionen über diesen schwierigsten Aspekt unseres Lebens zu verbringen. Weiterhin hätten wir, so hoffe ich, bei der Gelegenheit ein für allemal diese zwei lächerlichen Fossilien – „Papa und sein kleines Mädchen" – ausgelöscht.

74 Französischer Dokumentarfilm von 1985

Epilog

Am Sonnabend, dem 12. September 1993, kam ich mit meinen nächsten Angehörigen auf dem Friedhof von Totnes zusammen. Wir waren sieben: meine Mutter und Bill, Udo und seine Frau, mein Mann Luke, meine Tochter Kitty und ich. Wir waren gekommen, um einen Gedenkstein für meine beiden Großeltern auf Opas Grab zu setzen. Es gab keinen bestimmten Grund, warum wir diesen Tag gewählt hatten; es war ein Termin, der allen passte, nachdem wir beschlossen hatten, den Stein zu setzen. Der Tag hatte einundvierzig Jahre auf sich warten lassen.

Als Opa starb, erwies sich der Wortlaut für seinen Grabstein als unüberwindliches Problem. Es wäre sinnlos, einen Grabstein zu setzen, auf dem Opas deutsche Herkunft nicht wahrheitsgetreu aufgeführt wäre, aber Oma wollte das nicht erlauben, und deshalb ruhte das Vorhaben.

Als ich 1990 begann, die Geschichte meiner Familie zusammenzustellen, hatten meine Mutter und Bill schon vierzig Jahre in der Gegend von Totnes gelebt. Weder ihre Freunde noch ihre Nachbarn hatten die geringste Ahnung, dass meine Mutter Deutschland jemals betreten hatte. Das Vierteljahrhundert, das sie dort verbracht hatte, hätte ebensogut nicht gewesen sein können. Auf der anderen Seite des Atlantiks hatte mein Bruder sich als Arzt in Baltimore und später in Florida ebenfalls ein Leben erschaffen, in welchem seine ersten dreizehn deutschen Jahre unerwähnt blieben. Als ich ihnen von meinem Plan erzählte, in der Vergangenheit zu wühlen und alles, was wir noch in Erinnerung hatten, aufzuschreiben, war ich nicht ganz sicher, ob sie damit einverstanden sein würden.

Zu meiner Freude begrüßten sie beide bereitwillig meine Idee, und somit wurde daraus ein Familienprojekt. Ich hatte Omas Memoiren bereits in meinem Besitz, jetzt schrieben oder diktierten die anderen einen Beitrag für mich, gestatteten mir, sie zu interviewen, und holten andere Materialien hervor, von deren Existenz ich keine Ahnung hatte, zum Beispiel einen Stapel Briefe und Ansichtskarten, die sie in den zwanziger Jahren aus Köpenick an Auntie Hopey geschickt hatten. Hopey hatte sie in dem schönen Holzkästchen mit Einlegearbeiten aufbewahrt, das Opa im Internierungslager für sie geschnitzt hatte. Sie war 1961 gestorben, gerade als sie bei uns zu Besuch war, und irgendwie ist das Kästchen mitsamt den Briefen und Karten in Udos Besitz gekommen.

Trotz ihrer Hilfe konnte ich nicht ganz sicher sein, ob meine Mutter und mein Bruder das Resultat meiner Niederschrift billigen würden und ob die Erinnerungen, die ich wachrief, nicht zu schmerzhaft für sie sein würden. Um zu vermeiden, dass die Wiedergabe ihres Lebenslaufs sie bestürzte, erlaubte ich meiner Mutter, den ersten Entwurf nur in meiner Anwesenheit zu lesen, so dass ich neben ihr sitzen und ihre Reaktion aufnehmen konnte. Ich hätte sie besser kennen sollen! Als Zweiundachtzigjährige ebenso pragmatisch wie mit zweiunddreißig, wies sie mich sofort auf einige Irrtümer hin und fügte manches hinzu, dessen sie sich während des Lesens erinnerte. Dann fragte sie mich, ob ich es gern sehen würde, wenn sie den Text ins Deutsche übersetzte. Kurz danach schrieb sie mir einen reizenden Brief, in dem sie mir mitteilte, sie sähe es als ein Privileg an, ihr Leben so als Ganzes vorüberrollen zu sehen, in einem Alter, in dem sie das Beschriebene mit gebührender Distanz und objektiv betrachten konnte. Sie empfände mein Buch als Geschenk und dankte mir dafür, es geschrieben zu haben.

Eine Kohlezeichnung meiner Mutter von Opa (Oktober 1946)

Meinem Bruder gefiel der fertige Text ebenfalls, und er gab es seinen erwachsenen Kindern zu lesen. Vorher war er sehr verschwiegen gewesen, was seine Vergangenheit betraf, so dass sie nur eine unklare Vorstellung von seiner Jugend hatten. Jetzt begannen sie darüber zu sprechen, und kurz darauf, als ich sie besuchte, um die endgültige Version des Textes überprüfen zu lassen, freute ich mich mitzuerleben, wie Udo einem Bekannten die Geschichte von seiner Flucht vor den Russen erzählte. Obgleich er ein Mensch ist, dem es nicht leicht fällt, seine Gefühle zu zeigen, gelang es ihm nicht, eine Träne zurückzuhalten, als er meinen Bericht über sein Abenteuer mit Oma und Opa las.

Im April 1992 trafen Udo und ich uns in Berlin, und wir verbrachten dort ein paar Tage zusammen. Wir fuhren nach Mahlsdorf und fanden einige unserer Kindheitsfreunde, die noch dort wohnten. Die größte Freude für uns war, dass Udos jüdischer Freund Günter den Krieg überlebt hatte und nun in Wien wohnte.

Von uns allen hatte ich selbst den größten Vorteil durch das Schreiben des Buches. Es befreite mich von dem Drang, ständig unmöglichen Träumen nachzujagen. Es holte mich auf den Boden der Tatsachen zurück, und endlich begannen die beruflichen Unternehmungen, für die ich mich schon jahrelang eingesetzt hatte, Ergebnisse zu zeigen.

Die Zusammenarbeit an dem Projekt brachte uns dreien eine gewisse Versöhnung mit unserer Vergangenheit und führte ganz natürlich zu der Frage des Grabsteins. Als wir uns in Totnes trafen, bestand kein Zweifel mehr über den Wortlaut. Wir ließen den Stein aus walisischem Schiefer herstellen, und zum Andenken an Opas makellose Handschrift wurden die Worte in Kupferlettern gesetzt. Sie lauteten:

ZUM ANDENKEN AN

Richard Druhm
1878 in Luckenwalde geboren
1952 in Totnes verstorben

und seine Frau

Ethel
1880 geboren
1966 verstorben

Zweimal führten
ihre Länder Krieg

Dies sagt eigentlich alles. Ein Vorübergehender, der die spärlichen Worte liest, braucht nur wenig über die Geschichte des zwanzigsten Jahrhunderts zu wissen, um sich alles andere ausdenken zu können: Ein Mann, der in Deutschland am Ende des 19. Jahrhunderts geboren wurde, mit einer englischen Frau verheiratet war und 1952 in Totnes starb, hat ein sorgenvolles und zerrissenes Leben führen müssen – und mehr noch seine Frau. Angesichts dieser Umstände konnte nichts – nicht einmal eine derartig friedvolle Tätigkeit wie das Frisieren – sie vor diesem Schicksal bewahren.

Meine Mutter im Alter von 83 Jahren am Grabstein zum Gedenken an meine Großeltern (Totnes, September 1993)

Zeittafel

1878 Richard Druhm (mein Großvater mütterlicherseits) wird in Luckenwalde (Ostdeutschland) geboren.

1880 Ethel Norris (meine Großmutter mütterlicherseits) wird in London geboren.

1895 Opa übersiedelt nach England.

1905 Opa und Oma heiraten und eröffnen einen Frisiersalon in Hampstead.

1907 Eberhard Thiele (mein Vater) wird in Popoliewo (Polen) geboren.

1910 Elfreda Druhm (meine Mutter) wird in London geboren.

1914 Ausbruch des Ersten Weltkriegs. Opa wird in London interniert, Oma arbeitet für George Rossell und lernt Elsie Hope („Auntie Hopey") kennen.

1916 Papa verliert seine Eltern.

1918 Ende des Ersten Weltkriegs. Opa wird nach Deutschland deportiert.

1919 Oma und meine Mutter folgen ihm nach Deutschland.

1931 Meine Eltern lernen sich kennen und heiraten.

1933 Hitlers Machtergreifung. Mein Bruder Udo Thiele wird in Berlin geboren.

1936 Ich werde in Berlin geboren.

1939 Ausbruch des Zweiten Weltkriegs. Papa wird einberufen.

1943 Familie Thiele verlässt Berlin.

1945 Ende des Krieges. Papa wird im Lager von Fallingbostel interniert. Im September wird die Familie in Recklinghausen wieder vereint.

1946 Meine Mutter, Udo und ich kehren „heim“ nach England.

1947 Papa wird aus der Gefangenschaft entlassen. Ich werde Mrs. Hynes „Gesellschaft“ in St. Ives, Cornwall. Oma und Opa kehren mit Hilfe des Roten Kreuzes nach England zurück. Meine Mutter beginnt für die britische Kontrollkommission in Hamburg zu arbeiten.

1949 Meine Mutter lässt sich von Eberhard Thiele scheiden und heiratet Bill Jater.

1950 Die Familie vereint sich in Totnes, Devon.

1951 Papa heiratet wieder und emigriert nach Kanada.

1952 Opa stirbt in Totnes.

1955 Ich beginne mein Studium in Oxford.

1966 Oma stirbt in Devon.

1979 Papa stirbt in den USA.

1992 Ich beginne mit der Aufarbeitung der Familiengeschichte.

1993 Die Familie errichtet einen Gedenkstein für Oma und Opa.

Literaturverzeichnis

Begley, Louis: *Lügen in Zeiten des Krieges* (Originaltitel: *Wartime Lies*), London, MacMillan, 1991

Bettelheim, Bruno: *Aufstand gegen die Masse* (Originaltitel: *The Informed Heart*), London, Penguin 1991

Booth, Charles: *Leben und Arbeiten in London* (Originaltitel: *Life and Labour of the People in London*), London, MacMillan, 1902

Clare, George: *Letzter Walzer in Wien* (Originaltitel: *Last Waltz in Vienna – The Destruction of a Family 1842–1942*), London, MacMillan, 1981

Cohen-Portheim, Paul: *Time Stood Still – My Internment in England 1914–1918*, New York, Dutton, 1932

David, Janina: *Ein Stück Himmel. Erinnerungen an eine Kindheit* (Originaltitel: *A Square of Sky*), London, Eland, 1992

Fitzgerald, Desmond: *A History of the Irish Guards in the Second World War*

Gilbert, Martin: *Atlas of the Holocaust*, London, Michael Joseph, 1992

Haffner, Sebastian: *Anmerkungen zu Hitler,* Fischer, 1997

Levi, Primo: *Ist das ein Mensch*? (Originaltitel: *If This is a Man*), London, Orion, 1960

Lewis, Helen: *A Time to Speak*, Belfast, Blackstaff Press, 1992

Panayi, Panikos: *The Enemy in Our Midst – Germans in Britain During the First World War*, London, 1991

Pankhurst, Sylvia: *The Home Front: A Mirror to Life in England During the First World War*, London, Hutchinson, 1932

Posner, Gerald: *Hitler's Children – Inside the Families of the Third Reich*, London, Heinemann, 1991

Reay, W. T.: *The Specials: How They Served London. The Story of the Metropolitan Special Constabulary*, London, Heinemann, 1920

Thomas, Adrienne: *Die Katrin wird Soldat*, Berlin, Ullstein, 1930

Wiesel, Elie: *Die Nacht* (Originaltitel: *Night*), London, Penguin, 1960

Index

A

Adenauer, Konrad 185
Antisemitismus 35 ff.

B

Baugh, Cecil 233
Beume, Dieter 55, 251
Beume, Kätchen (Tante Kätchen) 86, 125, 162, 164, 273
  und Elfreda 55
  Besuch in Recklinghausen 150 f., 156, 188
  und Eberhard 212, 250 ff., 271, 273, 275, 281
Beume, Klaus 55, 251
Beume, Kätchen (Tante Kätchen)
  und Eberhard 212
Boon, Mrs (Kornische Nationalistin) 247 f., 256
Bottomley, Horatio 11, 25 f.,
Brown, Miss (Mitglied der Heilsarmee) 178, 181, 203
Buchholz, Fräulein (Lehrerin) 152 f., 180, 185, 208, 218

C

Celibidache, Sergiu 246
Chapman, Captain 156, 178, 203
Charité Berlin 50 f.,
Cohen-Portheim, Paul 22 f.,
Connell, Kathleen
  s. Holness, Kathleen
Crainer, Captain (Mitglied der Heilsarmee) 179

D

Deserteure der deutschen Armee 107, 117 f., 127
Deutschenhass im Ersten Weltkrieg 5, 9, 11 ff., 20, 25, 27, 40, 238
Deutschland
  nach dem Ersten Weltkrieg 22 ff., 26, 34
  Inflation 1923 26, 36
  im Dritten Reich 35, 39, 43, 60, 72, 85
  im Frühjahr 1945 106
  nach dem Zweiten Weltkrieg 61, 154 f., 166, 174, 185 f., 242

Währungsreform 1948 246
Politik 258
Diederichsen, Bernhard 84, 88, 91 f.
Diederichsen, Jutta *s.* Runge, Jutta
Dorotheenschule, Köpenick 29
Drenhaus, Herr 154, 161, 168 ff.
Druhm, Elfreda *s. auch* Jater, Elfreda; Thiele, Elfreda
Geburt 8
Kindheit 14, 16, 18, 20 ff., 29 ff., 38
Berufsstart 32
Unterstützung für Hitler 34 ff., 39 f.
Heirat mit Eberhard Thiele 41
Druhm, Ethel (Oma)
Frühe Jahre 2, 7
Verlobung mit Richard Druhm 7
Heirat mit Richard 8
Leben während des Ersten Weltkriegs 15
Exil in Deutschland 21
Leben in Köpenick 22, 24, 28
Besuch in England 31
Unterstützung für Hitler 33 ff., 40
englischer Hintergrund 67
Leben in Mahlsdorf 70, 108 f., 111
Umzug und Leben in Tangerhütte 144, 166 ff.
Flucht nach Recklinghausen 170 f.
Aufblühen in Recklinghausen 175, 178
„Heimkehr" nach England 185 ff.
über englisches Benehmen 190, 193
Umzug und Leben in Totnes 258, 264 ff.
Abbruch deutscher Beziehungen 270, 272
Tod 292
Grabstein 292
Druhm, Max 7, 9, 30, 109, 130 ff., 166, 244, 274 f.
Druhm, Richard (Opa)
Frühe Jahre 5 f.
Verlobung mit Ethel Norris 7
Heirat mit Ethel 8
Internierung während des Ersten Weltkriegs 12, 17, 19
Deportation nach Deutschland 20
Leben in Köpenick 22 f., 26
Unterstützung für Hitler 33, 35, 129, 187
Rettung Udos aus nat.-soz. Internat 79
Leben in Mahlsdorf 107 ff.
Marsch nach Süppling 127, 135, 143
Umzug nach Tangerhütte 144 f.
Verhaftung und Arrest 163
Leben in Tangerhütte 166, 168
Flucht nach Recklinghausen 168
Aufblühen in Recklinghausen 176
„Heimkehr" nach England 186, 188 f.
Leben in Totnes 265
Grabstein 290, 292

E

Eastbourne 189, 193, 196, 200, 203, 213, 215
Edwards, Mary 228 f. 236, 246 f.
Entnazifizierung 158 f.

F

Freyer, Herr 28, 244
FitzHerbert, Katrin *s.* Thiele, Katrin
Friederichs, Marie-Louise 180, 186, 192

G

Gardelegen 284 ff.
George, Mr. *s.* Rossell, George
Göring, Hermann 95
Green, Miss (Mitglied der Heilsarmee) 178, 180 f., 186, 266
Großbritannien 10
  Britisches Gesetz zur Nationalität (1914) 20
  Deutschenhass im Ersten Weltkrieg 5, 10 f.
  Politik 257
Günter (jüdischer Junge in Mahlsdorf) 61, 159, 292

H

Habib (persischer Student) 84, 87
Hans (deutscher Deserteur) 127, 144 f.
Harrington Hall Hotel, South Kensington 207
Haverstock Hill, Hampstead 8 f., 14, 16, 267
Haw-Haw, Lord 183
Haydon, Miss (Klavierlehrerin) 228, 233
Henryk (deutscher Deserteur) 118
Hitler, Adolf xiii, xvi, 27, 33 ff., 39 f., 45, 56 f., 59 f., 93 ff., 98 f., 107, 115, 117 f., 122, 125, 129 f., 152 f., 158 f., 164, 175, 187, 238 f., 244 f., 249, 278, 282, 287
  Attentat 1944 94
  Selbstmord 122
Hitlerjugend 35, 43, 45, 56, 75, 84, 96, 99 f., 105, 157, 241, 286
Holness, Kathleen (geb. Connell) 9, 25, 242, 266
Holness, Teddy 25
Holocaust 61, 282, 284 ff., 289
Hooper, Betty 15, 30, 197
Hooper, Gertie (geb. Norris) 4, 6, 31, 33, 34, 189, 202 f., 215, 243, 267
  Elfredas Familie 198 ff., 267
  Verhältnis zu Oma 4, 6, 15
Hooper, Harry 6, 15, 189, 207, 213
  Verhältnis zu „Heimkehrern" 196 ff., 200 ff.
Hope, Elsie (Auntie Hopey) 14 f., 17 f., 20 f., 23 f., 30 ff., 39 f., 180, 189, 191, 203 ff., 215, 241, 244, 256, 266, 291
  Besuche in Deutschland 24, 30
  Hilfe für Elfredas Familie 213
  Tod 291
Hyne, Mrs. 221 ff., 231 ff., 246 f., 250, 259 ff.
Hyne, Reg 67, 225, 227, 229, 230, 232 ff., 249, 256

J

Jalta-Konferenz 114, 154, 166
Jater, Bill 240, 244 f., 251, 258, 265, 271, 277
Jater, Elfreda *s. auch* Druhm, Elfreda (Mädchenname); Thiele, Elfreda
  Umzug und Leben in Totnes 263
  Abbruch deutscher Beziehungen 270 ff.
  überreicht Katrin ihren Stammbaum 273
  Reaktion auf Familiengeschichte 291
Johne, Fritz 67, 71
Johns, Miss (Schulleiterin) 220, 236
Juden 34 ff., 61, 159 f., 187, 240 f., 284 ff.

K

Kahlisch, Tilla 274
Kesselring, Fräulein (Lehrerin) 62 ff., 77
Kindergruppe 57, 58, 123
Kleine, Dorothea 149
Kleine, Dr. 100, 126, 146 ff., 180, 246
Kleine, Frau 149
Kleine, Lieselotte 149
Köpenick 24 f., 27 ff., 31, 37, 42, 46, 64, 70, 165, 176, 244, 246, 275, 291
Köpenick, Hauptmann von 37
Krüger-Lorenzen, Ilse 72, 274
Krüger-Lorenzen, Kurt 72, 274
Kurzwelle, Radiostation 72, 183

L

Leach, Bernard (Töpfer) 233
Lilo (deutsche Deserteurin) 118
Lucan, Lord 224
Luckenwalde 7, 23, 28, 79, 82 f., 86, 89, 91 f., 96, 208

M

Mahlsdorf, Berlin 42, 48, 55 f., 70, 90, 292
Männekins (Katrins und Udos Spielzeugfiguren) 54, 161, 200
Martha, Tante 132 ff.
Meta (Tante Marthas Gefährtin) 132 ff.
Middleton, Mrs. (Parlamentsmitglied für Plymouth) 245
Militärakademie Naumburg/Saale 45
Münster (Westfalen) 86
Murdoch, Iris 275, 276

N

NAPOLA (Nat.-soz. pol. Erziehungsanstalt) 57, 75
Nationalsozialismus vii, 34, 39, 43, 45, 56, 60, 82, 151, 187, 238
  und Religion 152
    gottgläubig 63 f., 153
  Verdrängung nach dem Krieg 158 f., 254
  Wunderwaffe (nat.-soz. Propaganda) 98, 112, 115, 122
Neuhaldensleben 168 f.
Norris, Bessie 2 f., 14, 23, 29 f., 202

Norris, Ethel *s.* Druhm, Ethel
Norris, Gertie *s.* Hooper, Gertie
Norris, Kay *s.* Thiele, Katrin
Norris, Nellie *s.* Walker, Nellie
Norris, Robert 3

O

O'Hanlon (Richter) 245

P

Panayi, Panikos 12
Pankhurst, Sylvia 11
Pedley, Sergeant 177, 180, 186, 190
Pendlebury, Miss (Musiklehrerin) 267
Penzance County School für Mädchen 246, 267
Podewilshausen, Pommern 75 ff., 92, 219

Q

Quäker 12, 21, 22

R

Rationalisierung 47, 66, 85, 110, 186
Recklinghausen 126 f., 146, 149, 151, 154 ff., 172 ff., 179, 182, 184 f., 190, 203, 215, 238, 242, 253, 255, 266
Religion und Nationalsozialismus 63, 152
Roland (zweiter Cousin) 201 f.
Rossell, Gabrielle 31
Rossell, George (Mr. George) 14 ff., 18, 23, 30 ff., 39 f., 243 f.
Rote Armee 3, 99, 132 f., 166
Runge, Arno 9, 23, 32, 79, 82 ff., 88 ff., 93, 182, 244
Runge, Jutta 83 ff., 91 ff., 149
Runge, Mieze 83 f., 88, 90, 92 f., 96

S

Sansom, Odette (Widerstandskämpferin) 209
Schöller, Frau von 96, 101 f.
Schweidnitz, Schlesien 96 f.
Sharpe, Familie 17, 30, 39 f.
Sharpe, George 40
Shaw, Martin (Komponist) 8, 267
Shore, Peter (Politiker) 257
Singh, Ajit Buthoo 268
Staines Grammar School 216, 240
St. Anne's College, Oxford 275, 277
St. Clare's Internatsschule, Penzance 217 f., 220, 222, 228, 246
Stille Helfer (Ausstellung) 22
Süppling 115 ff., 124 f., 127, 144, 148, 157, 159, 161 ff., 189, 282 ff., 288

T

Tangerhütte 105, 144, 148, 154, 162 f., 165, 167 f.
Thiele, Eberhard (Vater)
  Kindheit 43
  Heirat mit Elfreda 41
  Katrins Klumpfüße 51
  Nationalsozialismus 43, 45, 281

Parteiangestellter der NSDAP 43, 45
Persönlichkeit und familiäres Leben 46
Udo 56, 80, 95
Reisen mit Mutti und Katrin 87
Weihnachten 1944 100
Weissewarte 96
Unterbringung der Familie in Süppling 116
Auslieferung an die Amerikaner 125
in Kriegsgefangenschaft 165, 288
Verhalten der Familie nach dem Krieg 182 f.
Brief an Katrin 250
Katrins Besuch 251 f.
Neues Leben nach dem Krieg 254
Tod 282
Katrins Recherche über seine Vergangenheit 282 f., 286, 288
Thiele, Elfreda (Mutter)
s. auch Druhm, Elfreda (Mädchenname); Jater, Elfreda
englischer Hintergrund 70
Katrins Klumpfüße 50 f.
Arbeit für die Kurze Welle 72
falsche TB-Diagnose 74, 79
Ausflüge mit Papa und Katrin 80
Anstandsdame für Jutta 88
Umzug nach Weissewarte 90
Juttas Hochzeit 94
als Deutschlehrerin im WE-Lager 99
Flucht aus Schweidnitz 102
in amerikanischem Arrest 121
mit Oma und Opa in Tangerhütte 144
Aufblühen in Recklinghausen 175, 181
und Eberhard 192
„Heimkehr" nach England 185 f., 189, 196
Leben und Arbeiten in London 206
Begegnung mit Mrs. Hyne 220
brit. Naturalisierung 222
Temporäre Anstellungen 224
Scheidung von Eberhard 250
Heirat mit Bill Jater 251
Thiele, Fritz 44 f.
Thiele, Gerhard (SS-Kommandant von Gardelegen) 287 f.
Thiele, Jochen (Onkel) 45, 125, 253
Thiele, Katrin
Frühe Kindheitserinnerungen 42, 47, 49, 54
Klumpfüße 50
Nationalsozialismus 57, 59, 66
Religion 63
wird nach Pommern geschickt 75
Leben in Luckenwalde 82
Juttas Hochzeit 91, 94
Leben in Wilkau 97
im WE-Lager Weissewarte 105
in Süppling 118, 123
neunter Geburtstag 146
Krankenhaus in Herten 148
Konvaleszenz bei Fam. Kleine 149
Leben in Recklinghausen 149, 153
Zweifel am Nationalsozialismus 156, 159
Erinnerungen an Papa 183, 212
„Heimkehr" nach England 186, 188 f.
Leben mit den Hoopers 201

Leben in London 206 f.
Schulbesuch 208
Nachricht von Papa 211
Fahrt nach Kettering 214
St. Claire's Internatsschule 217 f., 220
Aufenthalt bei Mrs. Hyne 222 f., 237
Fahrradunfall 235
Konflikt zwischen innerem und äußerem Leben 238
Reisen nach Deutschland 242, 246
neue Schule 236
Brief von Papa 250
Reise nach Deutschland zu Papa 254
Leben in Totnes 263, 266, 270
am St. Anne's College 277
Reise nach Kanada 280
Recherche über Vergangenheit des Vaters 282, 284, 287
Recherche über Naziverbrechen in Gardelegen 287
Thiele, Kiki (Tante) 45, 253
Thiele, Olga (Großmutter) xiii, 44 f., 253
Thiele, Udo (Bruder)
Frühe Kindheit 42, 52 ff.
Opposition zum Nat.-Soz. 56, 57, 159
im nat.-soz. Internat 75
Rettung aus nat.-soz. Internat 79, 80
im HJ-Fliegercamp 96
Leben in Wilkau 97 f.
im WE-Lager Weissewarte 105
in Süppling 117 f.
in amerikanischem Arrest 121
in Tangerhütte 144, 148, 154, 162 ff.
besucht Vater in Kriegsgefangenschaft 162
Flucht nach Recklinghausen 168 ff.
Spitzname 180, 190
„Heimkehr“ nach England 188, 191 f.
Leben mit den Hoopers 196 ff., 203
Leben in London 214 f.
Internatsschule in Staines 215 f.
Besuche in Cornwall 230, 240, 258
Verhältnis zu Mr. George 244
Besuch der Mutter in Deutschland 244, 246
Verhältnis zu Papa 251
Leben in Totnes 264
Studium in Torquay 268
deutsche Verbindungen 272
engl. Naturalisationsbescheinigung 273
Familiengeschichte 291 f.
Tommy (Freund von Katrin) 229, 233, 247, 256
Totnes, Devon 260, 262 f., 265 ff., 271, 279, 290, 292 f.

V

Vibert, Mr. 234, 257
Virgo Fidelis (kath. Konvent) 208, 210
Vogt, Fräulein (Lehrerin) 84 ff., 97, 208, 218
von Schöller, Frau 96 f., 101 f.

W

Wagler, Günter 19
Wahlsystem, britisches (1950) 257
Walker, Nellie (geb. Norris) 4, 14, 31, 69, 201, 267
Waterloo House, Totnes 263, 270
Weihnachten
  1944 100
  1946 201 f.
  in Cornwall 233
  in Totnes 270 f.
Weissewarte, Brandenburg 90, 95 f., 105, 112, 283
WE-Lager 90, 95, 98, 102, 105, 118, 121, 157, 282, 289
Werwölfe (nat.-soz. Untergrundbewegung) 118
Wien 87
Wilkau, Schlesien 96, 98, 219

Bücher und Hörbücher

erschienen im abiszett-Verlag

Jean Thomas Weber

Wie Gott in Frankreich

Was die französische Welt bewegt: Achtundsechzig Aufsätze von einem Auslandsschweizer, der seit mehreren Jahrzehnten im Burgund lebt, sind in diesem Band versammelt. Der Autor wirft einen „schweizerischen" Blick auf Frankreich und einen „französischen" auf die Schweiz. Diese doppelte Perspektive ist für beide Seiten gleichermaßen entlarvend wie bereichernd. Viele nationale Eigenheiten werden geistreich und mitunter kritisch beleuchtet, doch zugleich ist in jedem der kleinen Essays die tiefe Liebe des Autors zu seinen beiden Heimatländern spürbar.

ISBN 978-3-907192-03-0
76 Seiten
CHF 25,– / € 22,–

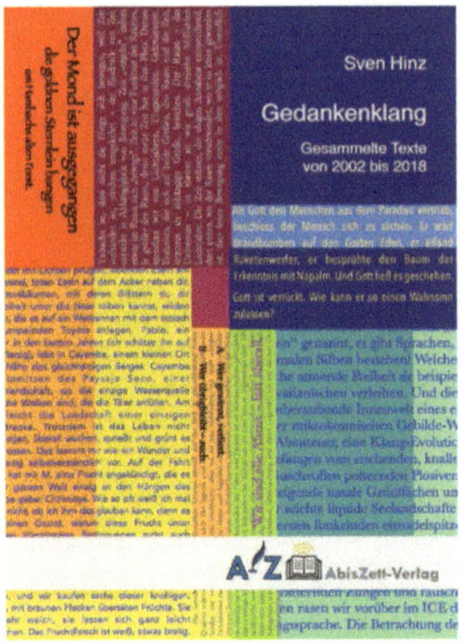

Sven Hinz

Gedankenklang

In den Jahren zwischen 2002 und 2018 sind – vom Autor beinahe unbemerkt – eine große Anzahl an Gedichten, Erzählungen, Schauspielen und Reiseberichten entstanden, dazu über 2.000 Seiten Tagebuchnotizen und musikalische Einfälle.

„Da schaut man immer wieder gerne rein. Ein bisschen wie ein Stundenbuch."
– *Christel J., Redakteurin des KulturJokers*

ISBN 978-3-748199-23-6
300 Seiten
CHF 28,– / € 24,–

Eduard Stempfer

Erlebnisse in russischer Kriegsgefangenschaft 1914–1918

Wie es sich anfühlt, zehntausend Kilometer von der Heimat verschleppt und zu Zwangsarbeit in Sibirien verurteilt zu sein, ohne zu wissen, ob und wie man den nächsten Tag überlebt, das erzählt Eduard Stempfer in seinem erschütternden Tatsachenbericht.

Stempfer verbrachte fast den gesamten Ersten Weltkrieg in russischer Kriegsgefangenschaft. Er verfasste diesen Bericht im Jahre 1938, in der Vorahnung dessen, was sich erneut über Europa zusammenbraute. Zum 100. Jahrestag des Versailler Vertrages liegen nun seine handschriftlichen Aufzeichnungen in gedruckter Form vor. Das ist ein Glücksfall – und eine Warnung an uns, die wir im Frieden aufgewachsen sind und diesen als Selbstverständlichkeit empfinden. Denn die Geschichte kann sich wiederholen.

ISBN 978-3-9524831-9-0
87 Seiten, mit Fotografien
CHF 18,– / € 16,–

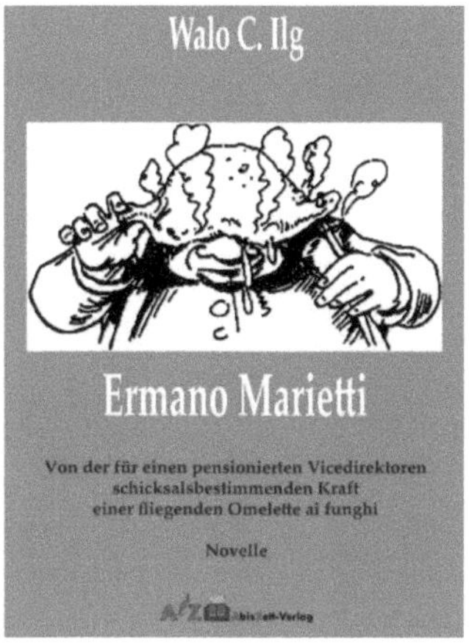

Walo C. Ilg

Ermano Marietti

Dem Vicedirektoren der Lokalagentur Bern war der Abschied nach vierzig Dienstjahren schwergefallen, zumal er mit seinen siebzig Jahren noch zu den zehn besten Verkäufern zählte.

Er ahnte nicht, dass mit der Pensionierung ein Unruhestand begann, der ihn aus seinem bisherigen rechtschaffenen und seriösen Leben zu einem Lebensabend voller Kapriolen, Ausschweifungen und neuen Herausforderungen führen würde und sein Gewissen – das eines aufrechten und konservativen Katholiken und Sozialdemokraten – auf die Probe stellen würde...

Eine unterhaltsame Geschichte, witzig und voller Humor geschrieben.

ISBN 978-3-9523639-2-8
85 Seiten
CHF 15,– / € 13,–

Walo C. Ilg

Entwurzelt, heimatlos, alleine – Hanspeter Zablonier

In der Kunst des seit zwanzig Jahren unschuldig inhaftierten Hanspeter Zablonier leuchtet seine Vita auf, schieben sich schmerzhafte Episoden aus seinem Leben auf die Leinwand, wird das Leben der Jenischen thematisiert, wird die Kulturgeschichte hinterfragt durch Verfremdung bekannter Bilder. Unter seinen Händen erwachsen Phantasiegebilde und formen sich zu Drachen, Masken, Tieren... Wildes, ungezähmtes Leben! Verdrängte sexuelle Energien verdichten sich zu farbgewaltigen und befremdenden Bildern, deren Techniken und Gestaltungen endlos variieren. Hier äußert sich die innerste Urkraft eines Menschen, drängt fast gewalttätig aufs Papier und transzendiert auf diese Weise das äußere Leben, welches umgeben ist von Mauern und Gittern.

ISBN 978-3-9524831-3-8
36 Seiten, mit Abbildungen
CHF 21,– / € 18,–

Sonja Gurt-Nigg

La Bonne du Château

Man spricht heute viel von Migration. Hier mal anders. Ein bestandenes Schweizer Ehepaar findet in Frankreich ein Schloss, kauft es und beschließt, dort zu wohnen und sich diesem Schloss zu widmen. Da warten ziemlich viele Überraschungen, lustige und andere. Die Autorin beschreibt farbig das Leben in Schloss Gorce mit all seinen Tieren und Bewohnern.
Viel Vergnügen beim Lesen!

ISBN 978-3-9524831-0-7
236 Seiten, mit Fotografien
CHF 23,– / € 19,50

Victoria M. Data

Die Spur der verlorenen Kinder

Was es bedeutet, als Kind permanent sexuell missbraucht zu werden...
...das erzählt Victoria M. Data in ihrem neuen Buch ebenso spannend wie bedrückend. Dabei stehen nicht die Untaten im Vordergrund, und es findet keine Anklage statt. Die Autorin erzählt, wie sie damals aus Selbstschutz zahllose innere Figuren erschuf: die Verkörperung ihrer Gefühle, die sie als Kind durchlitten hatte. Diese inneren Kinder blieben jahrzehntelang in den ihnen zugedachten Rollen stecken und konnten nicht zueinander finden, geschweige denn erwachsen werden.

ISBN 978-3-9524831-1-4
154 Seiten, mit Lied-CD
CHF 23,– / € 19,50

Hörbuch:
3 CDs (gesprochen von Sven Hinz)
CHF 21,– / € 18,–

Coralie Frei

Jenseits vom Ozean

In ihrem neuesten Buch zeigt uns Coralie Frei, dass Integration keine theoretische Sache ist, sondern ein Prozess, der lange dauert und erkämpft werden muss. Die Autorin komorianischer Abstammung nimmt uns an der Hand und führt uns durch ihren Erlebens- und Erkenntnispfad der Integration, auf dem sie andere Welten mit anderen Kulturen kennenlernt und entdeckt: Wir sind alle von derselben Welt, die uns gemeinsam anvertraut ist. Und deshalb kann sie, die seit vielen Jahren als überzeugte Schweizerin lebt, in ihrem Innersten Kormorianerin bleiben. Das ist aktive Integration, ein spannender Prozess, über den dieses faszinierende Buch berichtet.

ISBN 978-3-9523639-8-0
339 Seiten, mit Lied-CD
CHF 45,– / € 38,–

Hörbuch:
MP3-CD (gesprochen von Sven Hinz)
CHF 21,– / € 18,–

Sven Hinz / Walo C. Ilg

Rolf Tschierschky – Ein Maler des Fantastischen

Über 1.600 Werke hat der Künstler, Bühnenbildner und Grafiker Rolf Tschierschky zwischen 1943 und 2003 geschaffen: von Skizzen, Studien und Stillleben über Landschaftsbilder, Aquarelle und Porträts bis hin zu fantastischen, teils großformatigen freien Werken von seltener farbintensiver und dynamischer Qualität. Nahezu jede Kunstströmung des 20. Jahrhunderts spiegelt sich hierin wider. Und dennoch ist er damit kaum je an die Öffentlichkeit getreten.

Sein Enkel Sven Hinz hat zusammen mit dem Schweizer Verleger und Koautor Walo C. Ilg eine Auswahl von 150 Bildern getroffen und zu diesem Kunstband zusammengestellt.

ISBN 978-3-9523639-7-3
208 Seiten, mit zahlreichen Abbildungen
CHF 60,– / € 51,–